本书出版得到上海交通大学人文学院资助

中国社会科学院创新工程学术出版资助项目
中国哲学社会科学学科发展报告·当代中国学术史系列

中国哲学社会科学学科发展报告

当代中国的文化研究

THE HISTORY OF CULTURAL STUDIES IN CHINA

（约1990—2010）

陶东风 和 磊 贺玉高 ● 著

中国社会科学出版社

图书在版编目(CIP)数据

当代中国的文化研究:约 1990~2010/陶东风等著.—北京:中国社会科学出版社,2016.6

(中国哲学社会科学学科发展报告)

ISBN 978-7-5161-6201-9

Ⅰ.①当… Ⅱ.①陶… Ⅲ.①文化研究—中国—1990~2010 Ⅳ.①G12

中国版本图书馆 CIP 数据核字(2015)第 117554 号

出 版 人	赵剑英
责任编辑	郭晓鸿
特约编辑	席建海
责任校对	韩海超
责任印制	戴 宽

出 版	中国社会科学出版社
社 址	北京鼓楼西大街甲 158 号
邮 编	100720
网 址	http://www.csspw.cn
发行部	010-84083685
门市部	010-84029450
经 销	新华书店及其他书店
印 刷	北京君升印刷有限公司
装 订	廊坊市广阳区广增装订厂
版 次	2016 年 6 月第 1 版
印 次	2016 年 6 月第 1 次印刷
开 本	710×1000 1/16
印 张	24
插 页	2
字 数	406 千字
定 价	89.00 元

凡购买中国社会科学出版社图书,如有质量问题请与本社营销中心联系调换

电话:010-84083683

版权所有 侵权必究

《中国哲学社会科学学科发展报告》
编辑委员会

主　任　　王伟光

副主任　　蔡　昉（常务）　李培林　李　扬

编　委　　（以姓氏笔画为序）

卜宪群　马　援　王国刚　王建朗　王　巍　邢广程
刘丹青　杨　光　李　平　李汉林　李向阳　李　林
李　周　李培林　李　薇　吴恩远　张宇燕　张顺洪
陆建德　陈众议　陈泽宪　卓新平　周　弘　郑秉文
房　宁　赵剑英　郝时远　唐绪军　黄　平　黄群慧
朝戈金　程恩富　谢地坤　蔡　昉　裴长洪　潘家华

总策划　　赵剑英

总　序

　　当今世界正处于前所未有的激烈的变动之中，我国正处于中国特色社会主义发展的重要战略机遇期，正处于全面建设小康社会的关键期和改革开放的攻坚期。这一切为哲学社会科学的大繁荣大发展提供了难得的机遇。哲学社会科学发展目前面对三大有利条件：一是中国特色社会主义建设的伟大实践，为哲学社会科学界提供了大有作为的广阔舞台，为哲学社会科学研究提供了源源不断的资源、素材。二是党和国家的高度重视和大力支持，为哲学社会科学的繁荣发展提供了有力保证。三是"百花齐放、百家争鸣"方针的贯彻实施，为哲学社会科学界的思想创造和理论创新营造了良好环境。

　　国家"十二五"发展规划纲要明确提出："大力推进哲学社会科学创新体系建设，实施哲学社会科学创新工程，繁荣发展哲学社会科学。"中国社会科学院响应这一号召，启动哲学社会科学创新工程。哲学社会科学创新工程，旨在努力实现以马克思主义为指导，以学术观点与理论创新、学科体系创新、科研组织与管理创新、科研方法与手段创新、用人制度创新为主要内容的哲学社会科学体系创新。实施创新工程的目的是构建哲学社会科学创新体系，不断加强哲学社会科学研究，多出经得起实践检验的精品成果，多出政治方向正确、学术导向明确、科研成果突出的高层次人才，为人民服务，为繁荣发展社会主义先进文明服务，为中国特色社会主义服务。

　　实施创新工程的一项重要内容是遵循哲学社会科学学科发展规律，完善学科建设机制，优化学科结构，形成具有中国特色、结构合理、优势突出、适应国家需要的学科布局。作为创新工程精品成果的展示平台，哲学社会科学各学科发展报告的撰写，对于准确把握学科前沿发展状况、积极推进学科建设和创新来说，是一项兼具基础性和长远性的重要工作。

　　中华人民共和国成立以来，伴随中国社会主义革命、建设和改革发展的历史，中国特色哲学社会科学体系也处在形成和发展之中。特别是改革开放以来，随着我国经济社会的发展，哲学社会科学各学科的研究不断拓展与深化，成就显著、举世瞩目。为了促进中国特色、中国风格、中国气派的哲学社会科学观念、方法和体系的进一步发展，推动我国哲学社会科学优秀成果和优秀人才走向世界，更主动地参与国际学术对话，扩大中国哲学社会科学话语权，增强中华文化的软实力，我们亟待梳理当代中国哲学社会科学各学科学术思想的发展轨迹，不断总结各学科积累的优秀成果，包括重大学术观点的提出及影响、重要学术流派的形成与演变、重要学术著作与文献的撰著与出版、重要学术代表人物的涌现与成长等。为此，中国社会科学出版社组织编撰"中国哲学社会科学学科发展报告"大型连续出版丛书，既是学术界和出版界的盛事，也是哲学社会科学创新工程的重要组成部分。

"中国哲学社会科学学科发展报告"分为三个子系列："当代中国学术史"、"学科前沿研究报告"和"学科年度综述"。"当代中国学术史"涉及哲学、历史学、考古学、文学、宗教学、社会学、法学、教育学、民族学、经济学、政治学、国际关系学、语言学等不同的学科和研究领域，内容丰富，能够比较全面地反映当代中国哲学社会科学领域的研究状况。"学科前沿研究报告"按一级学科分类，每三年发布，"学科年度综述"为内部出版物。"学科前沿研究报告"内容包括学科发展的总体状况，三年来国内外学科前沿动态、最新理论观点与方法、重大理论创新与热点问题，国内外学科前沿的主要代表人物和代表作；"学科年度综述"内容包括本年度国内外学科发展最新动态、重要理论观点与方法、热点问题，代表性学者及代表作。每部学科发展报告都应当是反映当代重要学科学术思想发展、演变脉络的高水平、高质量的研究性成果；都应当是作者长期以来对学科跟踪研究的辛勤结晶；都应当反映学科最新发展动态，准确把握学科前沿，引领学科发展方向。我们相信，该出版工程的实施必将对我国哲学社会科学诸学科的建设与发展起到重要的促进作用，该系列丛书也将成为哲学社会科学学术研究领域重要的史料文献和教学材料，为我国哲学社会科学研究、教学事业以及人才培养作出重要贡献。

序

中国社会科学出版社计划出版"中国哲学社会科学学科发展报告",这对传承我国学术史研究的历史传统,繁荣发展哲学社会科学具有重要的意义。

一

"中国哲学社会科学学科发展报告"(以下简称"报告")是近几年中国社会科学出版社吸取了我国哲学社会科学界专家学者的建议,经过广泛深入的学术咨询和学术研讨,才确定的重要出版项目。

"报告"涉及历史学、考古学、文学、哲学、美学、宗教学、逻辑学、法学、教育学、民族学、经济学、国际政治学、国际关系学、敦煌学、语言学、简帛学等不同的学科和研究领域,内容丰富,能够比较全面地反映当代中国哲学社会科学领域的研究状况。"报告"执笔者均为国内知名的学科带头人,在相关领域有长期深入的研究,这支作者队伍是"报告"质量的重要保证,也折射出中国社会科学出版社对这套"报告"立项的重视。

"报告"包括三部分内容:一、当代中国学术史;二、年度综述;三、前沿报告。最近出版的是当代中国学术史的部分成果,展示了新中国特别是改革开放以来哲学社会科学相关领域建设与发展的状况,是对该时期相关学科发展历程与收获的检阅与巡礼,反映了中国哲学社会科学各个学科进步的内在动力和创造,实际上是一部规模恢弘的中国哲学社会科学学科发展史,必将为中国哲学社会科学的学科发展奠定良好基础,有力促进其繁荣与发展。

二

在我国，学术史撰写具有悠久的历史传统和鲜明的特色。"学术"一词，先秦典籍已有（如《礼记》等），有时被简称为"学"，如"世之显学，儒墨也"（《韩非子·显学》）、"论学取友"（《礼记·学记》）等。"学术"概念的内涵，历来学者们多有探讨。在中国学术史上，人们对"学术"的理解和界定是多元的，很难用一种固定的含义来把握，但是又具有相对稳定和明晰的意义。"学术"自然含有"学"与"术"两方面的内容，用今天话说既有理论意义，又有实践作用；"学"与"术"在中国传统学术观念中是不可分割的，所以被《庄子·天下》称作"道术"。梁启超、钱穆先生各自都撰有学术史著作，其"学术"比较接近班固《汉书·艺文志》的某些内容，相当于今天我们所说的"观念文化"，涵盖哲学、经学、史学等的思想观点、理论体系和研究方法。梁启超曾在《学与术》一文中，根据体用原则对"学"与"术"的关系作了发挥，认为"学者术之体，术者学之用。二者如辅车相依而不可离。学而不足以应用于术者，无益之学也；术而不以科学上之真理为基础者，欺世误人之术也"（《饮冰室文集》之二十五下），就具有近现代学术的基本风貌和精神，体现了学术史的时代性。

先秦时期的《庄子·天下》、《荀子·非十二子》（当然，也有学者根据《韩诗外传》所引，认为是《非十子》，如章学诚等）、《尸子·广泽》、《吕氏春秋·不二》、《韩非子·显学》等都是我国古代学术史的经典作品。

《庄子》称"道未始有封"（《齐物论》）、"道术无乎不在"（《天下篇》）、"无所不在"（《知北游》），都在强调道具有普遍性和无限性，并且寓于万物中，不能瞬息离开万物。《天下篇》还简明扼要地勾勒了先秦学术史的演变脉络，即"神巫之学"、"史官之学"到"百家之学"的过程，"天下多得一察焉以自好"、"道术将为天下裂"正反映了春秋战国时期学术分化、发展与演进的史实，即由"官师合一之道"、"官守学业"到"私门著述"（章学诚《校雠通义·原道》）的变化历程。这些论述都具有深邃的学术视野，有助于后人研究先秦时期的学术史。还有，《荀子·非十二子》集中论述了先秦它嚣魏牟、陈仲史鳅、墨翟宋钘、慎到田骈、惠施邓析、子思孟轲共十二子的学术内容与弊端，表彰仲尼子弓、舜禹之道，主张"上则法舜禹之制，下则法仲尼子弓之义，以务息十二子之说，如是则天下之害除，仁人之事毕，圣王之迹著矣"。《吕氏春秋·不二》指出"老聃贵柔，孔子贵仁，墨翟贵廉（疑应为'兼'），关尹贵清，子列子贵虚，陈骈贵齐，阳生贵己，孙膑贵势，王廖贵先，兒良贵后"的学术差异，希望能够从不同的学术见解中找出其相同点。《韩非子·显学》比较详细地描述了儒墨两派显学的发展状况，保留了"儒分为八，墨离为三"的儒墨学派演变的资料，为后人研究指出了方向。不过，韩非重点批评的是"愚诬之学"，认为"无参验而必之者，愚也；弗能必而据之者，诬也"，强调"参验"的重要性。

从先秦学术史资料中可以看出，"和"是有差别（矛盾）的统一性，而"同"则是无差别的统一性。孔子明确地指出，他自己主张"和"而反对"同"。在以孔子为代表的儒家思想的影响下，中国古代学术史要求从不同的学术思想派别中找到它们的统一性，这个目标促使中国古代学术思想既重视研究事物的相异面，又要找到它们之间的统一性，这是中国古代学术史能够持续发展的方法论和认识论的理论依据。

《史记·太史公自序》载司马谈《论六家要旨》，从《易大传》"天下一致而百虑，同归而殊途"开端，分述阴阳、儒、墨、名、法、道德六家学术要旨，认为它们都有共同的目标，只不过出发点不同，理论的深浅有别。在分类上，以各家各派的派别名称取代具体的代表人物，是学术史发展的必然趋势，评论褒贬有度，反映了当时学术发展的趋势。西汉末刘歆《七略》，也是重要的学术史作品，后被吸收进《汉书·艺文志》中。《汉书·艺文志》历来受到学者们的重视，曾被清代学者章学诚称为"学术之宗，明道之要"（《校雠通义·汉志六艺》）。《七略》、《汉书·艺文志》最重学术源流，对后世学术史影响很大。我国古代正史中的《艺文志》（或《经籍志》）、《儒林传》等包含了丰富的学术史内容，成为学术史研究的重要资料。

从宋代开始，出现了以学派为主的学术史典籍，如南宋朱熹《伊洛渊源录》（这是学案体学术史的开创之作），明代周汝登《圣学宗传》，明末清初孙奇逢《理学宗传》等，均具备以学派为主勾勒学术思想演变的雏形。《伊洛渊源录》收录周敦颐、二程、邵雍、张载及程门高足的传记与时人评价，贯穿着洛学学派的学术思想，邵、张仅被视为洛学的羽翼，这一点未必准确。《圣学宗传》欲会通儒释，后被黄宗羲等批评。《理学宗传》虽网罗学派较多，但以程朱、陆王为主贯穿学术史。可见在学术史上真正会通各个学派并不是一件轻而易举的工作。

清朝初年，黄宗羲《明儒学案》和黄宗羲、全祖望等《宋元学案》则是学案体学术史的集大成者。《明儒学案》是一部系统的成熟的学案体学术思想史著作，侧重分析各家学术观点，"为之分源别派，使其宗旨历然"（《明儒学案·序》），体例上以"有所授受者分为各案，其特起者，后之学者，不甚著者，总列诸儒之案"（《明儒学案·发凡》），按照人物学术思想异同划分学派归属，处理学案分合。《宋元学案》出于多人之手，经历曲折，但卷帙浩大，资料丰富，注重人物之间的师承关系，并将其作为认定学派的主要依据。这种注重学术宗旨、学派传承的研究方法，对清代江藩《国朝汉学师承记》、《国朝宋学渊源录》等都多有影响。

在我国近代，有些学者自己撰述学术史著作，其中有些成为传世之作，如梁启超《中国近三百年学术史》、《清代学术概论》，钱穆《中国近三百年学术史》等。他们所阐述的"学术"，包含对中国传统思想文化的理解，也包括关于现实政治思想的评价等，具有综合性的特色。20世纪末、21世纪初，我国学人力图恢复这个传统，在新的起点上进行关于中国学术史著作的撰述。

今天我们看到以"学术史"命名的著作已有若干种，有的偏重于中国文明起源的研究；有的着重典章制度源流演变的探讨；还有的侧重历史文献和出土文献的考察。这些毫无疑问都属于"学术"范畴，从不同的角度和学科去研究具体学科的演变，总结学术经验与教训，为学科学术的未来发展提供借鉴，无疑是一件有意义的事情。

三

我国历史上的学术史传统源远流长，它是中华文化的智慧结晶和文化宝藏。无论是序跋体、传记体、目录体、笔记体、学案体、章节体、学术编年体等，中国学术史的优秀传统大体上可以归纳为：

1. 重视文献资料考订，坚持"明道之要"的学术原则。学术史著作重视文献资料考订，将学术史建立在可靠的资料基础上，这是学术史研究的基础。前贤在梳理学术史时，除强调实事求是，斟酌取舍，重视无征不信外，还主张"学"与"术"的结合，既重视文献资料的整理爬梳，又重视文化意义与学术精神的彰显弘扬。这就是学术史著作有关于"明道之要"（《校雠通义·原道》、《校雠通义·补校汉艺文志》）的原因。《明儒学案》主张学术史研究要努力反映各种学术体现"道"的宏大与无所不包,"学术之不同,正以见道体之无尽",并以大海与江河等关系为例:"夫道犹海也,江、淮、河、汉以至泾、渭蹄涔,莫不昼夜曲折以趋之,其各自为水者,至于海而为一水矣"(《明儒学案·序》)。江淮河汉虽各有曲折,但都同归于海;学术虽有学派的不同,但都是道的体现。

2. 注重学术变迁的源流和发展脉络考察。"辨章学术,考竟源流"(《校雠通义·焦竑误校汉志》)一直是学术史的传统。如在《庄子·天下》、《荀子·非十二子》以及《史记》史传作品的影响下,探讨学术流变的传承变化,成为学术史的重要内容和特色,《七略》、《汉志》重学术源流后成为学术史著作的通例。

3. 重视对于学术史中不同学派特色的研究,揭示它们在中国学术史上的独特贡献。在对学派学术特色把握的基础上,重视研究不同学派间思想的差异与融合,则是学术繁荣和发展的生命。战国时期诸子百家之学的争辩交融,汉唐宋元时期儒、道、佛三教的发展与融合,明清时期中学与西学的会通,均深藏着相反而相成的学术精神。清初,黄宗羲、全祖望撰《宋元学案》,以理学家为主干,但并不排斥其他学派的学者,如永嘉学派的陈亮、叶适,王安石新学,苏氏蜀学,强调不同学派的交流影响,相反相成,正如黄宗羲主张的:"有一偏之见,有相反之论,学者于其不同处,正宜着眼理会,所谓一本而万殊也。以水济水,岂是学问!"(《明儒学案·发凡》)

4. 继往开来,重视学术创新与进步。中国古代学术著作,在梳理学术流变的过程中,侧重学术的继往开来,袭故弥新,"以复古为解放"(《清代学术概论》)。不夺人之美,不隐人之善,否则,将被视为"大不德"(《清代学术概论》)。《四库全书总目》在一定程度上吸收了当时的研究成果,订正某些缺失,提要穷本溯源、辨别考证,展现了学术史的发展脉络和成果。正是这种订正增补,反复斟酌,使学术史长河滔滔不息,绵延两千多年而不绝,即使在民族遭遇重创的危机关头,中华文化中卓著的学术精神依然能够鼓励世人勇挑重担,成为民族发展的脊梁,正因为如此,学术兴替往往被视作民族精神生死存亡的大事。

5. 学术史带有明显的整体性、综合性、学术性,力求将学术思想、政治、经济、文化思想等熔于一炉,避免支离破碎。《庄子·天下》说:"后世之学者,不幸不见天地之纯,古人之大体,道术将为天下裂。"《天下篇》的作者看到关于天地的整体学术被分裂为各个不同的部分,"譬如耳目鼻口,皆有所明,不能相通",这很有见地。古代因为还没有现代意义的学科观念,传统的经史子集提供了更多融通交流的机会和可能,使传统的学术史研究能够注重整体性、综合性、学术性,并具有浓郁的民族文化的特色,又有很强的时代性。

四

中国古代学术史是我们宝贵的思想文化财富,在新时代如何吸收其优长,从更加开阔的学术视野出发,不仅看到思想史上学派间的差异,更加着力研究"差异"是如何转化为"融合"、"会通"的。如果我们能够在这方面进行细致的梳理研究,找出"融合"的关节点,以及"会通"与"创新"的关系,也许这是克服学术史研究中某些概念化、公式化的有效途径,使学术史研究更加具体、实在,逐步接近于学术史的原貌。

中国古代学术史重综合、完整与学术的特征在今天仍然具有时代意义。虽然现在的哲学社会科学主要是分门别类的研究,当然这是学科分化与发展的标志,但是由此而带来的学科分离与隔绝,则是学者们需要关注的问题。学科间的会通,是学科发展特别是交叉学科、跨学科、新兴学科产生和发展的关键。在西方,自文艺复兴以后,人文社会科学的发展,得益于经济学、社会学、地理学、人类学、心理学、人口学、语言学等学科的交流和相互借鉴,而且与自然科学的发展紧密相关,这个经验值得借鉴。

我国哲学社会科学的发展,需要学科间的交融(交叉融合),为此,可首先从不同学科的学术史研究着手,任何一门学科的学术史必然与其他学科有关,因此,对于学术史的研究,无疑为哲学社会科学各门学科之间的交叉与融合奠定了基础。可喜的是,当代中国学人已成功撰写了不少学术史著作,为我国哲学社会科学理论创新体系的建设提供研究成果。

"中国哲学社会科学学科发展报告"的出版,肯定会为我国哲学社会科学的繁荣和发展作出新的贡献。

2010 年 7 月 16 日

目　　录

前言 …………………………………………………………………（1）

第一编　语境分析

第一章　文化研究在中国出现的社会文化语境……………………（3）
　　一　文化研究进入中国…………………………………………（3）
　　二　大众文化的兴起与批评的困境……………………………（5）
　　三　人文精神大讨论……………………………………………（10）
　　四　文艺学学科的危机与转型…………………………………（18）

第二章　文化研究出现的学术—知识背景…………………………（21）
　　一　法兰克福学派的引入………………………………………（22）
　　二　英美文化研究的引入………………………………………（27）

第二编　议题与范式分析

第三章　大众文化研究的几种范式…………………………………（37）
　　一　批判理论与中国大众文化研究……………………………（37）
　　二　现代化理论与中国大众文化研究…………………………（42）
　　三　新"左"派批判范式与中国大众文化研究…………………（52）
　　四　对大众文化的经验研究与民族志研究方法的兴起………（55）

第四章　族姓与身份议题……………………………………………（60）
　　一　民族身份议题的出现………………………………………（60）
　　二　身份议题的问题域…………………………………………（66）

第五章　女性主义与性别问题 (117)
一　20世纪90年代中期以前的性别研究 (117)
二　关于女性主义与性别问题的议题 (124)
三　性别研究与中国语境 (140)

第六章　消费主义与身体问题 (143)
一　身体研究兴起的社会文化语境 (143)
二　大众传媒与身体消费 (150)
三　消费主义与身体政治 (157)
四　身体写作及其批判 (161)

第七章　当代中国的媒介研究 (174)
一　批判性媒介研究 (174)
二　媒介生产中的权力关系 (182)
三　媒介文本与霸权建构 (192)
四　新媒介与公共领域的建构 (204)
五　媒介受众研究 (214)

第八章　城市空间研究 (229)
一　当代中国空间研究的兴起与发展 (229)
二　空间研究的几个主题 (236)
三　消费空间研究 (243)
四　公共空间研究 (250)
五　空间正义研究 (259)

第三编　体制分析

第九章　文化研究与文艺学的学科反思 (269)
一　关于文艺学边界的论争 (269)
二　关于文学审美性/自律性的论争 (278)
三　关于文学研究（及知识分子）介入现实的论争 (285)

第十章　文化研究：在体制与学科之间游走 ……………………（290）
　　一　体制化与学科化 ……………………………………………（290）
　　二　文化研究机构的建制 ………………………………………（292）
　　三　文化研究的招生制度 ………………………………………（296）
　　四　文化研究期刊的困境与突围 ………………………………（299）

第十一章　文化研究教学 ……………………………………（305）
　　一　文化研究相关课程的设置 …………………………………（305）
　　二　上海大学文化研究系的教学 ………………………………（308）
　　三　文化研究相关网站 …………………………………………（311）
　　四　文化研究的教材建设 ………………………………………（313）

附录　文化研究在港台 ………………………………………（321）
　　一　文化研究在台湾 ……………………………………………（321）
　　二　文化研究在香港 ……………………………………………（335）

后记 ……………………………………………………………（356）

前　言[①]

陶东风

1. 文化研究在今天的中国学术界似乎已成显学，很多学术会议借用其名，学术刊物也辟有"文化研究"专栏。还有丛书什么的。至于机构那就更是数不胜数了。

作为一种研究的方法、路径、旨趣和立场，文化研究也已经渗透入人文社会学科的各个领域，在很多并不以"文化研究"冠名的学术研究中，都可以看到文化研究的影子、文化研究的果实。而且更为重要的是，文化研究尤其受到青年学者的偏爱，而青年代表的是未来。

但是严格地说，专门意义上的"文化研究"的兴起应该以英国伯明翰大学"当代文化研究中心"的成立为标志。从这个意义上讲，"文化研究"进入中国的时间并不长。中国真正意义上的文化研究大约出现于20世纪80年代末90年代初。当然，准确的时间并不好确定，因为我们很难对于"什么是文化研究""什么不是文化研究"做出截然明确且令人信服的区分。比如80年代的文化讨论是不是"文化研究"？从较宽泛的意义上可以说是，但从更加限制的意义上也可以说不是。至于传统文化研究、茶文化研究、饮食文化研究等，就更不好说了。

我倾向于从比较限制的意义上界定"文化研究"，也就是以英国伯明翰大学"当代文化研究中心"的成立（1964年）为标志的那个"文化研究"（在西方学术界常常是大写的——Cultural Studies，以便区别于一般所说的"对文化的研究"）。这个意义上的"文化研究"进入中国的两本标志性著作，便

[①] 一般写完一本书总要写一个序言，但如果把本书的内容做一个压缩介绍似乎没有多大意思。因此，本"序言"是我对文化研究的一个非常个人化和不系统的思考，它只代表我的一些不成熟的想法，不能代表本书的另外两位作者。

是杰姆逊的《后现代主义与文化理论》（陕西师范大学出版社1986年版）以及霍克海姆、阿多诺合著的《启蒙辩证法》（重庆出版社1990年版）。不过那时候好像大家并没有意识到有一个专门名词叫"文化研究"（包括其特殊的研究旨趣、问题意识、政治立场、分析路径等）。其实，虽然霍克海姆和阿多诺对于大众文化（他们叫"文化工业"）的批判今天在文化研究界几乎已被普遍认为是经典的文化研究，但是在他们从事大众文化研究的当时，也就是20世纪的40、50年代，并没有人称为"文化研究"，他们自己也没有这么命名，而是叫"批判理论"。他们对大众文化的思考可以说也是被后人追加为"文化研究"的。

但有一点比较肯定，在研究对象上，最早出现的中国的文化研究比较关注大众文化（这点倒是和西方的情况差不多，西方的文化研究的兴起也是因为大众文化，主要是美国好莱坞的商业化电影和流行音乐），特别是20世纪90年代初期曾经轰动一时的电视剧《渴望》、王朔所代表的所谓"痞子文学"，以及新兴的流行音乐。我个人的感觉是，那时大家对于这些具体的文化现象存在不同见解，也没有在理论上把"文化研究"当作一个整体，自觉地在理论和方法上加以建构与反思。比如什么是"文化研究"？"文化研究"有什么特点？"文化研究"和文学研究的关系是什么？等等，这些讨论很晚才出现，大概在2000年前后。比如2001年开始讨论"日常生活的审美化"问题、文艺学和"文化研究"的关系问题时，人们已经很自觉地在专门的意义上使用"文化研究"一词。也可以这么说，文化研究的实践在前，对于文化研究的自觉的理论反思在后。

就我本人而言，我接触文化研究理论也是在90年代初期，研究的对象也是大众文化，看的书主要也是上面提到的《后现代主义与文化理论》以及《启蒙辩证法》，还有法兰克福学派的另外一些书，比如马尔库塞的《单面人》等。这些书中总结的大众文化的一些特点，如麻痹和控制大众、感官化、商业化、平面化、机械复制等，很合乎我以及其他具有精英主义倾向的知识分子的文化和审美趣味，可以说一拍即合。特别是《启蒙辩证法》一书中的"文化工业"这章，被引用的频率很高，好像一下子找到了揭开大众文化秘密的钥匙。

但必须指出的是，我们对于法兰克福大众文化理论的应用存在严重的机械套用倾向，也就是说，不够关注中国大众文化出现的特殊语境与特殊政治文化功能。这种情况在当时很严重，在今天也仍然存在。

谈到初期的文化研究,还有一本书不能不提及,即威廉斯的《文化与社会》(中译本,北京大学出版社1991年版)。本书不仅是英国文化研究的理论基石之一,而且对中国文化研究的兴起也有开创性的意义,因为在本书中,威廉斯提出了"文化是整个生活方式""文化是普通的"等著名观点。这种反精英主义的文化观为主要关注大众文化而非精英文化的文化研究提供了合法性基础。这本书也是出现于20世纪80年代末90年代初,好像很巧合。

2. 就我而言,我的大众文化研究与市民社会讨论有关。我觉得这个资源蛮重要的,但好像没有人关注。

我在1995年前后是怎么发现自己机械套用法兰克福批判理论的呢?这里也有巧合的味道。凑巧是在90年代中期,中国学术界(主要是社会学)在进行关于市民社会(又译"公民社会")的讨论,由当时邓正来任主编的《中国社会科学季刊》发起,参加的主要是一些社会科学界的学者,特别是社会学家,也有一些政治学、法学界的学者,人文科学界的学者很少介入,特别是文学和美学界,几乎没有,而大众文化的研究在中国又基本上是文学批评界和美学界的学者在做,这就使得这两个讨论无法形成对话。

《中国社会科学季刊》这个刊物具有浓厚的民间色彩,在同人之间流传比较多。市民社会的讨论受到20世纪80年代末90年代初东欧国家——大多数是极权主义或后极权主义国家——的民主化转型的深刻影响,其现实的动机是想在理论上对于原先的极权主义国家向民主—自由国家的转型做出回应。凭借这点它就应该引起我们的高度关注。当然,这也是我关注这个讨论的主要原因。我的个人经历和我国当时的情势都使我的这种关注显得非常自然。我很感兴趣的一个问题是:中国到底是不是,或多大程度上是与"极权社会"相对的市民社会?而我比较认同的观点是:中国既不是典型的市民社会,也不是典型的极权社会,而是处在从极权社会向市民社会的过渡之中。这个讨论对我的大众文化研究影响很大,我把它引入我自己对中国大众文化的思考中,形成了和我自己以前的观点,也和当时其他学者的观点不同的大众文化观:20世纪80年代和90年代的中国大众文化是一种特殊类型的市民文化,它产生于从极权社会向市民社会过渡的背景中。与中国当时不成熟的公民社会一样,它既依赖于政府又相对独立于政府,既有民间色彩又免不了政治权力的牵制,既已开始市场化和商业化又不能完全遵循市场和商业的逻辑。因此,它具有对抗和妥协、颠覆和收编的双重性,它的内容和功能都是很复杂的,不能进行简单化的理解。

一方面，中国的大众文化拓展了文化空间，打破了官方政治文化一统天下的局面，体现了商业文化解构官方文化的力量（这也是当时李泽厚等人的主张）；但另一方面，受到官方文化的牵制和制约，具有妥协性和受制性（这点当时基本上没有人看到）。当然，它也有自己的商业性（但这点被大大夸大了）。这也在很大程度上改变了我对大众文化，特别是中国本土大众文化的看法。现在回顾起来，这一转化得力于我把市民社会理论引入大众文化研究，摆脱了单一的法兰克福立场，也在很大程度上改变了原先那种简单化的精英主义立场和单一的人文科学视角（市民社会理论属于一种社会理论）。在这样的背景下，我写了一系列关于大众文化的文章，比较重要的有：《在官方和市场的夹缝中求生存——中国大众文化的双重性格》《超越道德主义和历史主义的二元对立——论对待大众文化的第三种立场》《批判理论与中国大众文化》等，对于原先的研究视角和结论都有较大修正。特别是后一篇文章是专门反思中国大众文化研究中机械搬用法兰克福理论倾向的。我自己认为，这一转型使我更多地看到了中国大众文化的复杂性以及它产生的特殊语境。这两者在今天也是我仍然坚持的。

3. 20世纪90年代初中期，中国的文化研究还发生了另一件值得一提的事件，这就是《读书》杂志在1993年连续发表了介绍赛义德和后殖民主义批评的文章，由此带动了文化研究中第三世界意识、地缘政治意识的强化，有些文章中甚至出现了狭隘民族主义的倾向。差不多与此同时，学术界对资本主义现代性的反思，全球化理论、后现代理论、世界体系理论等也进来了，对现代化和现代性的看法也随之改变。这点在文化研究领域也有明显的反映。众所周知，在20世纪80年代的人文社会科学领域，占主流的是现代化意识形态，大家谈论中西方文化是否有利于现代化，虽然观点差别很大，但是理论资源和话语方式好像比较类似，立场也很一致：现代化、现代性是好东西，没有什么疑问，问题只是中国传统文化是否适合现代化，中国应该如何现代化。就是20世纪90年代初期受到法兰克福学派影响的大众文化研究，虽然不再一味追随现代化的意识形态，但基本上也没有涉及地缘政治的问题以及文化殖民主义的问题。

引入后殖民理论之后情况就不同了，中国是因为自己的传统文化而导致现代化滞后，还是由于身处资本主义的世界体系之中、受到资本主义世界体系的压迫而无法或难以现代化？这不再是一个自明的问题了。许多所谓的"新左派"人士（他们大多也是民族主义者）常常持与现代化理论很不同的看法，认为中国的现代化滞后不是因为传统文化不适合现代化，而是因为中国在资本主义世界体系中处于边缘。他们还因此把毛泽东的社会主义现代化模式当作抵抗西方资本主义现代性的另一种现代性方案，是寻求中国自己现代化道路的伟大尝试。甚至有人把"鞍钢宪法"等同于"后福特主义"，把"文革"时期的群众运动等同于大民主，等等。这在20世纪80年代好像是不可思议的。

从这个意义上说，后殖民理论的引入对中国文化研究影响极其深刻，作用不可低估。例如，赛义德的《东方学》对中国文化研究乃至整个中国思想界的影响都是非常大的，主要原因倒不是在它本身多么深刻，而在于它改变了很多中国知识分子看待中国的历史，特别是现代史的视角。从"五四"到20世纪80年代，中国思想界的主流一直是正面看待中国在西方影响下的现代化历史的，而在后殖民主义理论的"启发"下，出现了一些学者，他们把中国现代化的历史解读为"他者化"——也就是民族自我身份丧失的历史，甚至认为鲁迅等启蒙思想家改造国民性的思想是内化了西方殖民主义的逻辑，是自我放逐、自我他者化。这就整个儿颠覆了"五四"以来的启蒙话语，改写了中国现代史的叙述模式。但是这种深刻地沾染了民族主义和新"左"派色彩的理论到底是打开了一片新的理论天地，还是遮蔽了本来就没有得到深刻讨论的问题，还需待时间的检验。

4. 世纪之交，中国经济高速发展，消费主义思潮席卷大地，汹涌澎湃，社会上流行享乐主义、实利主义、犬儒主义、即刻主义（我用这个杜撰的术语来表达那种既不关注未来也不关注历史的文化态度和生活方式）。与此同时，人们的政治热情消退，公民意识淡化，娱乐热情高涨。我不是说此前没有这些社会现象和文化思潮，而是说世纪之交这些东西变得空前突出。文化研究又面临转型。

就是在这个时期，我触到了哈维尔等人的后极权理论。依据哈维尔等的研究，后极权社会的最大特点就是消费主义和极权主义的结合。一方面，社会大众沉溺于物质消费和感官娱乐，这方面的自由度空前扩展，"想唱就唱""我的地盘我做主"；另一方面，绝大多数人不问政治，缺乏公共参与热情，不关心公民权利。一方面流行怀疑主义，对一切都不相信；另一方面则信奉实利主义，只要有现实的利益做什么都可以。一方面不相信意识形态的空话和假话；另一方面又把这种怀疑精神推向虚无主义、犬儒主义，甚至怀疑改变现实的可能性。这种我概括的后集权现象比比皆是。

后极权社会在大众文化上有相应的种种表现，也可以说有自己的文化形态，我自己比较关注的是大话文学和玄幻文学。我觉得大话文学表现了后极权社会中青年一代的特殊精神状态：一方面是强烈的怀疑精神，激进地否定偶像和权威（具体表现为对于经典的戏仿）；另一方面是得过且过，缺乏正面理想，调侃一切。"玄幻文学"则表现了青年一代一味追求轻松、回避沉重的倾向，他们不关心现实也缺乏历史感，沉溺在游戏机的架空世界——没有过去也没有未来的真空世界。

5. 有人认为，中国的文化研究虽然表面很热，但是从它的制度化程度、从国家教育和研究机构的支持力度来看，其实很冷。文化研究仍然是非常边缘的。对此我不很赞同。文化研究不只是表面热。"冷""热"标准不宜着眼于制度化程度或官方机构的支持力度。或者说某个研究领域的机构化、学科化程度，不能够作为"热"与"不热"的标准。原因很简单，制度不是一切，在今天尤其是这样。否则我们就会得出韩寒、郭敬明以及其他影视歌星还不如马列主义热的荒唐结论。

强调这点对于文化研究尤其重要。文化研究本来就是一个体制化、学科化程度很低的知识探索领域，而且大家公认它本身就是跨学科甚至是反学科的。在今天的学科现代性的建制内，学科化是体制化的基本方式和标志，在中国尤其如此。尽管有不少人已经在反思这个问题，但基本格局还是没有变。教育部的高校发展思路（如专业设置、本科生招生、研究生学位点建设等），到现在为止仍然是高度学科化的，今后也难以从根本上改变。

但是从另一方面看，文化研究作为一种研究的方法、路径、旨趣和立场，作为一种批判性的精神与公共性关怀，其实已经渗透人文社会学科的各个学科领域，在很多并不以"文化研究"冠名的学术研究中，其实都可以看到文化研究的影子，发现文化研究的果实。例如，现在的传播学研究、电影电视学研究、文学理论研究、比较文学研究、现代文学研究等，哪个领域看不到文化研究？再说一遍，如果我们把文化研究理解为一种学术研究的旨趣、方法，这一点就非常可以理解。这也告诉我们，一个研究是否属于文化研究，并不取决于其所属的学科，而是取决于其研究的旨趣、方法和立场。同样是传播学研究，既可以是文化研究，也可以不是文化研究，这要看它是否体现文化研究的旨趣，这些旨趣包括政治学的取向、跨学科的方法、边缘性的立场和批判性与介入性的倾向等。文学理论、文学批评领域的情况也是这样。我认为自己还有其他一些朋友的文学研究、文学批评，就是文化研究，但是也有很多不是。我感到高兴的是，尽管遭到不少的质疑和批评，文化研究的方法、旨趣和精神还是越来越多、越来越深刻地渗透到了人文社会科学各个学科领域的研究中。文化研究在中国的前景是广阔的。

文化研究的最大优势和生命力在于它的实践性，在于它对于重大社会文化现象的高度敏感和及时回应，同时也在于它在方法选择上的灵活性，以及它对于最前沿的各种理论（包括哲学的、社会学的、语言学的、社会理论的等）的敏感性与灵活应用。目前中国的文化研究问题很多，比如对前沿理论仍然不够熟悉，实践上、操作上也不够地道，也就是缺乏学术性。但是最根本的问题是缺少言论的空间以及对于中国语境、中国问题特殊性的关注，机械套用、搬用西方理论的现象仍然存在。

另外，文化研究的理论资源也应该多在超出文化研究的地方去找。我甚至觉得，在西方学术界一般公认的文化研究学者中，基本上没有第一流的大师（就是文化研究的精神鼻祖威廉斯也不属于严格意义上的文化研究者。他之于文化研究的意义在于提供了文化研究的理论基础）。就思想和理论的深刻性、系统性而言，文化研究的著作也没有一部堪与海德格尔的《存在与时间》、伽达默尔的《真理与方法》、阿伦特的《极权主义的起源》、《人的境况》、福科的《知识考古学》、布迪厄的《区隔》、哈贝马斯的《交往行为理论》等比肩的。我有一个比方，文化研究是"寄生虫"，是寄生在马克思、福科、布迪厄等大师的思想大树上的"寄生虫"，我个人认为文化研究领域没有思想大师，也没有第一流的具有重大理论原创性的经典著作。我可以坦率地说，对我影响最大的西方思想家，我最喜欢的学术著作，没有一个（一部）是属于狭义的文化研究的。例如，我喜欢的哈贝马斯、布迪厄等，即使他们曾经给予文化研究以空前巨大的影响，但都不属于严格意义上的文化研究者。但我个人认为，阅读他们的著作比阅读严格意义上的文化研究著作对我的文化研究更加重要。因为他们能够从根本上塑造或重新塑造你的学术视野。

对布迪厄的关注在很大程度上改变了我对文学和审美的看法。比如我现在坚信文学也好，审美也罢，都是一种社会建构，包括20世纪80年代我们所讲的文学自律，其本身也是一种社会建构。它不是生来就如此，它提供某种社会条件，促使自律的文学和文学理论得以产生。基于各种条件的作用和影响，文学自律不是自明的也不是永恒的。我的上述考虑都受到了布迪厄的影响，当然，这种影响还表现在布迪厄将权力引入艺术分析当中。但是后来我感觉到布迪厄的理论还不是特别解渴，他的方法论主要适用于分析西方国家。但中国的特殊性到底何在？中国特有的权力和文学艺术之间的特殊关联是什么？这些问题依靠阅读布迪厄很难解决。所以，我们要在布迪厄的基础上再往前走一步，要对中国特有的社会结构、文化结构以及有关文化与政治之间关系的论争，做一个更加深入的探讨。这中间包括对中国社会的性质、国家的结构，以及政府与市场、国家与民间的关系等问题的思考。

为了更深入地了解这些东西，我开始将关注视线转移到阿伦特，阿伦特的理论，比较让我入迷的是她关于极权主义、关于公共性、关于什么是政治等的论述，此外还有哈维尔对后极权主义的透析，这些有助于我们把握1949年以后的中国社会，以及当下的社会文化现状。也正是这种对西方文化理论的细读透视，把我的学术往前推进了一步。

在此我要特别强调阿伦特和哈维尔对中国文化研究的重要性。西方的文化研究受马克思主义的影响最深，几乎所有文化研究的著名人物都是"左"派。这是众所周知的事实。由于受到西方左翼传统的影响，中国的文化研究似乎也越来越"左"倾化。但西方的情况和中国不同。新中国成立以后一直是社会主义的天下，如果中国的文化研究也跟着西方，简单地把批判资本主义作为自己的志业，不是有点滑稽么？

较之后现代主义和法兰克福学派，我认为阿伦特和哈维尔的理论和思想更加适用于当代中国的文化批评。我一开始的文化研究迷恋法兰克福学派，还有后现代主义。后来我对自己有反思，觉得用后现代主义和法兰克福学派分析当代中国的文化现象，往往分析得不够到位，理论话语和文化现实的隔膜比较明显。因为这些理论是根据西方发达资本主义国家的社会文化状况提炼出来的，而中国和这些国家有很大的差异。相比之下，哈维尔和阿伦特的理论对中国更具适用性，阿伦特主要以德国为经验来源，哈维尔是以东欧捷克的社会主义和后社会主义的社会文化为理论的现实参照。显然，这两个国家的社会文化状况跟中国更接近。

我近期致力于建构一种极权主义和后极权主义的文化研究范式。这个工作难度比较大。因为如上所述，西方的文化研究都是以西方资本主义社会为原型的，所以文化研究基本上是"左"派天下，有粉红的底色，以批判资本主义社会和大众文化为主要动力。但是在中国，如果我们照搬西方文化研究理论，鹦鹉学舌，以西方资本主义社会和大众文化为批判对象，那么首先这个对象就错位了，理论也必然就错位了。因此我目前正在撰写的一些文章，比如说《理解我们自己的"娱乐至死"——一种西方文化理论在中国的被绑架之旅》，其中就讲到了把尼尔·波兹曼的"娱乐至死"理论搬用到中国是不适用的，因为波兹曼认为人们拥有太多的自由，信息太多，选择太多，不知所措，结果就迷失在兴趣的海洋里了，他还说奥威尔的预言在西方没有实现，奥威尔认为文化将死于集权的统治。取而代之的是，西方实现了另外一个预言，即是赫胥黎的"美丽新世界"预言，这个预言说的是人类文化不是死于集权统治，而是死于太多的民主、太多的兴趣和泛滥的选择，大家在"美丽新世界"里享受太多了，生活太舒服了，结果就会迷恋于娱乐。我觉得中国不是这种情况。中国现在的情况是很复杂的，既有中国的集权主义，同时又吸收了消费主义，所以它既不是美丽新世界，也不是真正的集权统治，它是二者的结合。基于这种考虑，我尝试从当代中国社会的具体文化案例入手，去创造一种属于自己的、新的，并且有别于形形色色西方文化理论的大众文化研究模式。

第一编

语境分析

第一章　文化研究在中国出现的社会文化语境

在今天，文化研究尽管已经成为中国人文—社会科学界任何人都无法忽视的存在，但行内人士一般都清楚，作为专门意义上的"文化研究"（Cultural Studies）出现在中国的时间并不长。尽管台湾文化研究学者陈光兴强调中国本土的文化研究与中国的"文人传统"，特别是以鲁迅为代表的现代文化批判传统之间的关系，但这种"追溯"出来的知识谱系似乎并不意味着"五四"时期就已经存在专门意义上的文化研究。行内人士的基本共识似乎是：专门意义上的"文化研究"在中国大陆出现于20世纪80年代末90年代初。

本章我们要面对的问题是：中国大陆的文化研究为什么恰好在这个时候出现？

一　文化研究进入中国

要准确界定文化研究进入中国的时间，首先要解决的一个问题就是什么是专门意义上的"文化研究"？

与台湾学者陈光兴"遥相呼应"，大陆学者丁守和先生也认为，现代中国的文化研究从"五四"就出现了，包括"五四"时期的道德价值观念、孙中山的新三民主义、新中国成立后的马克思主义、粉碎"四人帮"以后思想上的拨乱反正、80年代围绕着中国现代化问题而出现的"文化热"等。① 此文所谓"文化研究"大约涵盖所有对文化的研究，与行内的一般用法有异。1993年大陆还出现了《中国文化研究》这样的研究中国传统文化的学术期刊。另外还有诸如服饰文化研究、茶文化研究、黄帝文化研究乃至各种地域

---

① 丁守和：《中国文化研究70年》，《文史哲》1990年第2期。

文化研究，也都冠以"文化研究"之名。但这些与本书所说的"文化研究"在研究方法、研究对象和研究的立场、旨趣等方面都有很大不同。如果我们把这些形形色色的"文化研究"都纳入本书的考察范围，那么，本书的写作几乎就是不可能的（大约要从几千年前写起，而不是从"五四"写起）。

为了给本书所要考察的"文化研究"以一个可操作的界定，我们采用西方学者通常采用的做法，即把英国伯明翰大学"当代文化研究中心"在1964年的建立作为专门意义上的"文化研究"（Cultural Studies）确立的标志，而此前一些影响该中心研究工作的学术思潮，如马克思主义、精神分析、符号学、结构主义等，则可以作为文化研究的重要学术资源纳入我们的视野。伯明翰当代文化研究中心的研究工作的基本特点，比如跨学科方法，强烈的政治参与性和批判性，对当代文化特别是大众文化的高度关注，对社会弱势群体的文化权利的高度关注，对文化中的权力关系的高度敏感等等，也成为我们确定一种对于文化的研究是否属于专门意义上的"文化研究"的基本标准。

从这个标准看，1988年出版的美国马克思主义文化理论家杰姆逊的《后现代主义与文化理论》中文版和1990年出版的法兰克福学派代表性理论家霍克海默与阿多诺合著的《启蒙辩证法》中译本，或许是文化研究进入中国大陆的两部标志性著作。但即使是这两本书，学术界的大多数人也并没有一开始就把它们归入"文化研究"名下。甚至可以说，他们当时对何为"文化研究"还不甚了了。中国学界最早开始了解当代西方的文化研究，或许是从20世纪90年代上半期开始的。1994年9月，《读书》杂志社举办了"文化研究与文化空间"讨论会，这是我们看到的国内第一次真正意义上的"文化研究"研讨会。1995年8月，一次更加标准的"文化研究"研讨会"文化研究：中国与西方"国际研讨会在大连举行，会议对西方文化研究的历史演变和现状、中国当代文化研究的理论课题、比较文学和文化研究的关系等问题做了探讨，会议的发起者已经在非常明确的意义上使用狭义的"文化研究"一词。1996年7月，"文化接受与变形"国际研讨会在南京举行，会议议题涉及了欧美大众文化在中国的影响、文化研究的冲击和我们的对策，以及文化全球化和文化身份研究。这三次以文化研究为议题的学术会议无疑对文化研究在中国的引介具有重要意义。[①] 2000年前后，大陆学界开始热烈讨论什么是"文化研

---

① 马征：《文化研究在中国》，载《文艺理论与批评》2005年第1期。

究",文化研究与文学研究的关系是什么,"文化研究"开始在比较有学术自觉的意义上被使用。

就西方的情况看,有些早于伯明翰文化研究中心成立的研究成果,比如法兰克福学派早期的大众文化研究,是在中心成立之后、在"文化研究"这个术语被大家接受之后才被"追认为""文化研究"的(在今天它已经被普遍视为文化研究的重要代表之一),这些研究成果问世之初并不被称为"文化研究",中心成员自己也没有这样命名。中国的情况与此类似。中国的文化研究也是先有研究实践,后有理论自觉。因此,考察中国当代文化研究的历史不能以其具有理论自觉的时刻作为起始点。但总体而言,学界一般承认中国的文化研究起于20世纪90年代初。

二 大众文化的兴起与批评的困境

从20世纪90年代初在大陆出现到现在,文化研究在短短20多年的时间里有如此大的发展,实在是一件令人惊奇的事。我们认为,文化研究在中国的出现和迅速发展与中国特定的社会文化语境有着密切的关系,说到底是因为它呼应了大陆社会文化现实的需要而不是因为有人译介了几部西方的相关著作。杰姆逊的《后现代主义与文化理论》在中国的接受史颇能够说明这个问题。

这本书在1986年的出版(陕西师范大学出版社)可以说是西方文化研究成果在中国的第一次亮相,它以通俗易懂的形式介绍了当代西方几个主要的文化研究思潮和派别。但是这本书在当时并没有引起很大反响,少数注意到这本书的人也没有把它归入"文化研究"或以为它意味着"文化研究"的降生。在1992年前后,学术界对此书的兴趣骤然剧增,原因很简单,这个时候中国本土的大众文化突然间得到飞速发展。可以说,中国本土大众文化的兴起是催生文化研究的最直接原因。

另一个证据是,霍克海姆和阿多诺的《启蒙的辩证法》出版于1990年,但是对它的大量引用(尤其是其中"文化工业:欺骗大众的启蒙"部分)也是在1992年以后。

这两个例子都表明,中国学术界对于西方文化理论的选择性接受,深刻受制于自己的现实文化需要。

那么,在1992年前后,中国的社会文化语境到底发生了什么样的变化,使得中国突然出现了对于西方文化理论的迫切需要?无论是当时,还是现在,多数学者对这个问题的意见一直都比较一致。大家普遍认识到，90年代中国的经济改革突然加大步伐，市场化、世俗化潮流势不可当，这使文化也跟着发生了变化。俗文化、消费文化和大众文化特别是中国本土的大众文化勃然兴起（此前中国的大众文化以台港和美国进口为主）。这与80年代文化界精英文化和先锋文化一头独大的态势形成了强烈反差，原来人文学界的那套理想主义、精英主义、强调非功利和超越性的人文主义话语，面对新的文化现实显出了应对的困难，很多具有探索性的学者不得不求诸西方引入的文化研究的理论和方法。这也可以解释，为何人们对于上文所说的杰姆逊著作的兴趣主要集中在它对于后现代大众文化形态与文本特征的描述（如平面化、机械复制等），因为中国的大众文化也正好是在20世纪90年代初期迅速崛起的。

  这个判断可以从当时及后来学者们的言谈中得到佐证。比如较早从事文化批评的学者李陀说："自80年代中期特别是90年代以来，由于市场经济的迅速发展，文化市场和文化工业突然'崛起'，大众文化有如一片燎原大火蔓延全国，使中国的文化景观在短短几年内一下子改观，批评界和理论界对此应做出什么样的反应？……而文化研究对回应这些问题有一定的优越性。"[①] 戴锦华在谈到她主持的北京大学比较文学研究所文化研究室的成立动机时，联系自己的经验指出："成立这个研究室的动机，的确是为了尝试回应90年代文化现实对我们提出的挑战，同时也和我个人所经历的90年代的困惑不无关系。"这种困惑是指"因无法容忍商业化突然全方位地降临中国而感到一种绝望乃至某种程度的精神崩溃"，"我们仿佛一觉醒来，突然面对着大众文化、商业文化、文化市场的全面兴起"。在这种情况下，要回应现实文化的挑战，原来的知识结构已经远远不够。这是她成立文化研究室的根本动机，同时也是对于西方文化研究理论的回应。用她自己的话说："要尝试建立中国的文化研究，首先是由于中国现实所提出的问题，不期然呼应着文化研究所设计的基本命题；其次，中国文化研究的展开，其本身正是试图回应中国现实与西方理论的双重挑战。"[②] 此外，由陶东风等主编的《文化研究》丛刊（也是大陆唯一的文化研究专门刊物）在其创刊号的"前言"中尽管承认了中国文化研究所受的西方影响，但他着重指出："中国90年代的文化研究从根本上说

[①] 戴锦华：《犹在镜中：戴锦华访谈录》，知识出版社1999年版，第214页。
[②] 同上书，第216页。

还是本国国情的产物"。并因此而强调西方文化研究的本土化问题:"西方的文化研究理论与方法在进入中国以后,由于语境的不同,必将并已经产生了极大的变形。中国的文化研究必须扎根于中国社会文化本身的土壤。"①

　　大众文化究竟给批评界出了什么样的难题,以至于使他们觉得原先的理论和方法已经难以应对?让我们用一个例子来具体说明这个问题。被称为"痞子作家"的王朔大约是20世纪80、90年代之交最能代表大陆文化转向的作家,他的经历很有标本价值。他在80年代的文学创作以其痞子主人公和痞子化的话语风格,不断公开调侃知识分子精英话语,捎带也调侃一下官方主流话语,显示出与其他作家的理想主义倾向不同的面目。1988年,他的四部小说被改编成电影,被看作是最早成功"触电"的大众通俗作家。紧接着他又参与电视剧《渴望》的编剧与制作,获得了空前成功。此后几年他成立公司直接参与电视连续剧的生产,成为当时介入大众文化生产最早、最深的作家。王朔结合自己的切身体会谈到他对文化的看法在20世纪80年代和90年代经历的巨大变化:"整个八十年代,我们是在目不暇接的文化盛宴中度过的,一个惊喜接一个惊喜……当时我们的文化概念是不包括大众文化或叫消费文化的,也没有娱乐这个词。"②但是到了90年代,"仿佛一夜之间中国就进入了消费时代,大众文化已不是天外隐雷,而是化作无数颗豆大的雨点儿结结实实落到了我们头上"。但王朔依然说自己"并没有意识到一个新时代已经到来,仅仅认为是经济繁荣后带来的生活方式的改变。我的文化观仍停留在过去,即认为文化是少数人的精神活动,非工业的,对大众是一个给予,带领和引导的单向关系,而不是相反。我依旧蔑视大众的自发趣味,一方面要得到他们,一方面决不肯跟他们混为一谈"③。

　　但当他真正进入典型的大众文化,即影视剧的创作实践的时候,他深刻体会到了文化市场化和商业化所带来的现实挑战。他进入一个电视剧制作中心,那个中心有一个自己的摄影棚,但这个摄影棚必须保证天天有戏拍才不会亏本。在这种情况下,原来精英化的创作方式显得过时了:

　　　　指望作家深思熟虑之后拿出心血之作是来不及的,那等于靠天吃

---

　　① 陶东风、金元浦、高丙中等主编:《文化研究》第一辑,天津社会科学院出版社2000年版,第3页。
　　② 王朔:《随笔集》,云南人民出版社2004年版,第141页。
　　③ 同上书,第143页。

饭，要形成规模，讲究效益，必须走到工业化组织和工业化生产这一条路上来。这就是大众文化的运作模式了！对生产力提高的渴望改变了生产关系。一进入这个剧组我就感到了这一次与以往的不同，大家上来就达成了共识：这不是个人化创作，大家都把自己的追求和价值观放到一边，这部戏是给老百姓看的，所以这部戏的主题、趣味都要尊重老百姓的价值观和欣赏习惯……这就是大众文化的游戏规则和职业道德！一旦决定了参加进来，你就要放弃自己的个性、艺术理想，甚至创作风格。大众文化最大的敌人就是作者自己的个性，除非这种个性恰巧正为大众所需要……①

谈到具体操作，他回忆道：

> 那个过程像做数学题，求等式，有一个好人，就要设置一个不那么好的人；一个住胡同的，一个住楼的；一个热烈的，一个默默的；这个人要是太好了，那一定要在天平另一头把所有倒霉事扣她头上，才能让她一直好下去。所有角色的性格特征都是预先分配好的，像一盘棋上的车马炮，你只能直行，你只能斜着走，她必须隔一个打一个，这样才能把一盘棋下好下完，我们叫类型化，各司其职。……通俗文艺有它自己的铁的规律，那是你无论抱有什么艺术洞察力和艺术良心也无从逾越的，它必须要情节密度，要戏剧冲突，要人物个个走极端。在这样的作品中追究作者的艺术抱负是痴人说梦，由此判定作者的文化立场也常常会发生误会。②

在其他地方，他也曾说过，写电视剧"这种东西不能用其他的标准衡量。……就想让老百姓做个梦玩。……写前没想得那么具体，逮着谁论谁，写到哪算哪，实际上通俗剧不是一种创作，而是操作，是技术活儿。剧里的人物都是类型化的"③。

这些电视剧的目标是很明确的，那就是娱乐，就是"让老百姓做个梦

---

① 王朔：《随笔集》，云南人民出版社2004年版，第144—145页。
② 同上书，第145页。
③ 王朔：《我是王朔》，国际文化出版公司1992年版，第47页。

玩"。他说他的《编辑部的故事》里面没有任何内涵,"一切一切都是为了追求（喜剧）效果,最大的担心也是怕人不笑。从导到演都是为了一个目的,让人笑"①。

面对以这样的目的和这样的方式生产出来的文化产品,主流文学批评界一时目瞪口呆,因为他们还沉浸在20世纪80年代精英文化的思路中。20世纪80年代文化界关注的焦点是什么呢?有人这样描述80时代：

> 本世纪（指20世纪,引者注）70年代末期,当中国人从中世纪的蒙昧中惊醒后,对人类所创造的文明和文化成果表现出一种如饥似渴的热情。交响乐、芭蕾舞、西洋绘画、古典文学名著,成为一种时尚,抽象艺术、朦胧诗、荒诞剧、现代派小说也受到人们青睐,甚至萨特、弗洛伊德、马斯洛的哲学和心理学著作也成为了畅销书。以思想解放运动为前导的整个中国文化充满了一种启蒙主义的热情和现实批判精神,一个"盗火者"普罗米修斯的精灵在新时期文化中挣扎和呐喊。这一时期的中国文化以其对现实的积极介入,对历史的严肃反思和对艺术语言的革命性改造,表现出一种人道主义的理想和美学批判的自觉。无论是"伤痕文学""反思文学"那种对批判现实主义的执着,或是《父亲》等所谓"超级现实主义"绘画那种对纪实美学的热衷,"第五代电影"对经典电影叙事模式的叛逆,以及《新闻启示录》、《新星》等电视作品对社会焦点的关注,都既表现出一种企图重新阐释世界、改造世界的责任感和使命感,同时也表现出一种文化进步和艺术革新的一股热情。②

可以想象,在这样一种气氛中沉浸了十几年之久的批评家们面对王朔这样的作品会有怎样的鄙视和不屑?他们纷纷指责他的写作态度不严肃,游戏人生,调侃一切,没有批判意识,向大众献媚,虚无主义,等等。③ 但这种批评却总给人以错位的感觉,其有效性和公信力大打折扣。因为这套标举纯艺术、审美、理想、主体性的批评话语,在面对大众文化产品时,除了义愤填膺地全盘否定之外,实在无话可说。而不能深入对象内部去的批评是无力

---

① 王朔:《我是王朔》,国际文化出版公司1992年版,第49页。
② 黄会林、尹鸿:《当代中国大众文化研究》,北京师范大学出版社1998年版,第2页。
③ 王晓明等:《旷野上的废墟：文学和人文精神的危机》,《上海文学》1993年第6期。

的。王朔本人也说这种批评不对路子，没有说到点子上去：

> 文艺作品有三类。一是宣传教化，哪国政府都有这一套，政府扶持的。二是大众通俗的，商品化的文化。三是纯的，纯艺术的。有人在把这三种混为一谈。搞通俗文化的兴奋点就在这儿（指上文他说的单纯的逗乐——引者注），你不能要求它再有其他功能……现在你弄一个先锋的，就有人用大众通俗的标准评你一下。你弄一个大众娱乐的，他用艺术的纯文学的那一套来评你一下，弄得你没办法。所以我说评到点儿上的少。①

在王朔极其坦诚的"自我批评"中，原有批评话语的这种无力感尤其明显。他经常对自己的大众文化产品表示不屑。当别人问他对编剧这一行业的看法时，他说："大言不惭地说，我目前是国内最抢手的影视编剧。但我从来没喜欢过这个行当。……你能说一个人之所以成为名妓是因为热爱自己的职业么？传说中跳出火坑最坚决、最悲壮的不都是名妓吗？在北京写剧本的朋友圈子中，常常有一个粗鲁的比方形容自己：卖的。确实，除了出售的东西不同，就纯感觉而言，甚至行为本身都和妓女无异。"②在后来王朔创作的虚构小说中，他更是把自己的这些作品看成是"精神鸦片"，专门给"全世界轻度自卑有早期忧郁症倾向无须药物治疗的华人看的……据说对弱智也有治疗效果。老外也喜欢，欧美很多变态研究中心指名进口"③。对如此有"自知之明""创作目的"，如此自觉的大众文化，持纯艺术批评标准的批评家大约只能是瞠目结舌了。当然，它也逼迫着文学批评界转换自己的话语，以适应新的文化现实。

三　人文精神大讨论

一般认为，20世纪80年代是一个人文气氛浓郁、精英作家艺术家和人文知识分子引领潮流的时代。官方和知识分子共同倡导的改革开放与思想解放运动构成某种呼应关系，成就了80年代人文学界轰轰烈烈的新启蒙运动。

---

① 王朔：《我是王朔》，国际文化出版公司1992年版，第49—50页。
② 同上书，第65页。
③ 王朔：《和我们的女儿谈话》，人民文学出版社2008年版，第78—79页。

这种新启蒙运动在理论界表现为"真理标准"讨论,关于"异化"问题的讨论,关于人性论与人道主义的讨论,关于文学的主体性,自主性问题,以及审美属性讨论,等等。新启蒙话语上接"五四",在文学界宣扬人道主义与个人权利思想,强调文学艺术的非功利性和审美性。这与当时整个政治、文化环境十分吻合,与此同时也让人文知识分子处在了引领时代潮流的风口浪尖之上。实际上,如有人所言,80 年代是中国的浪漫时代,象征着理想主义、激进的自我批判,以及对西方思想的积极开放姿态。①

和 80 年代有关的流行词

激情　热诚　反叛　浪漫　理想主义　知识　断层　土
傻　牛　肤浅　疯狂　历史　文化　天真　简单　沙漠　启蒙
真理　膨胀　思想　权力　常识　使命感　集体　社会主义
精英　人文　饥渴　火辣辣　友情　争论　知青　迟到的青春

和 90 年代直至现在有关的流行词

现实　利益　金钱　市场　信息　新空间　明白　世故　时尚
个人　权力　体制　整容　调整　精明　焦虑　商业　喧嚣
大众　愤青　资本主义　身体　书斋　学术　经济　边缘　失落
接轨　国际　多元　可能性②

认为 20 世纪 80 年代中国文化是由精英文化主导的,这种看法当然不错,但不能因此认为当时不存在大众文化。实际上,市民的、世俗的文化,在任何时期都是消费量最大的文化品种。即使在"五四"时代,发行量最大的出版物也是鸳鸯蝴蝶派的。20 世纪 80 年代也不例外。改革开放之后,中国的大众文化从政治压抑中迅速复苏,拥抱世俗的日常生活。翻开关于 20 世纪 80 年代的文化历史与文化记忆,我们不难看到大众文化在当时生活中的高度活跃。1979 年交谊舞出现在人民大会堂,引发了全国的跳舞热;1980 年,歌曲《乡恋》《军港之夜》引发巨大争议,邓丽君的歌曲被禁而不止;1981 年的电视译制片《加里森敢死队》热播后,接下来的几年中,香港与外国电视剧如《姿三四郎》《霍元甲》《血疑》《排球女将》纷纷走上银幕;1984 年的电影《少林寺》更是引发全国热潮;1984 年健美操、摩托车、录像厅成为新鲜词汇;1985 年电视剧《上海滩》,1986 年流行歌曲《一无所有》、"西北

---

① 查建英:《八十年代:访谈录》,生活·读书·新知三联书店 2006 年版,第 9 页。
② 同上书,封底。

风"、《囚歌》,1987年的《冬天里的一把火》,1988年的王朔电影,1989年的席慕蓉诗歌,如此等等,都在中国当代的文化史上留下了深刻的痕迹。①

既然大众文化一直都存在着,活跃着,那为何在20世纪90年代才凸显成一个重要的社会文化议题呢?不可否认的一个原因是,1992年邓小平南方谈话后,市场化改革加速推进,使大众文化借助市场力量获得更快、更大的发展。但更重要的还是要从官方主流文化、精英文化与大众文化之间关系的变化来看待这个问题。

20世纪80年代大众文化自身没有成为一个需要认真对待的或具有挑战性的"问题"摆在人们面前,是因为它与精英文化乃至官方主流文化在某种层面上存在一种"同盟关系"。此时,官方话语中交替出现改革与保守两种声音,知识分子则与改革派结成联盟,掀起了"五四"以来第二次声势浩大的启蒙运动。刚从港台传来大众文化(比如邓丽君的歌)由于受到了传统政治保守派权力话语的指责,反而使自己身上有了某种悲壮的精英主义色彩。精英知识分子成为邓丽君"靡靡之音"的知音。在禁欲的极权意识形态遭到集体怀疑的时代,哪怕是很"俗"的东西,也被解读为具有"思想解放"价值。因此,大众文化与知识分子的精英文化在此时是和睦相处的,相互之间的差别相比之下反倒没有得到凸显。实际上,即使是本土的商品化大众文化,也是从20世纪80年代晚期开始就已经有较大发展,比如1988年王朔就有四部小说被搬上电影银幕,他和其他人合作编剧的电视连续剧《渴望》也是从1989年初就开始筹划运作的。只是那时的人文知识界并不把它当作重要的对立面予以重视而已。

但是情况在1989年之后发生了变化。文化精英们所倡导的新启蒙运动遭遇到政治上的重挫,社会形势使人文话语不得不远离政治及与政治相关的文化批判。原有的精英的、批判的、高度政治性的话语慢慢失去了社会土壤,被挤到了边缘。与此同时,搭上了商品化快车而快速发展起来的大众文化占据了文化的中心舞台。这使原来操持精英话语的知识分子感到了极大的不适应。而且,他们的边缘化是双重的,他们不但在文化和政治的舞台上被边缘化了,而且他们的社会经济地位也被边缘化了。一些学者回忆了当时知识分子经济上的艰难处境对他们思想的影响:

---

① 参见尚伟主编《文化记忆:1978—2008》,中央文献出版社2009年版。

社会结构的急剧变动一定会冲击人的精神世界，尤其是经济地位的升降。本来是一个几近凝固的社会结构，很少流动，现在突然横向的和纵向的流动同时猛烈起来，给90年代初的普通教师造成的压力太大。我举个例子，那时我们出差都还不能坐飞机，好像除了没钱还有一个级别问题，出差通常坐火车嘛。从新客站下来，打车，司机就问到哪里？到华东师大。沉默两分钟，司机保证会说："大学老师还是老清苦的哦！"很衷心的。这个事情我在其他地方可能不止一次讲过，为什么？因为对历史有点了解的人来说，这个情景构成了很大反讽，很有代表性。回过去七八十年，"五四"时代，差不多鲁迅、胡适、周作人、李大钊这些人都写过小品文甚至诗，表示对人力车夫那些社会结构急剧变动下的下层的劳动者的同情。说明在启蒙主义者那里是比较普遍的感受。他们的收入是人力车夫的几十倍，面对贫穷的劳苦大众，未免有一种道德的歉疚感而不安。现在是倒过来，司机同情大学教授，因为那时候出租车司机一个月拿三四千块，而年轻的大学教师可能就是月收入三四百元吧。街上不是流行所谓"搞导弹的不如卖茶叶蛋的"吗？……这种知识分子相对贫困化的威胁让许多人很不安。更何况对于即将到来的商品经济的社会秩序，一般人文学者并没有实际的思想准备。记得有人很愤慨地断言：新时期的社会秩序已经排定，商人第一，文化商人次之，文化人最末。在许多人心底，还是传统的士农工商的排序，瞧不起商人。改革开放前的排序是"工农兵学商"，商人也一样在最下面。现在完全颠倒了，它一时引起的失落感是巨大的，你甚至不知道用什么来衡量你的职志。用学理化的话说，其实就是价值迷失、价值冲突的表现。①

政治上的挫折，文化上的失声，经济上的困窘，多重打击使知识分子面临深刻的信心危机和身份危机。在沉默了三四年之后，到1993年，中国人文学界终于在"人文精神大讨论"中似乎找到了重新发声的突破口。1993年第6期《上海文学》发表王晓明和华东师范大学中文系的几个研究生的一个座谈纪要《旷野上的废墟：文学和人文精神的危机》，文中提出"文学和人文精神危机"的问题。随后，1994年第三期至第七期的《读书》杂志，连续刊发

---

① 陈思和、高瑞泉、王晓明、张汝伦：《人文精神再讨论》，载《东方早报》2012年5月27日第B02—06版。

了以"人文精神寻思录"为题的一组讨论,把文学、历史、哲学乃至经济界的专家学者卷了进来,在全国的人文学界引起很大反响,《东方》《光明日报》《文艺理论与批评》《文艺争鸣》《文艺报》等许多报刊也都参与了讨论,声势浩大,一直持续到 1995 年夏秋。此间,文坛上的"二张"(张承志、张炜)"以笔为旗"、为理想而战的"抗战文学"也进入论争中,与北大教授洪子诚、谢冕对当代文学的严厉批评及他们组织的"关于当代文学的理想"的讨论遥相呼应,形成了一场波及整个人文知识界的理论争鸣。这一事件非常重要,它不仅深刻影响了 20 世纪 90 年代以后直到今天人文学界的话语方式,而且也成为中国文化研究兴起的一个契机。

这次讨论被人总结为有以下议题:(1)什么是人文精神;(2)"人文精神失落"这一命题是否成立("失落"前是否有过"人文精神"?);(3)如何重建人文精神。尽管有参与者否认"人文精神"主要矛头是大众文化,但大众文化至少是他们批判的主要靶子之一,如果不是最重要的一个的话。① 关键是:对人文精神的呼唤为何最后会落实到对大众文化的批判上?当年参与讨论的陈思和在 18 年后回忆当时的情况时说:

> 知识界基本上是倾向于坚持改革开放的。但是到了 1992 年以后,突然市场经济、商品经济的大潮就汹涌起来……市场经济突然开放,再加上 1989 年的政治风波,两件事撞在一块儿,对知识界来说,那个时候政治形势是没有办法公开去反思,所以就把这样一个反思的热情都转到了经济话题上。……我们这代人,因为从小受的教育是反资本主义经济的

---

① 孟繁华在讨论当年王蒙与王彬彬有关王朔小说的争论时说,"通俗文学或王朔文体从来就不是讨论的主要话题和'整肃'目标"(孟繁华:《众神狂欢》,第 175 页)。但是查阅当年的争论资料,以及当时参与者的回忆,我们会发现孟的说法是有问题的。引发讨论的第一篇文章《旷野上的废墟》中就提到了文人下海,王朔的"痞子文学"和向大众献媚,以及张艺谋电影向外国人献媚。(王晓明等:《旷野上的废墟:文学和人文精神的危机》,载《上海文学》1993 年第 6 期)在提倡重建人文精神的人物中,有研究思想史的学者,也有研究文学的学者,后者往往就把纯文学的失落,文学的俗化,看成是人文精神失落的主要表现。批评家白烨在一次与王朔等人的对话中提到了当年的一些情况:"人文精神是近来的一个热闹话题。今年第六期《上海文学》刊登过王晓明同上海几位青年学者有关文学的危机与人文精神的对话体文章。……不久前在上海召开的全国文艺理论学会的年会上,许多理论家也谈到了理论的困惑和人文精神的危机。前两天,中国社会科学院也召开过一个有关人文精神问题的小型讨论会,为明年召开的一个大型专题讨论会作选题上的准备。……在这些关于文学危机和人文精神的看法里,王朔常常被提到、被引用,当然是作为文学由雅趋俗下滑中的一个例子。"(白烨、王朔、吴滨、杨争光:《选择的自由与文化态势》,载《上海文学》1994 年第 4 期)实际上,众多的证据表明,王蒙与王彬彬都没有误解对方,通俗文学与大众文化确实是论战双方争论的焦点之一。

教育，当时我们习惯的思维模式是对市场经济抱着警惕……20世纪70年代我就读过马克思的《资本论》，读过当时的所谓政治经济学理论。今天社会上被揭露出来的大量不法分子，为了追求高额利润而置道德法律于不顾的现象，就是马克思当年指出的，资本家为了追求百分之三百的利润连上断头台都不怕的现象。……在1994年那个时候，大家第一个反应，就觉得，这样一种市场经济大变革，会给我们日常生活中的伦理道德习俗都带来强烈冲击，可能在人文立场上带来的冲击更大。……但是我们提出的人文精神失落的问题，根源肯定不在当时刚刚开始的市场化（因为它的危害性还没有充分展示出来），而恰恰是近五十年的历史，是所谓的计划经济和对意识形态高度控制的政治形态才导致了知识分子人文精神失落和人格的软化，所以问题的复杂性就在这里。"人文精神"讨论是从"寻思"开始的，所谓"寻思"是因为人文精神已经失落了，但是只有在市场经济兴起的时候，我们才有可能把它提出来"讨论"，而且讨论的问题是从市场经济初期可能会带来的消极后果的忧虑开始的。[①]

这段话的含义非常丰富。政治气候的改变使知识分子原有的以启蒙为导向的批判话语不能持续，但他们的批判姿态却无法短时间改变，他们需要一个新的批判对象，或者说一个出口，来延续其批判立场。选大众文化作为靶子，是因为文化讨论正是知识分子的擅长。从客观社会形势来说，选大众文化作为靶子也是中国20世纪90年代政治、经济和文化领域之间相互脱节的结果。当时中国经济走向市场化，而政治上却比20世纪80年代保守得多。这样，批判资本主义，包括批判市场化，是相对安全的。在人文精神讨论中，对大众文化持强烈批判态度的学者有意无意地使用了法兰克福学派的理论（特别是霍克海默和阿多诺合著的《启蒙辩证法》中关于文化工业的部分）。在他们眼中，阿多诺所批判的大众文化的商品化、无深度、感官娱乐化等，同样已经在中国出现。大众文化是文化工业而不是严格意义上的文化，代表了金钱对精神的压抑，现实对理想的湮灭，等等，总之，它是对真正文化的威胁与挑战，是一个需要解决的"问题"。对于这个时期中国文化景观发生的

[①] 陈思和、高瑞泉、王晓明、张汝伦：《人文精神再讨论》，载《东方早报》2012年5月27日第B02—06版。

巨大转变，无数人文学者充满焦虑、遗憾地进行了雷同的描述。比如公刘这样写道：

> 进入90年代以后，无论是国家意识形态文化或是启蒙主义的知识分子文化，也无论是现实主义，或是浪漫主义、现代主义，都或者悄然退出或者被挤出了舞台的中央。那些缤纷但昙花一现的文化"快餐"几乎垄断了中国的文化市场。流行音乐替代了严肃文学，亚文学替代了纯文学，千篇一律的肥皂剧替代了风格化的艺术电影，被文化人视为电影的堕落的《唐伯虎点秋香》却高居票房榜首。艺术家们不得不借助于种种商业包装来推销自己，于是就有了号称当代《金瓶梅》的《废都》，有了"布老虎"等形形色色的丛书。曾几何时，曾经令人肃然起敬的人道主义的责任感和使命感在王朔式的调侃下变得竟是如此虚弱、甚至虚伪，在一种以宣泄和释放为目的的消费文化铺天盖地地席卷下，那个悲壮而崇高的普罗米修斯形象似乎正在从中国文化中悄然淡出。大众心目中的"英雄偶像"不再是五六十年代的黄继光、邱少云，不是70年代的"反潮流"代表，也不是80年代那些思想解放运动中涌现出来的思想先驱和艺术先锋，而是香港的所谓"四大天王"，是东方丽人巩俐、喜剧天才葛优，是好莱坞明星道格拉斯、黛米·摩尔，是一代足球天骄马拉多纳。这一切，标志着中国文化进入了一个大众文化的时代。①
>
> 一方面既有所谓的现代主义转入所谓后现代主义，同时，又由"写实"转入"新写实"，并逐步形成某种潮流，说故事的手法再次受到重视，但它和过去的大众化截然不同，这一次带有明确的商业目的。这种变化，不只限于文学领域，还包括音乐、戏剧和美术。个别走红的作家，被捧为"京味"正宗；"过把瘾"和"没商量"之类文理欠通、市井哥们儿之间的"侃"，成了报纸上反复出现的标题。"快餐文化"行世，良莠不齐的白话版经典新译、世界名著缩写和泥沙俱下的爱情诗行、散文选、情书选，以及意图暧昧的禁书大观、趣味不高雅的幽默笑话，纷纷出笼。由于个体书商的全力豢养，同时由于部分作家的加盟，出现了一支庞大的队伍——"写字儿的"。因之地摊上有了坚决拒绝降温的老"热点"（色情、暴力），也有了不断变换的新"热点"（武侠、演义、玩股、逃

---

① 黄会林、尹鸿：《当代中国大众文化研究》，北京师范大学出版社1998年版，第2—3页。

税、风水、看相、卜卦、人际关系、特异功能、高层秘闻、社会黑幕等等)。"写字儿的"一族已然成了气候,他们的座右铭是,"一瓶胶水一把刀,抄了剪,剪了抄,红蓝墨水舍得浇"。①

20世纪90年代的人文精神大讨论与中国大众文化研究之间的密切关系可以从黄会林主编的《当代中国大众文化研究》一书的导论部分非常清楚地看出来。这部出版于1998年的著作据称是"中国第一部比较系统和全面地描述、分析和评价当代中国大众文化的历史、现状和发展趋势的著作"。副主编尹鸿为全书所写的导论的题目即为"为人文精神守望"。与这个题目相符合,这篇导论的整体视角与思路体现了提倡重建人文精神一派的观点。导论首先也是把大众文化看作是一个严重的"问题",以此作为自己的出发点。它比较客观地分析了中国大众文化兴起的几个基本原因:第一,经济体制改革背景下,文化生产机构被推向市场,经济效益成为衡量文化产品的重要参数,生产者与消费者之间建立了一种直接的利益关系,生产者不得不满足尽可能多的观众的需要;第二,大众文化的消费群体迅速形成和壮大;第三,影像媒介的发展;第四,意识形态控制走向宽松(这点并不非常符合实际);第五,消费社会形成,理想主义与启蒙主义的声音失去听众。在介绍西方的大众文化研究时,它只介绍了德国法兰克福学派的批判理论和英国"当代文化研究中心"为代表的文化学派。值得注意的是,在介绍后者时,它介绍的似乎不像是"当代文化研究中心"的观点,而更像是在追随利维斯主义的"文化与文明"传统——只是一味批判大众文化缺乏美学价值,对高雅文化造成冲击,制造消极的接受者,降低社会的整体趣味水平,使美学退化,等等,"当代文化研究中心"对大众文化的复杂态度在此被大大地简单化了。

寻找人文精神的知识分子以精英的姿态批判商业化社会中存在的金钱至上观念,并认为它带来了道德腐败和社会无序。他们重新回到西方和中国的古典哲学,寻找终极关怀和伦理规范,最终把问题落实于以安身立命为目的的个人道德实践和专业化学术活动。此时进行大众文化研究的多数学者与寻找人文精神的知识分子在立场、话语方式与情绪上都高度相似,这可以看作是80年代新启蒙话语在变形之后的延续。只有把握"重建人文精神"这一派人物的时代背景与情绪特征,这种对大众文化的基本态度和对西方文化研究

---

① 转引自张永清主编《新时期文学思潮》,中国人民大学出版社2003年版,第191—192页。

的选择性介绍才能得到理解。

四 文艺学学科的危机与转型

英美的文化研究多数依托于英语文学系，而中国从事文化研究的人大部分也来自文学院系，特别是文艺学（文学理论）学科。文艺学是极具中国特色的学科，其核心课程是文学概论。由于中国近现代以来的特殊历史背景，特别是在中华人民共和国成立以来学术政治化的大背景下，这一学科带有极强的政治性。从一个更长的历史时段来看，强调文学的政治与道德教化功能一向是中国儒家传统政教体系的重要特色之一。这种政治性既有维护皇权与礼教的一面，也可强调儒家的民本、仁政及文学的怨刺功能。这后面一种思想实际上就构成了中国文人传统的一个主要精神内涵。

从新中国成立之初到20世纪70年代末，中国的文艺学基本上是按照毛泽东1942年《在延安文艺座谈会上的讲话》并参考苏联的文学理论框架而建成的。《讲话》确立了文学为工农兵服务、为政治服务，文艺批评的政治标准第一、艺术标准第二，反对普遍人性论等一系列原则或标准。它们共同构成了新中国前三十年文艺学的主要内容。这种文学理论是在决定民族危亡的战争状态下产生的，在后来和平建国时期，其局限性越来越明显。特别是在"文革"时期，这种文学理论更是走向极端，与被滥用的权力一起，成为实施政治权谋、扼杀文艺和迫害文艺工作者的工具。

从20世纪70年代末开始，中国实行改革开放政策。为推动改革，思想解放成为其中的重要一环。在这个大背景下，文学的审美特性得到强调，人道主义问题、异化问题、人的主体性问题成为当时热烈讨论的话题。其基本倾向是要求文学研究应摆脱政治干扰，回归其审美特性，即所谓的从"他律"转向"自律"，从"外部研究"转向"内部研究"。这是一种反对政治干预的文学理论。但它自身绝非没有政治性，相反，它与当时的改革开放和思想解放运动存在紧密联系。这一转型在20世纪80年代取得了相当大的成功，各种版本的文学理论教材纷纷把文学的本质界定为审美，强调对文学作品的形式研究。在某个层面上，文艺学学科的这种自主与独立是符合整个现代化进程的一般规律的。因为现代化意味着专业化，意味着政治、学术、经济各个场域的相对独立与自治。

但是文艺学的这种独立自主诉求到20世纪90年代以后面临新的危机。一方面，由于文学创作与文学批评过度强调形式，逐渐滋生了脱离现实的弊端，失去了把握现实、参与现实的能力，其公共维度日益萎缩；另一方面，市场化商业化使得包括文学艺术在内的文化生产方式、传播方式与消费方式发生了巨大变化，文学的自主性如今面临商业化市场化的挑战。同时，文学在文化活动中的地位也改变了，它在很大程度上不再是文化与意义的生产与消费中心，影视、广告、互联网、大众畅销读物等新兴媒体文化取代文学成为新的主导性意义的生产载体。这使得包括文学在内的文化生产与传播的技术、机构、实践、物质等方面/层面的重要性变得越来越突出。社会上出现了新的知识分子/文人类型、新的文化与艺术从业人员以及"新媒介人"阶层（如艺术经纪人、图书商人、各种游走于官方、大众与市场之间的编辑记者等）。文化生产机构与传播机构（如出版社、画廊、音乐厅、博物馆等）的种类与性质发生了变化，各种具有中国特色的文化艺术机构（如唱片公司、影视剧制作中心）也出现了。文学艺术在很大程度上已经成为一种产业，其物质属性、技术属性和商业属性变得越来越突出。反观20世纪80年代确立的文学研究方法，一直强调文学文本的解读，强调形式的自主性和自律性，它恰恰不太注重文学活动的物质的、机构的、技术的维度，也不怎么研究文化机构、文化媒介人等在文学艺术生产和传播中的作用。这种所谓"内在研究"的范型随着新的大众媒介与大众文化生产的兴起而显现出了自己的局限性。①

由于商业化以及大众传播方式的普及导致了大众日常生活的审美化，以及相应的审美活动的日常生活化（或曰审美的泛化）。电视剧、广告、流行歌曲等成为大众主要的文化消费对象，城市环境日益符号化。它导致审美/艺术与日常生活之间的界限逐渐缩小乃至消失，文艺/审美活动已经超出所谓纯艺术/文学的范围，渗透大众的日常生活中。审美和艺术活动的场所也已远远逸出与大众的日常生活严重隔离的高雅艺术场馆，深入诸如城市广场、购物中心、超级市场、街心花园等日常生活空间。如果说当代的审美活动、文学艺术活动呈现出明显的"外扩"趋势，那么，我们建立在20世纪80年代"自律论"基础上的文艺学话语则恰恰是"内敛"的：一方面是受到西方新批评与形式主义等理论资源的影响，另一方面则是清算与告别"庸俗社会学"的急切心理与此类"内在研究"方法之间存在天然的契合，两者共同塑造了文学研究的所谓"向内转"趋势。一时间，文学研究执着地转入对于文学的文

---

① 陶东风主编：《文学理论基本问题》"导言"，北京大学出版社2004年版。

体、叙事、隐喻、象征、原型、节奏等的研究,强调对于文本的细致分析和对艺术形式、艺术技巧的研究与把握。但是,这种自律论的文艺学观念与方法在面对20世纪90年代日常生活审美化事实的时候,常常显出阐释力的不足。①

总体而言,20世纪80年代确立的、以自主性为核心诉求的文艺学,没有能够对20世纪90年代新的文化与文艺状态做出及时而有力的回应。文学研究与现实的社会政治问题、文化活动、审美与艺术实践之间存在严重的脱节,它的解释与参与公共领域重大问题的能力日益萎缩。从纵向看,这不符合我国强调文学现实政治意义的悠久传统;从横向看,在已经完成场域分化并建立独立完备的现代学科体系的西方学术界,已经有越来越多的批判知识分子意识到了现代学科体系的弱点,转而强调跨学科的研究。面对这样的情形,一些关注现实的文学研究者日益表现出对文化研究的青睐,有的则干脆离开文学领域进入对广义的"文化"(相当于威廉斯说的"作为生活方式"的文化)的研究;而另一部分人则试图把文化研究的视野与方式引入文学研究,产生了文学研究中的文化批评方法。因为文化研究的跨学科方法和参与性品格使它能够充分发挥对消费时代大众文化的解释力,它身上所带有的那种政治敏感性、对社会生活的参与性以及对知识生产的自我反思性,正是身陷危机的中国文艺学所需要的。因此,随着西方"文化研究"理论与实践在20世纪80年代后期到20世纪90年代被陆续介绍到中国,它逐渐被运用于当代中国文学与文化研究,成为20世纪90年代社会—文化批评的主要话语资源之一。

---

① 参见陶东风《日常生活的审美化与文化研究的兴起——兼论文艺学的学科反思》,《浙江社会科学》2002年第1期;《日常生活的审美化与新文化媒介人的兴起》,《文艺争鸣》2003年第6期;《日常生活的审美化与文艺社会学的重建》,《文艺研究》2004年第1期;《日常生活的审美化与消费文化批判》,《天津社会科学》2004年第4期。

第二章　文化研究出现的学术—知识背景

中国文化研究的兴起除了本土社会文化的原因外，还有学术—知识方面的原因，其中既包括西方的文化研究与文化理论的引进，也包括本土文学理论界的学科反思。

撇开当代中国学术的前三十年（约1949—1979）不谈，现代西方学术的影响从20世纪70年代末80年代初就已经开始显露。20世纪80年代的思想解放被称为中国"五四"以来的又一次文艺复兴。随着20世纪70年代末开始的改革开放的逐渐推进，西方现代学术思想，特别是西方人文学术思想，迅速传入中国，并在人文学界引发了热烈反响。一时间哲学、文艺学、美学成为能够引发全社会注目的学科。有关康德的主体性研究唤起学界对人的自由意志的极大兴趣，并引发了文学与艺术理论对于作家、艺术家主体性的热烈追求。对西方马克思主义的讨论引发了人们对人道主义、异化问题的重新思考。尼采、萨特与弗洛伊德的著作成为热销图书。文学创作方面，作家们则把西方现代的各种创作方法迅速尝试了一遍。可以说，80年代思想解放运动的主要内容之一即是西方现代思想的重新引入，而如果没有这种引入，就不可能有今天的中国文化研究。早期引入的这些西方思想虽然没有直接涉及大众文化研究，但也构成了中国文化研究的重要思想背景。比如后来的人文精神大讨论所标举的理想、终极关怀、人文精神、独创性、审美性等文化批评的标准，无不回响着80年代引进的西方思想（特别是西方马克思主义、存在主义和生命哲学）的声音。

但在80年代，大众文化却没能成为人们谈论的焦点。到80年代末期，国内出版的刊物上才开始有零散的探讨大众文化的篇章。季啸风、李文博主编的《文化研究——台港及海外中文报刊资料专辑》即是一例，其中包括叶启正的《现代大众文化精致化的条件》、梁其姿的《法国通俗及大众文化扫描》、黄道琳的《大众文化的本质》，以及李祖琛的《大众媒介与大众文化》等。① 但是这些文章或者是介绍西方大众文化理论，或者是探讨港台和西方的大众文化现象，中国大陆的大众文化基本没有被纳入视野（而且当时大陆的大众文化产品的确也不成气候）。与此同时，一些日后影响更大的西方著作已经被译介过来，但在当时还没有引起人们的注意，包括杰姆逊的《后现代主义与文化理论》（陕西师范大学出版社1986年版）霍克海姆和阿多诺的《启蒙辩证法》（重庆出版社1990年版）。这些来自海外的学术资源逐渐揭开了中国文化研究的序幕。

在中国文化研究所受到的外来影响中，可以大致分为两个来源：一是德国法兰克福学派的大众文化批判理论；二是伯明翰学派所代表的英美文化研究。

一 法兰克福学派的引入

在人文精神大讨论的时候，对大众文化的批判有一个重要的特点，那就是它们几乎清一色地引用了法兰克福学派的文化工业批判理论。该学派认为，发达资本主义社会的大众文化实际上只是资本主义追求市场价值的一个工业部门，一种"文化工业"。其突出的商品性使自己丧失了文化艺术应有的超越性和精神价值，利益驱动下的竞相模仿和复制技术的运用也使文化艺术丧失了独创性与个性。不仅如此，大众文化还成为欺骗大众、固化社会的工具。它不仅控制大众的精神意识，而且还操纵大众的无意识心理。可见，大众文化既不具有文化性，也不具有真正的大众性。该学派的这种深刻而激进的文化批评理论产生了深远的国际影响，包括对我国的当代大众文化批评的影响。

陶东风在1993年发表的《欲望与沉沦：当代大众文化批判》（《文艺争鸣》1993年第6期）是早期较有代表性的一篇文章。这篇文章基本上是对于大众文化抽象的道德与美学批评，并没有特别针对中国本土的大众文化。其主要观点可以概括为：大众文化提供的是一种虚假满足并使人们丧失现实感与批判性；大众文化的文本是贫困的（机械复制的、平面化的、没有深度的、缺乏独创性的）；大众文化的观众（大众）是没有积极性与批判性的，他们不能对于文本进行积极的、选择性的阅读。另一篇代表性论文是张汝伦在1994年发表的《论大众文化》，其中也是引用了从海德格尔到阿多诺，再到阿伦特等人对于大众在文化和政治上负面含义的论述。文章认为，大众文化其实是

---

① 参见陆扬、王毅《文化研究导论》，复旦大学出版社2006年版，第313页。

一种文化工业，商业原则取代艺术原则，市场要求代替了精神要求，使得大众文化注定是平庸和雷同的。在文化工业的大规模生产和传播中，作为消费者的大众其实无法决定大众文化的风格和内容，而是被它所塑造和改造。在大众文化无比强大而又无所不在的影响下，大众丧失了自己的独立判断力，成为纯粹被动的文化消费者。大众文化是现代社会中的一种垄断性权力，它正在侵入和剥夺人的私人生存空间，对于人类的心灵和思想，对于人类的文化生态有严重的负面影响。因此，批判大众文化是必要的。[①] 这种对于大众和大众文化的基本判断在后来的大众文化批判理论中得到了延续，如陈刚在《大众文化与当代乌托邦》（作家出版社1996年版）中把大众文化定义为"大众文化是在工业社会中产生，以都市大众为其消费对象，通过大众传播媒介传播的无深度的、模式化的、易复制的、按市场规律批量生产的文化产品"。这一定义显然受到了法兰克福学派的极大影响。与此相似，这一时期内出版的有关大众文化的著作，如肖鹰的《形象与生存：审美时代的文化理论》（作家出版社1996年版）、黄会林主编的《当代中国大众文化研究》（北京师范大学出版社1998年版）、王德胜的《扩张与危机：当代审美文化研究》（中国社会科学出版社1996年版）、姚文放的《当代审美文化批判》（山东文艺出版社1999年版）等，没有一部不是大量引用法兰克福学派的批判理论的，尤其是《启蒙辩证法》中论文化工业的部分。

　　刘小新把当时人们对大众文化的批判的主要论点概括如下：1. 文化工业的存在和泛滥是一个时代的文化病症，它导致人的自由的沦丧（黄力之：《"文化工业"的乌托邦忧思》，《文艺报》1993年5月8日）。2. 大众文化娱乐的平庸、贫乏与粗鄙导致艺术精神和生命的死亡，它是统治意识形态的工具。（张汝伦：《论大众文化》，《复旦大学学报》1994年第3期）。3. 文化工业使文化主流游离出"五四"的思想传统，人文知识分子把文化的控制权拱手出让给商业资本（尹鸿：《为人文精神守望》，《天津社会科学》1996年第2期）。4. 文化工业是一种反文化，因为它垄断文化市场，排挤严肃文化，侵蚀了人文精神和严肃艺术生存基础（章国锋：《文化工业是一种反文化》，《文艺报》1998年7月28日）。5. 文化工业是一股西风，是资本主义独有文化生产方式。它培养了享乐主义消解了反抗意识（刘润为：《文化工业论》，《当代思潮》1999年）。6. 文化工业与文化殖民主义关系密切，它

---

① 张汝伦：《论大众文化》，《复旦大学学报》1994年第3期。

的全球化运作导致全球文化的一体化、单一化，形成跨国、跨地区、跨民族的文化控制（姚文放：《文化工业：当代审美文化批判》，《社会科学辑刊》1999年第2期）。这些观点除了文化殖民的相关论述，其余大多是对阿多诺思想的简单套用。后来，陶东风更简洁地总结了这些文章的基本观点，即"商品拜物教论、虚假满足论、文本贫困论、个性丧失论、感官刺激论、读者白痴论"①。

20世纪90年代初，知识分子在遇见大众文化的冲击时似乎会很自然地想起法兰克福理论，这其实也并不奇怪。如上一章所引陈思和所说的，当时中国大陆的大部分学者是从小在马克思主义理论的教导下成长起来的一代人。马克思主义对资本主义现代性的批判他们非常熟悉。在《1844年经济学哲学手稿》中，马克思就把政治、艺术和文学理解为"工业本身的一个特殊部门"②。马克思在阐述剩余价值理论时，把艺术家的劳动分为生产劳动和非生产劳动。非生产劳动是"他的天性的能动表现"，是非异化的劳动，而生产劳动则是被资本家雇用，"为增加资本的价值才完成"③。而"资本主义生产就同某些精神生产部门如艺术和诗歌相敌对"④。而法兰克福学派的批判理论恰恰是以马克思主义思想中有关异化的理论为基础的。这就让知识分子在接受法兰克福学派关于"文化工业"批判的时候丝毫不感到隔膜，而马克思主义在中国的官方主导地位又使这种话语模式易于生存、传播和壮大。

中国大陆学界对法兰克福学派的接受正是在"西方马克思主义"研究的名义下开始并发展壮大的。1978年，《哲学译丛》第5期翻译了介绍苏联学者福格列尔介绍法兰克福学派的文章《法兰克福哲学——社会学学派基本思想的历史发展》，第6期还专设了"法兰克福学派及对它的批判"栏目，翻译了马尔库塞的文章《当代工业社会的攻击性》和哈贝马斯的文章《作为"意识形态"的技术和科学》，外加两篇苏联学者和东德学者评介批判该学派的文章。20世纪80年代初，在徐崇温的《法兰克福学派述评》（生活·读书·新知三联书店1980年版）以及江天骥主编的《法兰克福学派——批判的社会理

---

① 陶东风：《研究大众文化与消费主义的三种范式及其西方资源：兼谈"日常生活的审美化"并答赵勇博士》，《河北学刊》2004年第5期。
② 程代熙主编：《马克思〈手稿〉中的美学思想讨论集》，陕西人民出版社1983年版，第27页。
③ 《马克思恩格斯全集》第26卷第1册，人民出版社1972年版，第432页。
④ 同上书，第296页。

论》(上海人民出版社1981年版)中,该学派的大众文化批判理论曾被附带提及。徐崇温的"西马"研究在20世纪80年代中期引起哲学界一场论战,这场论战扩大了"西马"在中国的传播。越来越多的人文学者对"西马"理论产生了浓厚的兴趣。作为"西马"一个重要流派的法兰克福学派也就在学界传播开来。但此时中国学界对法兰克福学派的介绍和研究主要出于政治学、社会学、哲学与美学的兴趣,该学派的大众文化理论并不被重视,介绍也只是零散和简单的。

欧阳谦在1986年的著作中简略介绍了阿多诺和霍克海默的"文化工业"概念:"霍克海默和阿多诺把'文化工业'作为一种新的社会控制形式,强调这种'操纵意识'是当代资本主义的统治形式,马克思主义所注重的政治经济统治形式已被'操纵意识'所替代。"[①]刘继发表于《哲学研究》1986年第5期的《法兰克福学派对文化的批判》和赵一凡发表于《读书》1989年第1期的《法兰克福学派旅美文化批评》倒是专门介绍和研究该学派文化批判的论文,但这两篇文章所指的文化批判不仅包括大众文化批判,而且也包括意识形态批判、启蒙精神和技术合理性批判等内容。[②]欧力同、张伟在1990年出版的《法兰克福学派研究》(重庆出版社)一书中,专列一节总结了法兰克福学派关于大众文化的基本观点,包括大众文化的商品化、拜物教特性;大众文化生产的标准化、齐一化,以及大众文化的支配性、强制性特征。作者肯定了法兰克福的大众文化观,并指出,"法兰克福学派对资本主义社会的文化商品化这一病态的揭露批判,对于我们来说,同样也具有深刻的现实意义,颇值得警惕而予以制止"[③]。李小兵1991年出版的《资本主义文化矛盾与危机》有着相似的视角与旨趣。在讨论阿多诺的章节里,他专列"大众文化与文化工业"部分阐述阿多诺的概念,其观点与欧阳谦基本相同,都认识到文化工业的操纵功能:"'文化工业'是资本主义合理化的一个组成部分,它往往起着'意识形态控制'的作用,强化了现代资本主义文明,而不是质疑、批判和揭露。"[④]

---

① 欧阳谦:《人的主体性与人的解放——西方马克思主义的文化哲学初探》,山东文艺出版社1986年版,第82页。
② 参见尤战生《接受与误读——法兰克福学派大众文化理论在中国》,《山东社会科学》2011年第10期。
③ 欧力同、张伟:《法兰克福学派研究》,重庆出版社1990年版,第291页。
④ 李小兵:《资本主义文化矛盾与危机——当代人本主义思潮研究》,中共中央党校出版社1991年版,第160页。

法兰克福文化批判理论的传入与其重要著作的翻译出版密不可分。从1988年开始，徐崇温主持了"国外马克思主义和社会主义研究丛书"的编撰，陆续出版了诸多译著和专著。这些著作包括：马尔库赛的《单向度的人》（1988），霍克海默的《批判理论》（1989），哈贝马斯的《交往与社会进化》（1989），卢卡奇的《历史和阶级意识》（1989），葛兰西的《实践哲学》（1990），霍克海默、阿多诺的《启蒙辩证法：哲学片断》（1990），欧力同、张伟的《法兰克福学派研究》（1990），阿多诺的《否定的辩证法》（1993），哈贝马斯的《交往行动理论》（第一、二卷，1994），陈学明、张志孚主编的《当代国外马克思主义研究名著提要》（上、中、下三卷，上卷1996年出版，中、下卷1997年出版），冯宪光的《"西方马克思主义"美学研究》（1997）等，都是由重庆出版社出版的。其他出版社也相继出版了一些法兰克福学派的著作，如上海译文出版社1987年出版了马尔库塞的《爱欲与文明》，生活·读书·新知三联书店出版了马尔库塞的《审美之维》（1989）、弗罗姆的《为自己的人》（1988）、《占有还是生存》（1989），等等。

其中霍克海默、阿多诺的《启蒙辩证法：哲学片断》是中国大众文化批评中被引用最多、影响最大的著作。杰姆逊虽不能算是法兰克福学派成员，但作为美国马克思主义批评的代表人物，其著作《后现代主义与文化理论》（陕西师范大学出版社1986年版）也是从资本主义政治经济结构出发来批判当代大众文化的，与法兰克福学派的旨趣颇为接近。这些著作的译介对西方马克思主义，尤其是法兰克福学派在中国的传播起到了巨大的推动作用。尽管法兰克福学派与当代西马重要人物的代表著作在20世纪80年代已经传入中国学界，但总体而言，整个80年代乃至90年代初，人们的主要关注点还是：西方马克思主义是不是真正的马克思主义？而不太关注阿多诺等人的"文化工业"理论。这无疑是由时代环境决定的。当时拥护"西马"的人们心中的主要靶子还是"文革"中的非人道暴行和强权下人性的异化，何况20世纪80年代的中国大陆也还没有什么本土的"文化工业"。

20世纪90年代中国特殊的社会政治经济背景，使大众文化成为中国社会文化舞台上人们注目的焦点。在"人文精神大讨论"的带动下，法兰克福学派（特别是其大众文化批判理论）的研究、介绍、运用很快也在人文学界形成了一个热点。1993年《文艺报》在有关后现代主义的讨论中开始关注文化工业问题，1997—1998年又展开了规模较大的文化工业讨论。学术性地评介法兰克福学派大众文化理论的论文与著作大量涌现。① 进入 21 世纪，一些研究专著相继出版，比较有代表性的如赵勇的《整合与颠覆：大众文化的辩证法——法兰克福学派的大众文化理论》（北京大学出版社 2005 年版），尤战生的《流行的代价：法兰克福学派大众文化批判理论》（山东大学出版社 2006 年版）。关于法兰克福学派在中国的传播也有专门的研究专著，如德国的阿梅龙等主编《法兰克福学派在中国》（社会科学文献出版社 2011 年版）。截至 2012 年 12 月，我们能够在中国国家图书馆的搜索页面上以"法兰克福学派"为关键词查到相关论文 1600 多篇（从 1993 年到现在），专著 64 部（最早的一部即徐崇温 1980 年的《法兰克福学派》，其中 43 部出现于 1994 年之后）。这一数据足以见出此学派的影响力。这一学派的理论不仅在大众文化研究的发端期（从 1993 年到 1999 年）占绝对的统治地位，而且直到今天仍然保持相当大的影响。

二 英美文化研究的引入

中国大众文化研究能够从法兰克福批判理论范式的单一视角走出，主要是由于我们自己的历史现实问题与法兰克福批判理论之间的错位，但以伯明翰当代文化研究中心为基地的英美文化研究资源的引入，也起了相当的作用。实际上，比较专门意义上的"文化研究"指的正是在这个中心基础上形成的学术传统。现在中国学界所说的文化研究已经是指这种专门意义上的"文化研究"了。

美国著名文学理论家乔纳森·卡勒说："文化研究是人文学科在 20 世纪 90 年代的一项主要活动，一些文学教授可能已经从弥尔顿转向了麦当娜，从莎士比亚转向了肥皂剧，而把文学研究抛到了一边去了。"② 20 世纪 90 年代，英美学界从文学研究转向文化研究，文化研究成为文学院系的学术新贵。对于从 20 世纪 80 年代改革开放以来深受西方学术影响的中国人文学界来说，不可能不受到它的影响。文化研究最早也是通过研究英美文学或比较文学领

---

① 早期的代表性论文有：刘春的《法兰克福学派与大众文化批判》（《现代传播》1992 年第 3 期），郑一明的《法兰克福学派的"文化工业论"析评》（《哲学研究》1994 年第 7 期），陈振明的《当代资本主义社会变化了的文化模式——法兰克福学派对大众文化的批判》（《哲学研究》1995 年第 11 期），薛民、方晶刚的《法兰克福学派"文化工业"理论述评》（《复旦大学学报》1996 年第 3 期）等。代表性的著作有小滨的《否定的美学：法兰克福学派的文艺理论和文化批评》（上海三联书店 1999 年版）。

② 乔纳森·卡勒：《文学理论》，李平译，译林出版社 1998 年版，第 45 页。

域的人而被引入中国的。

那么，专门意义上的英美"文化研究"究竟是一种什么样的传统呢？英国的文化研究亦起源于对"大众文化"的关心。19世纪之前，传统的英国社会中，权力阶层的高级文化占有绝对主导地位。但到19世纪，在工业化和城市化转型的大背景下，文化开始发生分化，贵族的高级文化无法控制局面，被统治阶级的独立文化开始出现。这种新文化一方面来自文化工业，另一方面来自革命家的鼓吹。面对文化分裂与阶级斗争，对大众文化的政治研究开始兴起。以马修·阿诺德和利维斯为代表的"文化与文明传统"站在精英的立场上观察新兴的大众文化，认为它代表了真正的文明的崩溃。只有用真正的文化与文明才能拯救这种状况。对阿诺德（1822—1888）来说，文化是世界上最优秀的人贡献的最好的东西，而大众文化根本不算文化。它只是一种"无政府状态"，是深刻的政治骚乱的同义词。真正文化只属于少数人，他们现在的任务就是动员文化的力量对大众社会的不安定因素加以管控。利维斯（1895—1978）也对传统权威的衰落与大众群氓文化的兴起忧心忡忡，认为只有用少数人的高雅文化来教化大众，来驯服、规范、控制大众文化，才可解除社会混乱与文化的衰退。这些论调与我们的"人文精神"大讨论之间有一种内在的神似。另外，与中国大陆的"人文精神"大讨论一样，"文化与文明传统"虽然不能算是那种严格意义上的"文化研究"，但是它却是"文化研究"产生的背景，并对后者产生了极大的影响。"文化与文明传统"比中国大陆的"人文精神"大讨论要早很多，但并无证据表明前者对后者有什么直接影响。因此，这种观点的相似只能解释为社会背景的某种相似，比如面临问题的相似，所站立场的相似。

20世纪五六十年代，由理查德·霍加特、雷蒙·威廉斯、E. P. 汤普森及斯图亚特·霍尔等人为代表的"文化主义"标志着英国文化研究的肇始。这一派所认为的"文化"已经不再是利维斯主义所说的少数人的大写的"文化"，而是某种特定生活方式的表达，而文化分析则是对特定生活方式的重新建构。在这种意义上，工人阶级的文化就与精英的文化具有同等的价值。他们强调工人（大众）对文化产品接受时的能动性与再创造，而非被动的文化消费过程。他们想通过对具体文化及其历史背景的分析，重建特定群体（阶级）或整个社会的"感知结构"，将文化视为在社会学和历史学意义上对特定社会形态加以充分理解的核心要素。"文化主义"学派的工作是1964年建立的伯明翰"当代文化研究中心"的直接来源,它对大众文化的同情性理解,对大众的文化接受能动性的强调使它明显区别于阿诺德和利维斯对待大众文化的精英主义立场。利维斯主义在英国为大众文化打开了教育的空间,而文化主义及其直接产物"当代文化研究中心"则开创了大众文化的文化研究路径。这构成了英国文化研究的基本基调。

文化主义传统的思想背景之一是马克思的经济基础与上层建筑理论。文化主义在经济基础与上层建筑之间似乎更多地强调上层建筑,强调人和文化的能动作用,强调通过文化与当事人的具体经验才能更好认识、理解社会经济结构的运作。中心建立不久,这种文化主义就与法国的结构主义陷入混战,因为后者恰恰强调社会深层结构对文化的决定性意义。这两种范式斗争的结果造成了文化研究的所谓葛兰西转向。因为葛兰西的"文化领导权"理论相对于以上两种理论,对大众文化持一种更加辩证的观点。它既不像结构主义那样把大众文化看作完全是资本主义社会的意识形态机器,也不像文化主义那样强调大众文化的工人阶级属性,而是把它看成是一个统治阶级与被统治阶级之间争夺、协商的一个领域。在这次转向之后,英美的文化研究对大众文化的态度日益走向积极与肯定,认为大众在接受商业性的大众文化时有能力使之为我所用,把它变成对抗权力与意识形态的工具。于是大众文化被赋予了一种前所未有的积极意义。这种倾向后来在英国学者约翰·费斯克的相关著作中达到顶点,并且成为一种流行的看法,以至于吉姆·麦克盖根(Jim McGuigan)专门写了一本《文化民粹主义》对这种倾向进行详细的分析批判。

英国当代文化研究中强调大众文化的能动性维度,对中国"人文精神"大讨论中所体现的法兰克福式精英主义视角,无疑是一种有力的补充。但在20世纪90年代前半期,中国学界只是由于现实问题而关注大众文化,对于专门意义上的"文化研究"并没有多少真正的知识兴趣。

1994—1996年英美"文化研究"已经通过《读书》杂志举办的以"文化研究"命名的座谈会和在国内举办的比较文学国际学术会议而被引入。《读书》1994年第12期发表白露的文章《生活在"不可理解之中":对〈读书〉九月份"文化研究与文化空间"讨论会的记录与感想》记录了这次会议。这次会议的参加者来自各个专业领域,包括建筑史、美术史、社会学、电视制作、现代文学,主要讨论了一些个案。话题包括种族、民族国家、知识分子、消费主义、翻译。其中,来自美国的人类学博士李湛忞介绍了英国文化研究的两个学科背景，一是对大学文科日益技术化、专门化的反应。① 二是身份政治的问题，即美国作为统一的文化、政治认同的对象所面临的危机，随着"大熔炉"（melting pot）神话的破灭，少数民族、女性主义以及后殖民主义知识分子对于"什么是美国""什么是美国人"从各自不同的角度提出了质疑。1995年8月，"文化研究：中国与西方"国际研讨会在大连举行，对西方文化研究的历史演变和现状、中国当代文化研究的理论课题、比较文学和文化研究的关系等问题做了探讨。在其公开发表的会议综述中，对于西方"文化研究"进行了极简要的介绍，认为"当代文化研究在西方已成为继后现代主义和后殖民主义的讨论之后占主导地位的思潮和倾向，涉及的理论课题包括非精英文化、区域、种族、霸权、后现代、后殖民、女性文学、性别研究、黑人问题研究、第三世界批评、同性恋研究、少数民族话语研究等，并在相当程度上占据了北美的高等学校的英语文学教学，对以经典文学向学生进行启蒙教育的传统做法予以反拨"②。1996年7月，"文化接受与变形"国际研讨会在南京举行，会议议题涉及了欧美大众文化在中国的影响、文化研究的冲击和我们的对策，以及文化全球化和文化身份研究。这些会议对学界认识什么是起源于英国的"文化研究"起到了预热作用。

说它们只是起到了"预热作用"，是因为到1999年之前的这个时期，大陆出版的真正较为详细地介绍"文化研究"的著作一本也没有，专题论文非常少，确切地说，只有二篇。张颐武在1996年发表《文化研究与大众传播》（《北京广播学院学报》1996年第2期），这是在大陆较早全面介绍英国和美国的文化研究源流、议题、特色、发展现状的文章。从文章的注释能够看出，作者的资料包括英国和美国20世纪80年代和90年代初有关"文化研究"的重要资料，对英美"文化研究"的把握比较全面。文章介绍了"文化研究"从伯明翰学派以来的发展，并依据格尔斯伯格编的论文集《文化研究》和赛曼·杜林编的《文化研究读本》（当时未有中译本），介绍了"文化研究"的主要议题和最新状况。作者还针对中国的情况特别强调，"文化研究"中后殖民主义视角以及对待大众文化不同于法兰克福学派的新方法和新态度对思考中国问题具有特别重要的意义。它"颠覆了法兰克福学派对大众文化的简单

---

① 白露：《生活在"不可理解之中"：对〈读书〉九月份"文化研究与文化空间"讨论会的记录与感想》，《读书》1994年第12期。
② 徐燕红：《文化研究：中国与西方国际研讨会综述》，《天津社会科学》1995年第6期。

排斥",实现了对法兰克福学派"文化工业"批判模式的超越:"首先,'文化研究'对于大众文化的'受众'的研究(这篇文章主要举了霍尔的《制码/解码》和费斯克的相关观点)从根本上改变了对于'大众'的'文化白痴'的传统看法";"其次,对于大众文化的本文的读解亦有了更为复杂和成熟的认识……广告、MTV、肥皂剧等都被纳入了研究的视野"。要突破对"大众文化"研究"印象式"及"文化工业"批判的陈旧模式,"立足于中国独特的语境,以具有本土特色的大众文化理论切入'当下'",就需要借用当代文化研究的巨大成果。

陶东风于1998年5月(第3期)发表在具有重要影响的刊物《文艺研究》上的一篇文章引起了更多人的关注。这篇名为《文化研究:西方话语与中国语境》的文章是一篇更加专门介绍"文化研究"的论文。论文逐一论述了"文化研究"的跨学科性、实践性、边缘性、政治性、批判性与开放性,其资料与上述张颐武的多有重合。但此文最重要的特点是强调了语境化对于文化研究的重要性。作者指出,任何话语、理论、方法,都是在一定的语境中形成的,针对特定语境下的问题。如果把这种特定语境的东西当作一种普遍的东西,就会产生各种问题。"一种批判性的激进理论被搬用到不同的语境中时很可能丧失其批判性与边缘性,甚至变成中心化的保守话语。"作者认为,具体到中国语境,"大众文化"就具有不同于法兰克福学派的"文化工业"的政治意义,而当前中国学界对后殖民主义理论的运用也存在错位问题。另外,此文中以赞许的口吻介绍的"文化研究"的"开放性",即超越纯文本研究,也为后来有关文化研究与文学研究之间关系的不断争论埋下了伏笔。这两篇文章可以看作严格意义上的"文化研究"在中国学界开始出现自觉的标志。

另外,1998年11月陶东风发表于《学术交流》上的一篇文章,则更是集中火力专门探讨了费斯克的大众文化理论。[①] 从1995年徐贲在《评当前大众文化批评的审美主义倾向》首次提到费斯克,到1998年对陶东风对费斯克的专门论述,可以看到英美当代"文化研究"的一些思路开始慢慢进入中国,持续挑战原有法兰克福学派"文化工业"批判模式的统治地位。

在此之后,1999—2000年,突然间有关"文化研究"的讨论在学界出现井喷。1999年12月,首都师范大学中文系、首都师范大学美学研究所和《文学前沿》编辑部共同举办了"文学理论和文化研究"学术研讨会。会议的

[①] 陶东风:《超越精英主义与悲观主义:论费斯克的大众文化理论》,《学术交流》1998年第6期。

一个主要议题是讨论"文化研究"的历史、特征与概况。2000年4月和7月，北京师范大学中文系和北京语言大学（联合中国中外文艺理论学会等单位）分别在北京召开了两次学术研讨会："文艺学与文化研究"和"文学理论的未来：中国与世界"。前者主要议题是文艺学如何面对文化研究所提出的挑战与机遇。后者在探讨文学理论的未来时，也把文学理论与文化研究的关系看成是一个主要议题。中国文艺理论界的两个全国性组织——中国文艺理论学会和中国中外文艺理论学会——在此后的每次年度会议中，"文化研究"都成为一个主要议题。在这种形势下，越来越多的学者认识到"应该对从伯明翰当代文化中心发展起来的文化传统进行深入系统的研究，然后在这个基础上进行我们自身的文化研究"①。2000年6月，《文化研究》第1辑由天津社会科学院出版社出版，其中不仅收录了斯图亚特·霍尔的名篇《文化研究：两种范式》（*Cultural Studies：Two Paradigms*）的节译文章，而且收录了国内一些学者对文化研究进行理论探讨和实践运用的学术论文。从那时到现在，《文化研究》几乎每年都会有新的一辑出版，到现在为止关于国外文化研究的专题译介主要包括：哈贝马斯论民族国家专题，视觉文化研究（第3编），纪念布迪厄专题（第4辑），身体文化政治专题（第5辑），大众传播与公共性专题（第6辑），文化研究的谱系专题（第7辑），亚文化研究专题，粉丝文化研究专题（第9辑），空间研究专题（第10辑），文化记忆专题（第11辑），明星文化研究专题、大众文化价值观专题（第12辑）"新媒介与青年亚文化"和"城市文化"专题（第13辑）等。

2000年9月，罗钢和刘象愚主编了国内第一本系统、全面译介西方文化研究的译文集《文化研究读本》（中国社会科学出版社2000年版），全书收录了25篇英美文化研究的经典论文，包括"什么是文化研究""文化研究的起源""差异政治与文化身份""传媒研究"等内容。

2000—2001年，李陀主编的"大众文化研究译丛"在中央编译出版社出版了五部译著：内容包括时装、肥皂剧、电视研究和费斯克论大众文化的著作。2000年，张一兵主编的"当代学术棱镜译丛"开始在南京大学出版社出版，到2012年已经出版约100种译著，其中直接涉及文化研究的重要著作包括约翰·斯道雷的《文化理论与通俗文化导论》、米勒的《文化研究指南》、

---

① 罗钢在"文学理论和文化研究"学术研讨会上的发言，见陶东风《"文学理论和文化研究"研讨会综述》，《文艺争鸣》2000年第7期。

伯格的《通俗文化、媒介和日常生活中的叙事》、费斯克的《解读大众文化》、麦克盖根的《文化民粹主义》等。其他与文化研究相关的著作超过50种，主要包括：

1. 消费社会方面。波德里亚的《消费社会》、《符号政治经济学批判》，莫特的《消费文化》，卢瑞的《消费文化》等。

2. 全球化问题。汤姆林森的《全球化与文化》，杰姆逊的《全球化的文化》，德里克的《全球现代性》等。

3. 文化与知识的社会学主题。理斯曼的《孤独的人群》，米尔斯的《权力精英》，克兰的《文化社会学》，居伊·德波的《景观社会》，大卫·哈维的《希望的空间》，克朗的《文化地理学》，鲍曼的《作为实践的文化》，费瑟斯通的《消解文化》，德塞托的《日常生活实践》，特纳的《社会与文化》，英格得斯的《文化》，比尔纳其的《超越文化转向》，克莱恩的《跨越边界》，布尔迪厄的《科学的社会用途》，索卡尔的《"索卡尔事件"与科学大战》等。

4. 信息与媒介研究主题。麦克卢汉的《麦克卢汉精粹》，阿伯克龙比的《电视与社会》，波斯特的《第二媒介时代》等。

5. 文化理论主题。贝斯特的《后现代转向》，齐泽克的《图绘意识形态》，孔帕尼翁的《理论的幽灵》，胡伊森的《大分野之后》，吉尔伯特的《后殖民理论》，伊格尔顿的《文化的观念》和《甜蜜的暴力》，弗兰克的《酷的征服》，斯各特·拉什的《信息批判》等。

2000年前后，商务印书馆、北京大学出版社、中央编译出版社、复旦大学出版社、中国社会科学出版社、中国人民大学出版社等各大学术出版机构纷纷推出自己的传播学译丛。其中周宪和许均主编的一套"文化和传播译丛"，从2000年出版了第一本译著《理解媒介：论人的延伸》，到2010年，已陆续出版了21本西方传播学、大众文化理论和文化研究方面的著作中译本。

各种直接介绍"文化研究"的"导论"与"读本"也大量被译介。除了上文所说的斯道雷的《文化理论与通俗文化导论》和米勒的《文化研究指南》，这些导论与读本性质的编译著作还主要包括，陶东风主持翻译的《文化研究导论》（鲍德温等编），罗钢、刘象愚编译的《消费文化读本》，王逢振、谢少波编译的《文化研究访谈录》，陶东风主编的《文化研究精粹读本》，季广茂翻译的《文化研究简史》（哈特利著），陶东风、杨玲编译的《粉丝文化读本》，罗钢、刘象愚编译的《后殖民主义文化理论》等。随着西方"文化研究"译介的展开，通过西方"文化研究"这个坐标，中国原来的一些文化批评被追认为"文化研究"：除了法兰克福学派的"文化工业"批判，最重要的莫过于后殖民主义和女性主义批评。这两种研究路向都受到了西方文化理论的强烈影响，本书后面会有专章介绍。

这些译介工作进而还为中国的文化研究开辟了新领域与新维度，如身体文化研究、媒介研究、同性恋研究、青年亚文化研究、视觉文化研究、都市文化空间研究、文学经典的建构研究、粉丝文化研究、文化记忆研究、网络文化研究、广告文化研究等。这些研究的发展几乎都与西方"文化研究"的资源有着紧密的关系。

第 二 编

议题与范式分析

第三章　大众文化研究的几种范式

无论在西方还是中国，大众文化都是文化研究最为重要的研究对象，从文化研究产生到现在一直没有改变。如我们在前面反复指出的，当代中国（以大陆为主）的大众文化研究起始于20世纪80年代末90年代初，并于21世纪初达到高潮，其最核心的研究对象同样是当代中国的大众文化。① 本章将重点分析当代中国大众文化研究的几种范式，包括法兰克福学派批判理论范式、现代化理论范式、政治经济学研究范式等。②

一　批判理论与中国大众文化研究

法兰克福学派的大众文化批判理论是当代中国最重要的文化研究理论资源之一。在中国大众文化研究与批评最初开始的一段时间内，法兰克福学派的大众文化批判理论几乎是学界批评、研究大众文化的唯一视角，到现在仍保持有巨大的影响力。本书第二章已经较为详细地介绍了它对当代中国文化研究的巨大影响，所以此处不再重复。我们现在能够把它作为一种范式来谈论，恰恰说明我们已经走出了它，不再把它当作唯一正确的、不言自明的真理来加以接受。因此本章对中国大众文化研究中的批判理论范式介绍主要集中于对它的批判与反思过程。

---

① 通过检索中国知网，以"大众文化"为题名的报刊文章是从1985年才出现的，从1985年到1999年的15年间，以"大众文化"为题名的报刊文章数仅为267篇（此间还没有出现以"大众文化"为题名的博士硕士论文），而从2000年到2011年的12年间，以"大众文化"为题名的报刊文章及硕士、博士论文数达到了2813篇，是前15年的近11倍。

② 关于其他研究范式，参见陶东风主编《大众文化教程》，广西师范大学出版社2012年版，第2章。另，本章所阐述的这几种研究范式，主要参考了陶东风的两篇文章：《研究大众文化与消费主义的三种范式及其西方资源——兼谈"日常生活的审美化"并答赵勇博士》，《河北学刊》2004年第5期；《大众消费文化研究的三种范式及其西方资源——兼答鲁枢元先生》，《文艺争鸣》2004年第5期，并做了具体补充。

20 世纪 90 年代后期，我国学界有些学者逐渐对法兰克福学派大众文化理论的态度发生了改变，开始反思和质疑这种理论。这种反思有现实的原因，也有学术发展的内在原因。一方面，随着现实中大众文化越来越明显的主导地位，知识分子在度过了经历了最初的震惊、愤怒和怀疑之后，很多人开始学会慢慢适应它，并对它产生了不同的看法。另一方面，对法兰克福学派的日益精细的学术研究使人们越来越注意到它的历史时空的特殊性①，并对它与中国语境的相关性产生了诸多怀疑。这种反思质疑主要表现为三个方面：一是反思这种理论自身的局限性；二是反思这种理论与中国大众文化之间的契合关系；三是反思国内学界对其理解是否存在误读。就本文所论述的问题而言，后两个问题也可以合并为一个问题。

关于这种理论自身的局限性与理论盲点，实际上西方研究法兰克福学派的人们早有论述，其中最受非议的就是它没有区分纳粹法西斯主义大众文化与美国的商业大众文化，而是把它们看成是同一的。90 年代初国内也开始出现对法兰克福学派"文化工业"理论批判的声音。比如郑一明的《法兰克福学派的"文化工业论"析评》（《哲学研究》1994 年第 7 期），在肯定法兰克福学派对我们理解西方乃至我们自身的大众文化具有重要启发作用的同时，还认为法兰克福学派的成员基本上是站在科技文明和大众文化的对立面去看待一切的。他们批判大众文化，表面上是要捍卫高等文化，但骨子里充满一种守旧意识。历史上出现过的高等文化从来都是贵族阶层的文化，它恰恰是以社会不发展和剥夺广大群众的参与权为前提的。陈振明在《当代资本主

---

① 此前，中国学界对法兰克福学派及其文化工业批判的接受，大多带有一种笼统的、抽象的或非批判的色彩，其间的误读在所难免。1990 年，俞吾金和陈学明撰写了《国外马克思主义哲学流派》，声称要"原原本本地介绍各个流派的代表作，以求反映它们的原始的真实的基本观点"。马丁·杰伊的《法兰克福学派史》（单世联译，广东人民出版社 1996 年版）一书的中译本出版，有学者认为："正是在该书中译出版之后，国内学界的法兰克福学派研究才真正进入一种科学研究的轨道。"（赵涛：《近年来国内法兰克福学派研究述评》，《甘肃社会科学》2005 年第 6 期）这些言论说明后来的研究者对法兰克福学派在中国的早期传播中出现的误读很不满。进入 21 世纪以来，国内学界对西方马克思主义的研究更加学术化。2005 年中国教育部正式将"国外马克思主义研究"提升为"马克思主义研究"下属的二级学科。许多根据第一手材料，从不同侧面对法兰克福学派及其大众文化理论进行深入分析和研究的论文、论著和译注发表出版，对法兰克福学派评价也越来越具有客观性和反思性。例如，赵勇的《整合与颠覆》试图"把法兰克福学派的大众文化理论还原到那个特殊的语境中并说明它形成的必然性与合理性，进而让它成为与当今种种不同的大众文化理论进行对话的宝贵资源"。他认为，中国学界必须对包括法兰克福学派大众文化理论在内的众多大众文化理论进行比较鉴别，并结合中国的实际情况，才能发展出一种属于我们自己的大众文化理论。（参见赵勇《整合与颠覆：大众文化的辩证法——法兰克福学派的大众文化理论》，北京大学出版社 2005 年版，第 321 页）

社会变化了的文化模式——法兰克福学派对大众文化的批判》(《哲学研究》1995 年第 11 期)中也指出了法兰克福学派对大众文化或文化工业批判的片面性和缺陷,例如,法兰克福学派没有辩证地去对待大众文化,没有看到这种文化所取得的成就;法兰克福学派片面强调文化、艺术的独立自主性,错误地理解马克思的政治经济学批判的意义,用文化批判来取代政治经济学批判;法兰克福学派对大众文化或文化工业的批判具有明显的浪漫主义色彩,可以说是近代西方浪漫主义在当代的回音等。

在这股反思潮流中,1995 年,旅美学者徐贲发表的《美学·艺术·大众文化——评当前大众文化批评的审美主义倾向》(《文学评论》1995 年第 5 期)一文对国内学界产生了重要的影响。在这篇文章中,除了指出法兰克福学派把纳粹法西斯主义大众文化与美国的商业大众文化混为一谈的巨大错误,徐贲还明确提出要"走出阿多诺模式"。他认为,阿多诺的群众媒介文化理论本身就有浓重的审美主义倾向,十分强调精英文化与大众文化的区别,强调精英文化独一无二的精神自由和思想价值。徐贲认为,阿多诺的左派群众理论由于其精英主义,在政治上是保守的,它把大众文化当作是体现统治意识形态的文化工业产品,当作现代社会中的一种垄断权力,把大众当作纯粹被动的文化消费者,当作任由统治利益控制的社会主体。这样的大众文化批评一面把大众描绘成受害人,一面却宣判他们注定不能自己解放自己。但事实是否如此呢?徐贲给出了否定的回答。他指出,非精英的大众文化批评(如德赛都和费斯克的理论)对精英文化批评所做的检讨和批评,包括对大众文化创造性的肯定以及对大众主观能动作用的积极估价,对我们推动文化研究的深入有着十分重要的现实意义,使得我们能够不仅从高雅文化而且也从大众文化内部去设想和探索当前社会改革所需要的思想动力,它更能够使我们把文化消费大众看成是社会变革的参与者和新的社会价值意义的共同创造者,而不只是一群必须仰仗少数文化监护人来开启智慧的心盲之众。因此这也是最早从英美文化研究的角度论述大众文化的正面价值的文献。

更现实的问题是,这种理论能够直接用来批判中国大众文化吗?之所以会提出这个问题,是因为人们从中国社会本身的历史经验出发,感觉到中国大众文化的实际功能并非全是负面的。陶东风的《批判理论与中国大众文化批评》(《东方文化》2000 年第 5 期)一文在详细地辨析了法兰克福学派的基本观点、历史语境及其局限性之后,着重检讨了"历史的错位与批判理论在中国的适用性"。其基本观点是,中国大众文化实际上是在世俗化为特征的文化现代化初期产生的。而法兰克福学派所批评的大众文化则是在世俗化已经完成时期的大众文化。这两者由于处在不同的历史发展阶段导致其所承担的社会文化功能有根本的不同。西方的现代化已经进行了很长时间，世俗理性与科学精神已经成功地完成了解神圣化的使命。同时它也逐渐丧失其解神圣化的革命性，成为高度商业化的，并与统治意识形态紧密结合的"文化工业"。反观中国的大众文化，特别是改革开放初期的大众文化，具有消解一元的意识形态与一元的文化专制主义、推进政治与文化的多元化、民主化进程的积极历史意义。而作为世俗化时代的文化主流，以消遣娱乐为本位的大众文化，在中国特定的转型期客观上具有消解政治文化与正统意识形态的功能。它在客观上冷落、打破了文化的一元格局，大量的大众消费文化产品覆盖了大众的文化阅读空间，从而使得原先的一元文化的"市场"与"地盘"大大缩小，影响力大大降低。现代传媒的意义也是如此。在已经完成启蒙的西方，它也许对启蒙、自由、个性等现代性的价值有消解作用，但在现代性启蒙还未完成的中国，它也能够用来传播现代启蒙价值，产生积极作用。中国当前的大众文化、世俗文化不只是技术决定的（虽然也离不开技术因素），它与中国的文化传统和社会制度的关系无疑更为紧密，它的弊端也应该到它自己的本土环境中去寻找原因。一味套用西方的大众文化批判理论，势必会造成对中国大众文化，特别是改革开放初期出现的大众文化的误读，还会回避或忽视文化建设的真正的威胁，制造一个虚假的敌人。[①]

  类似地，吴炫也认为，在现实生活被纳入市场经济轨道后，不管大众文化还是精英文化，都将不同程度地出现"平面化、商业化、复制化"等特点，所以，如果简单地套用法兰克福学派的这样一些概念来批判大众文化，不但会导致解释上的无力，而且"触及不到中国大众文化的实质性问题"。[②] 郝建指出，把法兰克福学派横向移植到今日中国至少存在三大错位：不同时代不同大众文化格局的错位、社会结构的错位以及文化的错位。[③] 朱学勤认为，法兰克福学派犯了文化决定论的错误，它放弃了对西方社会的政治批判和经济批判，其"文化批判"再激烈，也只是"在书斋里撒豆成兵，关起门来指

---

① 陶东风这方面的文章还有：《批判理论与中国大众文化》（刘军宁主编：《经济民主与经济自由》，生活·读书·新知三联书店1997年版）；《批判理论与中国大众文化批评》（《东方文化》2000年第5期）；《批判理论的语境化与中国大众文化批评》（《中国社会科学》2000年第6期）。
② 吴炫：《中国的大众文化及其批评》，《上海文学》1998年第1期。
③ 郝建：《大众文化面对法兰克福学派》，《北京电影学院学报》2000年第2期。

点江山",这样的批判"与其说是批判,又何如说是在文化脂肪上戳几个小麻点搔搔痒,甚至干脆说是在文化脂肪上跳舞,与资本结构远距离调情"。① 徐友渔认为,西方马克思主义的理论家马尔库塞、霍克海默、阿多诺等人"不是以向前看的眼光批判现代社会,而是向后看,表露了浓郁的怀旧复古、浪漫悲观的情调",他们"一味推崇精神、否弃物质,鄙弃大众又俨然以大众的代言人自居,表现了十足的贵族、精英倾向",他们"身上透露出欧洲中心论和欧洲优越感","依据其批判来评价西方社会和西方文化,有时免不了偏颇不确,在中国照葫芦画瓢,更容易显得不伦不类"。② 傅永军认为,法兰克福学派的文化批判因为是脱离了现实物质力量的抽象的文化批判,因而表现出"批判的虚妄",③ 并且,由于该学派"完全站在科技文明和大众文化的对立面理解、评估工业化以来文化的发展及其表现",就使其文化批评带有"誓死捍卫精英文化的愚顽气""充满一种守旧意识和贵族式傲慢"。④

如果说法兰克福学派的批判理论更多地体现了传统人文学科的思维方法与价值立场,那么陶东风等人在这里所代表的是现代化理论的视角。这种视角同样集中于大众文化的世俗性,但其价值尺度却迥异于批判理论。它更多的是从中国社会和文化的现代化、世俗化转型角度肯定大众文化的进步政治意义而不是其审美价值(这些学者大多在审美趣味上并不认同大众文化)。其他提倡"世俗精神"论者(如王蒙、李泽厚、张颐武、刘心武等)对于世俗化、大众文化、人的欲望、文艺的消遣娱乐性等也采取了肯定态度,认为世俗精神以及市场经济、大众文化等都不是"人文精神"的对立面,"人文精神"的对立面是计划经济及与之相适应的极"左"意识形态。李泽厚在谈到大众文化的功能时说:"大众文化不考虑文化批判,唱卡拉 OK 的人根本不去考虑要改变什么东西,但这种态度却反而能改变一些东西,这就是……对正统体制、对政教合一的中心体制的有效地侵蚀和解构。"⑤ 总的来看,这些论述基本上都是立足于大众文化与中国的历史现实以及改革开放进程之间的关系,分析其政治功能,而不是立足于大众文化的文

---

① 朱学勤:《在文化的脂肪上搔痒》,《读书》1997 年第 11 期。
② 徐友渔:《西方马克思主义在中国》,《读书》1998 年第 1 期。
③ 傅永军等:《批判的意义——马尔库塞、哈贝马斯文化与意识形态批判理论研究》,山东大学出版社 1997 年版,第 227 页。
④ 傅永军:《控制与反抗——社会批判理论与当代资本主义》,泰山出版社 1998 年版,第 130 页。
⑤ 李泽厚等:《关于文化现状与道德重建的对话》,《东方》1994 年第 5 期。

本质量,也不是立足于一种超验的终极价值尺度。这是它不同于批判理论的基本特点。

在对法兰克福文化批判理论的不断反思中,到 90 年代末期,文化批判理论一统天下的局面消失了,更加多元的文化研究视角出现了。

二 现代化理论与中国大众文化研究

如果说批判理论更多地体现了传统人文学科的思维方法与价值立场,那么,现代化理论则更接近社会科学或社会理论。从现代化理论出发对中国大众消费文化的研究,通常同样集中在大众文化的世俗性上;但其视角与价值尺度却又迥异于批判理论。现代化理论更多地从中国社会的现代化、世俗化转型角度肯定大众文化的进步政治意义(但通常不是其审美价值)。

(一)世俗化与现代化

现代化是一个使用广泛但很难明确界定的概念,而现代化理论也并不是一种单一的理论体系,而是有着诸多派别和主张,不同国家和学者对现代化的理解不同,往往会形成不同的现代化理论。① 但一般来说,现代化是一个全方位的社会变革,既包括政治层面,也包括经济层面以及文化层面;既包括制度变革,也包括价值取向的变迁;既包括时间上的纵向变迁过程,也包括社会结构的变迁。②

根据国际社会现代化的历史经验,现代化的历史性和逻辑性的伴生现象主要表现为:经济发展的市场化、政治发展的民主化、产业发展的工业化、社区发展的城市化、规则发展的法理化以及文化发展的世俗化,等等。也就是说,现代化是由多重因素构成的复合动力机制推动下的一种整体性变迁,既涉及经济转轨与社会转型,还必然涉及文化演进与心理变革,不仅如此,经济增长与社会发展越来越需要文化变更与心理调适来加以促进和保障。③

中国的现代化实际上经历了一个从经济到政治、文化以至社会结构和价值观念的变迁过程。金耀基先生曾用一系列化约的双元观念来表达中国 20 世

---

① 参见路日亮主编《现代化理论与中国现代化》,宁夏人民出版社 2007 年版。
② 谢永宽、范铁中:《论中国现代化理论与实践模式的变迁——马克思主义中国化视角》,《重庆大学学报》(社会科学版) 2011 年第 4 期。
③ 沈杰:《中国现代化进程中的大众文化与青年社会化》,《中国青年政治学院学报》2002 年第 1 期。

纪以来的现代化变革特征，即从身份到契约、从神圣到世俗、从社区到社会、从农业社会到工业社会、从原级团体到次级团体、从特殊主义到普遍主义、从关系到成就、从普化到专化①。

由此可以看到，在中国现代化进程中，世俗化是文化现代化的一个重要表征。世俗化代表了现代化起飞阶段文化变迁的最主要特征。世俗化的核心内涵可以理解为一种文化的入世主义，或者说社会价值观的强烈现世取向（相对于宗教文化的超越取向）。它具有两个基本的含义：一是随着科学的发展，理性原则取代神学教条；二是人们开始注重对现实生活的关心和参与。世俗化充分地肯定现世生活、感官享受，肯定大众在社会生活中的地位和作用，表现出以具体功利为追求、以感官享受为满足、以当前利益为目标的价值取向。世俗化为市场经济、民主政治、国家法制、社区参与等方面的社会发展趋势进行着社会心理上的准备②。

很多学者看到并肯定了中国推行改革开放、推行市场经济所带来的一系列变化，并把这看作是我国社会发展中的一种客观趋势，认为这是阻挡不住的③。而市场经济体制的建立，极大地冲击了旧思想旧观念，给人们的精神世界注入了新的因素，给我们的现实生活带来了民间空间的恢复和拓展。民间空间的拓展，市民社会的出现，市民趣味的形成和高扬，这些都是改革开放前的政治和意识形态所不能涵盖的。这是市场经济带来的一个新现象④。由此我们可以看到，大众文化作为一种俗世文化，是中国现代化进程中所必然出现的一种文化现象，其本身带有很强的政治性⑤。

（二）现代化理论与大众文化研究

大众文化研究中的现代化理论范式源起于"人文精神"与"道德理想主义"的讨论中，比如陶东风当时所刊发的一系列文章⑥基本上都是在与"人

---

① 金耀基：《从传统到现代》，中国人民大学出版社1999年版，第64—65页。
② 沈杰：《中国现代化进程中的大众文化与青年社会化》，《中国青年政治学院学报》2002年第1期。
③ 杜书瀛等：《市场经济的文化效应和民间空间（一）》，《改革》1996年第1期。
④ 杜书瀛等：《市场经济的文化效应和民间空间（三）》，《改革》1996年第3期。
⑤ 但是我们也必须要注意，现代化并不就等于世俗化，参见胡晓明、袁进《现代化＝世俗化？中西结合的多元考察》，《社会科学报》2003年1月30日。
⑥ 如《批判理论与中国大众文化批评——兼论批判理论的本土化问题》（《东方文化》2000年第5期）、《超越历史主义与道德主义的二元对立：论对于大众的第三种立场》（《上海文化》1996年第3期）、《人文精神遮蔽了什么？》（《二十一世纪》1995年第6期）、《人文精神与世俗化》（与金元浦合写，《社会科学战线》1996年第2期）等。

文精神"论者的争论中撰写的,在此过程中,他逐步转向社会理论并开始修正自己早期对于法兰克福学派理论的热衷。①

陶东风认为,"人文精神"的倡导者从道德主义、审美主义或宗教性的价值尺度出发,完全否定世俗化与大众文化是不可取的。理解与评价世俗化与大众文化,首先必须有一种历史主义的视角——立足于中国文化从"文革"式极权禁欲文化,到后"文革"世俗文化的历史转型,来分析与审视当今社会的文化问题,强调联系中国的历史,尤其是新中国成立前三十年的历史教训,来确定中国文化的发展方向,即把它放在中国社会转型的历史进程中来把握,肯定或部分肯定世俗化大众文化在冲破中国式政治文化一统天下时的合理性。世俗化/现代性的核心是祛魅与解神圣,在中国新时期的语境中,世俗化所要祛的就是以"两个凡是"为代表的魅。②

由于世俗化削弱、解构了人的此世存在、日常生活与"神圣"(不管宗教的还是意识形态的)之间的关系,人们不再需要寻求一种超越的精神资源为其日常生活诉求(包括与物质生活相关的各种欲望、享受、消遣、娱乐等)进行"辩护",所以,它为大众文化的兴起提供了合法化的依据。陶东风认为:"如果我们不否定中国的改革开放与现代化运动具有不可否认的历史合理性与进步性,那么,我们就必须承认:当今社会的世俗化过程及其文化伴生物——世俗文化,具有正面的历史意义,因为它是中国现代化与社会转型的必要前提。如果没有 80 年代文化界与知识界对于准宗教化的政治文化、个人迷信的神圣光环的充分解除,改革开放的历史成果是不可思议的。"③

由此,陶东风认为,评价世俗化与大众文化首先必须有一种历史主义的眼光("首先"意味着不排斥其他的尺度,但在新时期初期的特殊历史时期,他主张历史主义比之其他尺度具有优先性),即把它放在中国社会转型的历史进程中来把握。世俗化的社会文化发展方向,是从 20 世纪 80 年代开始至 90 年代迅速加快、加剧的中国社会与文化转型的必然伴随物,而这种转型不仅仅限于技术或物质的领域,也不只是从计划经济到市场经济的单一经济层面

---

① 陶东风的第一篇关于大众文化的专题论文《欲望与沉沦——当代大众文化批判》发表于《文艺争鸣》1993 年第 6 期,其中明显受到法兰克福学派的影响。
② 参见陶东风《文学的祛魅》,《文艺争鸣》2006 年第 1 期。
③ 陶东风:《超越历史主义与道德主义的二元对立:论对于大众的第三种立场》,《上海文化》1996 年第 3 期。

的改革，它涉及社会结构的各个方面。是与中国的改革开放、中国的现代化进程同步展开的。

正是在这个特定意义上，陶东风的这些文章坚持认为，从中国社会的历史变迁角度看，世俗化与大众消费文化（特别是改革开放初期的世俗大众文化）在新时期初期具有消解一元的文化专制主义、推进政治民主化与文化多元化进程的积极历史意义，而作为世俗时代文化主流的、以消遣娱乐为本位的大众文化，在中国特定的转型时期客观上具有消解一元文化与正统意识形态的功能。当然，这不是说大众消费文化对政治文化采取了面对面的、直接的、严肃认真的批判姿态，而是说它在客观上冷落了打破了文化的一元格局，大量的大众消费文化产品覆盖了大众的文化阅读空间，从而使得原先的一元文化的"市场"与"地盘"大大缩小，影响力大大降低。从大众消费文化的本质来看，消遣娱乐对它而言无疑是第一位的，我们不能要求它以精英文化的方式追求终极意义，否则无异取消了它的存在。当然，对于大众消费文化中文化品位与审美格调低下的问题，应当加以批判，但这些负面性的根源在陶东风看来不是因为大众文化缺少天国情怀或终极关怀，而是缘于中国的大众文化仍然缺少一个高度自由民主的社会环境，缘于权力对于大众文化的干预和控制。这点在20世纪90年代以后变得越来越明显。与权力存在暧昧关系的消费主义的盛行使大众文化极大地丧失了其在新时期初期具有的解放作用，变得越来越保守。这样，陶东风主张不应该僵化不变地看待大众文化及其政治功能，而应该将其置于具体的历史语境中考察。但是否具有抵抗极权主义、推进自由民主的政治功能，是陶东风评价大众文化与消费主义的最主要的尺度，时至今日仍然如此。

其他提倡"世俗精神"论者，如王蒙、李泽厚、张颐武、刘心武等，对于世俗化、对大众文化、对人的欲望、对文艺的消遣娱乐性等也采取了肯定的态度，认为世俗精神以及市场经济、大众文化等都不是"人文精神"的对立面，"人文精神"的对立面是计划经济及与之相适应的极"左"意识形态。

1993年，李泽厚在与王德胜的一次对话中，对中国大众文化的积极历史意义做了明确的评价。李泽厚认为："我们一方面要正视大众文化在当前的积极性、正面性的功能，充分肯定它；另一方面还是要想想人为什么活着等等有关意义、价值之类的问题。"李泽厚所说的大众文化的积极意义，就是大众文化对正统意识形态的批判。他说："大众文化不考虑文化批判，唱卡拉OK的人根本不去考虑要改变什么东西，但这种态度却反而能改变一些东西，这就是……对正统体制、对政教合一的中心体制的有效地侵蚀和解构。"王德胜在对话中也明确指出:"我们应当正视大众文化在当代中国文化变革中所起的那种潜移默化的消解作用——消解主流文化的意识形态。"

在对话中,李泽厚还提出,知识分子文化要与大众文化联系,因为这样"可以引导大众文化,也可以塑造大众文化。所以,它们的联盟有两个作用:一是消解正统意识形态,二是引导大众文化走向一个健康的方向。知识分子文化在这两方面都能起到很好的作用,关键是知识分子要能够较好地自我认识这一点"①。

总之,李泽厚对大众文化的积极评价所倚重的不是精英文艺或文化的标准,而是着眼于大众文化对当时社会转型的促动作用,所依据的恰恰是社会学的标准。②

事实上,在此之前,王蒙在1993年第1期的《读书》上发表的《躲避崇高》一文中,就热情地为饱受批评的王朔辩护。王蒙认为,"五四"以来的作家们尽管对于什么是真善美什么是假恶丑,意见未必一致,甚至可以为之争得头破血流直至你死我活,但都自以为是,努力做到一种先行者、殉道者的悲壮与执着,教师的循循善诱,思想家的深沉与睿智,艺术家的敏锐与特立独行,匠人的精益求精与严格要求。这实际上是一种先知先觉的"精英"姿态。而王朔,则以玩文学的姿态,完全颠覆了这些所谓的理性、道德责任等,由此引起了很多人的批判,认为这是在"亵渎神圣"。王蒙对此反驳道:

> 我们必须公正地说,首先是生活亵渎了神圣,比如江青和林彪摆出了多么神圣的样子演出了多么拙劣和倒胃口的闹剧。我们的政治运动一次又一次地与多么神圣的东西——主义、忠诚、党籍、称号直到生命——开了玩笑……是他们先残酷地"玩"了起来的!其次才有王朔。
>
> 多几个王朔也许能少几个高喊着"捍卫江青同志"去杀人与被杀的红卫兵。王朔的玩世言论尤其是红卫兵精神与样板戏精神的反动。……他撕破了一些伪崇高的假面。

王朔的小说正以其俗,在躲避所谓的"崇高"中,彰显了其巨大的政治

---

① 李泽厚、王德胜:《关于文化现状道德重建的对话》,《东方》1994年第5、6期。
② 宋炳辉:《大众文艺:传统的与现代的》,《上海文论》1991年第1期。

功能。这是中国从专制走向现代化所需要的。

1996年张颐武在《文学自由谈》第2期上发表《说"世俗关怀"》一文，通过对"人文精神"的批判集中阐述了自己的世俗关怀。张颐武指出，当时中国有两种理想，一种是以"新神学"和"人文精神"的话语为代表的文化冒险主义的"理想"。这种理想以所谓"终极关怀"为诉求，以"神学"的膜拜为基础；另一种就是一种以"世俗关怀"为中心的理想，一种有机知识分子的理想。张颐武指出："所谓'世俗关怀'，指的是对于今天我们所共有的社群的真挚的关切，是与普通人之间的对话与沟通，是在差异之中显示的理解。它不是居高临下的贵族式的'训导'，也不是媚俗的取悦；不是堂吉诃德式的狂吼，也不是阿凡提式的滑稽表演；而是始终肯定世俗人生的价值，肯定普通人的物质生活欲望的合法性，并在此前提下凸显社群的共同利益和共同愿望，凸显新的社会空间的创造的可能性。"张颐武认为，"世俗关怀"在当时的中国是非常宝贵的，社会大转型所带来的全球化与市场化的众多问题和挑战需要这种关怀，普通的中国人需要这种关怀。

总之，像李泽厚、王蒙等这些世俗论者，因其坚持世俗化在中国现代化发展中的合法性，而与人文精神论者形成了鲜明的对比。一方面，他们认为世俗精神以及市场经济、大众文化等都不是人文精神的对立面，人文精神的对立面是计划经济及与之相适应的极"左"意识形态。有论者指出："我不同意把道德与文明同社会进步对立起来，把人的精神同人的社会生活（引按：指世俗生活）对立起来。把人文建设同经济改革对立起来。把文学同市场对立起来。"他以西方为例指出，从历史的观点看，人文主义（即人文精神）是"商品经济发展的结果，是物质生活变化在精神生活中的反映，而且它标志着世俗文化时代的到来"[1]。也有人批判人文精神论者拒绝当下的中国社会文化，指出它"是以对当下的中国文化工业的彻底的蔑视之后，提供的重返昔日主体的最后的道路。它以放弃'五四'以来知识分子的具体的、世俗的'现代性'目标为代价"，"它设计了一个人文精神/世俗文化的二元对立，在这种二元对立中把自身变成一个超验的神话，它以拒绝今天的特点，把希望定在了一个神话式的'过去'"。他认为："我们必须和世俗的人们不断地对话和沟通，对中国正在发展的大众文化有更明澈而机敏的观察与思考。"[2]

---

[1] 秦晋：《关注与超越》，《作家报》1995年6月17日。
[2] 王晓明主编：《人文精神寻思录》，文汇出版社1996年版，第140—141页。

此外，世俗论者认为大众文化在客观上具有消解极"左"意识形态的功能，这些"人文精神"的质疑者（或者叫"世俗精神"论者）实际上更看重与神本主义相对的、西方意义上的人文主义。他们强调世俗化是对先前的政治社会与专制主义的否定，充分肯定人自身的价值，关注人的存在。具体到中国的现实环境中，这种关注不是什么空喊终极关怀、宗教精神，也不是一味地沉重、痛苦，而是实实在在地提高他们的生活水平，尤其是让他们从文化专制主义、一体化的教条意识形态与物质匮乏中继续解放出来；而在中国的特殊环境中，像王朔那样的调侃与嬉戏、玩文学、玩人生也不失为一种有效的解构策略。如果说，在一些人文精神的倡导者眼中，王朔的调侃与嬉戏是对生命意义的遗忘、对沉重的存在的逃避、是价值虚无主义，那么在王蒙他们的眼里，王朔的这种调侃与嬉戏，以及大众文化中对于感官刺激的追求，则是对政治与文化的专制主义的一种有力解构。①

（三）现代化理论模式的反思与拓展

当然，中国的世俗化与大众文化也存在值得警惕的误区，这是无可否定的事实。首先必须指出：世俗化绝不只是商业化、市场化，更不是消费主义、拜金主义、享乐主义、虚无主义的同义语，健康的世俗化实际上应当包含新道德、新规范、新价值的建构（虽然不是宗教性的道德、规范和价值）。西方文艺复兴时期的世俗化充分表明了这一点。反观中国，世俗化在新道德、新规范和新价值的建构方面的确不尽如人意，社会转型中道德底线之下的各种现象也时有发生，社会上拜金主义的价值观非常流行。但是由于争论双方对世俗化的理解均存在偏颇，所以要么把它直接等同于痞子化或拜金主义，从道德主义的立场全然否定其历史意义，要么只看到它的祛魅的历史意义，但对这种其另一面缺乏警惕。

这里的关键是：中国的世俗化和大众文化本身就是在非常特殊的环境中出现的。这就是前现代、现代与后现代等多种文化的交叉互渗，因而它是一个极其混杂的价值与文化形态。它不仅带有解神圣化的现代意义（尽管可能不是有意识的），同时也体现出了对于传统前现代享乐主义的纵向承受以及对西方后现代主义的横向移接。其中，前者表现为世俗文化、大众文化中所不

---

① 其实，争论的双方都只看到了王朔的一个方面，把这两者合起来才是完整的王朔。这一分析也适用于王朔以外的其他大众文化。当前的大众文化表现出了对官方意识形态与精英文化的双重疏离，因而具有双刃剑的性格。

时体现的前现代价值观念，比如广告中反复炫耀的"皇家气派"，大众读物中打着现代生命科学旗号的封建迷信思想，王朔作品中的反智主义（这种反智主义集前现代小农思想、后现代游戏精神与北京大院的"大爷作风"于一身），都不能不使中国大众文化的消遣娱乐性带有不健康的因素，从这个意义上说，人文精神论者指出的世俗化与大众文化的"粗鄙化"倾向是一个不可否定的事实。人文精神论者批判的"玩文学玩人生""虚无主义""认同废墟""逃避沉重与痛苦"，的确抓住了大众文化的一些负面现象。对此，有些世俗化的拥护者是缺少警惕的；而人文精神论者与道德理想主义者在批判世俗化的时候，则常常笼统地把中国的大众文化与世俗化归入后现代文化的范畴，然后不加转化地将西方的批判理论（如对后现代文化的批判、对传媒霸权主义、对技术理性主义的批判等）用于批判中国的世俗化与大众文化。这样不但批判的准确性与力度大大削弱，而且忽视了世俗化与大众文化的进步意义。

由以上分析可知，对于中国的世俗化与大众文化，对于文艺中消遣娱乐性的凸显，必须充分考虑到它的方方面面。充分意识到自己的价值评判尺度是历史主义的还是文化哲学的，它的具体指向及其局限性，明确自己所指的是世俗化的那个维度，而不要用化约主义的方法把对象简单化。只看到它的解构专制主义的现代意义，或只看到它的后现代的游戏人生与虚无主义，都是相当片面的。总的来说，我们认为对大众文化与世俗化的态度是优化它而不是拒斥它，也不是拥抱它。其核心是批判其前现代的陋习，警惕其后现代的误区，强化其现代精神。

必须指出的是，在现代化理论范式内部也是存在差异的。比如陶东风和金元浦之间的观点就很不同。金元浦的大众文化研究范式与评价尺度曾经产生过比较大的转变。他在1994年发表的《试论当代的文化工业》（《文艺理论研究》1994年第2期）一文，基本上是用法兰克福学派的批判理论来对大众文化进行道德批判与审美批判的，这与"人文精神"论者的观点没有太大差别；而在2001年发表的《重新审视大众文化》（《当代作家评论》2001年第1期）一文，则转而为大众文化辩护，强调中国当代大众文化的合法性在于：（1）计划经济向市场经济的历史性转型；（2）大众文化体现的是现代科技与现代生活；（3）大众文化改变着中国当代的意识形态，在建立公共文化空间上发挥了积极的作用，表明了市民社会对自身文化利益的普遍肯定，表明了小康时代大众文化生活需求的合理性。金元浦对大众文化的进步政治潜力的态度非常乐观，认为大众文化体现了民主精神和弱势群体利益，它的形成是当代中国市场经济条件下市民（公民）社会成长的伴生物，它开辟了迥异于单位所属制的政治（档案）等级空间和家族血缘伦理关系网的另一自由交往的公共文化空间。陶东风指出，必须肯定，金元浦的一些观点敏锐地捕捉到了大众文化特别是互联网等新媒体的拓展公共空间的民主化潜力，以及弱势群体利用这种空间的可能性（虽然他没有提供非常具体的个案分析，比如"非典"期间中国的互联网在拓展言论空间方面所起的作用）。然而，金元浦文章中存在的问题也是应当注意的：首先，他对于中国大众文化的消极面几乎没有论述，特别是对于中国大众文化生存的不健全的体制环境注意不够；其次，他关于大众传播扩展公共空间的论述很大程度上只适用于大众文化与大众传媒中的个别媒体（主要是互联网），而不适用于其他更加主流的传统大众媒体，同时也忽视了大众文化中许多站在中产阶级立场的那部分（比如《精品购物指南》等时尚杂志），这些媒体体现的绝对不是弱势群体的立场；他对于大众消费主义和日常生活关切的估价也偏于理想化或缺少历史分析（比如认为练歌房也提供了文化的个人空间和个性化的表达方式。但实际上并不是在任何时候练歌房等娱乐场所都具有这样的政治文化功能）。这里需要再次特别提醒的是，对于大众文化与消费主义（包括日常生活的审美化）的政治意义的分析，必须紧密结合具体的历史语境，只有放在具体接受环境中才能阐述清楚，因为它是不断被历史语境改写的。

陶东风在最近的论文《畸变的世俗化与当代中国大众文化》（《探索与争鸣》2012年第5期）中进一步推进了他对世俗化与大众文化问题的反思，提出了"两种世俗化"的分析框架。

文章认为，从党的十一届三中全会到1980年年末，中国社会经历了一场类似西方的"祛魅"或曰世俗化运动，一般称为破除迷信、解放思想。平等、理性交往意义上的公共领域开始兴起，关于真理标准、人道主义、主体性的讨论是其标志性事件。特别值得注意的是，这次世俗化否定了"文革"时期的贫困崇拜，肯定了物质生活的合理性。虽然这个世俗化浪潮同样伴随个性觉醒、个人主义以及物质生活的合法化，但它们并不意味着公共生活的衰退；恰恰相反，建立在祛魅（"思想解放"）基础上的新公共性的生成，是以觉醒了的个人为诞生标志的。

陶东风指出：我们必须在这个积极世俗化的框架中思考和肯定20世纪80年代初期出现的中国大众文化的进步意义。新时期出现得最早的大众文化，大概是从港台传入的邓丽君的流行歌曲开始的。对于从单一"革命文化"中长大的那个时代的青年人，听到这些歌曲真是如沐春风，其震撼力、亲切感难以言表，这种感受具有深刻的公共性。这些所谓"靡靡之音"是对极权式禁欲文化的反动，它不但极大地繁荣了当时中国老百姓单调贫乏的文化生活，而且唤醒了人性。在这个意义上，它与新启蒙和人道主义思潮在精神上无疑是极为一致的，可以说，它通过自己的方式呼应和推动了思想界、理论界的新启蒙和人道主义思潮。成千上万喜欢邓丽君的民众并没有因为喜欢她的"靡靡之音"而疏离公共世界；恰恰相反，这种"靡靡之音"和别的文化思潮一起培养了既具有自主性、独立人格，又积极关注公共事务的新颖个体。可以说，80年代的大众文化对于公共领域的建构功不可没。

但从20世纪90年代初开始，中国的世俗化开始发生畸变，开始向去公共化方向倾斜，这种思潮到90年代中后期愈演愈烈。中国社会虽然依然是一个世俗社会，然此世俗已非彼世俗。1990年以来的世俗是一个物质主义的世俗，是盛行身体美学与自恋文化的世俗。个人主义依然流行，但"个人"的内涵已经发生变化：关注身体超过关注精神，热心隐私超过热心公务。一种变态的物质主义与自恋人格开始弥漫开来。这种物质主义热潮不仅表现为对奢侈品的极度钟爱，对物质欲望、身体快感的无度追求，对个人内心隐秘经验的变态迷恋，它实际上还伴随公共性的衰落：对公共事务的冷漠，政治参与热情的衰退，公共人际交往的萎缩。凡此种种，共同构成了1990年以来大众文化生存和发展的基本语境。人们不仅失去了对彼岸、来世的信仰，同时也失去了对公共世界的信仰，回到了身体化的个人自我，以封闭的自己与自己的私密关系代替了自我与他人积极交往。可以说，1990年以来的大众文化是以通过躲进"铁门"重重的个人"密室"或灯红酒绿的KTV包房的方式背叛了80年代。换言之，一种世俗背叛了另一种世俗。因此，这种畸变的世俗化恰恰意味着公共世界的死亡，其突出特点就是大众的政治冷漠、犬儒主义与消费主义、物质主义的深度结合。畸形的世俗化在坚持原有政体和意识形态的同时吸纳了消费主义，鼓励国民把精力投入日常消费：理财治家、崇拜明星、追逐时尚、健美塑身、迷恋名牌等，对公共世界的腐败和愚蠢视而不见。当大众也包括数量众多的知识分子沉迷在传媒打造的日常生活审美图景、沉迷在去政治化的自我想象和个性想象时，真正值得关怀的重大公共问题由于进入不了传媒，而被逐出了现实。这样的世俗化可能导致一个最糟糕的结果：实际上我们目前生活在一个急需争取与扩大公民的基本政治权利、推进公民的政治参与的社会环境里,而大家都在那里津津乐道地关注自己的生活方式,热衷美容化妆,打造自己合乎时尚的身体,这有点滑稽与悲哀。有理由认为:在今天,我们最应该警惕和担心的,就是出现一种没有政治自由而有所谓消费"自由"的畸形社会。这才是当今中国消费文化、大众文化背后隐藏的最严重误区。

陶东风最后指出:如果上面的分析大体成立,那么,如欲克服中国90年代以来的物质主义,既不能靠进口西方的上帝,更不能回到"文革",而只能是着眼于重新激活公共精神,建设公民社会。中国和西方的现实都告诉我们,在一个健康的世俗化环境中,告别了禁欲主义的广大民众会以巨大的热情建设一个崭新的公共世界,开始健康的公共生活;但如果公共世界的参与渠道被堵死,如果人与人之间的公共交往因为制度性被阻断,那么,唯一的出路或无奈的选择,只能是被迫拥抱物质主义。

三 新"左"派批判范式与中国大众文化研究

新"左"派的大众文化批判范式,与道德主义、审美主义批判范式之间既有联系也有区别。联系在于两者都对大众文化采取了激进的批判态度;区别则是它更加注重政治经济学分析与阶级分析,而不是抽象的道德批判与审美批判,它们声称自己代表底层群体或弱势群体的利益立场(而道德主义与审美主义批评范式则常常以大写的、抽象的主体"人"自居)。

新"左"派的大众文化批评范式最早的一次集体出场是在1997年第2期的《读书》上。该期刊出的系列专题文章"大众、文化、大众文化"基本上奠定了新"左"派大众文化理论的核心:大众文化是中产阶级(白领)/特权阶级的文化而不是真正的大众文化。其中韩少功的《哪一种"大众"》一文认为,"大众"本来几乎一直是"贫困"的同义语,是悲惨命运的同义语,但当社会进入现代工业消费社会,并在对财富和利益的分配格局给予根本性的重构后,穷人则变成了小众,市民阶层在迅速扩大,一个优裕的、富庶的、有足够消费能力的"大众"正在浮现,"白领贵族""电脑贵族""广告贵族""股票贵族"等,正在成为"大众"各自的别号。大众不仅富起来了,而且开始与时尚结盟。由此在韩少功看来,大众文化之"大众"已经不再是以前贫穷的"大"众,而是中产阶级的"小"众。韩少功虽然强调这是个剧变的时代,但还是为此充满了忧虑,认为"清除财富的腐蚀,警觉时尚的污染,是精英们从贵族营垒里反叛出走时的重要功课"。

旷新年在《作为文化想象的"大众"》中,更是明确指出,随着大众文化概念的出现,"大众"的内涵已经发生了扭转和变化,"大众"这一历史主语已经转变成为白领大众。而以电视、报刊为主要媒体的大众文化给予我们一种从心到身的深度抚慰,直至渗入我们的下意识底层,而且,在全球一体化的背景之下,权力、精英和大众文化从来没有像今天这样亲密无间地结合在一起。大众文化整合了话语的分裂,使之变成了一个包揽无遗的大合唱,一个战无不胜的意识形态神话。总之,大众文化在暧昧混杂的市场上升起了一面美丽的旗帜,上面写着"白领"两字。

旷新年在另一篇代表性的文章《文化研究这件"吊带衫"》(《天涯》2003年第1期)中,更由对大众文化的批判走向对整个文化研究(当然包括大众文化)的冷嘲热讽。文章认为,文化研究是资本主义与中产阶级这个"夫君"/主子的"二房""二奶""姨太太",它不是真的要批判"夫君"(资本主义)的罪恶勾当,而是把它当作"打情骂俏的资料","二房"可以耍脾气、犯上、挑衅,这些都是小骂大帮忙。文化研究被它的研究对象收编,它批判消费主义但是本身又变成了消费文化的小妾。他指出,文化研究建立在中产阶级深厚的土壤和根基上,它敲打着中产阶级的感性生活,是中产阶级感性生活天然的守夜人。它深知人性唯一光明的前途就是改良和提高人性,政治的唯一出路就是用学院政治代替暴民政治。于是,作者的批判锋芒从文化研究的"阶级出身"转向学术身份:学院政治是没有任何真正的政治目标的政治。作为没有政治目标的离经叛道,文化研究迅速地被吸收到大学的学科建制之中,结成与现代体制亲密无间的手足情谊。文化研究的兴起标志着学院政治的真正成熟,标志着"左"翼批判力量阵地的彻底转移,或者说标志着"传统左翼"向"现代左翼"的脱胎换骨。文化研究既拆除了对资本主义政治、经济结构的暴动和爆破,同时也无力发起对于资产阶级的文化阵地战。从根本上来说,文化研究将战场从外部转向内部。也就是说,文化研究"从资产阶级内部向资产阶级发起进攻",使阶级斗争变得越来越无害化。总之,文化研究由无产阶级与资产阶级生死攸关的政治斗争转变成为一场装满橡皮子弹的语言和文化斗争。与其说是炮火连天的战争,不如说是装点后现代社会和消费主义时代的绚烂烟花。

新"左"派批评范式的另一代表人物是戴锦华。在《大众文化的隐形政治学》(《天涯》1999年第2期)中,戴锦华巧妙地从"广场"这个词的含义变化切入当今社会商业与政治的合谋。Plaza取"广场"之名,表明消费主义与市场资本主义的逻辑挪用、改写、僭越与亵渎了"革命"——原先的政治化的广场总是和"革命"联系在一起的——话语,本身成为主导的意识形态:一个革命时代的过去,一个消费时代的降临。作者列举了广告等商业文化中挪用革命历史话语的例子,以表明革命与商业的某种相互利用、置换与缝合关系。接着,又论述了大众文化及其所体现的消费主义与当代中国中产阶级或新富阶层利益的关系。作者认为,90年代繁荣之至的大众文化与大众传媒,不约而同地将自己定位在所谓中产阶级的趣味与消费之上。大众文化就是中产阶级文化,这是新"左"派的核心观点。中产阶级文化以自身的强大攻势,在尝试"喂养""构造"中国的中产阶级社群。《世界时装之苑》《精品购物指南》等类似出版物,"体贴入微地"教人们如何做一个"合格"的中产阶级成员。以王朔为代表的大众文化、通俗文化从90年代中期开始不仅丧失了颠覆性,而且还有效地参与构造中产阶级文化即大众文化,其颠覆性因素也被有效地吸纳与改写。但这种浮华的中产阶级文化却掩盖了正在发生急剧分化的中国社会状况,中国的大众文化行使的是把中产阶级利益合法化的"文化霸权"的实践。戴锦华认为:历经80年代的文化实践及其非意识形态化的意识形态构造,"告别革命"成为90年代很多人的一种社会共识。与"革命"同时遭到放逐的,是有关阶级、平等的观念及其讨论。革命、社会平等的理想及其实践,被简单地等同于谎言、灾难,甚至等同于"文化大革命"的记忆。取而代之的,是所谓"经济规律""公平竞争""呼唤强者""社会进步"。戴锦华的文章涉及的不只是对于大众文化的批评,而且也包括对所谓消极自由主义的质疑;或者说,她认为大众文化与消极自由主义的倡导者是同谋关系,它们都是抹杀阶级冲突与贫富差距的新现实,为新富阶层提供"合法性"的意识形态。在这种新意识形态的语境中,似乎指认阶级、探讨平等,便意味着拒绝改革开放、要求历史"倒退",便意味着拒绝"民主"、侵犯"自由"。尽管不可见的社会分化现实触目可观,比比皆是,但它作为一个匿名的事实,却隐身于社会生活之中。这里,作者把消极自由的言说者当成了反对平等与阶级分析的人。其实,新"左"派学者的真正兴趣并不在于研究大众文化,而是借此质疑和批判自由主义。在他们的文章中,自由主义者就是消费主义的代言人。

  新"左"派的大众文化研究范式,虽然比较敏锐地抓住了大众文化的最新发展趋势,但同时也存在诸多问题。首先是把大众文化进行了简单的化约,似乎所有大众文化均为中产阶级意识形态,而没有看到大众文化构成的复杂性。它的阶级分析是简单化的阶级分析；其次，不能把"告别革命"论、消极自由主义、大众消费文化、主流文化简单地等同起来。的确，李泽厚等曾经为大众文化辩护，也是他和刘再复一起提出了"告别革命"说，但由此说李泽厚等是主流文化或官方意识形态的代言人似乎不合乎事实。新"左"派批评家只看到李泽厚拥护大众文化与消费主义的方面，而没有看到他在倡导民主化方面也颇多自己的见解。重要的是，中国的消费文化并不必然是进步的，也不必然是保守的。它的政治含义取决于它所处的具体历史语境。对于中国的具体问题，用抽象的市场批判、商品批判或审美批判是不解决问题的。

或许也是最重要的是，新"左"派对大众文化的批判建立在一个更基本的判断上：中国社会已经进入全球市场经济和消费主义主导的资本主义社会，中国的大众文化就是资本主义社会的消费文化，但恰恰是这个判断使之简单化，因为正如很多学者已经指出的，中国目前的社会形态与其说是资本主义不如说是权贵资本主义，中国所进行的市场化改革由于缺少相应的政治体制改革、缺少法制而导致权力对于市场的绑架。由于新"左"派的这个判断是有问题的，经不起检验的，因此建立在这个判断上的大众文化批判也就随之陷入理论和经验的重重陷阱。

四　对大众文化的经验研究与民族志研究方法的兴起

应该看到，无论是法兰克福学派的批判理论范式，还是现代化理论及新"左"派研究范式，无论其对大众文化是批判还是肯定，都有着明确而强烈的价值立场和政治诉求，这些文章相对而言长于思辨而短于实证，甚至显得空疏。近年来，随着越来越多的人认识到这个问题，认识到大众文化本身的复杂性，也因为田野调查和民族志研究方法逐渐被人们所熟悉，出现了越来越多针对大众文化现象的个案研究、经验研究，这些文章也不同程度地使用了民族志的研究方法，它们对大众文化的价值立场也更为复杂和辩证。由于这类文章数量多，而且很难找到其标志性的理论倾向和政治立场，因此不便进行归类。这里我们的介绍也带有很大的随意性和举例性质。

程文超在《波鞋与流行文化的权力关系》一文中，对波鞋、解放鞋以及通常所称的球鞋背后隐藏的权力关系进行了生动而深入的解读。作者首先分析了新中国成立初期解放鞋相对于球鞋所具有的特殊权力，指出解放鞋在当时是一种身份、地位的表征，并不是任何人都可以穿得上的，"解放鞋"与一般球鞋之间，有一种等级、一种特权。但随着社会的发展，当波鞋出现之后，波鞋便构成了对"解放鞋"的冲击。这表现在原有的等级失效了、原有的特权丢失了，有钱就行，有钱就可以买到，就可以享用。但由此又形成了新的等级：经济等级。因为并不是任何人都穿得起"波鞋"，你得有钱才可以。有钱，你就有享受的特权；没钱，你就只能看着别人享受。由此，作者指出，

> 在"球鞋时尚"从解放鞋到波鞋的历史里，我们看到了两种权力关系：政治权力关系与金钱权力关系。在这两种权力关系里，我们都看到了等级、特权以及与之相适应的观念。如果把观察的视野扩大，从脚到全身，或者说，从鞋到全部服装，我们会得出相同的结论。①

在这里，作者显然坚持了一种历史发展的眼光来分析问题，强调应该看到当下流行文化从历史中走来的足迹，看到大众文化发展中不同的权力关系。作者指出，只看到一种权力关系是没有历史眼光、不符合历史与现实的。看不到极"左"时期政治权力关系的存在，对中国流行文化进行简单的批判，会走进理论陷阱；只看到中国流行文化对极"左"时期政治权力关系的反叛而看不到其新生的金钱权力关系，从而对其进行全盘肯定，同样是危险的。同时作者还进一步指出，中国大众文化的复杂性，使得我们在坚持历史发展的眼光之外，还需要全面地认识问题，更要看到，从当前中国的现实看，两种权力关系仍然同时存在。中西权力关系，或者说金钱权力关系对政治权力关系形成过冲击，但并没有使之完全消失。而且两种权力关系正在联手运作。这就是我们常说的权钱交易。它使我们的社会进入了十分复杂的状况之中。可以说，程文超从历史的眼光，以社会学的视野，比较客观地分析了波鞋流行中的权力关系。这是我们分析大众文化所需要借鉴的。

徐旭在《狂欢在秋雨中的身体——解码第二届金鹰电视节现场直播》中，运用霍尔的编码/解码模式以及巴特的符号学理论，对第二届金鹰电视节现场直播活动做了具体的文化分析。作者把这次活动的参与者划分成了五类：生产者：代表国家意识形态的官方参与者——中视协；作为最主要或最直接的事件制造者——电视湘军以及湖南地方政府；虽以一种被支配身份但却极主动参与事件的制造过程的最基本编码材料——影视以及娱乐圈的当红明星；

---

① 程文超：《波鞋与流行文化的权力关系》，陶东风等主编：《文化研究》（第3辑），天津社会科学院出版社2002年版，第242页。

最理性且利益诉求最直接的赞助商——企业主；作为电视直播现场活动背景的现场观众。正是这些人员和单位共同完成了一个有望成为本土大众文化经典的电视文本和文化商品。作者指出，中视协和资助商两个参与者提出了大相径庭的意义要求，使得具体担负编码任务的湖南广播影视集团陷入了意义书写尴尬的冲突与矛盾之中，即电视金鹰奖的思想导向要求和商业卖点（可视性与收视率）的彼此冲突与矛盾。但正是由于电视湘军的精明灵活、"诡计多端"的湖南头脑，最终在文本编码过程中，调和了矛盾，平息了冲突，完成了一次艰难、苦涩的文本书写历险记。[①] 作者通过具体分析这几类参与者在活动实施中的矛盾、冲突和妥协指出，这一大众文化生产事件，因其生产者在精心编码的过程中，有意识地挑选了极富张力的符号代码，巧妙地将它们填充在了文本叙述话语的横组合段上，从而使得电视直播的节目给我们留下了意义增值和再生产的若干空间。因而，这一电视媒体版的大众文化读本，给我们带来了某种文本阅读的快感。当然，它那以身体快感为主要意义诉求的狂欢节特质，才是最主要的。它在意义生产编码过程中，针对主流文化和精英文化发起了巧妙的进攻，充分采用了躲避、消解、冒犯、转化等"游击战术"；然而，在以狂欢的形式娱乐大众时，它又时刻把握住了"发乎于情、止乎于礼""乐不至淫"的理性底线。这一点，或许正是内地特色的大众文化与港台地区同类产品不同的地方。[②]

除了以上两个个案之外，《上海酒吧》的研究者们选取了两组观察对象：衡山路酒吧一条街的消费空间和以复旦大学、同济大学为中心的酒吧消费空间。他们试图在对这两组个案观察的基础上，分析世纪之交的上海特有的都市消费文化现象，借助于现实的消费空间与文学文本追溯上海消费主义的文化经验和历史；试图在现代性、全球化的背景中理解上海都市空间的流变，从消费的角度阐释当代上海复杂的社会文化现实。

研究者们采用了"民族志"的研究方法，通过实地调查、谈话，解读了上海酒吧的空间生产、文化象征、身体与性别、怀旧政治、性、闲暇等方面，得出了一些富有启发意义的结论。在研究者们看来，衡山路酒吧无疑是一个高度消费主义的空间，消费性的选择在这一空间中扮演了某种极为中心的角

---

① 徐旭：《狂欢在秋雨中的身体——解码第二届金鹰电视节现场直播》，陶东风等主编：《文化研究》（第3辑），天津社会科学院出版社2002年版，第260页。
② 同上书，第271页。

色。而消费主义不仅仅是指简单的消费行为,而主要是指对酒吧空间里象征性物质的生产、分布、欲求、获得与使用,而在这其中,消费主义与政治结下了不解之缘,不仅消费空间成为政治性的,而且个人消费行为中的认同等私人体验本身,也都变成了一种政治力量。比如研究者们认为,酒吧中的异国情调成了一个多重关系的纽结点:"在此,意识形态与商业消费,国家权力与商业资本,全球化与民族意识错综地交叠在一起,展现出扑朔迷离的斑驳景象。"①

在酒吧体现出的怀旧问题上,研究者们指出,无论是知识分子话语还是精英叙事都有可能陷入老上海怀旧政治的怪圈,一方面,怀旧无疑打开了抵制资本、消费主义、全球化和国家权力,以及重建地域性知识的大门;另一方面,怀旧本身就是对消费主义与世界主义的追怀。而以怎样的他者来回应当代上海的文化现实,构成了老上海怀旧政治的核心问题。②

总之,通过具体的调查研究,研究者们分析了上海酒吧所包含的复杂文化现象,为我们理解大众文化提供了有益的借鉴。

比较典型、自觉和成熟地运用民族志方法来研究当下中国大众文化的尝试,是杨玲的博士学位论文《超女粉丝与当代大众文化消费》(首都师范大学,2009年)。该论文集中研究超女粉丝如何利用超女选手来理解当代中国社会,制造意义与认同,建构社群文化。作者认为,尽管由于粉丝身份在发达国家的泛化,使得粉丝作为分析范畴的效力受到质疑,但在经济、文化发展极端不平衡的中国,作为文化媒介消费的"急先锋"的粉丝人群与普通受众之间的区分还会在一定时期内存在。探讨超女粉丝所形成的文化消费模式,能够帮助我们了解中国都市中的新生代人群如何利用新媒介技术生产消费属于自己的大众文化,表达自己的社会和人生理想。事实上,作者正是本着这样的一种思路,尝试用学者粉的身份和民族志调查,运用自身切实的经验来纠正当代中国文化研究中的某些偏颇。这对大陆的一些文化研究学者过于重视理论推演和意识形态批判,较为忽视对文化现象进行经验性考察的弊端,无疑具有重要的纠偏作用。该论文对超女粉丝的文化消费模式、对粉丝认同的形成与表达、对粉丝产消者,以及超女粉丝小说等都做出了具体的分析研究。作者指出,超女粉丝用她们的文化实践展示出了当代社会中消费活动的

---

① 包亚明等:《上海酒吧:空间、消费与想象》,江苏人民出版社2001年版,第115页。
② 同上书,第153页。

复杂性和多面性。消费可以是社会区隔的标记，社会控制的杠杆，但它同时也可以开辟出一个社会各阶层共享的文化空间，成为表达认同、推动变革的场域。文化消费/消费文化并非就只能是世俗的、享乐的、浅薄的，让人通过购物的快感而忘掉那些深层的属于思想感情领域的种种问题。可以说，该论文让我们看到了大众文化的复杂性，任何从单一立场、单一价值观念对大众文化作出简单化处理都是不恰当的。

由此我们可以看到，从经验角度、民族志角度研究大众文化，有助于更充分地看到中国大众文化的复杂性，了解大众文化的内在丰富性，避免简单化和空洞化、口号化。这应当是研究大众文化一种需要提倡的理路。其实，这样的认识在世纪之交就已经被许多学者认识到了，对于现象的丰富性的关注，要求我们借助某种人类学、社会学的方法及成果，深入分析当代中国大众文化现象，而不是粗暴地纠缠于一些高雅与低俗、愚昧与高尚、解放与雅致等二元对立的概念。

当然，我们强调经验研究和民族志研究的优点，并不是说这种研究完全没有立场和价值判断，不带任何价值立场的研究几乎是不可能的，我们这样说，强调的是在研究一个经验对象时，应该在具体、深入、细致地进入对象的过程中逐步建构自己的价值立场。如果我们预先带着自己过于明确的立场对待对象，往往会影响我们对现象的全面认识，进而影响研究的客观性和科学性。

简短的结语

毋庸置疑，大众文化研究目前在中国依然呈现上升趋势，这很大程度上是由于中国大众文化的样态和内容、形式都在不断"更新换代"，比如网络文化在今天已经成为研究热点。但是在热闹之中，我们也应当看到，研究的视角和方法还比较单一，对于中国大众文化产生、发展及变化的复杂的政治、经济、文化语境还缺乏更为深入细致的研究。一方面，我们对中国大众文化的多样性、复杂性、差异性特点缺乏足够的重视，不能真正深入地去探寻第一手材料，这很容易导致以材料迎合"理论"，"理论"凌驾于材料之上，这显然不是一种严谨的学术研究方法；另一方面，我们在大众文化研究民族志方法的运用上还不多，而这会妨碍我们对大众文化的经验感知。更何况从理论到理论很难真正获取我们自己的中国经验，也不可能在此基础上建构我们自己独特的大众文化理论。

第四章 族姓与身份议题①

一 民族身份议题的出现

民族国家的建构问题本来就是中国现代史包括思想史的核心问题,但在20世纪50—70年代,中国的民族国家问题或者被意识形态化的阶级理论遮蔽,或者被置换为阶级问题,因此无法得以有效展开。90年代初,中国学界突然出现了一股讨论中国民族文化身份的热潮,在文化研究领域也不例外。它极大地重塑了中国文化界的话语氛围与格局,其强大的影响力一直延续至今。

文化研究中,关于民族身份的研究一般被归入"后殖民主义文化理论"/"后殖民主义批评"或"第三世界批评"的范畴。

(一) 后殖民主义文化理论、文明冲突论及其影响

西方的后殖民文化理论和文明冲突理论无疑对中国民族身份议题的出现具有明显的诱发作用。首先,这个话题最初是靠对萨义德《东方学》的介绍与讨论而得以进入中国文化讨论领域的。正是在1993年《读书》杂志第9期集中出现几篇介绍萨义德及其"东方学"的文章之后,各种有关中国民族文化身份的讨论才开始流行起来。其次,有些人把民族文化身份议题在中国的出现联系到了亨廷顿的"文明冲突论"的影响。亨氏有关"文明冲突"的文章在中国的重要报纸《参考消息》上连载(1993年8月20—26日),并引起了中国学术界的热议。为此,我们先需要简要了解一下这些理论及其背景。

当代西方的文化研究可谓边缘对中心的造反,其实质是西方社会中的身份政治在文化领域的体现。文化研究以对权力的批判为中心,这种批判围绕三个最重要的身份维度展开:阶级、种族和性别。文化研究的种族维度,主要与西方近现

---

① 本章写作受到国家哲学社会科学基金青年项目"中国后殖民批评的反对派研究"(12CZW008)的资助,为其阶段性成果之一。

代以来的殖民主义活动紧密相关。就欧洲来说，第二次世界大战之前，主要是欧洲国家向世界其他地方殖民，并把西方的政治和文化带到了被殖民的地方。第二次世界大战之后前殖民地国家纷纷独立，原殖民地人口开始不同规模地向宗主国反向移民，这给欧洲国家不同程度带来了种族冲突和种族身份认同问题。

种族身份政治问题最突出的地方是美国。这里除了当地的印第安人，还有随着殖民而来的黑人奴隶问题。而随着全球化进程的加剧，大量第三世界的移民涌向美国，美国社会的种族构成也更加混杂。美国现在虽然仍然以盎格鲁—撒克逊的欧洲白人文化传统为主导，但不得不更加认真地对待少数族裔的声音。这从根本上说是由其国内政治决定的。在美国社会内部，20世纪60年代的黑人民权运动取得了世界范围的同情，并最终取得了很大的成功，法律规定的平等选举权逐渐落实。在这种形势下，争取少数族裔的选票成为美国选举政治中一项重要因素。所谓的"少数族裔"实际上人数已经超过总人口的1/3，而且由于集中居住和共同的边缘感而组织得更加良好。与此相应，在文化领域内，这些来自前殖民地的少数族裔及其后代从被殖民者的立场上深刻反思殖民主义的声音越来越大。

在19世纪末期之前的大多数时间内，"殖民主义"一直都是一个中性甚至褒义的词汇。它与启蒙思想紧密相关。启蒙要使人类更加"理性"和"文明"。按照这种标准，非西方民族的"理性""文明"程度显然不够。在启蒙主义的语境之下，殖民主义被认为是扩展理性与文明不可避免的"进步"过程。但随着反殖民运动和民族独立运动的高涨，到19世纪末，殖民主义已经在国际政治语汇中变成了一个贬义词。马克思和列宁也都对殖民主义做过严厉的批判。第二次世界大战后，独立后的前殖民地政治家和知识分子纷纷指责殖民主义实质上是一场赤裸裸的侵略与剥夺，而西方文化则是这场侵略的帮凶。欧美社会内部的少数族裔移民，特别是美国黑人，则通过文学艺术作品猛烈抨击西方社会文化中弥漫的种族主义。

但真正为批判性的种族身份研究开辟崭新学术局面的是萨义德1978年出版的《东方学》。这本著作通过葛兰西的霸权理论和福柯的话语理论指出，以严肃学术面目出现的"东方学"（欧洲内部专门研究"东方"的学科）对"东方"的表征并非客观、公正，而是与权力紧密相关且充满偏见与陈词滥调。正是这本著作开创了被称为"后殖民主义批评"的崭新研究领域，其主旨在于从文化上清算殖民主义的恶果。这种视角与后现代主义批评有很多共同的假设。"从后现代主义观点看来，现代性有这样一个要求，它要把整体性和普遍性的观念强加给思想和整个世界。实际上,它的任务就是把秩序施加于无序,驯服边缘。然而,随着变动的全球力量平衡逐渐远离西方以及更多的声音传回西方,一个强烈的意识已经形成了,即现代性将不会被普遍化。这是因为现代性既被视作西方的一项事业,同时又是西方在向世界投射自己的价值。事实上,现代性已经使得欧洲人将他们的文明、历史和知识设想为普遍的文明、历史和知识了。"[①] 从反思现代性角度来看,后殖民主义实际上应从属于后现代主义思潮,很可能还是其中最重要的部分之一。

但萨义德的作品在西方真正产生重大而广泛影响是在20世纪80年代末冷战结束之后,此时由于国际社会主义阵营的解体,民族主义代替冷战的政治意识形态对立成为国际秩序重建的重要基础。塞缪尔·亨廷顿(1996)认为:"冷战时期,全球政治成为两极化的,世界被分裂为三个部分。一个由美国领导的最富裕的和民主的社会集团,同一个与苏联联合和受它领导的略贫穷一些的集团展开了竞争,这是一个无所不在的意识形态的、政治的、经济的,有时是军事的竞争。许多这样的冲突发生在这两个阵营以外的由下述国家组成的第三世界里:它们常常是贫穷的,缺少政治稳定性的,新近独立的,宣称是不结盟的。"[②] "20世纪80年代末,随着共产主义世界的崩溃,冷战的国际体系成为历史。在后冷战的世界中,人民之间最重要的区别不是意识形态的、政治的或经济的,而是文化的区别。人民和民族正试图回答人类可能面对的最基本的问题:我们是谁?"[③] "在冷战后的世界中,国家日益根据文明来确定自己的利益。它们同具有与自己相似或共同文化的国家合作或结盟,并常常同具有不同文化的国家发生冲突。……公众和政治家不太可能认为威胁会产生于他们感到能够理解和可信任的民族,因为他们具有共同的语言、宗教、价值、体制和文化。他们更可能认为威胁会来自那样一些国家:它们的社会具有不同的文化,因此他们对之不理解和感到不可信任。既然马克思列宁主义的苏联不再构成对自由世界的威胁,美国不再构成对共产主义世界的威胁,那么这两个世界中的国家就日益认为威胁会来自文化不同的社会。"[④] 亨廷顿

---

① 迈克·费瑟斯通:《消解文化:全球化、后现代主义与认同》,杨渝东译,北京大学出版社2009年版,第14页。

② 塞缪尔·亨廷顿:《文明的冲突与世界秩序的重建》,周琪等译,新华出版社2002年版,第5—6页。

③ 同上书,第6页。

④ 同上书,第15—16页。

以原南斯拉夫的冲突及中东冲突为例，试图说明为什么正是在两个文明或多个文明的交接点上冲突特别多，以及全世界各国如何以文明（文化）为界限划分阵营、选择立场，并介入到冲突中来。他还认为，那些不以文明来定位自己的国家就变成了迷失的国家，在外交上将会不断碰到各种困难。亨廷顿认为，历史不会像某些人说的那样"终结"，只是从政治意识形态战争变成了文明（化）的冲突。

从90年代以来，特别是"9·11"以来的国际冲突来看，亨廷顿的观点是有相当道理的。正是在文化冲突问题日益上升为国际问题的主要原则之际，批判性地研究东西方文化关系和非批判性地确认本民族文化身份的各种话语才在全世界范围内扩展开来。中国的民族文化身份议题的出现无疑是受到了西方这些理论的影响。

（二）民族文化身份议题的中国语境

与中国当代文化研究的整体处境相似，中国民族文化身份议题的出现也不仅仅是一个由西方理论话语带进来的问题，它更多地与中国自身的情况有关，因此需要被放置在中国自身历史现实的背景中才能得到充分理解。实际上，最迟在1986年出版的杰姆逊的讲演录中就已经提到了萨义德和他的《东方学》，1988年还出版了有关萨义德的专访，而1990年则出现了全面介绍《东方学》的学术论文，但均未引发重大争论。中间经过几年的沉默期，1993—1994年，有关后殖民和中国民族文化身份的讨论突然爆发，这不能不引起我们的深思。

后殖民理论与后殖民文化批评要处理的是：原宗主国与原殖民地之间曾经存在的关系对于当下欧美国家内部多种族之间关系，特别是文化关系所具有的影响，以及它对于当代欧美第一世界与第三世界国家之间的文化关系的影响。对于中国这个文明体来说，从1840年鸦片战争被迫卷入现代世界以来，思想界对于中西文化关系的争论从来就没有停止过。中国文化从唯我独尊到学习西方技术（"中学为体，西学为用"），再到学习西方政体（百日维新和辛亥革命），再到全面学习西方文化（新文化运动），又因日本侵略而再度高扬民族文化（无论延安、重庆，都在强调文学与文化的民族化与大众化），再到中华人民共和国成立后在冷战格局下全面抵制西方文化，改革开放后第二次引入西方文化……可以说，中西文化关系问题一直是中国现代化过程中的一个无法摆脱的核心问题。李泽厚所总结的中国现代思想史的主线——启蒙与救亡的"双重变奏"——实际上也就是中西文化的冲突与激荡的历史。

这一点，在汪晖的表述中呈现得更为清晰："现代化对于中国知识分子来说一方面是寻求富强以建立现代民族国家的方式，另一方面则是以西方现代社会及其文化和价值为规范批判自己的社会和传统的过程。因此，中国现代性话语的最为主要的特征之一，就是诉诸'中国/西方'、'传统/现代'的二元对立的语式来对中国问题进行分析。"①

20世纪80年代中国大陆出现的文化热有两个层面，一方面是寻找受到"文革"重创的中国传统文化之根，另一方面是接续"五四"时期的启蒙传统，用西方的文化来批判中国传统文化及国民性。这两个方面哪一个占据主流，常常取决于当时的主流政治和意识形态的态度。到90年代，知识界的视角和兴趣明显从西方转向本土，出现了所谓"国学复兴"；而西方文化开始受到来自知识界内部越来越多的质疑与批评，中国官方的爱国主义话语、民间的民族主义情绪与知识界的向"内"（相对于"西"）转，一起构成了90年代与80年代非常不同的文化氛围和文化景观，似乎从"西风压倒东风"突然变成了"东风压倒西风"。救亡似乎又一次压倒了启蒙。

与中国近现代史上救亡与启蒙的攻守转换相似，这一次的转换也主要与中国的现实形势相关，而非纯粹思想领域的变化。在此，真正重要的是80年代末90年代初期那场震撼世界的政治风波，它导致国际社会主义阵营的瓦解，在欧洲前社会主义国家引发连锁性反应。它不仅引发了启蒙主义的话语危机，并进而引发中国知识分子的认同危机，而且使90年代初期中国与美国以及其他西方国家关系的突然紧张，②其部分原因其实也在这里。国内出现了大量具有强烈民族主义倾向的书籍，其中影响最大的是《中国可以说"不"》与《妖魔化中国的背后》。③有学者认为，1989年后，中国知识分子身份调整中出现了一个十分值得注意的现象，那就是一些知识分子发现了"本土"这个民族身份对于身处认同危机之中的中国知识分子的"增势"作用。他们利用"本土"这一新归属来确立自己"民族文化"和"民族文化利益"代言人的身份。④这个分析虽然很有启示意义，但也应该在80年代和90年

---

① 汪晖：《当代中国的思想状况与现代性问题》，《天涯》1997年第5期。
② 例如，1989年后，中美因"人权"问题摩擦不断。1993年夏天，"银河号"轮船在公海上受到"侮辱"；这年秋天，中国申奥失败，并被全国上下相当多的人指认为原因在于西方国家的"偏见"。中国驻原南斯拉夫使馆被炸更是激发了全民的民族主义义愤。
③ 李希光、刘康等：《中国可以说"不"》，《妖魔化中国的背后》，中国社会科学出版社1996年版。
④ 参见徐贲《走向后现代和后殖民》，中国社会科学出版社1996年版。

代之交的特殊环境下来理解。作为一个特殊的社会阶层，知识分子的身份认同常常必须有一个批判与否定的对象，通过否定来确立自己的身份认同，因为知识分子阶层的区别性标志就是它的批判精神与批判话语。80年代知识分子的批判对象是极"左"的官方意识形态与传统文化；而到了90年代，由于启蒙的受阻和民族主义的兴盛，被新挖掘出来的批判对象就是新兴的所谓"市场经济"与西方（特别是美国）资本主义，于是有了"人文精神"大讨论、后殖民主义以及各种现代性的反思、国学热等。就在这个时候，文化民族主义回潮，"东方文化复兴论"出笼，有人断言：21世纪是中国文化的世纪，我们应当让下一代从小就系统学习"四书""五经"，以重建国民的"人文精神"。

人文学界的风向在悄悄变化。一个标志性的事件是北京大学《国学研究》1991年出版，《人民日报》在显著的位置加以报道与肯定。主流意识形态对于传统文化（国学）的态度发生了很大的变化。后来，"国学院""读经班""孔子学院"也在国内和世界范围内成为中国的文化现象兼产业现象，可以称呼为"国学"产业。数量可观的关于传统文化研究的论文与专著相继发表或出版。对官方而言，将文化讨论的视野引向"全球"（包括全球的政治、经济和文化），无疑会使80年代末国内政治事件所产生的那种国家与社会的紧张关系得到缓解。上述种种因素综合作用的结果，就是后殖民主义理论的热销以及民族身份问题的凸显。

90年代前期，后殖民主义理论在中国思想文化界开始得到广泛传播。其标志性事件是《读书》杂志在1993年连续发表了介绍赛义德和其他后殖民主义批评的多篇文章，同时出现了文化研究中第三世界意识和地缘政治意识的强化，甚至在有些文章中还出现了狭隘民族主义的倾向。与此同时或者稍微早一些，对资本主义现代性的反思、全球化理论、后现代理论、世界体系理论也进入中国。由于随民族主义而出现的地缘政治意识在文化研究界的强化，对现代化和现代性的看法也随之改变。文化研究界中越来越多的声音把中国的现代化后发困境归咎于资本主义世界体系对中国的压抑，而不是像80年代（当然也包括"五四"）那样主要反思自身的文化问题（如"国民性"）。可以说，这是思想史研究领域的一个意义重大的转折，它深刻地影响了很多知识分子看待中国现代史的视角。文化研究由于其强烈的现实性与当下性，一直处在这个转折的最先锋，并突出地体现了这一转折。

二　身份议题的问题域

后殖民批评在中国引起的争议之激烈超过了文化研究的其他议题，比如女性主义乃至大众文化。这是因为这个话题深深切入了知识界对于近一个世纪中国现代化问题的认识。虽然在80年代末中国大陆已经有人在介绍后殖民主义批评，但真正标志着后殖民批评在中国学术界开始引起广泛关注的是我们上面提到的1993年《读书》杂志第9期集中发表的四篇与"东方主义"或"后殖民批评"有关的文章。[①] 这几篇文章不仅介绍了后殖民主义的几个主要思想家及其著作，而且试图用这一新理论来分析思考中国现代史问题。受到萨义德《东方学》的启发，他们一方面批判西方人对中国人的偏见与歧视，另一方面批判中国学术界在表征中国形象或思考中国问题时同样受到西方殖民主义的影响，以一种西方中心主义的视点来看待中国，认为这是西方霸权主义在被中国人内化后在其自我认知方面的表现。

他们还对80年代的启蒙思潮进行了批判与反思，认为它也是西方殖民主义思维的延续。之后更有人把这一反思向前推到了"五四"以来的反传统思潮，认为"五四"以来中国人为实现现代化转型所做的努力，即激进的反传统，是以西方观念为标准的，因而承认并内化了西优东劣的等级观念及线性历史观，所以报纸上是一种"他者化"的过程，导致中国丧失自身的文化身份（特性）。很明显，这些人的思路都是用西方后殖民主义来反思、质疑中国的现代性，尤其是"五四"以来以西化与激进反传统为特点的启蒙工程。

由于它触及了中国的现代化道路、现代性处境以及对中国传统文化的历史评价与未来发展这些极为重大而敏感的问题，故立即引起学术界的巨大反响。与前述《读书》杂志的文章相反，一些坚持"五四"启蒙立场的人认为，应当更加审慎地对待西方的后殖民理论，不能简单套用它来否定中国的启蒙主义。有人指出，东方主义在当前中国学术界的流行与近来的文化保守主义、东方文化复兴论、世界政治新格局下的民族主义等有关[②]；还有人指出，"后殖民文化批评一旦'殖民'于中国本土，不能说学术性的文化批评没有，但

---

① 这四篇文章分别是：张宽的《欧美人眼中的"非我族类"》、钱俊的《谈赛义德谈文化》、潘少梅的《一种新的批评倾向》和李长莉的《学术的趋向：世界性》。
② 王一川、陶东风等：《中心·边缘·东方·西方》，《读书》1994年1月号。

更多的是那种自觉的文化民族主义义愤,以及由此而生的反抗心理、运筹于帷幄之中的颠覆韬略"。它只能被看作是文化的"冷战"。① 还有学者站在启蒙主义与自由主义立场上质疑中国后殖民主义批评,说中国的后殖民主义也谈反抗,但是它只反国际霸权而不反国内压迫,而来自第一世界的压迫根本不是中国所面临的主要压迫形式。这是一种大有深意的回避。② 对后一种观点,有学者针锋相对,认为现在中国所面临的主要压迫话语正是代表西方势力的"国际体制话语"。而后殖民主义的反抗性不但不应该在国内贯彻,相反要谨慎地防止引发国内的对抗性。③

从以上的争论情况可以看出,"无论是东方主义还是其他的西方后殖民理论,它对于中国知识分子的吸引力与其说是向他们介绍了一种新的西方文学与文化批评模式,还不如说为他们提供了新视角、新尺度来重新反思中国传统文化(或东方文化)、中西方文化关系以及'五四'文化激进主义这些长期困扰中国知识分子的老问题。所以毫不奇怪,关于后殖民批评的讨论很自然地与对'五四'及中华文化的重新评价同步进行。正因为它触动了一根从来就是极为敏感的神经,才在中国学术界迅速引发了争论。"④

后殖民主义理论本来是产生于西方内部的文化反思,在西方内部展开,但是后来包括中国的第三世界知识分子也参与到了讨论中来,共同塑造了后殖民理论的当前形态。中国语境与西方语境的巨大差异,使后殖民理论不得不与中国的特殊国情相结合,形成了中国后殖民批评独特的问题域。

(一)第三世界文化批评

西方后殖民主义文化理论启发了对中国民族身份问题的重新思考,而"第三世界文化"理论与批评是后殖民文化理论中国化过程中的最早话语形态。"第三世界文化"理论是由美国新马克思主义理论家杰姆逊提出的。他在1986年发表于美国《社会文本》秋季号上的文章《处于跨国资本主义时代的第三世界文学》中最早提出了"第三世界文化"的概念。1989年中国的《当代电影》第6期发表了这篇文章的中译文,引起了中国学界较大关注。《文艺争鸣》1990年第1期发表了张颐武的《第三世界文化与中国文学》,同年第3期又发表乐黛云、伍晓明等人的一组文章,专题讨论第三世界文化的问题,

---

① 许纪霖:《"后殖民文化批评"面面观》,《东方》1994年第5期。
② 徐贲:《第三世界批评在当今中国的处境》,《二十一世纪》(香港)1995年2月号。
③ 张宽:《关于后殖民主义的再思考》,《原道》(第三辑),中国广播电视出版社1996年版。
④ 陶东风:《文化研究:西方与中国》,北京师范大学出版社2002年版,第203页。

在国内学界掀起了一个讨论"第三世界文化"的热潮。

有学者指出,在此之前,"第三世界"作为中国在国际关系中的自我定位,是官方国家话语的一部分,很少与文化批评有联系。在差不多整个20世纪,中国的文化批评虽然一直包括对中西文化关系的思考,但并不以第一世界和第三世界的对立/区分为其基本分析性范畴。① 所以,应该说,是杰姆逊的文章引发并重新定义了90年代中国的"第三世界文化批评"。

作为第一世界的学者,杰姆逊为何要关注"第三世界文化"呢?他在其他场合解释说,对"第三世界文化"进行研究必然会引起对西方文化的新的看法,会使人们对西方文化从外部进行比较分析,从而推进整个文化批评事业。② 也就是说,作为一个美国学者,杰姆逊关注第三世界文化的目的是想把它当作反观第一世界文化的一个策略。在他看来,所有的第三世界文化都不是独立或自主的文化,而是处在与第一世界的"文化帝国主义"的生死搏斗之中。因此,研究第三世界文化从某种程度上就是在研究西方文化本身。

他认为,由于社会语境的差异,当今西方学者或普通读者如果用第一世界的文学标准来看第三世界的文学,就会出现一些误解。其中最重要的一个方面是,他们会不理解第三世界的小说何以会有那么浓厚的政治色彩。对此,他分析道:

> 资本主义文化的决定因素之一是西方现实主义的文化和现代主义的小说,它们在公与私之间、诗学与政治之间、性欲和潜意识领域与阶级、经济、世俗政治权力的公共世界之间产生严重的分裂。换句话说:弗洛伊德对马克思。……我们一贯具有强烈的文化确信,认为个人生存的经验以某种方式同抽象经济科学和政治动态不相关。因此,政治在我们的小说里,用司汤达的规范公式来表达,是一支"在音乐会中打响的手枪"(意指十分不协调。引注)。……第三世界的本文,甚至那些看起来好像是关于个人和利比多趋力的本文,总是以民族寓言的形式来投射一种政治:关于个人命运的故事包含着第三世界的大众文化和社会受到冲击的寓言。

---

① 徐贲:《走向后现代与后殖民》,第220—221页。
② 王逢振:《今日西方文学批评理论》,漓江出版社1988年版,第3、7页。

在文中，他特别关注了鲁迅的《狂人日记》《药》和《阿Q正传》等小说。他指出，如果西方人体会不到文本中寓言式的共振，就很难适当地欣赏鲁迅文本的表达力量。相比而言，西方的小说文本中可能也有寓言的结构，但却是存在于潜意识里的，没有被明确表达，需要特殊的阐释机制进行解码。第三世界小说里的民族寓言却是有意识的和公开的：政治与利比多之间存在着与西方的观念十分不同的客观的联系。

杰姆逊对这种民族寓言的积极意义大加赞扬，认为以美国为代表的第一世界与第三世界的文化关系，类似于黑格尔著名的"主奴模式"：奴隶主（第一世界）统治奴隶（第三世界）并占有其劳动，但奴隶在劳动中却获得了客观的现实意识，而奴隶主（第一世界）在自己的想象中越来越滑入主观主义，不能把握现实。第三世界文化由于其物质和文化条件的限制，不可能进行纯粹主观的想象与投射。而"正是这点能够说明第三世界文化中的寓言性质，讲述关于一个人和个人经验的故事时最终包含了对整个集体本身的经验的艰难叙述"。他在文中表达了他对于第三世界知识分子政治参与精神和集体主义价值观的推崇。

杰姆逊这篇文章中所揭示的"第三世界文化"的主要真理——第三世界国家的小说是具有强烈政治意识的民族寓言——对于一般中国读者来说简直是基本常识，因为没有这一常识不可能在历次狂暴的文化政治斗争中幸存下来，也无法通过从小学到高中的语文考试。按常理来说，对他们而言真正新鲜的倒是杰姆逊认为是"常识"——西方的常识——的东西：西方小说是严格个人的、非政治的。由于在自身的文学和文化环境中形成的对于文学的政治化解读模式的作用，很长时间以来，中国学界即使在解读西方小说时也是高度政治化的。这就使杰姆逊所说的"西方常识"回流到中国后具有了足够的冲击力。但中国学界似乎并没有理会这一点，而是沿着自己的方向来理解和讨论"第三世界文化"理论对于中国的意义。这其中最具代表性的人物就是张颐武。

张颐武从1989年开始在一系列的文学批评和理论文章中开始频频使用"第三世界"这一术语。比如他在评价查建英描写的在美国留学和生活的小说时，称这些小说凸显了"第三世界文化的生存困境"。查建英的小说实际上属于留学生小说最常见的主题：主人公"逃出"中国但又无法完全融入、认同美国社会。张颐武从中解读出了一种文化的控制与反控制的主题，认为小说"表现了第一世界/第三世界的尖锐的二元对立"。他解释说：

> 所谓"第一世界"是指经济高度发展，具有强大物质和文化力量的社会和民族。第三世界则是经济较为贫困，文化和社会发展尚处于较低水平，在争取自身存在并抗拒第一世界的文化帝国主义的发展中的社会和民族。第二世界则是二者之间的中间项，是介于二者之间的社会和民族。……第一世界/第三世界形成了一种尖锐的二元对立。……第一世界的文化价值以一种无所不在的方式，通过大众传播和现代出版业的高度发展的全部成果向第三世界渗透，促使第三世界的文化向之认同。因此，第一世界对第三世界的文化控制、压抑和吸引以及第三世界的认同、拒斥、逆反成了一种文化的主题。"第三世界文化"如何处理和面对与第一世界的关系，如何面对无所不在的西方价值和意识形态的挑战，这是文化和语言领域的基本形势。

他在查建英的小说中找到了第一世界与第三世界之间一系列的二元对立：第三世界是理想主义的，第一世界是物欲横流的；第三世界是贫穷的，第一世界是富足的；第三世界是（性）压抑的，第一世界是放松的；等等。这篇自称完成于1989年6月1日，实际发表于9月的论文把第三世界/中国的理想主义的破灭归结于第一世界文化霸权带来的物欲横流，特别耐人寻味。[①]

真正系统阐述其"第三世界文化"批评理论并产生较大影响的，是张颐武发表于1990年《文艺争鸣》第1期的文章《第三世界文化与中国文学》。文章指出，在全球化背景里，国际化的文学批评已经出现。这种全球性学术话语实际上是第一世界的话语，因为第一世界通过大众传媒/文化工业控制了话语权，对第三世界民族而言，这种话语往往会压抑其本土的文学理论和文学创作传统。用第一世界的话语来思考、评价第三世界的文学与文化，不可避免地会出现许多误解。在中国，这种情况从"五四"以来就一直存在。"第三世界文化"理论没有固定的模式，而是在第一世界与第三世界的对立中站在后者立场上发言的批评与反思话语。它要以我为主，重新翻转、颠倒、消解原来的二元对立。它是非学院式的，是"种族情感的重构"，是生存体验、态度、处境和情感的表达，是弱者的反抗、解放。他坦承这是一种带有意识形态偏见的本土主义理论，但由于第三世界文化的弱势地位，它也就成为一种必要的理论运作方式。如何具体建立"第三世界文化"理论呢？首先，分

---

① 张颐武：《第三世界文化的生存困境：查建英的小说世界》，《当代作家评论》1989年第5期。

析语言，创造出带有本土语言特点的叙事理论、诗学理论及修辞理论，这样才能获得与西方理论真正对话和交流的权力。其次，对文学的批评要联系语境，而联系语境的方式是把它们都看作是民族寓言。就中国的情况来说，"第三世界文化"理论所强调的"本土性"与几十年来中国提倡的"民族化"是不同的："民族化"是政治宣传口号，而"本土化"是理论性的分析思考，是分析的视点，绝非对创作的限定。"本土化"不仅是对古代传统文论进行整理挖掘，而是要从语言本身的特点进行整体性分析，不是个别术语的改变，而是整体话语的改变。最后，文章又强调"第三世界文化"理论的精髓在于它所激发的种种交流与对话的可能，它只有在多元对话中才能生存和发展。"第三世界文化"的现实依据是：中国文学出现了一个"后现代性"的潮流，即一种具有本土化色彩风格的文学取代了现代主义的"国际风格"的文学。后现代主义之后，西方文论已经失语，而"第三世界文化"将在人们的期待中呈现越来越丰富的人文话语。

转述这篇文章中"第三世界文化"理论的主要困难在于它的矛盾性。它一方面坚决强调自身的立场性、意识形态性和非学院性，但又说它是分析性的、理论性、非简单宣传性的东西。它一方面强调自己的本土性，另一方面又强调对其他文化（特别是西方的解构主义）的吸收。它一方面强调二元对立与对抗，另一方面又说自己只有在对话交流中才能生存和发展。在这些矛盾中，仅从结构和篇幅上看，作者是偏重其本土性的对抗立场的。

在随后的一系列文章中，张颐武进一步阐述了他的"第三世界文化"概念。在发表于1990年《读书》杂志第6期的《第三世界文化：新的起点》中，他借着评述杰姆逊的《处于跨国资本主义时代中的第三世界文学》，特别是关于鲁迅的一系列小说，表达了自己对"第三世界文化"的看法。如前所述，在杰姆逊那里，《狂人日记》中的"吃人主义"被解读为整个中国的寓言，张颐武进而指出，作家在这里"成了在与第一世界话语的对抗中生存的斗士"。这不但与杰姆逊不同，也与中国国内通常把它理解为对中国传统文化的批判不同。他认为杰姆逊毕竟是第一世界的人，是个旁观者，他仍然是一种西方中心的视点。他所谓的"民族寓言"只是强调文化上和政治上的"意义"，而对第三世界文学的"形式"不甚了了。第三世界的文本是用本民族的文字写成的，具有独特的句法结构和修辞策略，也有自身的文类规则和表意特色。如杰姆逊根本无法理解，《狂人日记》为何在序言使用文言而在正文使用白话文。这说明第三世界文化应由第三世界的知识分子自己来接手，在世界多元文化对话中发出自己的声音。

张颐武在其他一些文章中具体探索了具有中国特色的"叙事"的可能。他认为，从20世纪80年代后半期开始，中国当代小说出现了一种本土性叙事的觉醒。他总结出80年代中期以来的中国小说用三种策略探索本土性叙事，第一，描写与西方文化的接触和对抗以获得文化自觉；第二，以"新写实"为代表的小说采用不同于19世纪欧洲批判现实主义的方法，以一种本土的立场平视本土的生活状态，摆脱了第一世界的意识形态幻想；第三，打破白话文学的语言规范和叙事结构，实验本土叙事的可能性，向语言边际发起冲击。这些小说说明中国小说开始建立一种第三世界文化的自觉，开始脱离第一世界话语的掌握。[1] 后来他用三篇文章集中讨论了第三个问题，即中国20世纪文学的语言问题。他认为，"五四"以来的中国现当代文学的语言——白话——存在着许多问题。白话文学混淆了口语与书面语、一般书面语与文学书面语的区别，并且把语言当作是透明的传达工具，因而没有挖掘这种语言自身的特点。这导致中国现当代文学无法真正以第三世界文化的独特性与第一世界的文学形成对话，而是处于被压抑的边缘地位。为了使汉语文学的本文超出对第一世界的模仿和附庸形态而成为独立的第三世界文化的本文，并展示其价值，为了使中国文学在一种全球文化的后现代化的潮流中向世界发出自己的"声音"，中国的文学必须在语言方面自觉，超越白话，创造一种"后白话"的文学语言。所谓"后白话"就是"在白话的范围内探索汉语书面语的自身特点，对文言的一些基本特点加以吸取以重新创造汉语文学书面语的努力"[2]。

在对刘庆邦小说的评论中，我们发现，欲望与话语的对立，即身体、无意识与规则、秩序、意识的对立，本是任何一个文明社会的主题，但在张颐武看来却是"我们第三世界文化处境的象征"。记忆本是叙事的一种常见形态，在张颐武看来，却"成为一种无法定夺的第三世界处境的表意"。对现实主义的不信任本是现代主义以来小说的共同特点，但在张颐武看来，它是"第三世界文化"特征的表现。[3] 在另一篇文章中，我们被告知，"第

---

[1] 张颐武《叙事的觉醒》，《上海文学》1990年第5期。另外，关于第二点，在后来的另一篇文章中，被张颐武赞扬为本土叙事的"新写实"小说却又成了对第一世界形式、秩序的认同。参见张颐武《写作之梦：汉语文学的未来》，《当代作家评论》1991年第5期。

[2] 张颐武：《二十世纪汉语文学的语言问题》，《文艺争鸣》1990年第4、5、6期。

[3] 张颐武：《话语 记忆 叙事：读刘庆邦的小说》，《当代作家评论》1990年第5期。

三世界大众文化的片面和无力感是母语危机的一个中心的方面。人们似乎在语言中被连根拔起,被置于平面化的、狭窄的话语空间之中,被充塞的消费文化的斑斓耀目的色彩和错杂缤纷的音响所吸引。我们似乎已经无法不借助大众文化机器所提供的策略进行探索。母语的危机正是在这个意义上成了第三世界文化的中心课题"①。张颐武对中国的大众文化进行了后殖民的解读,把一般批评家视作具有普遍性的商业性大众文化的后现代审美特征看成是第三世界文化特有的危机,是第一世界文化工业控制第三世界文化的结果。

"第三世界文化"理论天然地包含着对现代性的反思。张颐武用一些文学作品作为论据,从四个方面说明当代文学中对于现代性的反思。这四个方面包括:作者神话的崩溃;对知识分子的反思;对拯救意识的批判;对西方文化与价值的失望。② 其中最后一方面与"第三世界文化"理论最具相关性。但是作者所引用的小说似乎并不能证明这一点。一个对西方抱有幻想的上海女大学生琳达,在酒吧打工,认识了一个西方男人,并发生了一段很不愉快的交往经历。她发现对方把他们的关系看成是纯粹金钱性质,就气愤地拒绝了他。但在其中,我们没有看到"现代西方文明的价值论",只看到了一个具体的外国人而已。并且,琳达最后趁别人不注意捡起了美元,因为她还是想攒钱"出去"(见王安忆的小说《吧女琳达》)。在另一篇文章中,张颐武把杰姆逊所说的"民族寓言"式写作归入"现代性写作",即认同西方的启蒙话语把本民族他者化的写作。他认为,这种写作对外为中国代言,提供有关中国的形象及认知,对内则启蒙民众。而在"后新时期",一部分中国作家开始反思现代性,也就超出了寓言写作,进入了后寓言时代。但也有一部分艺术家,如张艺谋和陈凯歌的艺术电影,则是继续进行寓言化的创作,继续表达对第一世界文化的认同和屈从。③ 这种"寓言"化的表意一方面将"中国"视为一个被放逐于世界历史之外的特异性空间,另一方面又把"中国"纳入了世界历史之中,将之化为一个时间上滞后的社会和民族。最终是为西方提供欲望与幻象的满足。④

对张颐武的"第三世界文化"理论,学界既有赞同也有质疑。乐黛云持

---

① 张颐武:《梦想的时刻:回返与超越》,《文艺争鸣》1991年第5期。
② 张颐武:《对现代性的追问:90年代文学的一个趋向》,《天津社会科学》1993年第4期。
③ 张颐武:《走向后寓言时代》,《上海文学》1994年第8期。
④ 张颐武:《后新时期中国电影:分裂的挑战》,《当代电影》1994年第5期。

一种比较开放的第三世界文化观,她主张,作为第三世界的中国应该参与世界文化的对话,并争取在文化角逐中胜出。她理解的"第三世界文化"并非封闭、孤立的本土文化或僵化的传统文化,而是在当代全球文化中,在当代的诠释中存在的。① 孟繁华同意作为第三世界的中国在文化上受到外来文化异化的威胁,并赞同第三世界文化作为一种理论策略的选择。但是他担心"第三世界文化理论是否会单纯地成为一种情感愿望……更多的不是出于他们对其理性的正确性信念,而是来自一种赶上西方,并减轻因和西方文化冲突而造成的传统文化自尊心受到创伤的感情需要"。"这一选择真的蕴含着巨大的发展可能吗?它是书斋里的学术还是富有时代感的理论命题?"②

在持现代启蒙主义和自由主义立场的学者中,以徐贲对第三世界批评的批评最为深刻、犀利。他指出,在今天中国流行的、由官方与商业联手造成的第三世界批评,就其对抗性而言,同西方及其他第三世界国家(如印度)的后殖民批评似乎有一致性;但是在西方与印度,第三世界批评的关键是"反压迫"而不是"本土性",它的出发点是"特定生存环境中人们所面临的切肤压迫与现实反抗"。比如在印度,第三世界批评的主要对象包括民族主义和官方话语的结合,包括表现于本土政权中的殖民权力。而中国的后殖民批评的核心是本土性而不是反压迫,或者说它只反第一世界的话语压迫,而不反国内/本土的文化压迫。在徐贲看来,来自第一世界的所谓"压迫"实际上根本不是当今中国所面临的主要压迫形式,因而中国的第三世界批评"有意无意地掩饰和回避了那些存在于本土社会现实生活中的暴力和压迫"。中国的这种只有"国际性"而没有"国内性"的"反抗性"批评"不仅能和官方民族主义话语相安共处,而且以其舍近就远、避实就虚的做法,顺应了后者的利益,提供了一种极有利官方意识形态控制和化解所谓'对抗性'的人文批判模式"。③

关于"新写实"小说,徐贲认为张颐武把它定位于与第一世界话语的对抗是不准确的。从不同的文学话语之间的权力等级和压迫关系来看,它只能是正统革命现实主义的对立话语。压抑"人民记忆"的也主要不是第一世界

---

① 乐黛云:《展望九十年代:以特色和独创进入世界文化对话》,《文艺争鸣》1990年第3期;《第三世界文化的提出及其前景》,《电影艺术》1991年第1期;《比较文学与文化转型时期》,《群言》1991年第3期。
② 孟繁华:《第三世界文化理论的提出与面临的困惑》,《文艺争鸣》1990年第6期。
③ 徐贲:《走向后现代与后殖民》,中国社会科学出版社1996年版,第220—236页。

的文化，而是本土权力。中国的第三世界批评"选择低风险和无风险批判对象是件无可奈何的事，我们不应当因此而责备当今中国的第三世界理论，而是应当从这种无可奈何的选择和处境中看到文化批评的一个更基本的任务，那就是促成公民性民间社会在中国独立和成熟"①。

有关"第三世界文化"理论的讨论可以说是后殖民主义理论在中国比较早的回响，但其中蕴含了后来几乎所有的议题。对张艺谋电影的评价，对"失语症"的讨论，对"五四"新文学的再评价，对现代性的反思，等等，在张颐武的"第三世界文化"理论中都有所体现和萌芽。但其存在的问题也相似，比如术语的含混，表达的矛盾与游移等。而对其只讲国际对抗性，而不讲国内对抗性的批评，在其他议题的讨论中也被不断重复。

（二）我性·他性·中国性：张艺谋电影批评

后殖民主义是极其讲求政治性的批评理论。电影作为当代大众文化的主要形式之一，对政治宣传的作用之大是不言而喻的。早在1907年列宁就预见到电影在各种艺术中拥有最伟大的力量，是教育群众最有力的工具。后来，在与卢那察尔斯基的谈话中，列宁明确指出："在所有的艺术中电影对于我们是最重要的。"② 因此，民族文化身份议题先从电影领域开始也就很正常了。最早翻译的国外后殖民主义论文就是首先发表在电影类期刊上的。③

但真正刺激人们神经的是张艺谋的电影。因为他的电影不断在国际上获奖，在许多论者眼中，他的电影代表了中国形象的符号呈现。20世纪80年代末，评论界就曾围绕《老井》《红高粱》获奖引起一场关于"国丑"的讨论。但时代的整体氛围使这个讨论没有引起很大的影响。

《文汇报》1992年10月14日刊登王干的文章《大红灯笼为谁挂？——兼析张艺谋的导演倾向》，首次从东方主义视角对张艺谋提出批评（文中开始出现"东方主义""欧洲中心论"等概念）。它指出，张艺谋电影不是拍给中国观众看的，而是拍给外国观众看的。其论证的基本逻辑是：张艺谋

---

① 徐贲：《走向后现代与后殖民》，中国社会科学出版社1996年版，第220—236页。
② 常青：《列宁和电影》，《电影评介》1984年第1期。
③ 1989年《当代电影》第6期发表由张京媛翻译的杰姆逊的《处于跨国资本主义时代中的第三世界文学》。文章认为，由于有遭受殖民主义和帝国主义侵略的经验，第三世界的文学必然是民族主义的，其叙述方式必然是民族寓言式的。在杰姆逊提出的世界文化的新建构中，第三世界文学应该按照自己的选择和解释发展自身。这篇论文在中国学界引起了不大不小的波澜，《电影艺术》《文艺争鸣》《读书》等杂志随后发表了一批以"第三世界"为题的文章（章辉：《理论旅行：后殖民主义文化批评在中国的历程与问题》）。

所执导的电影《大红灯笼高高挂》中挂灯笼的民俗在现实中是不存在的，是导演伪造、虚构的，是一种伪民俗，所以这一情节必然影响了电影的"真实性"；这种伪民俗只能骗得了外国人，所以此电影是拍给外国人看的。作者认为，这种民俗是丑陋的，而且是杜撰出来以满足人的好奇心，不免有取悦的嫌疑。

这个论证在关键细节处存在一些问题。例如，经常用"中国人"或"外国人"这样的分不清全称还是非全称的词汇，使它很容易受到这样的反驳："难道所有的中国人都会看出来那是伪民俗吗？"但其中最成问题的是，像《大红灯笼高高挂》这样指向"真实的、严肃的主题思想"的艺术作品，是否就不能用明显的虚构情节？用了是否就影响作品的真实性？有关艺术虚构与真实性之间关系的问题是很复杂的，这样处理是否过分简单？后来的评论者，例如张颐武，就不再从这方面来指责张艺谋，"在本文中进行虚构是任何'作者'的天然权力，无论是'故事'或是'民俗'，对之进行编码都不是作者的错误"①。以伪造民俗为由来批评张艺谋电影迎合西方在逻辑上的确存在一些瑕疵。

王干的文章在最后把张艺谋电影与"人妖文化"联系起来。它认为张艺谋一方面是用人道主义思想在批判"人妖文化"，但另一方面又聪明地用"人妖文化"来吸引、迷惑西方人。这是最早有意识地利用后殖民批评的思路，把张艺谋电影放到第一世界与第三世界关系框架中来进行评论的文章。

1992—1993年是后殖民主义引入中国的关键期，也是对张艺谋现象进行批评的高潮期。比如作为后殖民理论引入中国之标志性事件，《读书》1993年第9期的关于后殖民主义的那组文章中，就有人指出，"我们的一些优秀艺术家，在他们的作品'走向世界'的过程中，用一些匪夷所思、不近人情的东西去让西方人感到刺激，感到陶醉，或者恶心，让西方的观众读者产生美学上所说的'崇高感'，怜悯心和种族文化上的优越感，于是作品就捧红，就畅销"②。尽管作者声明"我们不必特指张艺谋的系列获奖电影"，但无疑张艺谋电影至少是他主要的批评对象之一。

戴锦华从1992年开始，也从后殖民理论立场对张艺谋进行了批评。她用"博物馆"和"标本"等意象来描述张艺谋电影中的中国。"中国历史、文化

---

① 张颐武：《全球性后殖民语境中的张艺谋》，《当代电影》1993年第3期。
② 张宽：《欧美人眼中的非我族类》，《读书》1993年第9期。

成为西方文化视域中一只凄艳而纤毫毕现的、钉死的蝴蝶。张艺谋由此而为我们提供了十分典型的后殖民文化的范本。"① 她认为在 20 世纪 80 年代末到 90 年代初,第五代艺术片导演面对商业大潮的挤压,他们的选项有三:认同官方的主旋律,放弃反叛者地位;认同大众文化;利用海外资金拍片,到海外拿奖。前两者实际上是放弃艺术片,后者是唯一希望。作者从《红高粱》获奖,《孩子王》失败得出了中国电影走向世界的充分必要条件:它必须是他性的、别样的,一种别具情调的"东方"景观。它必须呈现一个乡土中国,但却不认同于本土文化,它应贡献奇观……这是第三世界艺术家的文化宿命,要成功,就必须认同西方艺术电影节评委们的审视与选择的目光,他们关于艺术电影的标准与尺度,他们对东方的文化期待视野,认同以误读和索取为前提的西方人心目中的东方景观。这一认同,同时意味着一个深刻地将其内在化的过程。这是一次比"五四"时代更绝望而无奈的内在流放过程:艺术片导演们要想获救,必须将自己的民族文化、民族经验放逐为观照客体,将其解构、冻结在他人的话语和表象的绚丽之中;而影片的制作者们却并不能因此而获得一份民族及文化主体的确认。所得荣耀是一种以民族文化的屈服为代价而获得的荣耀。② "西方文化/欧洲电影节的评审趣味成了张艺谋电影的先决前提"③,《菊豆》中的本土文化被放入一个"东方的奇观情境之中",《大红灯笼高高挂》将"观众的位置虚位以待于一个西方的视域、一个西方男性的目光。……张艺谋所认同和选取的,正是性别秩序中的女性位置"④。

然而,这期间涌现出的张艺谋电影最重要的批评者还得说是张颐武和王一川。《当代电影》1993 年第 3 期刊登张颐武的论文《全球性后殖民语境中的张艺谋》,文章以更加理论化、体系化和自觉的方式明确了中国后殖民批评对张艺谋的定位。文章认为,作为新时期文化偶像与奇迹的张艺谋,是中西大众传媒共同制造的神话。而这个神话必须放在全球性后殖民的语境中才能得到理解。作者所理解的"后殖民语境"是指,"在经典殖民主义及其价值全面终结之后,西方运用自身的知识/权力话语对第三世界所发挥的支配性作

---

① 戴锦华:《裂谷:90 年代电影笔记》,《艺术广角》1992 年第 6 期。
② 戴锦华:《黄土地上的文化苦旅:1989 年后大陆艺术电影中的多重认同》,载于《文化批评与华语电影》,广西师范大学出版社 2003 年版,第 45 页。此文最早发表于《诚品阅读·人文特刊》1994 年第 11 辑。
③ 同上书,第 47 页。
④ 同上书,第 50 页。

用，也就是依靠各种'软'性的意识形态策略和温和地对自身价值的无可怀疑性的表述对在'现代性'基础上构成的第三世界'民族国家'的影响与控制"①。简单地说，他所理解的后殖民语境就是第一世界对第三世界的文化殖民与控制。就张艺谋来说，他的电影"显然是与 90 年代以来中国大陆的市场化和国际化的进程相关联的。他往往依靠跨国的国际资本制作影片，而这一制作又不可避免地面对着国际市场的消费走向。而这种状况正是将张艺谋嵌陷在全球性的后殖民文化语境之中"②。

在更具体的电影文本分析中，张颐武认为，张艺谋电影中的中国形象是一种无时间性的存在，成为一种代表"他性"的静止空间。张艺谋在提供差异的区别的同时，通过对普遍欲望的窥视提供了对超文化的"元语言"模子的认同。张艺谋式的"窥视"既把"中国"用"民俗"和"美的空间"划在了世界历史之外，又用"情节剧"式的对被压抑的欲望和无意识的精心调用（如几乎每部电影中都出现的女性的性焦虑）将"中国"召唤到世界历史之中。但这里的"中国"却被呈现为历史中的破碎的、无可归纳的怪异力量。张艺谋以这种既差异又认同的方式提供了一个有关中国的梦幻和狂想：它既是历史之外的另一个空间，又是历史之中的落后与反"现代性"的世界。③我们不得不承认，张颐武的这种分析有其深刻之处。

在民族的历史书写方面，张颐武认为，张艺谋的电影通过种种创新，超越了中国传统主流电影的限制，因而能够书写原来被压抑的"潜历史"。但是，"他在越出小范围的主流话语（中国电影的传统）之后，却在一个更大范围的主流话语中（全球性后殖民话语）享有了某种特权的地位。他的边缘化不但没有被拒绝，反而变成了这一权威性主流话语所需要的侧面。它把'潜历史'化作了后殖民语境中文化消费的产品。这一过程的严重性在于它一方面导致对潜历史的全面改写和歪曲，另一方面则为后殖民文化提供了廉价的消费资料"④。

十年之后的 2003 年，张颐武在《电影艺术》上发表《孤独的英雄：十年后再说张艺谋神话》一文。这篇文章以中国与西方的关系为框架，把到那时为止的张艺谋电影分为三个阶段。第一阶段从 20 世纪 80 年代末到 90 年代中

---

① 张颐武：《全球性后殖民语境中的张艺谋》，《当代电影》1993 年第 3 期。
② 同上。
③ 同上。
④ 同上。

期，张艺谋电影通过竭力渲染中国在空间上的特异性，使之成为置身世界之外的神秘而静止的审美空间。这种"'中国性'正是和冷战后西方面对的'阐释中国'的焦虑紧密相关"。而"张艺谋成为了西方的中国想象的不可或缺之物。他提供的'中国性'给予了西方观众一个'阐释中国'的确定性的来源，满足了他们对于一个变化的中国的不变的想象"①。这成就了张艺谋在海外获得"中国性"象征的身份和大师地位。而这一切的经济基础是，他"依靠跨国的国际资本制作影片，而这一制作又不可避免地面对着国际市场的消费走向，……张艺谋的国际声誉正是建立在第一世界的资金与文化对第三世界的投入基础上的"②。第二阶段是90年代中后期。此时，随着中国的全球化，中国的当下显然无法用那种特殊的民俗和政治加以了解。中国的神秘性被全球化所解构，原来的想象中国的方式终结了。中国电影的海外市场也迅速萎缩，张艺谋转向了国内市场。他开始转向当下中国的日常经验，并且有时还发出一种民族主义的言论，比如激烈批评戛纳电影节。但中国电影整体不景气，国外国内市场都不好，于是转向了第三阶段，以《英雄》为其代表的帝国时期。《英雄》"是一部打破了他在海外/中国的外与内的界限，取消了以往张艺谋电影中的外向化/内向化之差异的惊世之作。这里张艺谋将中国和全球的市场做了前所未有的整合。中国已经接受了全球性的价值，一种新的全球性的'强者哲学'已经变成了世界的核心价值而在中国被张艺谋直截了当地加以表述"③。"中国性"仍然存在，但却已经没有了中国隐喻。"《英雄》对于某种'帝国'式的'天下'文化和社会秩序的肯定的表现，无疑是对于当今世界逻辑的明确表现。"④"张艺谋的'中国性'令人不可思议地变成了全球性话语的某种装饰，他变成了某种全球文化的表征，也变成了全球性力量的'中国性'的叙述的一个重要的方面。"⑤ 总之，"张艺谋化约性地提供了有关'中国'的想象，而这种想象又是被全球化和市场化的文化逻辑所支配的"⑥。

张颐武结合政治经济语境、中国与世界的关系来分析张艺谋电影的内涵，

---

① 张颐武：《孤独的英雄：十年后再说张艺谋神话》，《电影艺术》2003年第4期。
② 同上。
③ 同上。
④ 同上。
⑤ 同上。
⑥ 同上。

有其非常深刻的地方。他还能用细致、具体和令人不感到牵强的方式,把中国的文化现象与世界秩序联系起来分析(比如后来在对《十面埋伏》的分析中,他把这部电影称为全球化意识形态的低端部分,即消费主义的意识形态/欲望美学)也具有独到之处。他一直紧紧抓住"现代性"来理解"中国性"问题,通过导演在表现中国性时与现代性的关系,来理解影片的政治、文化、心理含义,这也就抓住了后殖民批评的核心,是非常有眼光的。但张颐武在强调全球性语境、第三世界中国和第一世界的文化关系的同时始终回避谈及中国艺术面临的本土问题,则使他的很多观点显得不够全面和辩证。

王一川从1993年起写了一系列有关张艺谋现象的论文,包括《谁导演了张艺谋神话?》(《创世纪》1993年第2期)、《异国情调与民族性幻觉》(《东方丛刊》1993年第4期)、《我性的还是他性的中国》(《中国文化研究》1994年冬之卷)、《面对生存的语言性》(《当代电影》1993年第3期)、《张艺谋神话:终结及其意义》(《文艺研究》1997年第5期)。这些论文的内容大部分收入他的专著《张艺谋神话的终结:审美与文艺视野中的张艺谋电影》(河南人民出版社1998年版)。

与张颐武相似,王一川也认为张艺谋神话与西方势力密切相关。他认为,这个神话是中国现代艺术西天取经的神话,是中国走向世界的神话,是从西方讨来说法后逆转其在国内的命运的神话。他借用心理学的语言来说明造成张艺谋神话的内在文化力量及其动力机制:80年代的中国人,其当代的自我面对传统父亲和西方他者的双重力量;当代自我面对传统,创造出弑父的原始情调,面对西方,创造出异国情调。但由于西方力量的强大,这两者都只是一个异国情调。因此,张艺谋神话所代表的当代自我"以丰富的想象力构想出与西方平等对话、甚至战而胜之、并借西方之力击败传统父亲的成功的神话故事"[①] 只是一种错觉。西方是这一切的幕后总导演。它的容纳策略构成了后殖民语境,即"殖民主义战略终结之后西方对'第三世界'(如中国)实施魅力感染的文化环境或氛围"[②]。张艺谋电影被容纳其实只是"向世人宣告:西方是一个虚怀若谷、自由平等的话语国度",是一个"西方确证其盟主权的富于魅力的软性广告"[③]。

[①] 王一川:《谁导演了张艺谋神话?》,《创世纪》1993年第2期。
[②] 王一川:《异国情调与民族性幻觉》,《东方丛刊》1993年第4期。
[③] 王一川:《谁导演了张艺谋神话?》,《创世纪》1993年第2期。

王一川在一系列文章中，特别谈到了异国情调与民俗问题。他大胆推断张艺谋是因为看到《黄土地》国外获奖而在国内得到声誉，受到启发。从此他琢磨外国人口味，对内以洋克土，对外以土克洋。用异国情调去打动、取悦西方，使其乐于给说法。而"民族精神"或"原始情调"就是娱客的作料。但"异国情调"不仅是审美问题，而是与殖民主义相关的。"西方人眷顾中国式异国情调，有意无意地都属于其殖民主义总体战略的一部分。"① 王一川显然受到杰姆逊关于第三世界文学都是民族寓言的说法的启发，他分析了张艺谋电影空间化、抽象性、零散性、含混性和反常态的特点，以说明这是一种寓言型的电影文本。"正是这些特点为西方观众创造出寓言型中国情调。在这种寓言型本文中，'中国'被呈现为无时间的、高度浓缩的、零散的、朦胧的奇异的异国情调。……他们不想深入中国历史之流中，而只想做旁观者饱览中国情调。他们需要的不是真实，而是奇观。"② 他的电影满足了西方对东方奇风异俗的好奇心，从功能上表现为一种民俗奇观。在性文化意义上，张艺谋电影本文可有效满足西方人的窥视欲，从而呈现为"锁孔"这一特殊功能。就西方后殖民战略而言，这些电影能满足西方人对于第三世界的胜利感，犹如一件战利品，而且是一个显示其虚怀若谷、自由平等的软性广告。③ 因此，这些电影文本中浓郁的中国情调所显示的民族性，根本上不是一种民族自我的发现，而实质上是西方的"他性"。"我们不得不目睹这样的自我境遇：愈是民族性的，却反而愈是'他性'的；同理，愈想以民族特色征服西方，却相反愈易被西方征服，从而失去民族性。"④ "张艺谋电影中的中国，不是真正的我性的中国，而是他性的中国。真正的我性的中国，仍然没有争得发言的权利。"⑤

在 1997 年发表《张艺谋神话：终结及其意义》中，王一川认为张艺谋 1994 年执导的电影《活着》的国内禁映，代表张艺谋神话的终结。张艺谋的成功在于他首先利用跨国资本，谋求商业成功，进行国际化大众文化制作。但当人们都这样做时，他的电影就在公众眼中失去了往日的奇光异彩。王一川分析道："正是凭借这一手段，他作为'始作俑者'带动第五代抛弃原初的

---

① 王一川：《异国情调与民族性幻觉》，《东方丛刊》1993 年第 4 期。
② 同上。
③ 同上。
④ 王一川：《我性的还是他性的中国》，《中国文化研究》1994 年冬之卷。
⑤ 同上。

知识分子启蒙文化旨趣而转向了利用跨国资本的大众文化。80年代中国知识分子的人道主义式诗意启蒙和自我实现理想,无疑在此受到跨国资本的有力拆解和无情嘲弄。张艺谋神话中固有的启蒙和个性内涵自然不得不为商业性内涵所取代。在这个意义上,张艺谋神话的终结正象征着80年代占主导地位的知识分子启蒙神话和个性神话的终结,和90年代商业(跨国)资本的胜利。"① 作者在这篇文章中的新鲜之处在于,他认为是商业跨国资本造成了80年代启蒙思潮的中断。这与当年人文精神大讨论的观点(市场经济损害了人文精神)有相似之处,只不过这里加上全球化的观点,把西方势力的影响当成主要的对立面。

对张艺谋电影所做的后殖民理论解读,从一开始就在赢得赞扬的同时也招来指责。1992年8月,《读书》即有人发表文章认为,重要的问题在于:"我们评赏一个作品的着重点到底在哪里?我感觉,无论是'东方主义'、'政治寓言'还是'文本中心'式的电影批评,都有一个共同的倾向,即轻视了作品作为一个艺术架构的独立价值,而把评赏焦点转移到作品和其他事物的关系上去了。"② 作者还举例说,同样都包含有异国情调,她喜欢《大红灯笼高高挂》却不喜欢《菊豆》,原因是前者的"功夫"更细。能够看出,这是一种反对对作品进行单一政治解读,主张回到艺术本身来理解艺术的令人熟悉的观点。这种观点后来演变成"后殖民批评只重文化霸权而忽视艺术超越民族、文化的共同美感",成为反驳后殖民批评的主要观点之一。③ 有人总结这种政治意识形态批评的症结是,"未阅读电影之前,已经存在着既定的批评模式,而后肆意去寻找张艺谋电影文本中暗合这种意识形态前见的因素,结果是以前见遮蔽了张艺谋艺术的全体。按照中国后殖民批评的逻辑,中国当代的文学艺术只要向西方展示本土民俗,只要在西方获奖,只要采取西方模式和风格就都是自我东方化,因为中国文化仍然处于弱势地位。问题的根本还是后殖民论者敏感的害怕被殖民的神经"④。

对张艺谋电影的后殖民批评的另一种常见反驳是:批评者带有"狭隘民族主义情绪"。董乐山认为,批评张艺谋获奖的人,"是因为给人家看到了自

---

① 王一川:《张艺谋神话:终结及其意义》,《文艺研究》1997年第5期。
② 扎西多:《劳瑞·西格尔,异国情调,大红灯笼及其他》,《读书》1992年第8期。
③ 比如顾伟丽:《在全球化的阳光和阴影中》,《上海大学学报》2010年第1期。易小斌:《对张艺谋电影后殖民批评的反思》,《电影评介》2007年第3期。
④ 章辉:《影像与政治:中国后殖民电影批评论析》,《人文杂志》2010年第2期。

己的不光彩的一面。中国人爱面子，只愿人家看到你的悠久文明的光辉灿烂，就是不愿暴露家丑，这其实也是妄自尊大的民族主义情绪在作祟"①。郝建更直接质疑后殖民的电影批评可能是一种文化上的狭隘民族主义，一种"义和团病的呻吟"，"这种抗拒有时会变成不管事实、不顾力量对比的揭竿而起的有组织暴力。这种暴力有时可表现为义和团式的义举，其实是在封建思想秩序和迷信观念方法指导下的乱打乱杀"。有人质问，"西方有大量的电影揭露反思现代西方文化，许多好莱坞电影如《美国丽人》《沉默的羔羊》《国家敌人》《食人鱼》等都致力于揭露美国社会的政治黑幕、官僚体制、家庭危机等，这些电影为什么没有被西方人指责为露丑和妖魔化呢？""中国后殖民批评反映的是特殊时期中国知识分子的微妙心态，他们在中国经济崛起文化转型时期面对西方强势文化时既惧又傲：既想吸收西方文化（因为西方毕竟是强势）又惧怕强势文化的霸权（后殖民理论）；试图抗衡西方文化（中华性、重返世界中心）又对自身信心不足（中国文化处于弱势）。在中国后殖民批评家看来，西方对中国的否定是在妖魔化中国，而西方的肯定则是对妖魔化中国的掩饰，反正西方是不怀好心。这种自大又自卑的心态在张艺谋的电影批评中表露无遗。"②

关于"（伪）民俗"问题，有人说，电影是艺术，当然允许虚构。而且，它为何不能理解为对中国男权或传统专制主义的批判？③ 运用民俗制造奇观是电影作为视觉艺术的惯常策略，中国本土观众也乐于欣赏民俗奇观，为什么西方人的欣赏就必定会有意识形态企图呢？④ 章辉则进一步质疑，张艺谋的"伪民俗"为什么在中国语境中是反思批判传统文化的策略，而到西方就是"自我东方化"了呢？他从文化政治和知识分子伦理方面进行了分析："基于政治文化语境的原因，中国当代批评家不愿意或者看不到张艺谋的文化政治意义，反而指责张艺谋的电影是在迎合西方，他们自觉地去除了后殖民理论的政治性，在自己编织的意识形态中自娱自乐，他们对权力噤若寒蝉或者故意视而不见，甚至把文本的敌对指向想象性的西方他者，这对于以理性和批判自居的知识分子也真是莫大的讽刺！""如果说，一种伟大的理论都背负

---

① 董乐山：《东方主义大合唱》，《读书》1994年第5期。
② 章辉：《影像与政治：中国后殖民电影批评论析》，《人文杂志》2010年第2期。
③ 易小斌：《对张艺谋电影后殖民批评的反思》，《电影评介》2007年第3期。
④ 参见扎西多《劳瑞·西格尔，异国情调，大红灯笼及其他》，《读书》1992年第8期；章辉《影像与政治：中国后殖民电影批评论析》，《人文杂志》2010年第2期。

着一种伟大的伦理,那么,中国后殖民批评则只有巧智,相比萨伊德、霍米·巴巴、斯皮瓦克等人对底层的关注和现实的参与精神,中国后殖民批评家的凌空蹈虚、缺乏伦理关怀和现实参与意识则令人汗颜。""去除后殖民时代的矛盾褊狭心态,直面当代中国文化内部的差异和矛盾,为边缘人群的发声尽到知识分子的伦理责任,而不是以文化帝国主义为假想敌,这才是中国后殖民批评的正途"①。

关于张艺谋电影"迎合"西方的观点,章辉在一篇文章中给予了集中的反驳。

他认为"迎合说"是缺乏证据的、代西方人说话的臆测:

> 张艺谋的电影大多改编自当代文学作品。当代作家如莫言、刘恒、苏童是民俗意象和东方奇观的原创者,张艺谋不过是以视觉意象强化之而已,这些作家的作品被翻译为多种外国文字出版,为什么他们没有被指责为自我东方化呢?……《秋菊打官司》刻意营造的现实手法并没有张艺谋早期电影中的民俗和奇观化,以自我东方化解释其获奖就没有说服力。而且,同时期的吴子牛、张军钊等人的影片都没有所谓的奇观化,为什么他们也在西方获奖了呢?……张艺谋确实利用了跨国资本,这一方面与当代中国的电影体制有关,一方面是电影这门与技术联系紧密的文化工业所需要的,但利用国际资本与张艺谋迎合西方的观影心理没有因果关联。利用西方资金完全可以拍出独具艺术个性的电影,艺术个性可与资本共生而不矛盾。……西方到底为什么认可张艺谋?真的是张艺谋迎合了西方的东方主义吗?中国后殖民批评有什么理由和根据,认定张艺谋是迎合了西方的东方主义呢?没有西方人自我阐释的第一手证据,仅凭从电影文本中寻找到的所谓的"表意策略"就认定张艺谋是"迎合",这种揣测难道不是纯粹的臆想?一个明显的事实是,中国后殖民批评在指认张艺谋的"迎合"时,没有引证一条西方文献,没有一个注释表明他们的这种"认定"是有根据的。这就涉及一个自我阐释权的问题,中国后殖民批评的这种揣测难道不是在代西方人发言吗?他们有什么资格代表西方?②

---

① 章辉:《影像与政治:中国后殖民电影批评论析》,《人文杂志》2010年第2期。
② 同上。

对张艺谋电影的后殖民批评，其他的反驳还包括：

1. 后殖民理论是一种西方的理论，批评家依附于这样的理论本身就是后殖民心态。后殖民理论本身就来源于西方，"当批评家们熟练地操持这些真正的西方理论的框架、方法和概念时，是否考虑到他们自己早已被'后殖民'了？他们不是从文本内部以及文本与社会的整体联系去进行分析和评介，而是处处揣摩西方人的接受心理，这本身是不是一种后殖民心态？"①

2. 后殖民理论本是反思西方中心主义的，应该是用在西方人身上的，用在中国电影和张艺谋身上是立场性错误。"原本可以用来抨击西方对中国的误读的话语，却被中国的后殖民主义理论家们转化成对自我的无情剖析，把它变成了加在中国电影和张艺谋电影头上的一个挥之不去的咒语。紧紧地捆住我们自己的手脚，这不能不说是犯了自我东方主义的立场性错误。"②

3. 以张艺谋为代表的中国当代电影，用西方的理论与艺术形式来表达中国本土的内容，是霍米·巴巴式的"杂交"战略，是中国电影要摆脱殖民化真正走向世界的并且自成一体所必须经过的一个阶段。③

4. 在对张艺谋电影的后殖民批评中，存在着对东方/西方、第一世界/第三世界、自我/他者的非此即彼、二元对立的思维模式。这是一种文化冷战的思维模式，表面上在反殖民主义，而实际上却在固化和延续着殖民主义的后果。④

5. 还有人从产业的角度指出，中国电影如果不引进大片，不走向世界，向西方学习，就只有死路一条。⑤ 有人发出反问，国外获奖就是迎合西方？难道非得要把自己排除在国际影坛之外？⑥

相对于批评家与学者的理论化表述，处在争论中心的张艺谋本人的回应是非常经验化的。他认为自己作为创作者，从来不会从理论入手，他只注重情感。他说："搞创作是什么？必须尊重自己的情感，必须从情感入手。如果不是这样，这部电影根本就没有血没有肉，也谈不上由这个血肉而延伸的理论。我们不可能先从理论上设定，然后按照一种理论设定的路子走，从来没

---

① 易小斌：《对张艺谋电影后殖民批评的反思》，《电影评介》2007 年第 3 期。
② 顾伟丽：《在全球化的阳光和阴影中》，《上海师范大学学报》2001 年第 1 期。
③ 王宁：《后殖民语境与中国当代电影》，《当代电影》1995 年第 5 期。
④ 李晓灵、王晓楠：《中国后殖民主义电影批评之批评》，《云南社会科学》2009 年第 2 期。
⑤ 郝建：《义和团病的呻吟》，《读书》1996 年第 3 期；顾伟丽：《在全球化的阳光和阴影中》，《上海师范大学学报》2001 年第 1 期。
⑥ 易小斌：《对张艺谋电影后殖民批评的反思》，《电影评介》2007 年第 3 期。

有一部电影是这样创作出来的。……而且我现在越来越觉得,所有的理论都可能是过眼云烟,很可能过时或者被时间证明是错误的,作为创作者,我越来越重视的是情感。看一部作品,选择一个东西,我现在只有一个标准:我的情感能不能被它打动。"① 他乐观地认为历史站在他这一边:"对于'后殖民'和'后现代'这些词,我至今弄不懂它的精确的含义。但所谓'迎合西方'这种说法那是由来已久,我老说:再有十年大伙肯定就不会再说了,就像当年大家在讨论李谷一的'气声',《人民日报》都曾讨论这种'气声'是不是靡靡之音,现在大家都觉得这种讨论很可笑,十年之后,针对我的这种所谓'迎合西方'的说法也会很可笑。这是发展中国家的心态。"②

中国的后殖民批评最早、最集中地运用于张艺谋电影的批评。张艺谋电影成了后殖民理论最佳的目标。从某种程度上说,后殖民理论是伴随着对张艺谋电影的评论而开始真正走入中国的。原来虽然有对后殖民主义理论相关人物著作的一些介绍,但在这个理论具体落到中国现实的地面上的时候,人们并不知道这个理论对中国的文化批评有什么具体的联系。直到王干、张颐武、王一川等把张艺谋电影用后殖民理论的视角,放入第三世界与第一世界的关系进行评论,人们才知道了这个理论原来是这个意思,文化现象原来还可以这样分析。而围绕着张艺谋电影的后殖民争论,也充分体现了各派对中国性、现代性、民族主义、文化政治的基本观点,因此具有十分丰富的信息含量。

(三)启蒙还是殖民:国民性问题

鲁迅是中国现代文学的旗手,在中国人文学界具有特别重要的地位。无数的思潮都会在对鲁迅的重新认识与评价方面开始或留下痕迹。鲁迅提出的"国民性批判"议题在20世纪80年代之前即使受到过有限度的批评,认为它不符合马克思主义的阶级观点(丑化农民),是他不成熟的"前期思想"。但改革开放以来,鲁迅的这个思想被认为是"五四"以来文化启蒙的核心,也是中国现当代文学研究的关键词之一。后殖民理论的引入导致了对中国启蒙话语的质疑,其中对鲁迅所发起的"国民性批判"的重新评价尤其引人注目。

1. 冯骥才的文章所引发的风波

从后殖民理论立场质疑鲁迅的"国民性"理论引起国内学界广泛注意,

---

① 《张艺谋访谈:以"小"搏"大",坚守一方净土》,《电影艺术》2000年第1期。
② 同上。

甚至形成一个事件,是从作家冯骥才发表于《收获》2000 年第 2 期的一篇《鲁迅的功与"过"》开始的。① 这篇被看作"贬损鲁迅"的文章是以总结和肯定鲁迅的"成绩"开始的。文章认为鲁迅在中国文学界地位来自他写了一种"文化人",即代表某种特定文化的人。后来文章话锋一转,写道:"然而,我们必须看到,他的国民性批判源自 1840 年以来西方传教士那里。……只要翻一翻亚瑟·亨·史密斯的《中国人的性格》……就会发现这种视角对鲁迅的影响多么直接。在世纪初,中国的思想界从西方借用的思想武器其中之一,就是国民性批判。通过鲁迅、梁启超、孙中山等人的大力阐发,它有如针芒扎在我们民族的脊背上。无疑对民族的觉醒起过十分积极的作用。我这话是说,鲁迅的国民性批判来源于西方人的东方观。他的民族自省得益于西方人的旁观。"尽管鲁迅笔下的"文化人"不是对西方人东方观的图解,而是自己的创造,"可是,鲁迅在他那个时代,并没有看到西方人的国民性分析里所埋伏着的西方霸权的话语。……他们的国民性分析,不仅是片面的,还是贬义的或非难的。"鲁迅用西方视角来解决自己的问题,"不自觉地把国民性话语中所包藏的西方中心主义严严实实地遮盖了。我们太折服他的国民性批判了,太钦佩他那些独有'文化人'形象的创造了,以致长久以来,竟没有人去看一看国民性后边那些传教士们陈旧又高傲的面孔"。

这个把西方人的东方观一直稀里糊涂延续至今的过错,并不在鲁迅身上,而是在我们把鲁迅的神化上。他死后被人插上"禁骂"的牌子,这一来,"连国民性问题也没人敢碰了。多年来,我们把西方传教士骂得狗血喷头,但对他们那个真正成问题的'东方主义'却避开了。传教士们居然也沾了鲁迅的光!"

为了更为中允,文章最后对国民性批判问题进行了辩证分析:"国民性批判问题是复杂的。它是一个概念,两个内涵。一个是我们自己批评自己;一个是西方人批评我们。……我们承认鲁迅通过国民性批判所做出的历史功绩,甚至也承认西方人所指出的一些确实存在的我们国民性的弊端,却不能接受

---

① 除了冯骥才的文章,《收获》在这一期的"走近鲁迅"专栏中还发表了王朔和林语堂评价鲁迅的文章,引起了强烈反响。鲁迅故乡绍兴的作协、文联、社科联、鲁迅研究会等有关人士称这组文章为"贬损鲁迅的集束炸弹",通过写公开信,召开会议的方式"捍卫鲁迅",要求中国作协做出回应。后来《文艺报》刊发了"鲁迅研究热点问题讨论会"的消息,题为《鲁迅的革命精神不容亵渎》,《收获》在"走近鲁迅"专栏又刊登出《我爱鲁迅》一类的文章,使这一事件暂告一段落。事件所反映的学术与政治之间的关系非常有趣。有关这次事件的详细描述,参见陈漱渝《由〈收获〉风波引发的思考:谈谈当前鲁迅研究的热点问题》,载于《鲁迅研究月刊》2001 年第 1 期。

西方中心主义者们关于中国'人种'的贬损；我们不应责怪鲁迅作为文学家的偏激，却拒绝传教士们高傲的姿态。"

这篇文章发表后首先在鲁迅研究学界引起了轩然大波。难道说是鲁迅中了传教士的计？余杰就是这么理解冯骥才的这篇文章的。他从三个方面对此进行了反驳。首先，鲁迅的国民性批判完全是来自西方传教士那里，也就是说鲁迅中了传教士的计，这显然不符合鲁迅思想的发展。鲁迅自己的经历、理想在其国民性批判中显然起了很大作用。其次，对"传教士"用全称判断，说所有的传教士都"居高临下""傲视一切"，这不正是作者所要批判的"本质主义"思路吗？传教士并不都是傲慢的帝国主义帮凶，"有相当大的一部分，抱着崇高的宗教信仰来到落后地区，为当地的文化、教育和医疗等事业做出了巨大的贡献"。最后，中国国民性中国人可以批，外国人不能批，这个道理讲不通。反观现实，鲁迅并没有中计，国民劣根性依然存在，甚至更甚。文章还认为，文化相对主义并不能成为一些落后文化充分辩护的理由，因为作者"坚信，在文化相对主义之上，还存在着一些普世的价值。"①

余杰这篇文章中所列举的反驳理由，在后来其他人的文章中不断被重复和丰富。关于鲁迅的国民性批判思想的来源，很多人都指出，不只是外国传教士的东西，而是有着更为深广的文化渊源、历史背景、时代氛围。② 有人还非常具体地考证了鲁迅国民性批判思想更多的是受到旧民主主义思想家（包括康有为、严复、梁启超、章太炎和邹容等）的影响。③ 关于鲁迅是否中计，很多人都指出鲁迅对于外国人对中国国民性批判是有批判和反思的。张全之引用鲁迅对安冈秀夫有关中国国民性著作的批评认为，鲁迅在借鉴东方主义论述的同时，一直激烈地批判这种话语，并对这种话语必然产生的恶果（诒和骄）持高度警惕和戒备。④ 竹潜民认为，鲁迅吸收了西方传教士的某些思想，是对西方资本主义意识的郑重选择，是为治自己的病而从外国药方贩来的一贴泻药。这种"以毒攻毒"的方法，倒不失为一种有效的手段。鲁迅

---

① 余杰：《鲁迅中记了吗？》，《鲁迅研究月刊》2000年第7期。
② 参见陈漱渝《由〈收获〉风波引发的思考：谈谈当前鲁迅研究的热点问题》，载于《鲁迅研究月刊》2001年第1期。除了救亡的时代氛围，他在文中还详细致考证了章太炎和日本思想界对鲁迅国民性批判思想的影响。
③ 刘玉凯：《鲁迅国民性的批判思想的由来及意义：兼评冯骥才先生的鲁迅论》，《鲁迅研究月刊》2005年第1期。
④ 张全之：《鲁迅与"东方主义"》，《鲁迅研究月刊》2000年第7期。

接受外国人对中国的批评，同所谓的传教士的"东方观"根本不是一回事。①陈漱渝引用鲁迅的书信和文章中指出史密斯著作中"错误亦多"（1933年10月27日致陶亢德的信），并希望中国人"看了这些，而自省，分析，明白那几点说的对，变革，挣扎，自做工夫，却不求别人的原谅和称赞，来证明究竟怎样是中国人。"（《且介亭杂文末编·"立此存照"》）来证明鲁迅对外国传教士的东西也是有科学分析、批判在其中的。②后来的多数文章也都提到了这一证据。

关于对传教士的全称否定问题，后来文章也有从逻辑上指出这种全称判断正是东方主义的话语方式，但更多的是从现实历史经验中为来华传教士辩护的。竹潜民说："西方传教士虽然也有不光彩的一面，但总的来说，他们在东西方文明之间起了桥梁的作用，中西交流的最终结果是使中国在经济、科技、文化、教育等方面和国际接轨，并且使中西双方获利。"③汪卫东和张鑫认为，这里所涉及的是西方人的中国观的客观性及其价值问题。（1）不同文化的相互认识总是难以摆脱自身固有文化眼光的限制，因而认识的不准确是难免的，但如果说西方人当初是有意歪曲、丑化中国形象，则不尽符合事实。（2）平心而论，西方的中国观对中国观察的范围之广、层次之多、内容之细、态度之客观，非同时期中国人对西方的认识可比。（3）西方人认识中国的动机，不能一概归之于殖民扩张的需要。欧洲人的中国观出自殖民扩张需要说，始自苏联东方学者对十月革命前中国学的本质界定，现在又在西方后殖民主义理论中得到强化，我们在认识这一论说的合理性同时，也要切忌走向极端，把东、西方文明的交流史看成你死我活的斗争史。④

关于普世价值问题，竹潜民认为冯文的根本问题之一在于它没有分清，"在鲁迅那个时代，中国和西方资本主义国家相比，究竟谁是先进国家、谁是落后国家，当时的西方文化和中国文化，究竟谁是先进文化、谁是落后文化，也就是20世纪初期中国在世界上究竟处于什么地位。……冯文不分先进国家和落后国家、先进文化和落后文化的区别，不分青红皂白地一律否定外国的

---

① 竹潜民：《评冯骥才的〈鲁迅的功和"过"〉》，《浙江师范大学学报》2002年第3期。
② 陈漱渝：《由〈收获〉风波引发的思考：谈谈当前鲁迅研究的热点问题》，载于《鲁迅研究月刊》2001年第1期。
③ 竹潜民：《评冯骥才的〈鲁迅的功和"过"〉》，《浙江师范大学学报》2002年第3期。
④ 汪卫东、张鑫：《国民性作为被拿来的历史性观念：答竹潜民先生兼与刘禾女士商榷》，《鲁迅研究月刊》2003年第1期。本文是批驳刘禾的文章，但论述的问题与冯文是一致的，为论述集中起见，一并列于此处。

文化意识，说到底，是一种夜郎自大的表现；再说得透彻一点，就是阿Q'先前阔'思想的反映。"①

围绕冯骥才文章而展开的争论，随着中国作协等官方机构的介入，到2000年底暂告一段落。但学界的讨论还在深入，并且逐渐挖到了这种观点的根子。

2. 刘禾的国民性问题讨论

随着讨论的深入，杨曾宪发现冯骥才的观点其实不是其原创，而主要是来自美籍华裔学者刘禾的文章。刘文有两个版本，一是最早载于《文学史》第一辑（陈平原、陈国球主编，北京大学出版社1993年版）的《一个现代性神话的由来：国民性话语质疑》，二是收入作者著《语际书写》（上海三联书店1999年版）一书作为第3章的《国民性理论质疑》，后者是以前者为基础（删掉了一些语气较为激烈的言论），并与另一篇文章合并而成。最后又以"国民性理论质疑"为题收入刘禾的《跨语际实践》（生活·读书·新知三联书店2002年版）。下面我们以最后一个版本为准来看一下刘禾的观点。

刘文一共分为四个部分。第一部分指出国民性理论的背景是19世纪的种族主义国家理论。它的特点是把种族和民族国家的范畴作为理解人类差别的首要准则，为西方征服东方提供进化论的理论依据。"国民性"概念最初是留学日本的梁启超等人从日本带回来的，并把中国的悲剧归结为国民性的问题，并发起"新民"运动。孙中山也用了相似的语言。他们都抨击帝国主义，但用的却是对方的话语。1911年前后的主要报章杂志都参与了国民性讨论，立论也基本一致：中国的国民性必经改造，才能适应新时代的生存需要。刘文比较详细地梳理了这个概念的发展演变过程。

第二部分刘禾论证了鲁迅的国民性批判思想与阿瑟·史密斯②的著作的关系。她指出，鲁迅最初从梁启超等人的著作中接触到国民性理论，但他在看了史密斯的著作日译本之后，才开始认真思考用文学改造中国国民性的途径。在他的影响下，将近一个世纪的中国知识分子都对国民性有一种集体情结，他们定义、寻找、批评和改造中国国民性，却往往不考量此话语本身得以存在的历史前提。20世纪80年代中国知识分子还要再度提出，中国国民性出了什么问题？好像真的存在答案似的。刘禾分析了史密斯著作中描述中

---

① 竹潜民：《评冯骥才的〈鲁迅的功和"过"〉》，《浙江师范大学学报》2002年第3期。
② 刘文译为"斯密思"，为保持前后统一，本文仍用"史密斯"这一传统译法。

国人睡觉的一段，认为史密斯的描述不是准确与否的问题，而是语言权力的问题，他描写中国人时用动物（如狗熊与蜘蛛）来做比喻，这中间有种族歧视，也有阶级的问题。这种论述是为殖民主义张目的，它正是萨义德所说的东方主义神话。

第三部分名为"翻译国民性"，它提出了这样一个问题：鲁迅是如何使用西方人的"国民性"理论的。文章认为，鲁迅一开始就对国民性理论充满复杂矛盾的情绪。以在日本留学期间的幻灯片事件为例，鲁迅处于既是看客，又是被看者的位置。他拒绝与其中任何一个位置完全认同。这种态度在之后的众多小说中不断出现，可以表明"鲁迅面对国民性理论时的两难处境"（《跨语际实践》，第92页）。但众多的文学批评家们没有注意到鲁迅的这种微妙的分裂态度，使自己甘当看客，事实上巩固了国民性理论。对阿Q的面子问题的描写似乎非常符合史密斯著作中的描述，但刘禾通过引入鲁迅的其他文本和其他学者的研究试图证明，鲁迅在接受来自西方的国民性理论时至少还在用阶级的意识批判它。她认为研究鲁迅作品与西方国民性理论的关系时，应探讨的正是鲁迅接受与拒绝之间的张力。

第四部分是文章的主体，试图通过对《阿Q正传》叙事者的分析，阐明鲁迅对国民性理论既利用又颠覆的关系。刘禾分析的重点是，小说中的批判意识何以产生？分析发现，在小说的有些部分，叙事者的视点明显地限制在未庄的范围内，他以未庄村民全体的眼睛来观察，虽然与村民也保持距离，也对村民不无嘲讽，但对阿Q的去向所知一直不比村民多。在其他段落中，叙事观点并不总是与村民重合，叙事人可以自由出入阿Q的心灵。但叙事总是围绕在未庄内部阿Q和村民的来往上。那么到底叙事人是否属于未庄社会（从而属于中国社会）？如果完全属于那个社会，对村民的批判与嘲讽如何可能？

刘禾认为，答案在于书写符号，即识字与不识字是其中的关键。识字是知识的象征，超越的象征，也是上等人的象征。使叙事者能够超越未庄人的，正是他的知识和能力。小说通过最后嘲笑阿Q不会写字，叙述人表明他自己的高等级的文化人地位。这是一个有启蒙者地位的人。他"处处与阿Q相反，使我们省悟到横亘在他们各自代表的'上等人'和'下等人'之间的鸿沟"（《跨语际实践》，第102页）。小说叙述人的这种主体位置（识字者、知识者的位置）颠覆了国民性理论。也就是说，他是一个超越全称本质的"中国国民性"的人。"鲁迅的小说不仅创造了阿Q，也创造了一个有能力分析批评阿Q的中国叙事人。由于他在叙述中注入这样的主体意识,作品深刻地超越了史密斯的支那人气质理论,在中国现代文学中大幅改写了传教士话语。"(《跨语际实践》,第103页)

与冯骥才漫谈式的文章相比,我们能够看出,冯骥才文章的主要观点确实是来自刘禾的这篇文章,但把它做了大大的简化和通俗化。这篇文章更复杂,也更具理论深度。整体上看,它想说的是,国民性来自西方种族主义理论,中国人一直对此懵懂不察。但鲁迅的小说却是超越这种理论的,与之又保持了一种紧张关系。但以往的研究者却没有注意到这一点,反而一次次巩固和确证着殖民主义的国民性理论。因此,知识话语考古学与知识的社会学是必要的。

冯骥才也指出,"鲁迅笔下的'文化人'绝不是对西方人东方观的一种图解与形象化。他不过走进一间别人的雕塑工作室,一切创造全凭他自己"。"这个把西方人的东方观一直糊里糊涂延续至今的过错,并不在鲁迅身上,而是在我们把鲁迅的神化上。"但他在每次肯定鲁迅之后,都用转折词做过渡来颠覆自己的肯定,"可是,鲁迅在他那个时代,并没有看到西方人的国民性分析里所埋伏着的西方霸权的话语"。"可是他那些非常出色的小说,却不自觉地把国民性话语中所包藏的西方中心主义严严实实地遮盖了。我们太折服他的国民性批判了,太钦佩他那些独有'文化人'形象的创造了,以致长久以来,竟没有人去看一看国民性后边那些传教士陈旧又高傲的面孔。"尽管有那么多对鲁迅的正面肯定,但这些转折词有力地表明了冯骥才的重点所在:他并不真的相信鲁迅的国民性批判与西方人的东方观无关,也并不真的相信这是神化鲁迅的人的过错而不是鲁迅本人的错。因此,前面所列的那些批评冯骥才文章否定鲁迅的人,大体上并没有错。当人们发现冯骥才的观点来自刘禾(实际上是部分来自)时,并没有人太多注意它们之间的差异,对之发动了与对冯文基本上相似的批评。

杨曾宪写道,"冯先生的文章,不过是刘禾国民性神话理论的一次批评实践而已。而与冯先生的文章比较起来,刘禾的文章更学术但也更片面,其观点更难苟同"。刘禾站在反对西方殖民话语霸权的话语"制高点"上,"几乎将百年来所有推进中华民族进步解放的思想文化先驱们,统统一网打尽,使他们或者变成被国民性神话的蒙蔽者。""据刘禾说,'鲁迅国民性思想的主要来源'就是明恩溥教士写的那本《中国人的素质》,鲁迅笔下的阿Q简直就是明教士理论的拷贝。鲁迅几乎是在形象化地阐释作为殖民话语的国民性理论。"①

作为反驳，杨曾宪写到，存在两种"国民性话语"的概念，一个是从属于种族主义的国民性话语，一个是一般的国民性话语或国民性概念。后者与种族主义理论没有必然关联，而是一种对事实进行概括的描述性话语。即便不进口这个概念，中国学者为了启蒙的目的，也会造出来，其间不存在西方话语霸权问题。关于史密斯的书，"这样一本对中国人态度客观的著作，怎么能变成某种'妖魔化'中国的著作呢？"②他的著作中有真诚描写中国人优点的段落，他质疑全盘西化的观点，他说服美国总统把两千万庚子赔款用于创建清华大学，在中国落后农村一待就是50年……他对中华民族不抱敌视态度的事实是清楚的。书中所描绘的很多民族缺点是客观存在的。③

如前所述，汪卫东和张鑫质疑刘禾的基本理论前提，认为国民性话语并不必然就是西方中心论的话语霸权，认为这是源自苏联革命意识形态的观点。他们认为鲁迅的国民性概念是一个历史性范畴，而不是刘禾所说的本质主义概念。鲁迅所拿来的国民性话语是19、20世纪被压迫民族争取解放和独立的民族国家理论的重要部分，而不是西方霸权话语。他们是少数注意到刘禾捍卫鲁迅的姿态的人，但他们依然认为，"但她让鲁迅最重要的思想财富在他自己的手里变成空头支票，是不是让鲁迅自己打了自己的耳光？"④

王学钧考证了"国民性"一词引入中国的过程。他认为它被引入和定义之初便排除了本质主义。之前，中国儒文化中早已存在含义与之接近的诸如"民性""移风易俗""变化气质"等观念。到晚清它们一起汇聚到国民性、国民性改造观念之中，实现了传统观念的现代转换。因此，用"国民性神话"来指称鲁迅的国民性批判是一种指谓错误。⑤

刘禾为什么会颠覆梁启超、鲁迅等先驱所开辟的、一个世纪以来中国知识者所实践的"改造国民性"命题？有论者暗示是出于"盲目自傲的民族文化心理"，也有论者认为是出于对"本家"（故国）的"认同危机"，因为"她的兴趣和关注所在，已经不再是中国的历史和现实，而是她生活的社会中她

---

① 杨曾宪：《质疑"国民性神话"理论：兼评刘禾对鲁迅形象的扭曲》，《吉首大学学报》2002年第3期。
② 同上。
③ 同上。
④ 汪卫东、张鑫：《国民性作为被拿来的历史性观念：答竹潜民先生兼与刘禾女士商榷》，《鲁迅研究月刊》2003年第1期。
⑤ 王学钧：《刘禾"国民性神话"论的指谓错置》，《南京工业大学学报》2004年第1期。

所处的是弱势社会群体这一事实,以及在这一现实下如何维护并力图改善其自身的权益和地位的问题。她对萨义德理论的运用,并对这一理论产生有相当的共鸣,原因也就在此,而不是源自对其'本家'的关爱"①。

纵观整个关于"国民性理论"的争论,让人觉得有些怪异。首先,围绕刘禾文章的争论,似乎存在很多误解。大部分人似乎是从冯文的立场来理解刘文的,对刘文的复杂性注意不够。换言之,刘禾文章中挖掘殖民地人民的主体能动性和反抗实践的那一方面被忽视了,几乎没有人注意到她对鲁迅如何颠覆西方"国民性理论"的论述。批评者实际上可以直接在刘禾的文本中就找到替鲁迅的主体性辩护的材料。很多人只是认为刘禾是在否定鲁迅,否定"国民性批判",这使很多对她的批判存在一定程度的错位。

其次,争论中我们能够发现,人们对于一些基本事实和立场缺乏共识。例如,对近代以来传教士的历史作用、海外汉学的性质就存在重大分歧。有人(如刘禾、冯骥才)认为他们在从事殖民主义活动,海外汉学基本上是一套为殖民侵略张目的权力话语。但另一些人(如余杰、竹潜民、杨曾宪、汪卫东等)持相反的观点,认为传教士所起的作用基本是正面的,海外汉学即使有偏差也属正常文化差异,并且在中国语境中不占支配性地位。因此,把批判的矛头指向海外汉学也是错位的。实际上有许多文章主要已经不再关注刘禾的复杂理论,而主要在这个关于历史事实的问题上批评刘禾。

最后,与上述两点相关,最重要的问题可能在于人们的站队意识明显。误解很大程度上来源于一种站队意识。这既包含围绕怀疑鲁迅与捍卫鲁迅的站队,也包含围绕着近代中西关系、现代性与民族性、民族本位与普世价值的站队。其中,最后一方面的站队最具现实性因而占据着主导地位。在中国近现代以来经历了无数次的思想论争之后,一些具有惯性和思维框架性的东西此时在无形中发挥了作用。只要看见否定鲁迅,就一定是在否定民族的自我批判意识,也就一定是在反对启蒙;只要质疑西方文化,就是民族主义,就是反对现代性的价值。反之亦然。有关事实的缺乏共识,也与此可互为解释。

这些都显示了历史语境的力量。在中国的思想和现实语境中,本来是要消解民族主义的后殖民批评,真正成为或被别人当作是一种民族主义话语,

---

① 张江南:《留学生与社会认同危机——读刘禾〈跨语界书写〉有感》,转引自张蔚《后殖民批评与世纪之交的"国民性"讨论》,《郑州大学学报》2007年第2期。

并加强了中国现代性话语中原有的"中国/西方"的二元对立的话语模式。这种状况不仅存在于"国民性理论"的论争中,而且充斥于后殖民论争的各个领域。

(四)中华性的讨论:民族主义对抗现代性?

1. 议题的提出

在中国后殖民文化批评中,围绕"中华性"议题的讨论非常重要且具代表性:现代思想史中有关民族性与现代性、中国文化与西方文化的关系再次被提出。有人认为"中华性命题是中国后殖民批评的典型代表"。① 最早提出这一议题的是张法、张颐武、王一川在《文艺争鸣》1994年第2期上所发表的《从"现代性"到"中华性":新知识型的探寻》长文。文章发表后,引起了较大的反响。有人认为这篇文章在中国民族文化主义思潮中"最具代表性,它调子最高、倾向最烈、胃口最大、规模最雄,一副几欲称雄东亚的气概"②。后来的争论也大多围绕着这篇文章进行。

这篇文章的主标题中有两个关键词:"现代性"和"中华性"。从文章中我们可以得知,前者的具体内涵包括西方的,他者的,启蒙与救亡的,具有理想精神的和文化热情的,批判的,精英的等;后者的内涵包括:中国的,独特的(新白话语文,重质主义的经济,异品同韵的审美,外分内合的新型伦理,超越结构与解构的思维模式)。文章断言现代性作为一种话语知识型"不可逆转地衰落了",并且积极呼唤作为一种新的知识型的中华性。文章的副标题表明它要建立一个新的知识型,也就是要建立一个新的世界图景,进而使中国文化获得新的地位。

文章的正文分为三个部分。第一部分是"现代性及其五次重心转移",气势恢弘地把从1840年到20世纪末这一百多年来的社会政治文化变化进行总结。它认为中国古典的知识型创造了一种中心化的世界图景:华夏是文明之中心,四夷则处于从属地位。从1840年鸦片战争开始,古典性的知识型被打破了,中国人不得不承认自己失去了想象中的世界中心的地位。中国进入"现代性"的知识型。但受古典性知识型天下独尊的中心化思想影响,中国的现代性核心话题是要重建中心。现代性在中国语境中的含义"主要指中心丧失后被迫以西方现代性为参照以便重建中心的启蒙与救亡工程"。这实际上意

---

① 章辉:《关于当前文化批评中"中华性"问题的思考》,《江汉大学学报》2007年第6期。
② 邵建:《东方之误》,《文艺争鸣》1994年第4期。

味着"中国承认了西方描绘的以等级制与线性历史为特征的世界图景",也就是把"他者"(西方)的话语内化为自己的话语,并因之导致自身的"他者化"。"中国的'他者化'竟成为中国的现代性的基本特色所在,也就是说,中国现代变革的过程往往同时又显现为一种'他者化'的过程。"文章认为,中国一百多年来的现代性经历了技术主导期、政体主导期、科学主导期、主权主导期和文化主导期,全是在寻求重建自己的中心地位,同时也是他者化的过程。文章不断暗示,正因为中国的现代化是一种他者化,所以重建中心的任务一直不能完成。

第二部分是"现代性转型与世纪末巨变"。这一部分先描述了20世纪90年代出现的新情况。在这个被作者称为"后新时期"的阶段,新时期以来的理想精神和文化热情结束了,但在市场化进程中新的可能性也开始出现。这是一个"跨出他者化"的时代,也是一个"重审现代性"的时代。文章暗示,新时期文化(80年代文化)是由于自身的过激及对现实的绝望而终结的,并认为这也同时意味着"现代性伟大寻求的幻灭"。文章指出,后新时期文化转变的两个背景分别是冷战结束后的全球化和中国主流文化的市场化。当代文化的新发展使它显现出不同于1840年以来中国现代性文化不同的特征,比如社会的市场化、审美的泛俗化以及文化价值多元化的发展。这意味着"现代性作为一种现实进程正在完结,但同时,它又逐渐凝缩和移位为一种传统而延续下来",在新的"中华性"知识型中延续下来。

第三部分具体阐述了作为一种新"知识型"的"中华性"的含义。文章在此重新论述寻求新知识型的背景:现代性知识型的权威地位不可逆转地衰落后,"面对权力真空",各种思想在萌动,因此,他们要提出一种话语框架,以"促进新知识型的早日形成"。这种新"知识型"或话语框架的核心就是"中华性"。"中华性"有三个要旨:主要用中国的眼光看世界,而不是用西方的眼光看世界,特别要超越西方的线性进化史观;不是要同化于西方,而是要保持中华文化的独特性,为世界文化多样性做贡献;不管西与东、不问社与资,只以现实景况和未来目标为标准,只要有利就拿来,"当下对一切人类先进经验的吸收,是为了与人类性相一致的中华文化圈的诞生"。所谓"中华文化圈"是一种文化版图的构想:世界格局出现多中心走向,而在东亚,中国除了综合国力,我们还有文化向心力,因此最有可能成为东亚的中心。中华文化圈以中国大陆为核心,依次向外辐射到台港澳、世界各地华人和东亚、东南亚国家。我们被告知,建立中华文化圈的目的是使东亚更快实现现代化,并使东方为世界文化多样性做出贡献。文章为这个中华文化圈提出了一套新的话语范型，包括新白话语文，经济重质主义，异品同韵的审美，外分内合的新型伦理以及超构的思维模式。

总体上看，本文宣称中国近现代以来的现代化历程是由一种失去中心地位之后想要重新回到中心的动力所驱动，这同时是一种失去自我（即"他者化"）的过程；而到90年代，西方的启蒙现代性在中国已经由于自身的问题而衰落，中国现在需要新的主导性话语；作者认为新的主导性话语就是"中华性"，一种强调中国立场、中国眼光与中国特性的新文化，并具体设计了中国重回中心，至少是重回东亚中心的道路。

2. 国家文化战略与知识分子政治伦理

这篇气势恢宏的文章有一种制定国家文化战略的性质。这首先鲜明地体现于文章的语句上。句子主语多用"我们""中国"或"中国文化"。在提出策略的第三部分，句子的情态和语气多是"我们要""中国文化应"。文章整体上给人一种权威和正谕话语的印象。

其次，文章极具政治现实性，并具体落实到如何在文化上配合中国政府建立一个以中国大陆为中心的东亚新秩序。对这篇文章做出正面回应的文章主要是官方主流媒体。它们也把"中华性"主要当作一种国家文化战略来对待。这也更加印证了"中华性"论题的官方国家文化战略性质。

比如，《人民日报》（海外版）2003年曾发表题为《中华性与中华民族的复兴》的文章，大意是中华性文化在当代世界自成一体，必将在民族复兴中赢来又一个高峰，将日益影响着全球多元文化的发展与解决人类前途、命运之思的价值取向。《人民论坛》在2011年发表的一篇文章的标题更能说明问题——《建设文化强国应着力构建中华性》。这篇文章认为，中华性就是与其他国家不同的独特的东西。具体来说，它包括中华民族总体的生活方式、情感方式、话语方式、行为方式、思维方式，而重中之重是价值观系统。从文章所举之例来看，它所谓的具有中华性的价值观是传统儒家的价值观，比如孝道。

在西方原本是激进的、反主流的批评形式的后殖民主义，到中国成为一种颇具官方色彩的国家战略，这确实是有点奇怪的现象。它于是也就成为各派评论家们从政治伦理方面批评"中华性"的焦点。邵建表达了他对这种战略所表现出的文化扩张主义的批评，"如果说东方主义乃是西方霸权的产物，这里的'新东方主义'（姑且谓之）却成为东方霸权的舆论先导，赛义德对东方主义的批判是为了破除西方文化的中心地位,而我们反对了东方主义之后却又要建构自己在东亚的中心地位"①。以徐贲为代表的一些批评家则表达了对于知识分子与权力之间关系的关注。他指出,在西方,后殖民批评的意义不仅在于它是第一世界内部的对抗性话语,更在于它与实际的社会运动联系在一起。中国的后殖民抽掉了它在原先社会环境中的政治伦理价值、社会改革理想以及涉及敏感的压迫关系和文化暴力形式的具体抗争内容,成为一种纯粹为了标榜差异或特殊性而与某个他者对抗的作秀姿态②。汪晖在总体性评价中国后殖民主义时曾说,"没有一位中国的后殖民主义批评家要取边缘立场对中国文化的内部格局进行分析,而按照后殖民主义的理论逻辑这倒是应有之义"③。陶东风评论说,"一种在西方第一世界是激进的学术理论话语,在进口到像中国这样的第三世界时很可能会丧失它原有的激进性与批判性"④。在许多第三世界国家,反西方,寻求民族本土文化的独特性已经是官方文化的一个基本政治策略。第三世界国家的后殖民批评在批判国际的文化霸权的同时,不能回避或无视国内复杂的、与西方国家不同的不平等权力关系,而应该去寻找第三世界自己的文化压迫与文化霸权的性质与根源。⑤ 他甚至认为学术界对于"中国身份"的寻求是一次后殖民与全球化语境中的带有极大商业炒作成分的文化促销或学术作秀。"我甚至觉得中国的后殖民批评与其说是对全球化进程中'中国'身份危机的焦虑反应,还不如说是自觉认同国际国内学术市场逻辑的投机行为;或者作为一种政治情绪,被政客别有用心地用以强调非西方世界的所谓'特殊性',在抵抗西方文化一体化霸权的口号下,为在民族国家内部的推行专制统治(常常披着'主权政治'的外衣)寻求借口。""如果多元文化论者或本土文化论者的'本土'文化诉求被纳入民族国家之间(国际)的框架,它就可能掩盖民族国家内部的文化差异,为在民族国家内部推行文化的同一化服务。"⑥ 赵毅衡、徐友渔、雷颐、邵建等其他学者也有相似的论述。

这种批评的基本点即为,西方后殖民批评本来充满一种知识分子对现

---

① 邵建:《世纪末的文化偏航:一个关于现代性、中华性的讨论》,《文艺争鸣》1997年第1期。
② 徐贲:《走向后现代与后殖民》,中国社会科学出版社1996年版,第202—203页。
③ 汪晖:《当代中国的思想状况与现代性问题》,《天涯》1997年第5期。
④ 陶东风:《文化本真性的幻觉与迷误》,《文艺报》1999年3月11日,并参见陶东风《文化研究:西方话语与中国语境》,《文艺研究》1998年第3期。
⑤ 陶东风:《文化研究:西方与中国》,北京师范大学出版社2002年版,第211页。
⑥ 陶东风:《解构本真性的幻觉与神话》,《湛江师范学院学报》2001年第4期。

实权力的警惕与批判，而中国后殖民批评的矛头却只对外不对内。因此在中国语境中呈现出某种政治投机性，并丧失了道义上的合法性。如果不是基于一种道义，那么这篇文章的意图是什么呢？在有的批评者看来，只能是权力。丰林认为，"中华性"的论述"实际上如同西方人在讲述现代性的普遍性一样……潜意识里难以抹掉占领话语制高点的企图"①。这个并未充分展开的观点是有启示性的。"中心"一词在《从"现代性"到"中华性"》全文一共出现了70次。它对中国古代知识型中的自我中心主义没有任何批判，对于近现代以来重返中心的企图同样没有任何批判，反而是要重新建立中华中心主义的文化。② 这种誓当老大的心态，只是在鼓吹实力为王，没有任何超越性的价值观念。除了争取民族国家的实际权力，文章还同样透露出作者争夺话语权力的意图。文章反复说到：提出"中华性"新知识型的背景是启蒙权威衰落后出现了"权力真空"和"众声喧哗"，而该文提出要促进新的"中华性"知识型，就是为了给当前的文化制定话语规范。在该文看来，"众声喧哗"是一个必须加以清理的问题，文化领域一定要有一个主导权威。另外这个"知识型"概念本身也透露了信息。这个主要来自福柯的概念的理论背景与意识形态、话语、霸权、虚假意识、神话等概念相似，多有负面的意思。它们都指向"真理"的虚假性及其跟权力的复杂关系。因此，在学术领域，它们都是一些批判性的词汇。好比说我们只听过要打破有关什么东西的神话，很少听到有人说我们要创造一个有关什么东西的神话（"神话"在此是一个贬义词）。"知识型"也是个霸权性质的东西，人们多用它来指"真理"的时代局限，很少听见有人说要创造一种知识型。而这篇文章却肯定性地、褒义地使用"话语""知识型"等概念。这种说法无异于说"我要创造某种霸权/知识型"。笔者认为，"中华性"的这种纯粹的霸权意志，正是导致许多批评家反感"中华性"话语的重要原因。

3. 现实错位

对"中华性"的另一个主要批评意见来自对中国现实的理解。首先是关于中国的历史阶段问题。仍然坚持启蒙理想的人认为，中国的主要任务是实现现代化，而现在这一任务还没有完成，还没有到该反思"现代性"或"走

---

① 丰林：《后殖民主义及其在中国的反响》，《外国文学》1998年第1期。
② 多年以后，文章的第一作者张法似乎改变了自己的立场观点，在一篇探讨中国思想史的文章中批判了中国近代以来重回中心的自大思想，以及这种思想给中国带来的灾难。参见张法《中华性：中国现代性历程的文化解释》，《天津社会科学》2002年第4期。

出现代性"的时候。所以急于超越或反思现代性是一种对现实的误解。在这一方面，邵建的观点最具代表性。"我们在什么意义上又何曾获得过所谓现代性的完满，以至于今天都要忙着去超越。如此之论调，只能是对基本国情的不谙和误导。"① 他认为，现代化是人类发展的必经阶段，因而是不能被跳过的。在中国，现代化的历史任务远远没有完成，中国正处在农业文明向工业文明的艰难过渡之中。目前乃至今后相当一段时间内，实现四个现代化仍然是中国最重要的奋斗目标。这是一个最基本的国情。现代性是现代化在"软件方面"（思想文化方面）的配套工程，也还远未完成，而现在科学与理性又受到市场化的冲击，正需要提倡科学理性，怎么能轻言现代性的完结呢？中国知识分子为了保持先锋学术姿态，把已经完成现代化的西方国家的理论套用到尚未完成现代化的中国，是对中国现实的误读，也是一种理论误用。② 这种观点肯定会被他的对手称为标准的现代性意识形态的线性历史观。在中国学界内外持这一种观点的人不少，但邵建表达得更明确和极端。他认为，持"中华性"主张的人把现代性完全归于西方，是"否定了人类文明形态的发展具有某种普遍性的可能，因而它把西方率先做起来的'现代性'的事务，一股脑地划为西方自己的'家务'"③。文化犹如遗传，全盘西化是不可能的。"中华性"的去他者化主张是一种好意作对。同样如同遗传，文化需要他者之基因。"他者化，对于不同文化之间的发展来说，非但无害，反而是必要的、必需的、必然的。"④

4. 民族主义问题

在对"中华性"的批评中，一个最常看到的词是"民族主义"。比如邵建就把它定义为"文化民族派"。民族主义是个中性概念，并不必然是坏的。但"中华性"话语所代表的民族主义倾向有什么问题呢？

在陶东风看来，它代表了一种本质主义的文化身份观念。他批评"中华性"一文用后现代的反本质主义来反思西方现代性与西方中心主义，但与此同时却又用这种"后现代"的理论制造出一个新的民族主义话语，复制着本质主义的中/西二元模式。结果是：用以解构西方"现代性"以及西方中心主义等所谓"元话语"的武器（后现代与后殖民理论），终于又造出了另一个貌

---

① 邵建：《东方之误》，《文艺争鸣》1994年第4期。
② 邵建：《世纪末的文化偏航：一个关于现代性、中华性的讨论》，《文艺争鸣》1995年第1期。
③ 同上。
④ 邵建：《东方之误》，《文艺争鸣》1994年第4期。

似新颖实则更加陈腐的中心与元话语——"中华性"。换言之，反本质主义的后现代与后殖民理论在中国最后演变为一种更加陈腐的本质主义（华夏中心主义）。但本质主义文化身份观念明显是有问题的。当前一个基本的、显而易见的事实是，全球化已经使国家（或民族）之间的文化交往变得空前剧烈与频繁，不同民族文化之间的互动与杂交成为当今世界文化的基本"特色"。其结果必然是：任何一种纯粹、本真、绝对的民族文化认同或族性诉求都是不可思议的。对于一种多重复合的身份认同的把握需要我们放弃基于本质主义的认同观念（具体表现为以中/西对立为核心的一系列二元模式），尤其是要抛弃狭隘民族主义情绪——后者总是把一个民族的族性或民族身份绝对化、本质化，用一种更加灵活与开放的态度来思考认同问题。遗憾的是，他发现在20世纪90年代中国知识界恰恰随处都是本质主义、民族主义乃至新冷战的幽灵。他承认文化的差异性，但认为认识差异的目的不能是对抗。如果我们把"本真性"的标准绝对化，那么就必然会引发严重的价值危机与民族对抗。为此，他在文章中提倡一种符合时代情况的流动的文化身份观念，使中国的知识分子得以在全球化与文化多元主义的时代，在本土与西方、现代与传统、中华性与世界性、自由主义与民族主义之间进行灵活的选择与穿越，在争取国际平等文化关系与争取国内自由知识分子身份之间形成良性关系。①

5. 逻辑错误与语义含混

很多人从逻辑上来批判"中华性"话语。除了上文已经提到过人们对于它以反本质主义和二元对立的理论去构建本质主义和二元对立的身份问题的批评，邵建认为，"现代性"和"中华性"是两个不同类的概念：一个是时间概念，一个是空间概念。因此说"现代性"到"中华性"是不通的。② 他（及其他很多人）还发现，中华性提倡者操持着从西方舶来的理论话语去反对"他者化"是一件自相矛盾的事情：

> 一个杰姆逊，一个赛义德，大体可给出民族派及其文化主张的学术背景。"中华性"看起来是一个民族的口号，却是在西方后现代、后殖民的理论话语的基础上提炼出来的。令人感到奇怪的是，这似乎是最民族性的一群，可是他们所操持的理论武器无不来自西方话语；他

---

① 陶东风：《文化本真性的幻觉与迷误：中国后殖民批评之我见》，《文艺报》1999年3月11日。
② 邵建：《东方之误》，《文艺争鸣》1994年第4期。

们的心智思维、理论路数、概念用语几乎整个都是西式的,然而他们却打出了最民族的旗帜,其实在他们口口声声指陈别人他者化的同时,自己也没例外地他者化了,只不过它是以"民族"的表象(也仅仅是表象)出现。①

陶东风也发现了其他逻辑混乱的情况。《从"现代性"到"中华性"》一文把中国社会市场化当作是中国现代性"终结"的证据,"市场化"的促导下出现的世俗化、大众传媒化、消费化以及社会分层化等,也都被武断地指认为现代性终结、后现代性来临的表征,而无论是在西方还是中国,社会变迁的这些方面都恰好是现代性生成的指标。更加不可思议的是,中国的市场化明显地受到西方国家市场经济(包括理论与实践)的影响,它怎么能够"意味着'他者化'焦虑的弱化和民族文化自我定位的新可能"?② 把中国社会文化中现代性的生成误作现代性的终结、后现代的标志,表现出为了逻辑——从现代性到中华性的二元对立逻辑——而牺牲复杂的历史进程与经验事实的弊病。有意思的是,该文所指出的世俗化、市场化这些被认为中华性回归的标志,在反西方的新老"左"派看来恰恰是改革年代的中国放弃自己的社会主义道路转而拥抱资本主义(即西方)的标志。这真是一个颇为悖谬的现象。

在笔者看来,《从"现代性"到"中华性"》一文确实存在许多逻辑和语义方面的矛盾与含混。文章把近现代的所有政治、经济、社会危机都称为中心丧失而带来的危机;文章称80年代的文化权威是启蒙文化,并且称它的衰落是由于自身的激进与绝望,等等。而其中最具迷惑性的是它对文章核心词汇"中华性"的内涵界定中所出现的矛盾。文章对中华性内涵的界定有三个要点,即要用中国的眼光看世界,而不是用西方的眼光看世界;不要同化于西方,而要保持中华文化的独特性;超越东西、姓社姓资,建立全人类的中华文化圈。前两点有具体的对立面,那就是西方话语或西方文化,但最后一点似乎又消解了前面两条,说要超越东西,根据现实情况和未来目标吸收利用古今中外所有优秀成果,中华文化圈甚至是"与人类性相一致"的。什么叫"与人类性相一致"? 是等同于"人类性",还是说与"人类性"不冲突? 如果是说不冲突,意即我们的中华文化圈或中华性不反对人性,这个要求也

---

① 邵建:《世纪末的文化偏航:一个关于现代性、中华性的讨论》,《文艺争鸣》1995年第1期。
② 陶东风:《"后"学与民族主义的融构》,《河北学刊》1999年第6期。

太低了吧？如果是说等同于"人类性"，那有点吹牛，中华文化圈怎么可能等同于全部"人类性"？！我们的现实情况是怎样的？我们未来的目标应是什么？什么算是人类优秀成果？这些都没有界定，所以显得空泛而缺少实质内容。而且估计也不可能有实质内容，因为这一条与前两条是矛盾的。按拉康与德里达的后结构主义观点，任何人说话都不可能完全清晰，更多的只是在掩饰或表达欲望。这个充满众多明显逻辑与语义问题的文本，到底想要表达或掩饰什么，值得后来者更深入地分析。

（五）中国文论话语的失语与重建问题

中国学界从事文化研究与文化批评的人，多是以文学理论专业为背景的。因此，他们把后殖民理论所带来的民族身份视角转向自己的专业研究，是一件顺理成章的事情。在这方面，影响最大的莫过于从20世纪90年代中期开始的对中国文论"失语症""重建中国当代文论"或"中国古代文论的现代转换"的争论。

1. 问题的提出

90年代的"失语症"批判是在世界政治转向多极、中国国际地位不断攀升、民族自尊感和自信心不断增强的背景下形成的。起初矛头所指是近十余年的各种新锐、时尚的文学批评，称这些批评仓促而囫囵地搬运西方的各种"主义"，不仅使中国的学术秩序变得混乱浮躁，而且带有明显的"后殖民"倾向。后来的批判则进一步延伸到对自"五四"以来文学批评的现代化和西化进程的检讨。[1]

最早从民族文化身份提出中国文论的"失语"并引起国内学术界普遍关注与讨论的，是曹顺庆及其学生的一系列文章。《东方丛刊》1995年第3期（总第13期）发表了曹顺庆的《21世纪中国文化发展战略与重建中国文论话语》，可以说是他的"失语"论的前期纲领。此文的核心关切与问题意识可以概括为：21世纪将是中西方文化多元对话的世纪，然而中国文论话语近代以来却"全盘西化"了，我们应该如何建立"中国"自己的文论话语，以便在世界文论中有自己的声音？曹顺庆指陈中国文论"失语"的症状是："中国现当代文化基本上是借用西方的理论话语，而没有自己的话语，或者说没有属于自己的一套文化（包括哲学、文学理论、历史理论等等）表达、沟通（交流）和解读的理论和方法"，而"一个患了失语症的人，怎么能够与别人对

---

[1] 黄曼君：《中国十世纪文学理论批评史》，中国文联出版社2002年版，第820页。

话?"在后来的文章中,他进一步具体化了自己的论题:20世纪中国文论中断了传统,缺乏创造力,患了"失语症"。这种文论传统的断裂与失落,往前可追溯到"五四"时期过激的反传统,并在"文革"时期达到高潮:"从'五四''打倒孔家店'到'文化大革命''破四旧'、'批林批孔'","其相承之处在于二者同为偏激主,同为对传统文化的彻底否定和打倒",只不过"'五四'时期更多的是文化自卑心理……而'文化大革命'的'破四旧',横扫传统文化,则从自卑一极滑到盲目自大的另一极端"。① 当然,更严重的还是20世纪80年代以来,西方文论话语的全面输入,乃至形成独霸的局面。在他看来,现在"这种'失语症'已经达到了如此严重的地步,以至于我们不仅在西方五花八门的时髦理论面前,只能扮演学舌鸟的角色,而且在自己传统文论的研究方面也难以取得真正有效的进展"。我们过分看重西方理论范畴的普遍性,把某些西方文论概念当成了放之四海而皆准的东西,而对文化的差异和任何一种理论范畴都具有的先天局限性重视不够,以至于面对当今各种主义此起彼伏的世界文论,竟然不能发出我们自己的声音。他认为,这种"失语"的深层原因是精神上的"失家",是作为我们民族安身立命之本的精神性的丧失,因而丧失了精神上的创造力。②

1996年10月,由中国中外文艺理论学会、中国社会科学院文学所和陕西师范大学中文系在西安联合召开"中国古代文论的现代转换"学术研讨会,季羡林先生1996年在《文学评论》上撰文参与"失语症"与"重建中国文论话语"问题的讨论。1997年《文学评论》连续四期开辟"关于中国古代文论现代化转换的讨论"专栏,发表一批讨论文章,普遍认为应矫正20世纪文论研究忽视古代遗产的做法,强调从古文论中汲取营养。许多著名学者包括J.希利斯·米勒、乐黛云、蔡钟翔、张少康等都参加了讨论。在同年召开的"中国比较文学学会第六届年会暨国际学术研讨会""中国古代文论学会第十届年会","失语症"与中国文论话语重建问题同样成为讨论的热点,同时也出现许多疑虑和异议。"失语""古代文论的现代转换"和"重建中国当代文论话语"的讨论也由此逐渐展开深化,迄今不止。

2. 中国文论失语了吗?

对于"中国文论失语"的说法引起了学界的强烈反响,很多人都同意中

---

① 曹顺庆:《文论失语症与文化病态》,《文艺争鸣》1996年第2期。
② 曹顺庆、李思屈:《再论重建中国文论话语》,《文学评论》1997年第4期。

国文论失语了。杨乃乔认为,新时期文艺批评理论在操作中所使用的有效理论话语、理论概念几乎都是西方的舶来品,而这些用于填补十年"文革"文化断裂带的"带着浓烈的后殖民主义倾向"的舶来品,又"在新时期文化的深层结构中昭示了本民族文化在某种程度上的再度断裂。……把中国古典美学理论和中国古代文论的研究权和阐释权出让给西方"①。季羡林先生认为,中国文论的失语是存在的。"眼前世界的文论界几乎完全为西方所垄断,新学说、新主义风起云涌……在这样的热闹声中,却独独没有中国的声音。"而究其原因,季先生认为是西方国家在文化的垄断地位及其对中国的歧视与偏见。他认为,"中国的文论家必须改弦更张,彻底摆脱西方文论的枷锁,回归自我,仔细检查、阐释我们几千年来使用的术语,在这个基础上建构我们自己的话语体系"②。钱中文认为,"在当今世界上,还听不到我国当代文论的声音",并呼吁学界为了"创造具有中国特色的当代文论"而努力。③ 张少康认为,从"五四"到新中国成立,再到新时期以来,我们的文艺学始终没有走出以"西学为体"的误区。现在有些研究者盲目崇拜西方文论和美学,从思维方式到"话语"全部都是西方化的,离开了西方这一套,几乎就说不了话,写不了文章。中国人研究文艺学而不懂中国传统文论,只会跟着西方人亦步亦趋,用西方的"话语"说话,实在是一个令人啼笑皆非的悲剧。④ 陈洪、沈立岩认为,"虽然对文论'失语'的程度与性质看法不尽相同,但大前提存在'失语'现象还是无疑的。因此,新建构文论话语系统,进而加入国际平等对话,是文论界同仁共同的课题。"⑤ 胡宗健强调,"在一定程度上可以说,新时期的文学理论发展拷贝了一部浓缩的西方文艺理论发展史"。因此,"为着走出西方文化霸权和后殖民主义文化语境,我们必须重建中国文论话语"⑥。

但质疑"失语"论的声音也一直没有停止过。早在 1994 年,夏中义就批

---

① 杨乃乔:《新时期文艺理论的后殖民主义现象及理论失语症》,《徐州师范学院学报》1996 年第 3 期。
② 季羡林:《门外中外文论絮语》,《文学评论》1996 年第 6 期。
③ 屈雅君:《变则通,通则久:"中国古代文论的现代转换"研讨会综述》,《文学评论》1997 年第 1 期。
④ 张少康:《走历史发展必由之路:论以古代文论为母体建设当代文艺学》,《文学评论》1997 年第 2 期。
⑤ 陈洪、沈立岩:《也谈中国文论的"失语"与"话语重建"》,《文学评论》1997 年第 3 期。
⑥ 胡宗健:《文化:是西方霸权抑或是东方神话》,《株洲师范高等专科学校学报》1999 年第 3 期。

评对"失语"一语的滥用。他以为20世纪的中国文论不能说是"失语",而若要将继承或引用他人的东西算作"失语"的话,那么王国维吸取叔本华之文论也可算作"失语"了。①

对"失语"论的质疑主要有以下几点。第一,理论与现实的错位说。所谓"错位",一个意思是说"失语"存在,但这种失语不是由接受太多西方文论导致的,而是文论与现实相脱节造成的。朱立元认为,"'失语症'论对当代中国文论的缺陷和危机的判断,存在着明显的错位。它只就中国文论话语系统较多吸纳西方文论话语的某些表面现象而推断中国当代文论缺少自己的话语,进而认为'失语'是其最根本的危机。它完全没有顾及当代中国文论与现实的关系,没有分析它是否贴近当今现实,是否能回答新现实提出的新问题,即是否适合现实语境"。他进而指出,"在我看来,中国当代文论的问题或危机不在话语系统内部,不在所谓'失语',而在同文艺发展现实语境的某些疏离或脱节,即在某种程度上与文艺发展现实不相适应"②。也就是说,中国当代文论有脱离文艺发展现实的问题,但并不是由于吸收了西方文论导致自身失语。"错位"的另一个意思是,"失语症"论者欲以传统文化拯救当代人的生存状态是一种历史错位。因为中国的当务之急不是反思现代化给人带来的人性异化,不是回归传统以寻找所谓的"生存诗意",而是如何加快实现现代化的问题。回归传统的做法会让中国再一次错过实现现代化的机会。③ 陶东风、蒋寅等很多人也都认为中国传统文论如果存在"失语"的问题,那也是因为传统文论与现代中国的社会现实相脱节而造成的。④

第二,对近现代以来中国文论吸收西方文论做辩护。有些人认为西方文论的引入主要起了正面历史作用,而不是文化殖民。董学文指出,说现当代中国文学界根本"没有自己的理论,没有自己的声音",因而主张要"重建中国文论话语",是严重片面的、失真的。因为它"无视和否认了马克思主义文学理论在中国传播、发展及其与中国社会和文学实践结合过程中已经形成的

---

① 夏中义:《假说与失语》,《文艺理论研究》1994年第5期。
② 朱立元:《走自己的路:对于迈向21世纪的中国文论建设问题的思考》,《文学评论》1997年第1期。
③ 熊元良:《文论"失语症":历史的错位与理论的迷误》,《中国比较文学》2003年第2期。
④ 陶东风:《关于中国文论"失语"与"重建"问题的再思考》,《云南大学学报》2004年第5期。

带本土化（民族化）特色的完整系统的合理性，全盘否定了近一个世纪以来中国文学理论建设做出的成绩"①。这可以说代表了主流意识形态的声音。赖大仁则干脆指出，"无论是'五四'时期，还是改革开放的新时期，对西方文论的输入和运用，总体上应当说是'得'大于'失'，是'得语'而不是'失语'"②。另一些人强调中国文论在接受西方文论时的主体性。高楠认为，中国并没有因吸收西方文论就失语了，西方文论进入中国后大都被中国文艺学同化了。中国20世纪的文艺学总是"解决自己的问题，发表自己的见解，说自己的话"因而处于主位，而外国的文艺学只能处于客位。"'失语症'的误诊来源于对这种学术主位的忽略。似乎说自己的话不算是说话，借用别人的话说自己的话也不算是说话，也似乎我们的话不被别人接受同样不算是说话。""中国文艺学始终在说着历史要求它说的话，时代要求它说的话，它说出了自己的思想理论，它并未'失语'。"③

与第二点相关，第三点是批判"全盘西化幻觉"。陶东风认为，在现代化和全球化过程中，文化交往频繁，非西方国家有西方化倾向，但绝不可能全盘西化。断言中国的现代文论就是中国文论的全面失语了不完全符合事实，只要翻翻中国现当代的文艺理论教科书就可以发现，它是一个集古今中西于一体的大拼盘。断言"中国已经不是中国"或者"中国文化已经没有自己的话语"在很大程度上只是为文化本真性诉求制造的虚假前提。寻求"本真性"必须先要论证"本真性"已经全军覆没，重返家园的前提是无家可归或国破家亡。④ 而蒋寅先生反问道，"我们是否真的已借得西方文论一整套话语？……几十年来我们对西方文论并没有真正学到多少，而恰恰是错过了许多东西"，"要说已借来一整套西方话语，恐怕是个幻觉"⑤。章辉也认为中国的特殊语境和中国文化的主体性使中国文论不可能完全西化。⑥

3. 含混背后的真问题

在支持"失语"的人们中，我们能够发现存在诸多的含混之处。最关键的就是他们所说的"失语"的含义并不相同。有些人所说的失语是指中国古

---

① 董学文：《中国现代文学理论进程思考》，《北京大学学报》1998年第2期。
② 赖大仁：《中国文论话语重建：在传统与现代之间》，《学术界》2007年第4期。
③ 高楠：《中国文艺学的世纪转换》，《文艺研究》1999年第2期。
④ 陶东风：《文化本真性的幻觉与迷误：中国后殖民批评之我见》，《文艺报》1999年3月11日。
⑤ 蒋寅：《如何面对古典诗学的遗产》，《粤海风》2002年第1期。
⑥ 章辉：《后殖民主义与文论失语症命题审理》，《学术探索》2007年第4期。

代传统文论的失语（曹顺庆、张少康、季羡林、杨乃乔等），有些人说的是中国当代文论的失语（钱中文、胡宗健）。有些人说的失语是中国由于搬用太多西方文论而失去了制定话语规则的权力（曹顺庆、杨乃乔、胡宗健），有些人说的失语是中国当代文论对当下文学与现实失去解释力（如陶东风、朱立元、王纪人等）。反对的声音中也不同程度地存在着这种含混与误解。为了集中而有效地分析问题，我们必须首先排除语义的含混、误解与错乱，排除那种"不能切实有效地言说"意义上的"失语"，而把"失语"限定在曹顺庆最初所说的、后殖民批评意义上的"失语"。曹顺庆所说的"失语"是指中国文论在西方文化霸权面前"失去了一套自己特有的表达、沟通、解读的学术规则"。① 这种学术规则是指"话语的生成和言说方式"，更具体地说，是一种不同于西方的"强调意义的不可言说性"的话语方式。② 在做出这样的限定之后，我们来看看"失语症"争论的几个焦点。

第一，什么是"中国文论"？曹顺庆和其他很多支持"失语"论的人（如张少康、季羡林、杨乃乔）把失语的主体定义为"中国文论"。但是在具体的论述过程中，我们发现他们所定义的"中国文论"实际上是中国古代/传统文论。他们所说的"中国文论的失语"或"中国当代文论的失语"实际是指中国古代文论在当代中国的失语。同样，"中国文化"一词实际是指中国古代/传统文化。他们悲叹中国文论的失语，实际上是在悲叹中国传统文论的失语；他们呼吁重建中国文论，实际上是呼吁用传统中国文论为主体来建立中国当代文论。因此，毫不奇怪地，后来"失语论"演化成的一个主要话题是"中国古代文论的现代转型"。这实际上是在用传统文化来定义中国的属性。相比之下，董学文是要用马克思主义来定义中国，而陶东风、熊元良等人则是要用现代性来定义中国。

这种对中国文论、中国文化的重新定义在"失语症"论题中潜在地包含着价值评判：传统文化是弥足珍贵的中国文化之根；"五四"以来的现代化进程，一方面激进地反传统，另一方面不断地西方化，使我们失去了文化之根、文论之根，失去了"家园"，于是也失去了自己的说话方式；我们失去了自我的文化身份，所以我们的文论不能以自己独特的方式发出自己的声音；要治愈"失语症"我们就需要重新回到我们的传统文化（文论）之根，以传统文

---

① 曹顺庆：《文化失语症与文化病态》，《文艺争鸣》1996年第2期。
② 曹顺庆：《再说"失语症"》，《浙江大学学报》2006年第1期。

论为母体重建属于中国的文论。简言之，失语论背后的价值立场是文化民族主义。它的思想史意义（失语论的思想史意义远远超过学术史意义）在于：它表明20世纪末出现了思想文化风向的转折。"五四"以来，中国文化界主流一直依据从西方传来的现代性价值观念对中国传统文化进行激烈批判，中间虽然争论不断，也有潮起潮落，但总的走向一直未变。而到20世纪90年代，却出现了潮流逆转的趋势。这既有冷战之后国际格局变化的原因（以文化/文明为标准重新排列），有本土文化对于全球化的反弹的原因，也有中国本土内政、外交局势的变化（1989年后中国和西方的对抗升级，接连发生了驻南使馆被炸事件，中美撞机事件，等等）的原因，以及知识界和民间民族主义思潮升级的原因。

新的传统文化派毫不意外地遭到了回击。关于传统的评价，曹顺庆说中国中断传统是被迫的，所以是病态的。陶东风反驳到，很难说哪个是病态的，哪个是正常的。中国古代社会那样连续千年基本上在同样的社会、政治、经济、文化传统内缓慢发展就是正常的，而像"五四"那样采取了激进反传统的发展方式就是"病态的"？或者自发的、内部驱动的发展就是正常的，源于外部异质文明影响的发展就是不正常的？所有后发国家都是在西方影响下开始现代化，这些国家的文化都是病态的吗？传统为什么不该断裂？在失语论背后实际上存在民族本位的价值判断立场，即以民族文化保存为最高目标。但没有一个超越于民族的价值标准就无法真正判断一个传统的好坏。

陶东风最后总结说，中国传统文化并非一无是处，但它在整体形态上是前现代的，是与传统中国的小农社会及王权政治联系在一起的，它在总体上说与现代的社会政治制度、经济结构以及文化价值存在本质差异，不对它进行整体上的反思和扬弃恐怕很难创立适合现代社会的新文化价值系统。如果以传统文化为框架进行现代转换，那么它不可能适应中国社会的现代化转型。[①] 周宪则认为，"失语论"的说法带有一种文化原教旨主义的倾向。文化原教旨主义以传统的方式来解释捍卫传统，维护文化乃至种族的纯粹性。"失语论"者高喊弘扬民族传统文化，其实暗含对文化与种族纯粹性的追求，否认外来文化能被本土文化改造，缺乏历史进步观念，把传统看成是一种固定

[①] 陶东风：《关于中国文论"失语"与"重建"问题的再思考》，《云南大学学报》2004年第5期。

的东西，而不是发展变化的。"以静止的凝固不变的方式来界定传统"。但可以肯定，不变的文化民族性与纯粹性是不存在的。① 杜书瀛先生不赞成回归古典儒家传统，理由是：儒家传统虽然有积极因素，但是"与现代社会又有矛盾"，它在政治上维护专制制度，经济上维护自然经济，道德上提倡忠孝节义。② 这样的观点不是孤立的，毋宁说是受过"五四"启蒙主义洗礼的学者的普遍看法。

与对传统的评价相关，对"五四"运动的评价也成为一个争论的焦点。曹顺庆在文章中把"五四"的反传统与"文化大革命"的文化大破坏相提并论，都是"偏激心态的大泛滥"。陶东风认为，这样的类比即使有一点道理也是十分皮相的。我们必须承认，"五四"的激进反传统即使偏激，却是在追求现代的"民主""科学""自由""个性解放"等启蒙价值，而"文革"却完全相反，是对于民主、自由、个体生命价值与精神独立性的极大践踏。仅仅从所谓"心态"角度把价值取向差异如此巨大的不同社会文化思潮和运动简单类比，轻易忽视两者的根本对立，不能不说是十分轻率的。激进的行为或心态可以有不同的目标，也有不同的"革命"对象，我们不能把一个意在推翻专制制度的激进运动与意在镇压民主自由的激进运动等同起来。

第二，古代文论的现代转换：要重建什么样的中国文论？无论对"失语症"或传统文化的理解有何差异，参与讨论的多数人同意中国古代文论的研究确实需要加强，需要对它进行"现代转换"。这成为古代文论学界连续多年的讨论热点。

这个问题与第一个问题紧密相连。那些认为"失语"就是指中国传统文论断裂所致的人，如张少康，自然认为要以古代文论为主体来重建当代中国文论。那些认为古代文论失语是因为古代社会背景中产生的文论不适合当代文艺的现状的人则认为，应该以中国的现实为基础来对古代文论进行改造和转型。比如童庆炳认为，转换应是现代视野中的古代文论，是对古代文论进行现代转化，也就是现代阐释。③ 钱中文在1996年西安会议上说，90年代中期大力整理继承古代文论遗产，很有必要。但要站在当代社会历史的高度把

---

① 周宪：《中国当代审美文化研究》，北京大学出版社1997年版，第258页。
② 钱中文、杜书瀛、畅广元：《中国古代文论的现代转换》，陕西师范大学出版社1997年版，第23页。
③ 童庆炳：《中国古代文论研究的现代视野》，《东方丛刊》2002年第1期。

古代文论融入当代文论中。这似乎也是在强调立足当代,来定义中国文论。①朱立元认为,从中国当代文论建设需要继承传统的意义而言,我们显然并不只有古代文论一种传统,同时也还有现当代文论的新传统,而对后一个方面传统的继承发展也许是更为重要的。那种只承认古代文论传统,而全盘否定20世纪,特别是"五四"以来形成的新传统的看法是值得商榷的。他明确指出,"建设新世纪文论只能立足于现当代文论新传统,而无法以中国古代文论为本根"②。而另有一些学者则更多从古今文化与当下意识形态语境的不同,以及古今文论本身的异质性等方面,对"转换论"提出质疑和商榷。如许明在1996年西安的会议上就曾经对"转换论"的命题发问:我们有怎样的现当代意识形态土壤和文化土壤?古代文论这棵大树往哪儿栽?③ 王志耕则更进一步指出,"特定的话语总是在特定的语境中存在的。在建立当代文论的时候,我们必须看到,中国文论的历史语境已经发生了根本的变化。"换言之,中国古代文论生成的语境已经缺失,因而它只能作为一种背景的理论模式或研究对象存在,而将其运用于当代文学的批评,则正如两种编码系统无法兼容一样,不可在同一界面上操作。④ 赖大仁认为,无论从理论逻辑还是现实逻辑来说,也无论从"五四"以来的历史事实还是当今的理论探索来看,所谓古代文论的"现代转换",都并没有令人信服的成功例证,其主要原因也许在于,古今的文学形态、意识形态和文化语境,以及人们的理论思维方式与语言习惯等,都已根本不同,难以相互转换;更重要的是,古代文论的思想理论资源,已经难以提供现代社会和文学变革所需要的东西,不能适应新时代、新文学发展的现实要求。因此我认为,要解决中国当代文论的创新发展问题,可能无法依靠所谓古代文论的现代转换,而只能以中国现当代文论新传统为基础,充分吸纳中外文论资源中有用的东西,进行综合创新发展。⑤

在这个讨论中,古今问题与中西问题一直是纠缠在一起的。曹顺庆就一

---

① 屈雅君:《变则通,通则久:"中国古代文论的现代转换"研讨会综述》,《文学评论》1997年第1期。
② 朱立元:《走自己的路——对于迈向21世纪的中国文论建设问题的思考》,《文学评论》2000年第3期。
③ 屈雅君:《变则通,通则久:"中国古代文论的现代转换"研讨会综述》,《文学评论》1997年第1期。
④ 王志耕:《"话语重建"与传统选择》,《文学评论》1998年第4期。
⑤ 赖大仁:《文学批评形态论》,作家出版社2000年版,第258—265页。

直在古今中西四个坐标上不断游移。最开始他认为古代文论的失语因为西方文化的入侵(如 1996 年《文论失语与文化病态》),后来又说因为中国古代文论与我们的当代生活已经脱节,因此需要进行现代转换(如 1996 年《重建中国文论话语的基本路径及其方法》和 1997 年《再论重建中国文论话语》)。而十几年之后,他再次确认"'失语'的根源并不在古今异质,而在于中西异质"①。他的这种观点的回归有其逻辑必然性:如果强调时代差异,那么当代中国与古代中国的差异是什么呢?它已经充分现代化和西化了。那样的话,其结论必然是要以西方文论为基础进行古代文论的转换和当代文论的重建。而把"失语"归于中西差异的话,他就可以自然地继续主张以中国传统文论为基础进行当代文论重建。

那些坚持当代文论重建应立足中国当下的文学和社会现实的人的看法与此相反。他们既然已经看到古今中国社会在政治、经济、文化结构方面的根本不同,因而认定中国文论的重建应主要以适应中国当代的现实,这样,即使重建,也必然要以现当代的中国新文论传统为主。这个新文论传统又无疑受到西方文论的极大影响。但真正把这个问题挑明的是陶东风。他认为,到底是以中国当今的现实为基础,还是以中国的传统文论为基础来判断中国文论是否失语、如何重建,这是一个最为关键的问题。中国自己当代形态的文论建构是一项非常艰难的工作,它必然受到各种力量的牵制,利用各种可能的资源,但是其中最重要的资源恐怕是中国现、当代的文化与文学现实。我们既不能照搬古代文论,也不能照搬西方文论来替代对中国现、当代的文化、文学与文论的创造性阐释,这是因为它们都与中国的现、当代的文化、文学与文论现实存在隔阂。

西方文论产生于西方的现、当代文化与文学语境,这个语境与中国现代当代文化与文学的语境是不完全一样的。但是同样不必讳言的是:相比于中国古代文论,西方现、当代文论在解释中国的现、当代文学时要相对合适一些,这是因为中国的现、当代文学,特别是新时期以后出现的文学,与西方的现、当代文学存在更多的近似性。比如西方的小说理论(叙事学、符号学等)在解释中国的现当代文学时,恐怕要比中国古代小说"理论"更有效一些。这样,我们的文论重建之路恐怕更多地只能借鉴西方的理论,

---

① 曹顺庆、杨一铎:《立足异质,融汇古今:重建当代中国文论话语综述》,《社会科学研究》2009 年第 3 期。

而同时在应用的时候应该从中国的文化与文学的现实出发加以不断地修正和改造。① 曹顺庆在文章中也承认了这种根本分歧,"陶东风先生走的路,是对西方文论的继续迎合,没有注意到现当代的现实处于'失语'状态,如果继续以西方文论为主来建设中国文论,只能在'失语'的路途上越行越远。我认为,重建中国文论话语,同样需要西方文论的积极参与,但不再是以西方文论为主,而是要在'以我为主'的学术规则下,将西方文论融汇到中国文论建设中来,亦即西方文论中国化"②。

在这个争论背后,还有一个不同文化之间是否能够互相阐释与理解的问题。这个文化研究的主要议题之一,在这次有关中国文论"失语症"的争论中也浮现出来。对此曹顺庆的观点仍然游移不定。最初,为了说明中国文论的失语,他先论证西方文化解释下的中国文化并非真正的中国文化。因此,他强调"不同的文化之间,有着不同的规则,因此不同的话语之间,常常难以相互理解,这是话语规则不同使然"③。但后来,随着文论界有关古代文论的现代转换论的提出,曹顺庆提出中西文论"杂语共生态"的目标以及"西方文论的中国化"目标,实际上又承认中西文论是可以互相阐释的。随着讨论的深入,大部分学者主张中西文化与文论的对话与综合,实际上都认可中西文论是可以互释的。

4. 含混的症候学分析

有关中国文论"失语"与"重建"的讨论有一个突出的特点,就是语言表述、逻辑的混乱,相互误解也很多。前文已经简要提到过在"失语"一词中存在的种种误解,甚至像季羡林先生也会把"话语"理解为"术语",更不用说其他人了。但围绕着这个有点含混的议题,争论各方也的确把关于如何评价现代性与传统文化,如何评价"五四",如何定义中国性等问题的立场观点表达了出来,因此是一个具有丰富的信息含量和思想史价值的社会文化事件与论题。

除了术语的混乱与误解,陶东风、熊元良等人还就曹顺庆等"失语症"说法中存在的矛盾与游移进行了分析。陶东风发现,曹顺庆一方面反对西方文论的后殖民侵略,另一方面引用的仍是西方的理论家;时而认为中西文化

---

① 陶东风:《关于中国文论"失语"与"重建"问题的再思考》,《云南大学学报》2004年第5期。
② 曹顺庆、邱明丰:《重建中国文论话语的三条路径》,《思想战线》2009年第6期。
③ 曹顺庆:《21世纪中国文化发展战略与重建中国文论话语》,《东方丛刊》1995年第3期。

不可理解与交流，时而认为二者是可以互相阐释的；时而认为"失语"是古今差异，时而认为是中西差异；一方面认为我们的古代文论已经"失语"，另一方面又认为可以用西方文论之外的某种东西来激活古代文论。① 除了上述矛盾，熊元良还发现，"失语论"的提倡者主观上要求立足于当代，而实际上却滑入复古主义；表面声称自己超越了中西之争的悖论，而实际上其倡导的话语重建思路是一种典型的"中体西用"的思路。他认为这些矛盾与悖论来自"失语症"论者那种"欲与西方试比高"的"权力意志"：

> 因为在他们看来，没有自己的"文化身份"就没有对话的"话语权力"，可是生活在当下语境的"失语症"论者既无法以传统取代当代文论，又无法用传统有效抵御西方强势话语，于是不可避免地陷入了古今、中西之争的泥沼而不可自拔。所以，"失语症"论者既不能在所谓"生存论"层面上"为生民立命"，又不能在所谓的"话语学"层面上"自铸伟辞"，于是，洋洋洒洒地论证一通后，最终又不无遗憾地以自相矛盾的话语作结："由于移植西学的知识谱系已构成20世纪中国文化的新传统，有效地说话也只能是'渗入'式的。没有人能够以传统文论的方式取代现代文论，但我们的确可以'镶入'传统知识的'异质方式'言诗。"这段自我独白作为"失语症"理论的上述矛盾和悖论的形象注脚可说是最恰当不过。由此看来，自诩认为"事关21世纪中国文化发展战略"的"失语症"理论究竟价值几何也就不言自明了。②

与此相似，周宪对"失语"论者进行了心理分析，认为他们那种要发出自己的声音、得到人家承认的心态实际上是一种不自信的表现，是一种真正的后殖民心态。"我们对自己文化的自信，似乎并不是来自自身，而是来自它所反对的那个'中心'。这里出现了一个荒谬悖理的循环：发出自己的声音是为了颠覆西方文化的中心和霸权地位，但这种颠覆的成功与否又有赖于它所反抗的'霸权'的认可。这个怪圈典型地昭示了所谓'失语症'诊断的潜在逻辑。"③

---

① 陶东风：《关于中国文论"失语"与"重建"问题的再思考》，《云南大学学报》2004年第5期。
② 熊元良：《"文论'失语症'"：历史的错位与理论的迷误》，《中国比较文学》2003年第2期。
③ 周宪：《中国当代审美文化研究》，北京大学出版社1997年版，第258页。

陶东风认为，在"失语论"中存在的所有问题之后，最核心的是民族本位的价值观问题。"失语论"者把中西方文学理论的问题彻底还原为文化侵略与反侵略、文化霸权与反霸权的问题，其他的评价标准已经被完全放弃或转化为民族主义话语，在民族标准之上没有更高的文化价值标准。把中国的现代当代文论史完全描述为一个"他者化"的历史，这样的逻辑使他们暗中认定传统文化是完美无缺的，是经济、军事的原因它才被中国的知识分子抛弃的。当文化与文论的得失问题完全被转化为中国与西方的文化权力斗争问题以后，就没有超越于权力之上的评判标准了。这必然导致价值的混乱，或者走向民族虚无主义，但更可能走向对抗性的立场和"凡是敌人反对的我们就要拥护""凡是敌人拥护的我们就要反对"的逻辑。因为我们对于中国的和西方的文化都失去了普遍的价值评判标准，只剩下对于其民族出身的鉴定。"失语"论之所以能够引起为数不少的文论界人士的共鸣，其感召力主要在于它的民族主义立场，在于它迎合了相当一部分人的民族主义（至少是文化民族主义）情感。这大大地影响了他们在思考中国文论建设时的思维空间与学术深度，不能建立起超越民族主义的普遍性标准，也忽视了对于文论内部问题的学术考察。总体来看，"失语"与"重建"论是20世纪90年代普遍的民族主义倾向在文论领域的一种特殊表现形式。在关于"失语"的言论中，谈得最多的是"怎样才能抵制西方文论霸权""如何把中国的文论传统发扬光大"，而不是"文学理论到底应该如何发展"。这种民族主义诉求不可能不影响论者的学术立场、态度乃至具体观点。[①]

的确，价值观的悬置或模糊，是"中国文论失语与重建"讨论中许多言辞混乱的深层原因。实际上，在前述的那些民族议题中，也不同程度地存在着相似的语义含混问题。价值观的悬置、模糊与冲突，也同样能够部分揭示这些混乱表面之后的深层原因。

本章结语

中国现代思想史的核心是中国的现代化问题。在现实中它演化成个人权利本位的启蒙与民族国家的救亡之间的矛盾、纠结与对抗。在后殖民主义与民族身份问题的讨论中，处于核心地位的是建立怎样的民族文化、如何处理中西文化关系、如何处理个人权利与民族国家权力之间关系的问题。这个讨

[①] 陶东风：《关于中国文论"失语"与"重建"问题的再思考》，《云南大学学报》2004年第5期。

论的问题意识无疑是内在于中国现代思想史的核心的。因此，可以说，中国当代文化研究中的民族文化身份讨论更多的是一个内生的真问题。

但关于这个真问题的讨论经常是在西方后殖民主义理论话语中进行的，而由于中西政治、文化语境的差异，讨论出现了许多南辕北辙、南橘北枳和水土不服的问题。这可能是所有外国理论旅行中国所要面对的共同问题。这时候，我们的语境意识就变得最为重要。在上文对各个论题的介绍中我们发现，一些当代文化批评家确实具有宝贵的语境意识。他们对后殖民理论不盲目生搬硬套，而是仔细区别中西不同的语境与问题，认真发掘西方批评理论背后的精神实质，为建立更加美好、自由的人性与文化而努力。这同时也体现了中国文化批评的主体性，丰富和发展了后殖民主义理论的内涵。

在这个讨论中，我们也发现了对历史与现实的各种截然不同的理解，发现了概念使用的含混、矛盾与游移，发现了一些根本价值观念的激烈冲突，这使整个讨论显得歧义丛生、众说纷纭。这种混乱并非说明它的无价值。相反，正是由于它的重要，才使得它受到各方的关注，使持各种不同观点的人都要对它发表意见，所以它才显得混乱起来。因此，在这种混乱中蕴含了极其丰富的思想文化史信息，使它的意义远远超出了一般的文学批评，成为当代中国文化批评中最重要的组成部分。

第五章　女性主义与性别问题

一　20世纪90年代中期以前的性别研究

"Gender"被译为"性别"或"社会性别"。它是文化研究的关键词之一，无疑也是中国当代文化研究的一个重要视角与议题。所谓"社会性别"（Gender）是西方女权主义学者在20世纪70年代初期发展出的概念。她们认为社会性别是人类组织性活动的一种制度。就如任何文化中都有经济制度、政治制度一样，任何文化中也都有自己的社会性别制度，即种种社会体制习俗把人组织到规范好的"男性""女性"范畴中去。它是人类社会的一种基本组织方式，也是人的社会化过程中一个最基本的内容。[①] 虽然这一视角与议题来自西方，但与其他西方传入中国的理论议题一样，中国当代文化研究的性别研究议题必须在中国自身的历史文化语境中才能得到充分理解。

华夏文化体系中的性别划分，源自先秦时代的阴阳说。这种观念认为阴阳是两种交互作用的能量，男女都是阴阳交合的产物。但在交媾时刻，阳气盛则男出，阴气盛则女出。这里性别歧视的意味并不明显。但到了汉代，社会性别的规范开始偏离阴阳说，形成男尊女卑的传统观念。在汉代被确立为意识形态正统的儒家典籍中，夫妇之别乃人伦之首，妇女居于屈从地位，这样的安排完全符合人们对宇宙秩序的想象，即天地人的同构关系。妇女的屈从地位，并非价值贬斥，而是遵循宇宙秩序，以求天长地久，就像顺应天理一样顺应人伦秩序，是女人必须支付的道德义务。如果不这样，人和禽兽就没有什么区别了。这种将性别秩序等同于人伦秩序的做法，使得性别偏见以更隐晦的方式存在，并内化成女人自身的道德自觉。[②] 近代以来，随着西方

[①]　王政：《社会性别与中国现代性》，《文汇报》2003年1月12日。
[②]　朱大可：《文化批评：文化哲学的理论与实践》，古吴轩出版社2011年版，第230—231页。

女性主义的传入,中国也出现了女性解放运动。与西方妇女问题是女性自己的造反不同,在中国,最先提倡女性主义的是男性。20世纪初正是西方女权运动高涨的时期,女权运动被当时中国的知识分子看成是西方先进文明的一种象征。第一部由中国人撰写的阐释男女平等思想的论著《女界钟》(1903年),其宣扬的观点成为流行一时的说法,即"18、19世纪之世界,为君权革命之时代,20世纪之革命,为女权革命之时代"。这也促使以西方文明为追求目标的新文化知识分子竭力鼓吹女权,将"男女平等""妇女解放"视为现代性的鲜明标志,促使那一时期的女权"声浪高涨"。

与西方不同,中国的妇女解放运动从一开始就与民族解放、现代化问题相关。那些渴望现代化的中产阶级男性认为,国家政治、经济的发展,民族的独立,其关键是拥有像西方那样受过教育、相对解放的妇女,这些妇女将成为优秀的、受过教育的妻子和母亲,并且成为有教养的(即西化的)男人的荣耀。[①] 这与中国古代的"正女"传统有关。中国古代家国同构,女子在家中有重要作用。"女正而家正",所以要"正女"。换言之,中国的士大夫们有着悠久的、持之以恒的"正女"传统。到了近代,伴随着西方列强的侵入,在国家危亡之际,男性知识精英又因对"国家"的关注而把焦点集中到女性身上。例如,将中国的软弱归结于中国的"种气"不强,进而归因于女性身体的软弱("小脚"),因此要通过改善女性身体来实现"强种保国"。康有为、梁启超的废缠足运动便由此产生。

再如,梁启超认为中国经济实力弱于欧洲,是因为"二万万女子为食利者",二万万男子生的利,让另一半不劳而获的人口给分了,这个国家怎么会强呢?所以要兴办女学,让女子也有一个生利的技能,成为国家发展的人力资源。但费孝通及其他外国学者已经证明,传统中国妇女在家庭经济和整个国民经济中起着非常重要的作用。梁启超在当时并非特殊例子。因为女性在当时是被作为一种象征符号被有话语权的男性言说,女子既被说成是国家衰弱的原因,又被表现为民族落后的象征。男性提出妇女"问题"(妇女是"问题"),是为了寻找一条强国的途径。妇女是载体,是手段,强国才是目标。国家民族主义的产生与社会性别密切相连,在当时以及以后的历史过程中都产生了非常大的影响。从康、梁到新文化运动时的陈独秀、胡适、李大钊,都对妇女问题予以极大的关注,《新青年》第1期

---

① 理查德·W. 布利特:《二十世纪史》,江苏人民出版社2001年版,第70页。

就开始谈妇女解放问题。到了"五四"时期,谈论妇女解放更是成为一种时尚。①

除了民族主义,在男性知识分子对妇女问题的讨论中,有一条线索是来自欧洲的人权思想。它认为在现代文明中,人权应该包括女权。新文化运动时期,儒家成为攻击的对象,从而作为三纲五常之一的"夫为妻纲"以及"男尊女卑"观念都成为重点抨击的对象,与妇女相关的缠足、包办婚姻、童养媳、不让女子受教育等现象,都被作为儒家"吃人"礼教的典范加以批判,进而达到摧毁儒家传统的目的。对妇女问题的大讨论确实揭示了中国社会中的社会性别等级和歧视束缚妇女的种种弊病,但是这个以男性知识分子为主体的大讨论也有其缺陷:男性精英们居高临下地看妇女,把妇女视为素质差的群体,把妇女一概当作封建礼教的牺牲品,抹杀了妇女在中国五千年文明中的作用与贡献,对妇女做了一种非历史的界定。②

当时的女权主义话语中也有女性的声音。《妇女杂志》等刊物上都曾发表过女性作者的文章,许多女学生自己创立刊物,城市中出现了妇女团体组织。这些团体要求废除缠脚、杀女婴、纳妾、童养媳及卖淫等陋习。它们要求妇女的选举权、平等的继承权、教育权、平等的工作权和自由婚姻。妇女在南方六省赢得了选举权,在汉口获得了离婚和继承遗产的权利。但20世纪20年代的民主和女权运动,主要盛行于拥有大量中产阶级人口的城市地区,在广大的农村,由于传统的家庭结构与经济生活还很稳固,妇女运动发展很少。③

在"五四"新文化运动之后,中国社会的主题是革命。国共两党在第一次合作的大革命之中,既吸收了大量女权主义的议题来吸引妇女,但又对独立的女权组织予以排斥,把不介入大革命的妇女组织和活动界定为狭隘的资产阶级女权主义。在一系列的政治运作之后,"女权"这个词开始在当代中国社会中成为贬义词。但是毛泽东时期的妇女解放以及主流社会性别话语其实包含了对"五四"女权主义议题的继承。共产党内有不少当年活跃于"五四"女权运动中的"新女性",她们是共和国初建时期按"五四"的女权理想推动妇女解放的主力。④ 20世纪50—70年代,中国的妇女解放在法律、社会方面

---

① 王政:《社会性别与中国现代性》,《文汇报》2003年1月12日。
② 同上。
③ 理查德·W. 布利特:《二十世纪史》,江苏人民出版社2001年版,第70—71页。
④ 王政:《社会性别与中国现代性》,《文汇报》2003年1月12日。

取得了巨大的进步。新中国的新宪法第六条规定:"中华人民共和国将废除束缚妇女的封建制度,妇女在政治、经济、文化、教育以及社会生活方面将享有同男子一样的权利。实行男女婚姻自由。"随后的婚姻法禁止重婚、纳妾、童养媳婚姻,保护男女结婚和离婚的自由;允许寡妇再婚。土地分配也实行男女平等。城市中的女性被培养进入了原来不对她们开放的各种职业,农村女性也被组织进集体劳动中。但20世纪50年代末60年代初的经济危机导致女性运动的目标被压缩,少数妇女运动领导者被劝说保持沉默或她们革命的时期还未成熟。① 中国的女性解放运动实际上沉寂下来。

20世纪80年代中期,以文学领域为突破口,妇女问题被尖锐地重新提出,并引向了社会学讨论。② 尽管"女性文学""妇女文学"的提法在20世纪20—30年代就已出现,但作为一个试图界定确切内涵并引起广泛争议的范畴,却是出现在1984—1988年。这是1949年后中国内地首次从性别差异角度讨论女性与文学的关系,它所针对的正是20世纪50—70年代妇女解放理论的性别观念及其历史实践的遗产。很多论者认为,20世纪50—70年代,尽管在社会实践层面,女性获取了全方位的政治与社会权利,成为与男性同等的民族—国家主体;但在文化表述层面,性别差异和女性话语却遭到抑制,女性是以"男女都一样"的形态出现在历史舞台上的。这一历史和文化实践造成的后果,是女性处在一种"无性别"的生存状态中,缺乏相应的文化表述来呈现具有自身特殊性的生存、精神状况。正是在这样的情形下,"女性文学"首次将"女性"从"男女都一样"的文化表述中分离出来,成为试图将性别差异正当化的文化尝试。一般认为,是20世纪50—70年代的阶级论压抑了性别差异。那时马克思主义脉络上的妇女解放理论,把女性解放视为与劳工阶级、第三世界国家的解放"同一"的历史议题,侧重从阶级压迫、传统社会的结构性权力关系(即"政权、族权、神权、夫权")中来解释女性的不平等地位,性别歧视和压迫被解释为阶级压迫和传统社会的封建压制,只要政治斗争和经济斗争取得胜利,妇女解放将是"自然而然"的事情。在组织妇女参与到民族国家的建国运动中时,特别强调妇女参与的重要性,甚至

---

① 罗莎琳德·罗森堡:《"妇女问题"》,载布利特《二十世纪史》,江苏人民出版社2001年版,第78—80页。根据罗森保,需要参见的文本有小野和子《世纪革命中的中国妇女》,第140—186页。马杰里·沃尔夫:《延缓的革命:当代中国妇女》,斯坦福大学出版社1983年版,第79—273页。朱迪思·斯泰西:《中国的家长制和社会主义革命》,第158—194页。

② 李小江:《当代妇女文学中职业妇女问题》,《文艺评论》1987年第1期。

提出"全国妇女起来之日，就是中国革命胜利之时"。但女性解放的议题，始终只是阶级解放和民族解放的附属议题，并被阶级议题统摄。从这一思想资源当中，关于同一阶级内部的男女性别差异以及革命政权的父权制结构等问题无法得到有效的理论表述。在文化表述和主体想象上，女性虽然成为与男性一样的主体，潜在的性别等级秩序却依然存在。姑且不论从20世纪50—70年代的电影、美术、绘画、小说中的人物形象上可以看出明显的性别等级，即使从毛泽东"时代不同了，男女都一样。男同志能办到的事情，女同志也能办得到"的经典表述中，也可以看出，女性依然是仿照、模仿男性而成为"主体"的。这使得在社会权利平等的背后，作为女性的"差异性"却遭到压抑。梳理20世纪50—70年代妇女解放理论的脉络，可以看出当代妇女解放运动的特定品质：一方面，妇女解放运动并没有和民族—国家、政党—阶级形成对抗关系，而是后者重要的构成部分；但另一方面，这种由民族国家、阶级话语组织的解放理论，又必然压抑对女性差异性的表述，并将之视为理所当然的代价。这样，女性既是享有社会主权的主体，同时又是一个必须无视其性别差异的准主体，她必须参照"男同志"而成为主体。社会主义妇女解放运动及其实践造成了当代中国女性的两面性：一方面，当代中国女性迄今仍是世界上社会地位最高的女性群体之一，社会主义革命的历史塑造了当代中国女性格外强烈的主体意识；但另一方面，在"平等"的旗号下父权制结构对女性的压抑却被作为视而不见的因素遭到压制。[①]

由于某种历史契机，20世纪80年代前期在反省和批判20世纪50—70年代历史所形成的社会/文化转型过程中，马克思主义人道主义和西方19世纪人道主义理论成为新启蒙思潮中的主导思想资源。这种新启蒙主义话语的框架是在"救亡（革命）/启蒙""传统/现代"的脉络上提出的。它将20世纪50—70年代的中国社会指认为"传统"社会，是保守、落后、封建的前现代社会，而20世纪80年代则在延续"五四"文化启蒙的意义上，成为一个"现代"时期。作为从封建体制中解放出来的现代化运动，其重要指标是"人性"的解放，特别强调个体的价值和丰富性。由此，有意味的是，在20世纪80年代的中国，作为对"阶级"话语的反拨，"性别"成为标识"人性"的主要认知方式。[②] 当时对"人性"的解释有两种方式。一种是从灵肉和谐的

[①] 贺桂梅：《当代女性文学批评的一个历史轮廓》，《解放军艺术学院学报》2009年第2期。
[②] 同上。

方面，强调通过世俗欲望来对抗革命的禁欲主义，另一种是强调女性的主体性和独立意识。前者把问题指向外部，后者把问题指向女性自身。后者承认，通过社会主义革命，女性获得了平等的社会地位，但没有获得自主意识。中国妇女解放的被动性，造成它成为男性的、民族国家的和阶级解放的附属物，因此必须经过一种文化与意识的革命，才能唤醒女性的意识。

人道主义话语为个体从统合性的民族国家话语中分离出来提供了有效资源，但其性别议题仍旧是"男女平等"，即它们都是在抽象的"人"的乌托邦想象中来规划"人性"的差异。在这一理论脉络中，男女差异很大程度上被表述为基于生理、心理差异这些"自然"因素而导致的"人性"差异，但"人性"背后是否含有权力、等级关系则无人意识到。这使中国20世纪80年代女性主义与西方20世纪60年代欧美的女性主义理论有很大的不同。20世纪60年代西方女权运动"第二波"出现，主要是女性在民主运动、学生运动等过程中意识到她们和与之"并肩战斗"的男性之间始终存在的不平等关系，由此重新提出性别问题。而20世纪80年代中国的女性意识主要是针对作为民族国家主流的"阶级"话语而提出；倡导"女性文学"在很大程度上被认为是补充"人类"的丰富性，而不是质疑男女性别关系和文化秩序。因而，从表面看来，这种强调女性文学关系的范畴表现得颇为温和，且限定在既有文化秩序之内。①

20世纪80年代后期，中国的女性主义理论和批评迎来第一次高潮。而西方女权/女性主义理论的介入，则在一定程度上使中国的女性文学批评从新启蒙主义话语中分离出来，形成了独特的表述体系和话语方式。20世纪80年代中后期对西方女权/女性主义论著的译介，是"改革开放"后形成的"西学热"中的一部分。从译介的情况来看，对西方女权/女性主义理论的介绍和吸纳，仍是有选择的。构成西方女权运动"第二期"的四本重要论著中，西蒙·德·波伏娃的《第二性》翻译最早。这本书对当时中国批评界的最大影响是，它宣称"一个人之为女人，与其说是'天生'的，不如说是形成的"。另一本较早被翻译过来的是贝蒂·弗里丹的《女性的奥秘》，这本美国60年代女权运动的"圣经"所讨论的是发达国家城市郊区中产阶级家庭主妇的"无名痛"，由于社会现实的"滞后"，它并未在中国引起多少共鸣。弗吉尼亚·伍尔夫的《一间自己的屋子》1989年被翻译过来，它对女性从经济到文化表述上必须

---

① 贺桂梅：《当代女性文学批评的一个历史轮廓》，《解放军艺术学院学报》2009年第2期。

获得独立性的倡导,在中国产生了广泛的影响。有趣的是,与文学和文学批评关系最密切的凯特·米利特的《性的政治》,却翻译得最晚(1999年)。这本书难以被20世纪80年代中国批评界接纳的原因,大约是因为它如此敏锐而激烈地抨击男权制,并且把男/女两性的关系纳入"政治"范畴。这对于以"两性和谐"为理想的中国批评界,显得过于激进。一个明显的特征是,这一时期对"西方"女权/女性主义理论的介绍主要偏重英美,而另一流脉法国的女权/女性主义理论相对少得多。由于语言学转型并未真正在80年代的中国批评界完成,文学批评的主流在很大程度上仍旧是经验主义和实证主义的。因而,内在地把(后)结构主义、精神分析和解构主义作为自己的理论构成和对话对象的后结构主义女性主义批评理论,并没有在20世纪80年代后期到90年代前期的中国女性文学批评界产生太大的影响。学者们在讨论"女性文学"的时候注重从女性经验角度寻找女性的特质,而非全面质疑本真的、本质主义的性别观念。①

20世纪80年代后期,中国学界开始有人注意到"父权制"这一概念②,它是20世纪80年代后期女性文学批评超越新启蒙主义式的"女性文学"讨论的一个关键词。父权制这一概念使人们有可能认识到,以新启蒙主义话语所使用的"人类"或"人性"概念本身,就是父权制的话语。在这方面影响最大的是由戴锦华、孟悦合作完成的《浮出历史地表——现代妇女文学研究》(河南人民出版社1989年版),"绪论"部分分析了中国传统社会的权力关系结构,提出"女性"作为被统治的性别是这一社会秩序构成的秘诀,即"以女性作为敌手与异己而建立的一整套防范系统乃是父系秩序大厦的隐秘精髓,……使男性社会对女性的奴役成为永远的秘密"。正因为整个传统社会秩序都建立在对女性的统治和压抑这一基点上,因此,对"女性的真相揭露","不是单纯的性别关系问题或男女权力平等问题,它关系到对历史的整体看法和所有解释。女性的群体经验也不单纯是对人类经验的补充或完善,相反,它倒是一种颠覆和重构,它将重新说明整个人类以什么方式生存并已在如何生存"。这篇绪论不仅对中国两千年的传统历史做出了重新解释,而且对20世纪一百年的历史也做出了这样的解释:女性

---

① 贺桂梅:《当代女性文学批评的一个历史轮廓》,《解放军艺术学院学报》2009年第2期。
② 参见孙绍先《女性主义文学》,辽宁大学出版社1987年版。这本书最早把女性问题的讨论放在父权制的不平等关系结构当中。

并没有能够摆脱作为"空洞能指"的命运。随着1949年新中国成立,女性的历史"走完了一个颇有反讽意味的循环,那就是以反抗男性社会性别角色始,而以认同中性社会角色终"。对那些"不隐讳自己的女性身份的作家",《浮出历史地表》赋予了她们独特的性别意味,即"写作与其说是'创造',毋宁说是'拯救',是对那个还不就是'无'但行将成为'无'的'自我'的拯救,是对淹没在'他人话语'之下的女性之真的拯救"①。这一结论不仅远远地超出了20世纪80年代新启蒙主义关于历史、人性或人类的理解方式,而且表现出了前所未有的激进性。

到20世纪90年代前期和中期,中国的女性主义思潮突破文学领域,开始成为一种引起广泛瞩目的社会文化思潮。1995年第四届世界妇女大会在北京召开是被常被提及的原因。围绕这一会议,一批女作家的作品集中出版,报纸杂志电视等媒体集中宣传,以及整个社会对女性问题普遍关注。但更重要的因素应该是20世纪90年代伴随着市场化进程而蓬勃兴起的大众文化。大众文化天然追求饮食男女的世俗生活,性/性别、性爱/爱情问题本来就是大众文化最热衷的题材。1995年前后出版的多套女作家丛书,在其运作方式、书籍包装、文化市场的定位等方面,把女作家定位于客体、他者、被观看的位置上,表现出的正是大众文化想象中对"女性"符码的定义和消费方式。也就是说,性别问题的提出方式,并非女性主义者有目的地推动,而是市场力量参与的结果。面对大众文化的提出的挑战,一些女性主义批评思想、方法和立场融入对大众文化的讨论与研究中,成为当代中国文化研究的一部分。

二 关于女性主义与性别问题的议题

(一)"个人化写作"中的性别与阶级

20世纪90年代女性写作中,最为引人注目的一个脉络被称为"个人化写作"或"私人化写作"。在80年代后期,陈染、林白、徐小斌、海男等女作家的作品主要被纳入"先锋小说"这一称谓之下;但在1995年前后,她们注重个人经历的自传性小说被当成了"个人化写作"的代表作品。在这些小说中,主人公的成长经历被放置在封闭性的私人生活空间和成长经历当中,比如家庭、独居女人的卧室、个人的性爱经验等。在这些封闭的空

---

① 参见孙绍先《女性主义文学》,辽宁大学出版社1987年版。

间中，性别成为最重要甚至唯一的身份标志；而小说所写到的那些女性成长经验，尤其涉及身体的经验，在某种意义上构成 20 世纪 90 年代讨论女性写作的背景和想象空间。①

关于"个人化写作"，中国学界和作家并没有太多的理论阐述，其中比较重要和正面的表述主要出自两位代表性女作家。陈染的网上发言宣称"只有我的身体是我的语言""最个人的才是最为人类的""我只愿意一个人站在角落里，在一个很小的位置上去体会和把握只属于人类个体化的世界。这就是个人化写作或私人写作"；林白在其写作自述《空中的碎片》中声言："个人化写作是一种真正生命的涌动，是个人的感性与智性、记忆与想象、心灵与身体的飞翔与跳跃，在这种飞翔中真正的、本质的人获得前所未有的解放。"②

程丽蓉认为，在林白和陈染的"个人化写作"宣言中，有着西方"身体写作"理论的鲜明印记（详见本书第四编有关身体写作理论的介绍）。因为林白她们对"身体写作"容易引起的欲望化理解有着相当的警惕，所以选择了"个人化写作"或"私人写作"作为替代。而"个人化写作"也确实与西方的"身体写作"不同。程丽蓉在中国文学传统中简要梳理了其潜在的传统。这包括中国古代文学对闺怨情愁的抒发，"五四"时期同样以传统反叛者角色出现的郁达夫、郭沫若等人的"自叙传"小说，特别是新时期以来从张洁等作家的关注女性与外部世界的关系，转向注目女性自身的内在力量，又特别是女性身体蕴藏的征服力。就现实语境而言，程丽蓉认为，"个人化写作"是中国文坛"边缘"话语向中心突进的结果。它属于 20 世纪 80—90 年代的舒婷诗歌、新写实小说、先锋小说、王朔小说等突破文学"教化"传统和政治话语的文学潮流的一部分。③

在贺桂梅看来，"个人化写作"背后的含义非常不同于 20 世纪 80 年代的新启蒙主义文学话语。曾在 20 世纪 80 年代处于中心的主流话语如新启蒙主义及其现代化意识形态，在 20 世纪 90 年代已遭到种种质疑。在这样的背景下，"个人"已经丧失了 80 年代处于民族国家内部并在话语象征层面上形成的对抗性关系。颇为有趣的是，正是在这个时期，"个人"话语与"女性"话语有效地结合在一起，成为借以标识身份政治的主要符码。如果说 20 世纪

---

① 贺桂梅：《当代女性文学批评的一个历史轮廓》，《解放军艺术学院学报》2009 年第 2 期。
② 转引自程丽蓉《西方女性主义"身体写作"理论及其中国境遇》，《西南师范大学学报》2003 年第 4 期。
③ 同上。

60年代西方女权运动的口号"个人的就是政治的"是通过打碎私人领域/公共空间之间的区隔,而将女性个体经验政治化和社会问题化,那么"个人化写作"却是在重建私人领域与公共空间的分界限的前提下,通过将女性经验"私人化"而获取其正当性。这是创伤性集体经验之后对于公共生活的不由自主地回避。不过,这里不仅有个人/公共之间的对立,还有"个人"与"女性"的对接。当女性的问题被置于私人领域中,并为其合法性张目时,女性文学的政治意味也就发生了变化。① 赵稀方对陈染、林白等人的私人写作表示不满,认为这些小说中的"女性意识不外是女性的自恋自慰及对于男性的仇恨。这些对于女性隐秘经验和内心感受的书写,确乎可以称得上是纯粹的女性意识,但我们不知道何处可以找到这种脱离于社会的女性,如果有的话,这也绝不是女性的自觉,而只能是女性的'自绝'"②。

薛毅、王晓明等学者还特别关注"个人化写作"的中产阶级属性。王晓明认为,女性批评者所谓的90年代前中期的这次女性"解放","绝对不是面向所有的妇女,下岗的女同胞根本没有这种幸运。时代给予一部分女性自由与自主,给予她们一间自己的屋子,她们不再为柴米油盐而烦恼,在日常生活中不再天天与权势相遇,不用求爷爷、告奶奶、讨好村长经理书记,看别人的眼色行事,说得直截了当一点,是一部分提前进入'小康'的女性,这样的女性才有时间与兴趣专门研究性别问题,才有可能把性别问题与其他有碍观瞻的事情区别开来"③。贺桂梅认为,90年代中国的社会现实使得性别立场上的激进性越来越显示出其阶级/阶层立场上的保守性。在很大程度上,女性文学在市场上的成功销售,以及它能够成为一个社会热潮的内在原因之一,也正在于"个人化写作"对私人生活空间的建构和想象,并没有为叛逆的女性主体开辟新的天空,相反,却以不自觉的方式参与了90年代中国社会以"中产阶级"为主体想象的新主流秩序的建构。关于差异性的女性经验的书写,没有颠覆定型化的性别想象模式和既有的性别秩序本身,却在"看女人"的市场消费过程中变成了一次女性的、个人的、中产的(莫如说"时尚的")性别表演。因此,从"红罂粟丛书"中的个人照加作品,滑向卫慧刻写在身体上的小说,并不是一个怎样曲折的过程。④ 这样,"个人化写作"与"身体

---

① 贺桂梅:《当代女性文学批评的一个历史轮廓》,《解放军艺术学院学报》2009年第2期。
② 赵稀方:《中国女性主义的困境》,《文艺争鸣》2001年第4期。
③ 王晓明、薛毅等:《90年代的女性:个人写作》(笔谈),《文学评论》1999年第5期。
④ 贺桂梅:《当代女性文学批评的一个历史轮廓》,《解放军艺术学院学报》2009年第2期。

写作"都成为中产阶级消费文化意识形态的一部分，因而具有极大的保守性。这种把性别与阶级身份结合起来进行文化分析的方法无疑是极具现实和理论意义的。

（二）大众媒体中的女性形象与社会性别话语研究

从经典文学到大众文化，从文学文本到大众媒体，这是文化研究区别于传统文学研究的重要特点之一。文学作品中的女性形象分析一直是中国女性主义文学批评的重要内容，而文化研究则把女性形象研究扩展到了媒体之中。

陶东风解读广告文化时，用女性主义视角分析了其中的男女权力关系：

> 广告中的性别与社会角色之间的关系经常是极度模式化的，其中不平等的权力关系随处可见。首先值得注意的是看与被看的关系模式。"华伊美粉刺一搽净"广告告诉我们：女子的幸福就是被男人喜欢。广告画面中右边那个衣冠楚楚的男子一看就是一个"成功人士"。他拿着放大镜，仔细地审视身边（居于广告画面的左侧）那位女子的脸部，并念念有词："乖乖，华伊美真厉害，不但将满脸的粉刺消除得一干二净，连粉刺斑也没有了，放大镜也失去了作用。"而这位女子则歪着头甜甜地、"自信"地笑着："不久前，我脸上长满了痘痘，他经常嘲笑我，一气之下，十几天不见他，就悄悄地用起了华伊美粉刺一搽净，效果非常好。你看现在的我不是很靓吗？"这则广告告诉我们：对于女性而言，幸福就是得到男子的宠爱，而得到男子宠爱的前提则是自己的青春资本。因而靓丽可人就是幸福的同义词。这种幸福与社会取向的事业成功无关，而只与外表相关。美丽（面部的洁白无瑕）是女性获得幸福的根本。又因为女性的幸福在于得到男性的宠爱，因而这种美丽实际上是给男人看并由男人来鉴定的。男性处于欣赏者与评判官的角色；女性则是取悦于人者，只有被欣赏与被评定的份儿。[①]

在这种看与被看的关系中，男人总是处于主动的看的地位，而女性则是处于被看的地位。这其实是一种主体/客体，支配/被支配的关系。而在"金龙鱼色拉油"广告里：

---

① 陶东风：《广告的文化解读》，载于《首都师范大学学报》（社会科学版）2001年第6期。

这边厨房中妻子在烧饭做菜，忙得不亦乐乎，而那边客厅中，丈夫在悠闲地看报，儿子则在起劲地打电子游戏机。"开饭啰！"笑容满面的妻子从厨房中走出来，摆放好饭菜。丈夫与儿子边吃边夸："老婆，你真行。""妈妈，你做的菜真好吃。"妻子脸上浮出幸福而得意的笑容："全靠有了金龙鱼色拉油。"这是一个多么典型而又陈腐的幸福家庭神话与女性角色分配模式：女性是伺候丈夫儿子的贤妻良母，女性的幸福来自丈夫与儿子对于她的厨艺的赞美，衡量一个妇女的好坏的标准是她的厨艺，男人的世界是工作与事业，而女人的世界则是家庭，她是一个围着锅台转的家庭保姆。①

陶东风指出，广告迎合文化中的一些陈腐观念和不平等权力关系制造各种"幸福生活"的谎言和神话。而这些谎言和神话又再生产、强化和巩固了这些陈词滥调和不平等的权力关系。

影视是大众文化的主要部分。有人考察了三类古装电视剧——穿越剧，"新型"后宫剧和古装偶像剧——中的女性形象及其内涵。作者发现，在这些主创、主人公、观众都以女人为主的电视剧中，体现了现代女性主义的主张和女人的主体性。② 因此，作者通过考察这些电视剧，对当前中国电视中的女性意识持乐观态度。张兵娟的博士论文分别从历史剧、言情剧、家庭剧三种类型文本详细地探讨了电视剧中叙事与性别之间的关系。她发现，历史剧在中国电视文化中是国家行为、市场力量和知识分子参与的一种共享资源，在叙事方面它体现出"神话叙事""民族叙事"和"英雄传奇"等不同角度，其中渗透着男性的主观意识和偏见，遮蔽了女性历史的真相。在言情剧当中，充当主角的大多是女性，她们往往集真、善、美于一身，融无私、奉献、牺牲于一体。不过当男性以牺牲女性的幸福为代价并询唤女性去认同时，掩盖的恰恰是对女性真实生命、情感、欲望的抹杀。在家庭剧的分析中，作者探讨了其中所反映一些两性婚姻观、情爱观的嬗变和女性现实处境问题（如家暴）。③

张晨阳博士则进行了一项更庞大的综合性研究。她对1995—2005年的报

---

① 陶东风：《广告的文化解读》，载于《首都师范大学学报》（社会科学版）2001年第6期。

② 马韶培、白少楠：《女性主义视角下的电视文化研究：以热播古装电视剧为例》，《神州》2012年第20期。

③ 张兵娟：《电视剧：叙事与性别》，博士学位论文，河南大学，2004年。

纸杂志、电影电视、网络媒体进行抽样，对其中的社会性别话语进行了定性和定量研究。

在对报纸的研究中，她通过对《人民日报》《新民晚报》和《申江服务报》三份不同类型报纸几十个样本的研究，发现在女性议题方面，主流党报更多偏重女性公共政策话题的报道，代表国家话语立场，同时，在一些偏软性的内容——比如散文中，主流党报也在家庭和谐稳定的意义框架之内注意吸收当代社会性别话语的意识。对于商业逻辑，主流党报的自觉回避意识非常强烈。传统的都市晚报在对女性的社会生活进行报道时与国家传统议程既不矛盾，但又与传统党报的表达方式大异其趣，即侧重人性化、个人化的报道。这是由晚报的市民性质所决定的，它必须在一定程度上遵从市场的原则，贴近生活和各个层面的受众。但这种对商业逻辑的遵从是有限度的，它比较能够抵制将女性市场化、物化的倾向。在具有社会性别色彩的表达方面，它比较能够注重吸收一些新的观点并呈现出来。乐观地说，它能够在人情味的框架下，在传统市民生活之中倾注和灌输一些新的理念。新兴的都市消费类报纸则从诞生起就遵循着市场的原则，倾向于选择以生活消费为主要内容吸引受众，避开传统硬新闻的种种规训，表达方式自由灵活。一方面，它们为讨好受众，以女性身体为招徕，或者以追求中产阶级新贵生活方式为外衣，推行消费主义观念；另一方面，较为宽容的表达空间也为现代性的性别理论提供了生长的土壤。女性独立、尊重女性个体选择、女性掌握自己身体与情感这些具有社会性别话语色彩的表达也不在少数。90年代中后期以来在市场化和全球化语境中，报纸媒介既受制于社会政治、经济结构，还受到传统文化心理的影响，显现出多元驳杂的性别文化图景：一面是将女性商品化，一面是对性别观念现代性的呼吁；一面体现国家对于女性公共政策的推动发展，一面又流露出对女性真实生存状况的漠视。①

在大众期刊领域，作者选取了分别代表纯粹官方背景的、官方与商业相结合的和纯粹商业且有跨国资本注入的三种女性大众期刊（《中国妇女》《女友》和《时尚》）进行调查分析。她发现中国当代大众女性期刊中的"性别歧视"比例普遍比较低，具有"社会性别意识"的文本也不少，但价值观念往往有前后不一和含混之处。官方色彩浓厚的《中国妇女》在不断充实市场意识以靠拢读者的时候，仍坚持国家发展与妇女发展的社会性别价值观。她的

---

① 张晨阳：《从理想国到日常生活》，博士学位论文，复旦大学，2006年。

意识形态塑造的是符合国家、社会和家庭需要,但又不失个体意识的女性。官方与商业相结合的《女友》力求成为"爱的阳光、美的梦幻、新的乐园"的代言人,并致力于当代中国年轻女性的情感描述和引导。她的主导意识形态有一定的理性追问,又追求两性关系的和谐与浪漫。但话语之中常常隐藏着传统文化中的男主女从模式。《时尚》是纯粹商业性的女性大众期刊,并且有跨国资本的背景。她为女性编织的是一座"消费"的浮桥,借此女性可以达到自由与解放的王国。建立这座浮桥的途径可以是通过女性自身的努力,但也不排斥性别之间的交换。女性个体的自由主义性别价值观与金钱神话中物化、客体化女性的隐喻,是其相互交织的主要意识形态。这三种属于不同层次、塑造不同意识形态的大众女性期刊中,对"性别平等"和"性别歧视"都有体现,实际情况也都处于复杂与冲突的状态中。其中,比较具有理性和深度以及对社会性别意识贯彻得比较明确的是《中国妇女》,后两者中受商业逻辑支配所塑造的意识形态值得忧虑,社会性别意识的贯彻状况也不容乐观。

在电影领域,作者通过细读《红色恋人》《红河谷》两部电影文本来分析主旋律与商业合流类型的女性表征。她发现这些电影中的女性人物处于"革命""民族国家"与"性别"话语的复杂关系网中。虽然她们作为"有性人"体现了性别特征,但却处于一种"无我"的存在状态:要么献身于代表革命的男人,要么依附于民族解放的话语。从东西方关系来看,这些女性主人公的故事都采用了西方男性主人公的叙事视角,她们被作为能够征服西方男性的女性偶像加以崇拜。这种视角和女性人物设置虽然表现出了高度的民族认同,但在更深层面却似乎又体现了民族自尊心的补偿需求和对西方的认同。以这种方式,女性的个人话语被统合进国家与民族宏大话语的表达之中。作者通过对电影文本《手机》的细读来分析商业娱乐电影的女性表征。她认为,电影中女性人物分别作为"传统"的象征、"妖妇"的象征与"无奈"的象征被呈现,这在某种程度上展示了当代女性的真实处境;但影片在刻画女性弱势地位的同时,未能指出女性的救赎之道;在商业电影中寻求具有社会性别色彩的话语成为一个没有结果的过程。在温情伦理剧类型电影(以《漂亮妈妈》为例)中,女性作为"母亲"的话语被赞颂、作为"个人"的话语被压抑、作为"公民"的话语被遮蔽。这类影片虽然鼓励了女性独立话语,但又体现了对传统性别话语中母亲神话的皈依。所以,日常市民生活的叙事虽然触碰到了女性在社会现实中的种种"痛处",但未曾达到社会性别话语自觉的高度。通过对以上多部女性电影[①]的解读，作者总结指出，20世纪90年代中后期以来女性电影呈现"向内转"的取向，淡化历史与宏大叙事，或只将历史作为布景，着力展现各类女性个体的独特情感世界和生命体验，呈现出了多元的审美取向与价值取向。但在性别叙事中，女性电影中女性意识的失落与模糊、商业力量与传统意识形态的影响以及创作与接受之间的裂痕，造成这一时期女性电影在关注女性情感与生命状态中社会性别话语的贫乏、断裂与模糊。不能简单化地说国产电影中"性别歧视"模式占主流位置。国家话语、商业力量、艺术追求、女性视角与男权文化传统这些力量在不同类型电影中的强弱、消长，决定了女性话语、社会性别话语的特征与走向。

在电视领域，作者以《不要和陌生人说话》和《中国式离婚》为例考察了在以平民化叙事为主的电视剧中，如何表现"经济结构与家庭结构变迁中的婚恋与性别"问题。在因经济结构的变化而带来的家庭与感情问题中，传统观念中的"夫贵妻荣"被颠覆与批判。电视文本展现了一些具有社会性别意识的客观事实，比如女性由于经济结构的变迁以及家庭的变迁而面临的新问题，现代女性承担的社会与家庭角色使她们在婚姻中力不从心，等等，其关于性别的话语也呈现出开放性、多义性甚至歧义性的特点。以《好想好想谈恋爱》为代表，作者认为在这类展现都市爱情生活、以偶像化叙事为主的电视剧中，反映了"西方现代性想象中的模拟叙事与性别"问题。在对西方现代性（包括性别话语现代性）进行模拟的媒介文本中，性别话语呈现出"模棱两可"的状态：一方面，习得了西方女性主义话语、社会性别话语的皮毛；另一方面，以上话语又通过对美好爱情的向往而发生了男权化的扭转。究其原因，是"女性世界被等同于爱情世界的设置""满足观众消费心理的商业性质""满足大多数人道德规范的指向"三方面的原因导致了性别意识形态的模棱两可。所有这种话语上的含混与犹疑缘自性别反思、商业力量、现代性想象、传统规范等诸多力量因素之间的博弈状况。

作者在互联网领域的研究发现，从女性形象展示、女性话题设置等方面来看，当前的网络空间还在很大程度上延续着传统的性别意识形态，遵循着

---

① 作者对"女性电影"的定义是：在创作中自觉地探讨女性意识，以鲜明地颠覆父权中心文化的女性主义创作方式书写女性的电影。张晨阳《从理想国到日常生活》，博士学位论文，复旦大学，2006年，第105页。

商业力量对女性形象的主导。通过对一些女性主义学术网站的调查,作者发现,这些网站都在努力推动社会性别意识的进步,但影响力有限。在属于民间自发的、有关社会性别的网络评论中,相关评论事实上已经结合了对传统性别文化与社会权力的反思,网民自发利用网络进行有关社会性别意识的发言,其意义不可低估。

尽管张晨阳博士的研究在选取样本的数量、代表性、分类方面还有改善的空间,但这种细化的实证研究能够具体呈现中国当代大众传媒中社会性别的复杂状况,并初步探索这种复杂的话语状况之后的商业、政治、传统文化等各种力量之间的角力,因而是很有价值的。

(三) 性别与城市文化研究

城市文化研究是齐美尔以来现代性研究的重要内容。现代化的过程在某种层面上说是一个城市化的过程,城市文化自然成为现代性体验的中心内容。20世纪90年代初以来中国消费文化的快速发展,深刻地改变着城市的面貌和城市中生活的人们的心灵。中国的文化研究不得不面对这一现象。特别是在上海,源于远东第一都市的记忆,加上"与世界接轨"的迫切愿望,使人们开始把老上海的城市文化(特别是海派文学)当作是中国文化现代性的代表加以重视和研究。它以城市空间、时尚、大众文化为研究对象,并采用跨学科研究、边缘研究等方法,体现出文化研究的鲜明特征。其中,"性别与上海都市文化"成为一个热门议题,不仅众多女性学者积极介入,一些男性学者(李欧梵、张英进、孙绍谊)也以此为重要资源和方法视角,在上海都市文化的研究方面频频得手。

乐正的《近代上海人的心态》、忻平的《从上海发现历史》以及李长莉的《中国人的生活方式:从传统到现代》等都曾深入探讨了炫耀性消费在近现代上海的发展,以及其对社会生活和心态的影响。连玲玲的《女性消费与消费女性》、陈惠芬的《"环球百货"、"摩登女性"与上海外观现代性的生成》等则从女性与上海百货公司关系方面入手,探讨了城市空间、视觉系统以及阶级和性别重组在内的一系列变化。陈惠芬指出,上海四大百货公司所营造的新型城市空间使以往被要求不出大门的良家妇女获得了超出家门、走入城市空间的合法性。百货公司所代表的时尚形塑了新型女性类型——摩登女郎。她们与百货公司联手,有力提升了"表面印象"(即现在所说的都市奇观和社会表面文化)在现代上海的重要性,将上海的炫耀性消费推向一个新阶段。摩登女郎的出现表明了一种新的社会存在和运行方式在现代中国,尤其是上海这样城市的出现，即个人身份和发展机遇可以通过外表的修饰而获得。这一变化的意义当然不仅仅是为女性的社会"晋升"创造了条件，它事实上是现代上海"表面文化"的核心或炫耀性消费的本质。消费不仅仅是对物质的享用，更是一种身份的象征或重建，从而颠覆了传统的等级制度，帮助了人们的身份"重建"和社会的阶层流动。借摩登女郎而展现的时尚，还对现代线性进步时间观念的形成起到了很大的作用。在此过程中，城市男性精英的形象也发生了极度"西化"，但只有西化的女性形象，摩登女郎，日益成为社会焦虑的对象。在"国货年"运动中，摩登女性受到严厉谴责，说她们有"卖国的嫌疑"，而后的新生活运动中，她们的衣着也成为国家监控的对象。论者以为这与近现代中国的弱势国际地位有关，对摩登女性的污名正是社会/国族焦虑的表征和转移。在20世纪30年代愈益加剧的国族危机之下，由于性别政治的作用，她们替代早年那些令人"骇怪"的假洋鬼子成为社会的众矢之的。[①] 这种视角实际上是在反思中国现代化过程中，女性做出了什么贡献，又承受了什么代价。

性别视角还介入了现代上海大众文化的生产和特性之中。月份牌与杂志封面的女性形象使人们看到女性实际上是中国现代性想象的重要内容，而电影中的女性形象，女演员的个人魅力、演技及银幕角色间的"主体间性"，共同帮助了电影这一新的公共领域的形成。她们在银幕上所扮演的角色常常正是"社会新鲜人"，而她们在实际生活中，从职业取向到生活方式也是社会新鲜人之一。这些因素都使她们极易成为现代上海中西/新旧文化冲突/协商的焦点。上海现代化进程不但需要物质的变革，还需要文化的协商或辩论，电影女演员的处境则为这一论辩提供了"合适"的场域。[②]

朱大可从城市建筑与性别的关系方面解读上海城市文化，因而别具特色。他把上海看作是一个女性。他把上海看作是中国情欲地图上的女臀，外滩是外阴部，南京路是阴道，淮海路与衡山路则是另外两个基本点。他发现，长江三角洲历史上一直盛行阴性文化，是女性化情欲的最著名温床，拥有从"梁山伯祝英台"到"白蛇传"的缠绵的情欲传统。越剧和黄梅戏大肆赞助了这种柔软的情欲美学，令它成为近代市民阶层的主要灵魂向导。在旧上海，尽管海派文学中众多男性作家都在诉说情欲，但只有张爱玲这个女人才是上

---

① 陈惠芬：《性别视角与上海都市文化研究》，《社会科学》2012年第9期。
② 同上。

海情欲话语最合适的代言人。这里的妓女柳如是、董小宛、赛金花等还用身体表达着民族国家的真理。新中国成立后，上海的情欲受到压抑。《霓虹灯下的哨兵》中那个烫头发、涂口红和说英语的摩登女郎"徐曼丽"，是旧上海南京路的一个象征，也是一个罪恶的情欲的化身。在这种城市文化背景中，朱大可评述了卫慧的《上海宝贝》。他认为卫慧等人在新的历史时期，其身体写作，赤裸裸描写女性欲望，象征了中世纪和近现代的上海情欲文化的复活和新发展。同时也是在国内政治、国际资本、现代时尚消费、大众传播的复杂语境中，国家话语从政治转向情欲的表征。但在他看来，这种情欲的叫声只是充满矫情的都市谎言而已。① 在另一篇文章中，他更指出，上海的欲望地图与性感地带与国家权力的紧密关系，它的新的情欲是被国家权力严密监控的。②

到 2003 年，朱大可发现上海似乎正在做"变性手术"：

> 在高楼角逐的世界性进程中，上海的表现是异乎寻常的：它为自己订制了大批钢筋水泥阳具（这本来应该是首都北京的所为），20 层以上的高层建筑达 2400 多幢，其数量已经跃居亚洲第一。这显然与它急于摆脱其都市阴性形象密切有关。
>
> 长期以来，上海作为一个女性化城市，和淫雨、丝绸、棉布、女人和女同性恋戏剧"越剧"的长江三角洲捆绑在一起。这种阴性化特征成为其进入 WTO 的地缘政治学障碍。阴柔的都市哲学是受虐、被动、忍耐和内敛的，不足以用来书写一个晚期资本主义的威权形象，并有可能令其丧失在国际市场中的竞争优势。大批新生的高层建筑改造了景观政治的属性，令其在外表上散发出浓烈的资本荷尔蒙的阳性气味。这场大规模的建筑物变性手术，不仅向游客提供了一个现代化的阳具布景，而且可能有助于改造政客、商人和市民的气质，把他们变成更富于自信和进取心的国际化居民。无论这种手术的最终结果如何，隐形的摩天大楼的性别政治语法，都已古怪地改写了中国都市现代化的进程。③

---

① 朱大可：《上海：情欲在尖叫》，香港中文大学《二十一世纪》2001 年学术月刊。
② 朱大可：《都市上海的欲望地图和性感地带》，《南方都市报》2002 年 4 月 10 日。
③ 朱大可：《摩天楼的阳具政治》，《南风窗》2003 年第 8 期。

通过这段引用，我们能看到朱大可文化评论的特色有三：第一，用性别化的视角来描写、分析城市；第二，语言极其感性、犀利；第三，对文化现象之后的政治权力有异常的敏感。

但一些女性主义评论家对朱大可有关上海的女性特征和上海女性（卫慧）写作的评论非常不满，她们由此看到了"一个正在成形的仇女主义阅读模式"：一种利用一切父权社会的意识形态资源和政治文化资本（如各式各样的民族主义、性/性别的歧视、剥削、压制、阶级对立等），持续、系统地贬低女性文本的价值，解除女性写作合法化的企图。在朱大可所绘制的"上海的情欲地图里，女性的身体仿佛和大都市的城体融为一体。随着从上海女人的情欲到上海的情欲、最后是'中国的情欲'的过渡，男性评论者轻松地完成了从抨击上海女人对西方男人的献媚到上海城体乃至中国国体对后殖民地时期全球资本市场卖身求荣的批判"①。为什么朱大可一定要将上海的城体描画为一个充满性诱惑的女体？而且朱大可还不是唯一这样想象上海的评论者（另一个例子是张旭东）。在他们看来，用商品化的女人和两性关系比拟第三世界都市（民族国家）的发展和全球资本主义的关系，甚或我们这个时代总体的历史境遇，已经成为部分男性知识分子的思维定式。利用象征背叛、唯利是图、漂泊、贫贱的"妓女"形象，中国男性知识分子为自己找到了一个批判国家政权和全球资本主义腐败和不义的稳固道德基点。"妓女"已经不再是性工作者的贬称，而是对所有被资本、权力边缘化的群落的总称。男性知识分子通过对"妓女"形象的批判不仅维护了自身话语的合法性，还充分张扬了自身的阳刚气质，尽管他们在某种程度上也是为国家机器服务的、毫无尊严的"妓女"。②怀疑，对殖民地时期上海的阴性意向的反复唤起和遐想，一种"自我东方化"，是否也是国家机器在这个时空收缩、地域差异越来越不明显的后现代境况中，塑造独特的城市形象以吸引国际游资的新策略呢？不难看出在这个四角关系中，第三世界女性所承受的传统父权制度和帝国主义的双重压榨。她们一方面被当作礼物送出，另一方面又被当作垃圾唾骂。朱大可以女性身体为出发点的社会批判，最终导致的是对女性身体/文本更无情的压制。③ 她们认为朱大可把当代社会的一切病症都归于女人和女人的情欲

---

① 何伟文、杨玲：《对女性声音的误读及荒谬推演：与朱大可先生商榷》，《中国文学研究》2007年第3期。
② 同上。
③ 同上。

不但是不公平的，而且可能成为国家机器的同谋：在把女人的情欲认定为破坏中国情欲"健康"生长的病毒之后（红颜祸水的当代版），朱大可一边借用《霓虹灯下的哨兵》的电影文本嘲笑集权政治对情欲的恐惧，一边不自觉地炮制出更多的有关情欲的恐怖传奇，为国家机器对情欲的控制提供堂皇的依据。①

（四）性别特征问题

尽管中国主流文化中对男女的性别角色有着极为严格的规定，但在中国的非主流文化中自古就存在着一种跨越性别的文化传统。朱大可指出，"男子作闺音"一直是中国文人特有的性别扮演方式。宋词中大量的情境描写都是在男性文化的笔下流淌出的女性话语，昆曲则将这种文化推至顶峰。这种表演不但需要通过男性的口来表达女性的委婉与哀愁，更需要将男性的身体直接扮演成女性，来表达一种特殊的美。越剧则将女同性恋的美学发扬光大。以花木兰为样本的女性，必须扮演男性才能获得社会地位与价值。②

而在当代中国，引起人们注意与讨论性别特征的大众文化事件是2005年的"超级女声"现象。在这个由湖南卫视举办的电视选秀节目中，最终获得名次的李宇春、周笔畅、张靓颖、何洁等人都呈现一种"去女性化"或者说"中性化"的形象。特别是获得冠军的李宇春，与其他人相比更呈现出一种"男子气"的形象。她是由观众短信投票选出的偶像，加上这档节目的巨大影响力，这种新的形象被无数粉丝追捧、模仿。这种新的女性形象与传统的美女形象之间的对比如此鲜明，使"中性化"问题一时成为社会议论的焦点。

中国的教育学专家似乎普遍把这种性别角色的中性化看成是一个需要解决的病症，认为应该加强性别教育，以避免这种现象。③ 但正面的评价则更多。很多人都将李宇春的胜利解读成女性主义/女权主义的胜利。

何平、吴风赞扬《超级女声》节目是对传统性别政治的反叛。两位男性作者指出：李宇春身材瘦削，脸部线条棱角分明，显然偏离了传统的女性身体审美标准。但就是这样的一个少女，"依靠如此'中性'甚至稍偏'男相'

---

① 何伟文、杨玲：《对女性声音的误读及荒谬推演：与朱大可先生商榷》，《中国文学研究》2007年第3期。

② 朱大可：《文化批评：文化哲学的理论与实践》，古吴轩出版社2011年版，第242页。

③ 华桦：《论性别角色中性化的形成及原因分析》，《上海教育科研》2006年第12期。参见王志全《从贾宝玉到李宇春：青少年中性化现象调查》（《中学生》2007年第3期）中上海市教科院家庭教育研究与指导中心主任乐善耀和上海教育电视台台长张德明的看法，他们都认为，当前的中性化风尚是不对的，男孩就要有个男孩样，女孩就要有个女孩样。

的外形和并不出众的嗓音得到了成百万计的'拥趸'的狂热追捧"。因此，李宇春的夺冠颠覆了"男性对女性身体的审美标准和旨趣"，体现了"女性主体意志的张扬"，是"一次新女性主义的胜利"。①

刘珍珍通过社会学的抽样调查发现，对于当代女性形象的认识，男性对女性形象的期待集中于"美丽性感""温柔"这两个类别，比例高达 80.0%，而女性对自身形象的期待则集中于"独立自主"，占 59.2%。这说明，当代女性的主体意识是非常强的。而在李宇春的歌迷中，女性占多数。女性认同李宇春的比例（89.6%）大大高于男性认同的比例（36.0%）；而女性不认同的比例（4.8%）则远远少于男性的比例（61.0%）。② 这从社会学上证实了李宇春现象确实代表了女性对男性的胜利。

社会学家李银河认为，超女是"跨性别主义"的胜利。艺人的跨性别特征减轻了人为建构的性别标准对男性和女性的压迫，从而减轻了男人和女人为展现"性别"所面临的压力，使男性和女性都可以没有心理障碍地喜欢他们。李银河进而从女性主义立场指出，每个群体都有权利宣扬其认同的美的标准，但却不应该将该标准强加到其他群体的身上。很多时候，男性确实垄断着对女性美的判断标准，这种垄断对女人来说，很有可能造成伤害。但她并不强调"女权主义"，而是认为多元化和个体性才是最重要的。③

朱大可高度赞扬超级女声开启了性别革命。他把超级女声与世界杯分别看作是男性公民民主和女性公民民主的场域，在这里女性实施属于她们自己的"快感原则"。面对超级女声，她们表现出固执的专业精神，一路追捧歌舞技艺高超的那位，并淹没了那些一味盯着脸蛋的男性观众的意见。世界杯让女人消声，超级女声则让男人消声。超级女声的性别混乱场面（中性选手更受欢迎）和容貌标准的缺失（美女被尽可能地淘汰）让绝大多数女性观众直奔评选现场。超级女声而非超级美女，让昔日的姿色精英们全线溃败。在男权社会里，"被看见"的女人被取消了自我身份，她们总是受制于男权文化所制定的标准，男人们看见了美色、性对象、超级保姆、伟大的母亲，以及富有牺牲精神的妻子。除了女人本身，他们什么都看见了。但这一次"超级女

---

① 何平、吴风：《"超级女声"与性别政治——西方马克思主义女性主义视角》，《南开大学学报》2005 年第 5 期。
② 刘珍珍：《女性新形象的塑造与传播——从"李宇春现象"看传媒影响下的女性形象》，《民族艺术》2006 年第 2 期。
③ 李银河：《超女是"跨性别主义"的胜利》，《南方周末》2005 年 8 月 25 日。

声"终于让女人自己凝视自己。超级女声像是现实世界的一道裂缝,让所有现存的性别/审美秩序瘫痪。这是性别混乱的新世界,足够的元素和足够的多元,可以排列组合成足够丰富的个人。这对男人和女人来说都是福音。因此,可以宣布:超级女声启动了性别革命。①

肖鹰从青春消费文化角度分析了"超级女声"的中性化问题,揭示了在商业与青年亚文化之间存在的复杂反抗与收编的互动。这种复杂的互动导致在青春消费文化和追求风格的时尚运动中,对性别的表现存在两种取向:对性的感性特征的强化和对性的文化区别的消解。前者作为一种"卖弄风情"的文化是主流,它被商业所强调,导致一种"性的青春形象"向全社会渗透。但对"卖弄风情"的常规化导致了对"性"符号的渴望与排斥的二元消费心理。这种消费心理试图突破"卖弄风情"的二元性圈套,表现和体验一种更"自在真实"的"青春风格"。这就是"中性化的青春风格"。"中性化"是一种通过服饰和行为的性别混合,着意抹掉两性的社会性特征而呈现出的两性混合性的"青春风格"。"中性化"的"跨性别"表现对传统的两性的社会性区别原则具有颠覆性作用。但是,它让我们同时注意到,这种颠覆性作用是在当代青春审美文化对"性"的消费性文化生产中展开的。在这一文化语境中,"中性化的青春风格"实际上是以一种"去性别"的形象表演完成了一种"新"的"性的青春"。李宇春这个最具"男子气"的女子,在舞台表演中传达着最自在真实的女子的"性的青春"的诱惑力。因此,可以说,在青春审美文化中,"中性化的青春风格"是一种消费主义的文化策略的实践,即以"去性别化"来实现"再性别化"的文化生产和消费。换句话说,"中性化"是一种"性掩饰的性表演"。②

刘珍珍的研究也试图从媒体经济中解读女性新形象的传播。她认为商业媒体必须迎合大众,而大众又是异质的。李宇春受到支持反映了相当一部分受众的偏好,媒体必须对此做出回应,而媒体的传播扩大了这部分受众的观念的影响,进一步影响了其他群体的观念。她暗示,在中国,媒体的市场化造成了原有的意识形态化同质大众的分化,增加了大众的异质性,这是新女性形象产生的结构性原因。③

---

① 朱大可:《文化批评:文化哲学的理论与实践》,古吴轩出版社2011年版,第235—236页。
② 肖鹰:《青春审美文化论:电子时代的"青春"消费》,《中国人民大学学报》2006年第4期。
③ 刘珍珍:《女性新形象的塑造与传播——从"李宇春现象"看传媒影响下的女性形象》,《民族艺术》2006年第2期。

与李宇春相似，一些走红的男演员，如小沈阳和李玉刚，也呈现出明显的中性化的表演风格。由于中国昆曲和京剧中存在男旦表演（即男扮女）传统，李玉刚被普遍看作是这一传统的继承者与改革者。① 更具现代形式的小沈阳的女性化的表演受到欢迎，则无法用京剧传统来解释。李盛涛认为，小沈阳非男非女的形象设计能满足不同观众的审美期待：男人因从他身上的阴柔气看到男性萎缩、扭曲甚而变形的一面而获得一种自信感；女性主义者则从被"雌化"了的小沈阳身上看到女性主义文化在当代的某些"胜利"；而当代社会的"酷儿"们则感到某种身份归属的亲切感。可以说，在性别意义上，"雌雄难辨"的小沈阳满足了不同性别观众的审美想象。② 他进而对男性的女性化时尚及情感的女性化进行了政治经济分析。"当今世俗社会的崛起、中产阶层的日益壮大都消解着传统文化语境中人们的情感状态，人们（特别是男人们）缺少了那种战争、苦难岁月等特殊境遇所养成的庄严、崇高与深厚的悲剧性文化人格，而形成了一种浮躁、世俗、浅薄的喜剧性的文化人格。"他引用鲍曼称当今时代是"轻快的现代性"时代，引用米卡·娜娃证明消费社会促使文化女性化。"在一个没有了英雄的年代里，英雄也就不会存在了。同样，与英雄们相伴而生的'阳刚之气'也就不存在了。可以说，生活正以其活生生的实在性向传统的审美领域发生了一场美学叛乱，而小沈阳的现实指涉意义和反讽功能正在于此。"③

徐勇分析小沈阳的易装表演与京剧和二人转中的男扮女传统的区别。传统表演艺术中"不管如何装扮，都是以被装扮的性别作为自己认同的对象和归依，观者不致产生性别认同的混淆。京剧中男扮女装的微妙就在于，其既巩固了性别认同的不容混淆——不是以男性之装扮扮演女性，而必须以女性之装扮扮演女性，同时又充分满足或表明了人们性别认同的丰富性，即人类对双性同体的想象和欲望。而'小沈阳'表演的《不差钱》及其东北二人转，却在有意无意中打破了人们长期以来形成的这种认同方式"④。因此，小沈阳

---

① 邓其斌：《论李玉刚男旦表演形式的传承与发展》，《文艺研究》2012年第3期。仓森：《当代京剧梅派男旦发展状况浅析》，《聊城大学学报》2011年第2期。李劼刚：《黑龙江生态工程职业学院学报》，《绝代芳华 东方神韵：当红男旦李玉刚的成功之道》2011年第3期。高苗苗、代静伟：《传统京剧与现代音乐碰撞的魅力：谈李玉刚对京剧艺术的新探索》，《科技信息》2013年第9期。
② 李盛涛：《〈不差钱〉"小沈阳"：一个暧昧的文化符号》，《东方论坛》2010年第2期。
③ 同上。
④ 徐勇：《模仿和媚俗的意识形态：对〈不差钱〉叙述策略及其性别表达的深层分析》，《艺术广角》2009年第6期。

的表演无疑是在向中国传统的社会性别及其认同的挑战。但徐勇进而认为，小沈阳的非男非女的装扮在小品中通过苏格兰情调的方式呈现，体现了民族主义的内涵：苏格兰他者通过丑角的形象受到嘲笑，"显示出富裕的中国人（不差钱）对西方文化的肆意嘲笑及其表现出的自信"[①]。

祝东力从当代社会结构来分析小沈阳的成功。他认为，当代中国的讽刺文化来源于"文革"的失败，而20世纪80年代末启蒙的挫折和20世纪90年代市场化的全面启动，才让所有正剧纷纷谢幕。至此，讽刺的喜剧艺术弥漫扩展，充塞到全社会。从王朔/葛优到赵本山，再到小沈阳，讽刺对意识形态的挑战意味逐渐彻底消失，回归到草根民间原有纯粹的"小丑"位置上。小沈阳的女性化，作为性别上的"降格""跌份"，其实是屈从的象征。他代表20世纪90年代产生了被主流社会所雇用和轻贱的庞大的草根底层。"这个底层不能发声，如要发声，只能采取小沈阳那种被压制、被扭曲之后才被放行的变态的声调嗓门及其夸张的小丑行径，这是主流社会唯一愿意接受的底层的发声形式。小沈阳那个招牌式的声腔——'哼～～昂～～'实际上代表底层被阉割后的声音。因此，他那种放弃自尊的表演，在令人忍俊不禁的同时，也总会让人有所不适，甚至有痛心的感觉。他的极度的自贱自虐，以及彻底的低俗，在技术层面，当然包含了东北犷野硬朗的民风成分，但在意义层面，仍是当代社会结构变迁的深刻反映。那种尺度和力度，远远超出了体制内或其他身份的所有文娱从业者所能承受的极限。因此，小沈阳自有其超越常规和主流的力量。"但正是他背后的社会结构，而不仅仅是他个人的才艺禀赋，让他具有了超常的影响力。而当他投入模仿当红歌星，"纵情酣唱的时候，一种积郁已久的情感得到了抒发，一种内心深处的创伤得到了抚慰。这个时候，滑稽喜剧切换到了悲剧的风格，自贱自虐的低俗的小丑身份，被平衡，被超越了"。总之，小沈阳的跨性别表演是一种自轻自贱，体现了他所属的那个庞大底层只能以过度喜剧化的方式呈现自我。[②] 在此，我们看到中国的文化研究学者在具体研究中，紧密联系中国社会历史语境的可贵精神。

三 性别研究与中国语境

与中国当代文化研究的其他议题相似，我们有关性别的理论（女性主义、

---

① 徐勇：《模仿和媚俗的意识形态：对〈不差钱〉叙述策略及其性别表达的深层分析》，《艺术广角》2009年第6期。

② 祝东力：《当代社会结构中的"小沈阳"》，《天涯》2011年第5期。

同性恋理论）多来自西方。"中国自己并没有像西方那样独立的女权运动，也没有独立的女性主义理论，包括女性主义的文学批评理论，因此它很自然地要向'西'看，其在理论资源、理论框架、话语形式上都是对西方各种理论流派和西方女性主义文学批评的双重借鉴。"① 这造成了西方理论是否适合中国语境的问题。

崔卫平也对以"主义"名义出现的、教条式的女性主义批评非常反感："尽管'主义'号称自己是对历史和现状的一种新的解释，是重新并真正客观地认识这个世界，但实际上往往是在它的认识活动开始之前，它就已经结束了这种认识：它的结论早已准备好，正是原先的那个前提、立场。他（她）们自己把它放进去又掏了出来。比如带着'男人是压迫者，是削弱女人的力量'这种眼光去扫描历史与现实，所得出的结果不会比这更多，无非是再加上一些血迹斑斑的佐证，给人添油加醋的感觉。"② 她质疑女性主义者通常所说的20世纪50—70年代的男女平等实际上取消了女性的性别差异，并因而对女性是一种压抑的说法。因为这种说法似乎意味着是男性在压抑女性，或者男性的性别差异没有受到压抑。在她看来，在这个过程中男人也是受害者和牺牲者，是受压抑的，男人和女人都是无性的。由此，她暗示，对中国女性的扼杀性力量恐怕不是男性/菲勒斯中心主义，而是某种意识形态的力量。③

关于中国男人也从来没有主体性这一点，赵稀方后来有过非常详细和精彩的分析论述。他的基本逻辑是，个人主义是西方独有的现代化话语，而中国历史文化则以集体主义为特征。在此，男人与女人都没有西方所说的"主体性"。但是他似乎更多地站在民族国家的立场上来看待这个问题，并把批判的矛头主要指向了西方视角。他认为，中国文化一直是集体主义的，即使"五四"时期的个人主义话语也一直是处于集体主义的思想脉络之中的。西方的女性主义在个性主义传统中追求超越男权社会的女性独立，但中国的女性主义则不强调与男人作对，而是与民族、国家、阶级相联系。但他对此并没有遗憾之感。他认为，如果我们非拿西方的个人主义的女性主义来评判中国的女性状况，就会得出"五四"前后的女性觉醒终为民族国家思潮所淹没

---

① 陈骏涛：《中国女性主义文学批评的两个问题》，《南方文坛》2002年第5期。
② 崔卫平：《我是女性，但不主义》，《文艺争鸣》1998年第6期。
③ 同上。

(参见本章介绍的戴锦华、贺桂梅等人的观点)的观点,也会得出20世纪50—70年代"男女都一样"是对中国女性更大压抑的观点。他认为这只是一种因为对西方女性主义理论生搬硬套而提出的一个虚假问题,是西方理论的殖民。这将会使中国的女性主义批评在论述中国女性文学时陷入非历史主义的境地。①

陈骏涛指出,中国女性主义批评不能走西方的激进主义路线,因为中国的女性主义是降生在整个世界范围的后女权时代,再加上受中庸、平和的中国传统文化的影响,从整体上说它不具有前女权主义者的那种激烈和偏颇,而应走温和路线。②屈雅君在讨论女性主义的本土化时,将当下中国的"女性话语"分为温和的代表官方的"主流的女性话语"、较有批判力度的学习西方的"女性主义话语"和市场化的"商业性的女性话语"三种。她认为女性主义批评的本土化应兼顾三种话语的关系:"女性主义话语的彻底性使它对所有的男性意识形态保持着批判的力度,但是如果全盘套用西方模式,不顾本土特点,轻视实践策略,特别是轻视与第一种话语的结合,而一味地与男性文化对峙,就会走向自身发展的死胡同……因此第二种女性话语——女性主义话语——在进入当代文化语境时,应该特别慎重地寻找第一种和第三种话语间的分寸感。"③

无论以上学者的论述与批评是否全面、恰当,她/他们都注意到了中国现实语境相对于来自西方语境的女性主义之间的适应性问题,使这些讨论真正成为中国现代思想史血肉相连的一部分。实际上,本章所述的中国当代文化批评中各种有关性别的议题都是极具中国特色的,其中我们感到中国学人在思考中国问题时所具有的可贵的历史语境感。我们从中能够隐隐听到中国现代思想史上"启蒙还是救亡"的历史回声,中国与西方,个人与民族国家,启蒙与救亡,哪个更根本、更重要,还是一个悬而未决的问题。

---

① 赵稀方:《中国女性主义的困境》,《文艺争鸣》2001年第4期。
② 陈骏涛:《中国女性主义文学批评的两个问题》,《南方文坛》2002年第5期。
③ 屈雅君:《女性主义文学批评本土化过程中应注意的问题》,见李小江等编《文化、教育与性别——本土经验与学科建设》,江苏人民出版社2002年版,第168页。

第六章　消费主义与身体问题

随着消费社会的兴起，社会文化理论研究领域对身体的学术兴趣空前高涨，出现了像"身体社会学""身体美学""身体文化学"等新兴学科。本章我们将从身体热在中国兴起的语境、大众传媒与身体消费、消费主义与身体政治，以及身体写作等方面，介绍评述中国文化研究界的相关研究成果。

一　身体研究兴起的社会文化语境

身体的翻身解放具有复杂的社会政治、经济与文化原因。对此特纳曾经这样写道："我们近来对于身体的兴趣与理解是西方工业社会深刻的、持久的转型的结果，特别是身体的意象在大众文化与消费文化中的突出与渗透，是身体（特别是它的再生产能力）与社会的经济、政治结构分离的结果。……资产阶级工业、资本主义的道德机构及其相关的关于性的宗教与伦理律令，随着基督教伦理的销蚀以及大众消费主义的兴起而消失了。晚期工业社会中道德与法律的这种变化反过来又与经济结构的变化相联系，特别是与世界经济秩序中重工业生产的衰落有极大的关系。后工业环境中服务工业的不断增加的重要性与传统城市工业阶级的衰落相联系，与生活方式的变化、早龄退休、休闲的增加等联系在一起，劳动的躯体正在变成欲望的躯体。"[①]

这表明，无论是一般大众还是专家学者，对于身体的兴趣之高涨是一系列社会、经济、文化转型的产物，无论中外，概莫如此。

---

① Bryan Turner：*The Body and Society*（second edition），London：Sage，1996，"Introduction to the Second Edition"，p. 2. 中文译本参见布莱恩·特纳《身体与社会》，马海良、赵国新译，春风文艺出版社2000年版，第2—3页。译文不尽相同。

(一) 身体热出现的社会文化语境

1. 消费文化中的身体：从手段到目的

消费文化中身体的重要特征之一，是它成为人们追求的目的本身，而不是（达到其他的，亦即非身体的目的的）手段。

在消费社会以前的人类历史上，身体的命运总的来说不怎么好。古代社会、中世纪社会及现代初期的工业社会，都存在不同程度的禁欲主义传统，即压制身体以及身体欲望——尽管出于不同的目的。在这样的禁欲传统中，身体及其欲望被认为具有威胁性、危险性，甚至是肮脏的，是不守规矩的非理性欲望与激情的载体，是堕落的根源。它必须受到理性、灵魂以及文化规范的控制。人们制定了严格乃至残酷的抑制身体、控制身体的措施。世界各地的各种所谓文化"禁忌"常常都是针对身体的，比如非洲部落的割礼，中国古代的裹脚。"文革"时期的所谓"革命文化"也有对所谓"奇装异服"的严格禁止。

在消费主义以前的社会中，通常情况下身体即使受到重视也是因为其工具性价值：身体之所以被重视，是因为它有军事价值、生产价值、繁殖价值等。人们倡导一种"献身"伦理：为一个比身体更高的理想而把身体献出去。在古希腊的斯巴达，为了提高人们的战斗能力而重视身体锻炼；在农业文明与工业文明初期，身体的生产价值（包括生殖价值）得到突出和重视。鲁迅先生说："贾府中的焦大是不会爱林妹妹的。"原因何在？恐怕在于林妹妹的身体虽然合乎消费社会中的"苗条"标准，却没有生殖与生产能力，所以不合乎焦大的身体理想。"文革"时期的那些熊腰虎背的男子与英姿飒爽的女子，体现的是生产性和革命性统一的身体理想（与之形成对照的是知识分子的"小白脸"形象：既不革命也不会生产）。总而言之，拥有一个健壮身体的目的，是为了实现其他目的，通常是精神性、宗教性或世俗宗教性的目的，如上帝、共产主义理想、革命（所谓"练好身体干革命""身体是革命的本钱"）。

但是到了消费社会，身体翻身做了主人，身体的享受和好看本身成为生活、人生的目的本身。一具具消费性、享受性的身体纷纷在街道、广场和媒体登台亮相。消费社会极力塑造一个能够消费同时又能够被消费的身体，因此，与生产能力、生殖能力无关的身体外观，亦即身体的审美价值，获得了越来越重要的意义。身体从手段变成了目的，不是"身体是革命的本钱"，而是"革命是身体的本钱"：身体不是"革命"的手段，而是"革命"的目的——"革命"在这里只是一个比喻，它的含义在今天已经转变为为了享受而进行的各种操劳，只有好好"革命"，赚足钱，才能有身体的舒服和享受。

身体地位的变化也导致身体与服饰之关系的变化。禁欲文化中的服饰是用以遮盖、隐藏身体的；而消费社会的服饰是设计来展示、凸显躯体的：遮盖是为了展露（比如所谓透明衫）。这使得人们对于身体的外观极度敏感，身体而不是精神成为现代人的快乐与痛苦的根源。多少人因为发胖而忧心忡忡，因为苗条而信心百倍。所谓"生活的艺术"差不多就是身体的艺术（美化身体、开发身体、管理身体，当然更要享受身体）。也正由此，身体在消费社会成了一项产业。

我们的时代是一个迷恋青春、健康以及身体之美的时代，电视与电影这两个统治性的媒体反复地暗示：苗条的身体、性感的笑容是通向幸福的钥匙，也是幸福的本质。

2. 经济形态和产业结构的变化

我们可以看到，在现代消费社会，特别是现代化的大城市，不但文化，而且经济，都是围绕身体这个中心旋转，开发身体、管理身体、美化身体、保养身体、展示身体、出卖身体，成为经济命脉。无论是各种各样的公司、企业，还是千差万别的个体，都在为身体而忙碌着。

看看现代的城市中遍布的洗浴中心、健身中心、美容院以及休闲胜地等所谓"服务业"，就知道了身体在经济中的重要性。所谓"服务业"，其中一大部分是为身体服务的。2003年在上海召开的"国际科技美容专家高峰论坛"传来的消息称：美容整容已经成为继购房、买车、旅游之后的第四个消费热潮。国家工商联的统计数据显示：到2008年底，中国大陆有美容院3154万家，年产值5680亿元人民币，占全国GDP的3.2%。同时推动相关的化妆品行业消费4600亿元人民币，并以25%的速度增长。保养和管理身体甚至可以说是现代人生活的主要内容之一，也是他们（特别是女性）的主要开支。现在正在西方与中国兴起的所谓"美的工业"（beauty industry）实际上就是身体工业。化妆品工业当然是最重要的身体工业。美的工业的最杰出作品，就是几乎占据了大众传媒全部空间的光彩照人的男女明星，他/她们已经成为视觉文化的主题。"美丽工业"的核心就是打造美丽的身体，而依据的标准就是那些或苗条性感或肌肉强健的明星。①

---

① 参见《北京"美丽产业"加速度》，载《新京报》2003年11月25日。

由于产业结构的变化,服务产业、文化产业的迅速兴起,出现了文化的经济化与经济的文化趋势。与农业、重工业相比,服务产业、文化产业有更突出的精神—文化含量,它的兴起使非物质性的消费(如视觉消费、生活方式的消费)变得更加重要。同时,生产力的发展使得人的闲暇时间越来越多,人的需求结构发生了相应变化,非实用性的审美、娱乐、休闲的需求在需求结构中的比例有所上升。除了物质商品的消费外,还出现了对符号、形象与美的消费。于是兴起了所谓"休闲娱乐工业""美丽工业""身体工业""精神经济"等。从传媒产业的发展看,大众传媒和影像产业的兴起极大地提高了图像与符号的生产能力,日常生活中各种符号和影像,人们空前重视商品的符号/象征价值。这种现象在一些名牌产品消费、时尚产品消费方面体现得尤其突出,至少在中国的大中城市中是有目共睹的。

3. 现代性与祛魅

消费社会的一个重要特点是宗教与意识形态教条在界定、规训、控制身体方面的权威性大大削弱,身体正变得越来越"自由",越来越不受宗教禁忌的控制。这是现代化、世俗化进一步深化的结果,是一种所谓"盛期现代性"(high modernity)现象。现代性所携带的去宗教化/祛魅力量,对于我们理解身体解放极为重要。一个反面的例子是,在当今世界宗教传统依然深厚的一些国家(比如阿拉伯国家),身体,特别是女性的身体,依然受到宗教戒律(同时也是政治戒律)严格的控制。① 中国"文化大革命"时期的准宗教化政治意识形态,也曾经对身体实施严格的控制,男男女女都穿没有性别特色的服装,上上下下齐动员清除所谓"奇装异服"。

在西方,现代性初期的世俗化祛魅伴随着强调节俭与苦行的新教伦理,因此身体虽然摆脱了宗教的束缚,却不能彻底摆脱世俗生产性伦理的制约。现代性进一步展开而进入了消费社会。消费文化没有能够提供指导我们生活的核心价值。这样,对于那些丧失了宗教信仰、对宏大政治话语不感兴趣的人,至少身体好像还提供了一个坚实的、在现代世界中重建可以依赖的自我感觉的基础。我们什么也没有了,但是至少我们还拥有我们的身体。在一个把至关重要的价值置于"年轻""性感""苗条"等核心语汇的时代,身体的

---

① 《北京晚报》2003年11月9日在题为《只因穿比基尼选美,"阿富汗小姐"面临指控》的文章中,报道了就读于美国阿富汗女大学生维达·萨玛德因为参加2003年度"地球小姐"而面临在阿富汗被起诉的危险,原因是检察院认为这位参加选美的阿富汗姑娘违反了阿富汗文化传统。

外在显现（外表）成为自我的象征。特纳说："现代自我的出现是与消费主义的发展紧密联系的，现代的自我意识与无限制的对于快乐之物（食物、符号以及消费品）的个人消费观念紧密联系。"① "我消费故我在"（I consume therefore I am）而不是"我思故我在"，成为今天大众自我确证、自我认同的核心。这种自我观念与西方笛卡尔代表的现代哲学与社会思想传统迥异，后者在心灵/肉体的二元对立基础上，认为人之为人、使人成为"社会性动物"的恰恰是心灵/理性/思维，而身体/感性/欲望是不能体现人之为人的本质的，身体是自然性、生物性乃至动物性的，而不是社会性、文化性的。②

特别值得指出的是，在某些西方后社会主义国家，身体热的出现除了有与西方资本主义社会类似的原因以外，还有其特殊的社会文化原因，这就是后极权主义与享乐主义的结合。哈维尔曾经深刻地分析过后极权主义是如何导致大众的政治绝望、政治冷漠与消费主义的。哈维尔指出，在后极权社会环境中，人们的政治参与被切断，成为例行公事式的表演，由此导致人具有冷漠、绝望、得过且过等典型的症状，这种政治冷漠很容易直接导致消费主义，而当权者则会支持和鼓励这种消费主义，甚至称为"消费自由"。这其中的原因一方面可以刺激经济发展，但更重要的原因在哈维尔看来，对于哈维尔来说，则要这样可以把人们的注意力从政治社会问题那里转移开或逃脱掉，由此实现当权者平稳地操纵社会的目的。显然，所谓的"消费自由"所付出的是政治自由的丧失。

这个解释某种程度上也适合于解释中国当代的身体热。正是在中国90年代开始的消费主义语境中，政治的身体迅速地转化为消费的身体，带有政治意味的身体叙事迅速退化为围绕时尚与市场旋转的欲望化叙事（尽管有时打着女权文化或青年文化的"反道德"旗号）。我们关注身体的政治性与批判性、颠覆性，但是我们并不认为身体必然地、无条件地具有这种批判性和颠覆性。比如70年代末的流行歌曲与"奇装异服"是批判性的，这是当时的语境赋予的。在消费主义本身日渐成为主流文化而且与国家意识形态渐趋一致的今天，情形就不同了。文学界的所谓"身体写作"与所谓"下半身"的颠覆意义都应该紧密地结合中国的具体语境加以理解。③

---

① Bryan Turner：*The Body and Society*（second edition），London：Sage，1996.
② 亦可参见吉志鹏《消费文化对身体的建构》，《学术交流》2009年第5期。
③ 陶东风主编：《当代中国文艺思潮与文化热点》，北京大学出版社2008年版，第347—349页。

(二) 西方身体理论著作的译介

大约在世纪之交,西方有关身体研究著作被陆续译介到了中国,这在很大程度上推动了中国大陆身体研究的热潮。

1999年,春风文艺出版社率先出版了"阅读身体系列",其中包括《身体意向》(马克·勒伯)、《身体形态:现代社会的五种身体》(约翰·奥尼尔)、《身体思想》(安德鲁·斯特拉桑)、《身体与性属:从古希腊到弗洛伊德的性制作》(托马斯·拉克尔)、《身体与社会》(布莱恩·特纳)等。编者在《编者的话》(每本书都有)曾指出,出版这套书的初衷有两个:一是集中译介一批有分量的身体研究的学术著作,把身体这个课题介绍到中国来,给我们带来一种新的视阈,催生我们自己的身体研究;二是不忍坐观今日的身体实践,这个消费社会只知道作为肉体的身体,无视身体的更高层面,对身体极尽贬损之能事,身体几乎沦为性和商品的消费机器。在步入21世纪之际,我们理应重审自己的身体知识,淘汰陈腐的身体观念,用更深厚的思想建设健康而美丽的身体。

这套丛书的第一个目的应该说是达到了,当下中国的身体热依然在继续,但第二个目的是否达到,还有待观察。

2002年,华龄出版社又推出"生理人文系列图书",其中包括《老婆的历史》(玛丽莲·亚隆)、《接吻的历史》(克里斯托夫·尼罗普)、《乳房的历史》(玛莉莲·亚隆)、《男人和女人的自然史》(戴思蒙·莫里斯)、《人这种动物》(戴思蒙·莫里斯)和2003年的《我行我素:男根文化史》(戴维·弗里德曼)等。

从2003年起,百花文艺出版社也推出了《原始声色:沐浴的历史》(费朗索瓦丝·德·博纳维尔)、《头发的历史:各个时代的风尚和幻象》(罗宾·布莱耶尔)、《内衣:一部文化史》(瓦莱丽·斯蒂尔)等与身体相关的著作。

所有这些译著,无疑极大地推动了中国的身体研究。但如果我们也将视野放得更加开一些,其实此前与身体研究相关的西方文化理论早已被介绍进来,像影响甚大的福柯的理论著作(比如《性史》,青海人民出版社1999年版;《性经验史》,上海人民出版社2000年初版;《词与物:人文科学考古学》,上海三联书店2001年版;《临床医学的诞生》,译林出版社2001年版;《知识考古学》,生活·读书·新知三联书店2003年版;《疯癫与文明:理性时代的疯癫史》,生活·读书·新知三联书店2003年版;《规训与惩罚:监狱的诞生》,生活·读书·新知三联书店2003年版等)。这些著作大部分后来都一再重印，显现了福柯的影响力。大量的身体研究及其相关的理论著作的译介，为国内学者提供了丰富的借鉴材料。但在中国语境中如何消化和运用西方理论，这在中国的身体研究（乃至整个文化研究）中还是一个尚未完全处理好的问题。

（三）中国本土的身体研究状况概述

就身体研究的总体状况看，国内身体研究主要集中在三个方面，一是翻译介绍西方有关身体的学术著作（如上所述）；二是对消费文化的批判与研究；三是对中国传统文化的身体观的梳理与研究。[①] 就身体研究所涉及的学科知识看，可以说是非常广泛，包括哲学、历史、文学、人类学、政治学、社会学、思想史，以及文化研究等。本书侧重从文化研究角度来阐述和分析当代中国的身体研究，尤其是消费主义与身体之间的关系。那么，文化研究又是如何看待身体和研究身体的呢？

卡瓦拉罗在《文化理论关键词》中对"身体"的解说是：

> 身体已被重新定义，身体的形式不仅是一个自然的实体，也是一个文化的概念：这是一套通过它的外观、尺寸和装饰的属性对一个社会的价值观进行编码的手段。身体的意象弥漫在意义的结构之中，这是通过一种文化在建构其主体的含义和位置时来实现的……所有的社会都创造理想的身体意象用以定义自身：社会身份有很多就是关于我们怎样察觉我们自己和他人的身体的。这也可以解释为何不同的文化都会通过各种法律和仪式，试着定期对身体作出限定：围绕着它树立清楚的边界。装裱身体是建立权力、知识、意义和欲望的结构的重要手段。[②]

由此我们可以看到，文化研究把身体看作是社会—文化建构的对象，文化研究的主要任务就是分析这个建构是如何进行的，以及在建构过程中所体现出来的权力关系及其效应。阿雷恩·鲍尔德温等人在《文化研究导论》（修订版）中更指出，身体是文化的客体，是展现社会和文化差异的主要处所。影响文化研究身体观的理论主要有：福柯的话语权力理论、女性主义理论，以及第二次世界大战以后兴起的消费文化理论。福柯关注权力通过实践、话

---

① 曾清林、陈米欧：《社会学视阈中的身体研究视角述评》，《江西社会科学》2010年第2期。
② 卡瓦拉罗：《文化理论关键词》，张卫东等译，江苏人民出版社2006年版，第95—96页。

语和技术烙印或"铭刻"在人的身体上。形形色色的女性主义认为,分析和测试女性主义理论适宜性的出发点在于女性体验的特殊性。最后,消费文化加速了身体的商品化,在接受和展示身体化的差异的基础上,创造出更加细致的地位分明的等级秩序。① 其实这三方面理论并不是截然分开的,后人在对身体的研究中,往往结合这三种理论进行分析。本章我们将在结合这三种理论的基础上,侧重从消费主义角度分析和阐述当代中国文化研究中的身体研究状况。

就中国身体研究的总体状况来看,大致存在以下几方面的问题:(1)理论建构的滞后,经常是借用西方理论对中国的经验对象进行研究,而在借用时又缺少对中国本土语境的充分关注,使得对西方理论的借用成了简单的移植。(2)与此相关的一个问题是,对中国本土日常生活中身体的具体研究相对欠缺,更多的是从总体上去研究身体。也正由此,有学者指出:"在中国的社科界,还没有形成身体研究的学术语境。"② (3)经济学的、文化的视野较多而缺乏政治学视野③,不能对中国本土身体现象中所包含的复杂权力关系做出精细的分析(近来这方面的研究有所增加,详后)。(4)中国本土的身体研究往往批判多于建构,而且其中还杂糅着法兰克福学派的观点及道德理想主义的立场。

二 大众传媒与身体消费

大众传媒在当下的身体消费热潮中,无疑是一支主力军。它不遗余力地宣扬所谓"美丽的身体",甚至颁布所谓美的标准,进而牵引着乃至逼迫大众去认同、去实践,对自己的身体进行规划和修改。本节我们要阐述的大众传媒是如何宣传理想的身体模式以及人们是如何对其进行批判的。

(一)传媒如何塑造"理想身体"?

当然,大众传媒对"理想身体"的推销并不都是生硬的、宣教式的;更多情况下它运用了诸多隐蔽的方式,遵循一定的大众可以接受的原则进行的,如快乐原则、时尚原则、自由原则、本位原则等。

---

① 阿雷恩·鲍尔德温等:《文化研究导论》(修订版),陶东风等译,高等教育出版社2004年版,第268—269页。

② 黄盈盈:《身体·性·性感:对中国城市年轻女性的日常生活研究》,社会科学文献出版社2008年版,第18页。

③ 陶东风主编:《当代中国文艺思潮与文化热点》,北京大学出版社2008年版,第346页。

在现代社会，快乐几乎成了一种紧缺资源，人人寻求快乐，而拥有一个健康的身体，无疑是获取快乐的一个重要基础。由此大众传媒极力宣扬身体、健康身体的重要性。除了健康的身体之外，时尚的身体往往也是大众所追寻的。这是大众吸引他人，甚至获取名利的重要手段，所谓"时尚身体"显然是以明星的身体为标准的。传媒中的时装模特表演、综艺与娱乐节目、选美与选秀、影视剧、广告等中的明星、偶像，反复地告诉人们什么样的身体才是美丽、时尚的身体，拥有如此美丽的身体是如何的有价值、是怎样值得骄傲。明星如何进行护肤、美容、锻炼乃至修正自己的身体，也就成为大众传媒大肆宣传的一个重要内容。在这里，明星的身体规划似乎成为一种范本和权威，似乎只要遵循他们的方式，就可以训练出一个时尚的身体。

自由也是现代人所极力追寻的，在大众媒介的宣传中，拥有一个美丽的身体，往往也与"自由"话语关联在一起，反之则使自己陷入被动与尴尬之中。比如在求职、在升职、在工作中，拥有美丽的身体往往会使自己游刃有余。个体自我的身体即是自由之身，它有享受快乐、追求美丽的自由。大众传媒还建立了所谓的身体本位原则，即身体就是身体本身，而不必深究其他（比如身体与各种"主义"的关系）。所谓快乐原则、时尚原则、自由原则等，都是建立在身体本位原则基础上的。正如我们在前面所指出的，身体本身就是目的，而不再是手段。[①]

有许多论文具体分析了像电视、广告、杂志等传播媒介对身体的宣传和建构。比如有研究者以上海电视台生活时尚频道为例，集中分析了该频道电视是如何宣扬和建构苗条、青春、健康、有活力这一理想的身体形象的。

上海生活时尚频道的《超级模特》通过专门展示模特走秀的节目来建构女性理想的身体形象。在模特选秀中，模特的标准被界定为："高挑挺拔的身材""青春靓丽的容貌""凹凸有致的曲线""聪明智慧的头脑""流行时尚的敏锐""非比寻常的创意""善良美好的心灵"。其中最为重要的是前三项，这是一个模特能成为超级模特必须具备的硬性条件（而"头脑""心灵""创意"等实际上常常成为摆设）。所以我们可以看到，当两个选手面临被评委们"二选一"时，留下的往往是那个身材比例更接近模特身材标准的人，尽管被淘汰的人表现得更为睿智，更有创意。通过模特示范和专家的评点，所谓理想的身体形象也就被建构起来了。对于电视机前的观众来说，它几乎是无法辩

---

① 邓晓成：《传媒时代的身体梦幻——关于身体的文化反思之二》，《学术交流》2010 年第 5 期。

驳的。①

也有研究者分析了男性化妆品广告对男性形象的建构,指出男性形象在很多文本和场合被塑造为优雅、性感、华贵、绅士、柔和,甚至阴柔之美,由此颠覆了传统男性阳刚乃至粗糙的硬汉形象。比如这样的广告用语:"护肤爱美不是女人的专属,男人爱漂亮有罪吗?""花枝招展,芬芳四溢,男人像孔雀开屏似的斗艳""男为悦己者容""香喷喷的花样美男",等等,无不在为男性之美宣传鼓动。所谓的花样美男,男色消费,在很大程度上也是大众传媒宣传的结果。②

更有研究者通过具体的数字统计,分析了减肥广告是如何建构病态的苗条身体的。比如有研究者对由科学抽样获得的13个品牌的减肥药广告进行了翔实解析,发现它们具有三个突出共性:主诉对象为中青年女性;主诉功效为塑造充满性感魅力的"苗条身材";通过"偷换健康概念""营造苗条暴政""以身材歪曲人格""渲染色、性""制造神话误导消费"等几个方面构建了病态的苗条文化。比如减肥广告几乎都通过视觉冲击力强烈的人物形象画面对比(减肥前与减肥后),来宣扬减肥前后身材的变化以及减肥产品的神奇魅力。广告人物通常有产品发明者、生产者、推荐者、使用者、购买者等几种身份,其中明星和普通消费者是最为常见的。对明星来说,他们既是产品的推荐者,又是产品的消费者和受惠者,双重身份十分明确,其本身的身体形象无疑更具有说服力。而以普通消费者为形象的广告因其一般大众身份而增加了减肥效果的"可信度"。

此外,这些减肥广告的广告语或广告内容,几乎都与苗条相关,比如"优美纤秀的体形"(曲美)、"轻舞飞扬"、"飞燕身材"(更娇丽)、"玲珑的腰身"(魔鱼圣美)、"苗条的身材"(大印象、V26)、"瘦身"(可秀)、"秀身"(倩儿)、"瘦腰"(纤美),等等。尤为关键的是,减肥药广告中所欲求的苗条实际上不是一种健康的苗条,而是一种性感的苗条。在人物形体的呈现中突出女性人体曲线,特写"三围";在功能诉求上,强调"靶向性",即减腰、腹、臀(而不是胸);在人物衣着上,则竭力渲染"暴露"、性感等。这些广

---

① 刘韵:《都市消费文化语境下电视时尚频道对大众身体的规训——以上海电视台生活时尚频道为例》,硕士学位论文,复旦大学,2008年。

② 张明泉:《传媒语境下的身体消费——以男性化妆品广告为例》,硕士学位论文,华东师范大学,2009年。亦可参见陶东风主编《大众文化教程》(修订版),广西师范大学出版社2012年版,第381—385页。

告词配以视觉形象,无疑具有很大的诱惑力。

减肥广告通过构建苗条文化来引导消费者对自己的身体进行重新审视。例如,偷换概念,把苗条等同于健康,或者把肥胖的女人看作是"有罪"的。研究者通过具体分析这些减肥广告的用语指出,这些广告内容告诉人们:苗条体现了女人的自我管理能力,而肥胖是女人自我放纵、缺少毅力和自我约束的结果。身材不苗条的女人心里永远不会有什么好滋味。在减肥药广告中,处处可以感受到苗条文化施加于女性的强大压力,如此一来,女人不减肥就是错的,甚至是有罪的。总之,研究者通过具体的分析统计,令人信服地指出了减肥广告对所谓理想的苗条身体的建构。①

那么,性感苗条的身体是不是每个人都能拥有呢?大众传媒的回答是肯定而且坚定的:每个人都能拥有,但需要规划,需要切实地对自己的身体进行维护。这就是大众传媒紧跟着身体形象建构之后的身体技术的传授和规训。身体技术不仅包括通过购买减肥等药品以及化妆品来进行,还可以通过医学整容的手段或体育训练的方式进行。但无论是哪一种,都需要付出财力,要有一定的经济基础。如此,大众传媒所宣扬的理想身体与商业经济便变成了完美的结合,或者可以说,大众传媒与商业合谋,共同完成对理想身体的宣传与塑造,最终获取经济利益。② 比如上海生活时尚频道的《超级模特》,就不仅展示了理想身体的标准,还展示了模特们为达到这一标准所采用的一系列身体技术,这就暗示了标准身材的实现除了天生因素外后天的塑造也很重要。对于大众来说,这意味着身体重塑的可能性。在《超级模特》里,不断展示模特们如何通过所谓严格勤奋的体型训练塑造完美身材,这暗示着理想的身体形象的得到绝不是轻而易举的,对于受众来说它暗含这样的忠告:为达到理想的标准身材和美好的形象,必须要有付出和投入,不管是金钱还是情感与精力。这样的忠告落实到实践中就是消费者不断追逐身体工业提供的商品和服务。③

除了用模特身体之外,借助人们对于科技的迷信往往是很多塑身广告增

---

① 徐敏、钱宵峰:《减肥广告与病态的苗条文化——关于大众传播对女性身体的文化控制》,《妇女研究论丛》2002 年第 3 期。
② 张明泉:《传媒语境下的身体消费——以男性化妆品广告为例》,硕士学位论文,华东师范大学,2009 年。
③ 刘韵:《都市消费文化语境下电视时尚频道对大众身体的规训——以上海电视台生活时尚频道为例》,硕士学位论文,复旦大学,2008 年。

加其可信度的常用手段。下面是几则立足于科学技术进行塑身的广告：

"联邦欧美雅美体仪"：欧美雅发出的生物信号，能使人体产生肌茶酚胺这种特殊物质，让分解后的脂肪向氨基酸、糖等能量物质转化，从而真正做到脂肪的充分燃烧。

"薇姿轻盈纤体精华露"：VICHY实验室创新的轻盈纤体精华露创新三重乳化科技，可以一整天逐步释缓有效成分，使这些健康活性分子可以达到皮肤深层并持续发生作用，有效分解脂肪堆积，改善橘状皮肤，使肌肤平滑紧致。

"陶然居整形院"：本门诊率先采用瑞士VACUSON吸脂减肥系统、配备德国无创探头及超声监测仪，可准确测量吸脂前后的脂肪厚度，充分膨胀乳化脂肪细胞，避开血管、神经及肌肉组织，真正实现了雕塑体形的功能。

这些关于"减肥"的广告，其中包含仪器、药物以及近些年来开始流行的吸脂技术，尽管所采用减肥的手段大相径庭，但却有着相同的令人满意的效果，而减肥所依赖的基础就是生物技术或外科整形技术。今天，人类发明的科技成就，不但改变了人们得以生存发展的环境和条件，改变了人们的生活方式，而且还能够改变人们自身的身体形象，使得身体不再被认为是纯生理的现象，而且也是文化和技术作用的对象，不仅是自在的，而且也是自为的。总而言之，科技时代的到来，科学技术的发展，为女性将自身塑造成为"除了完美的现实外不再有任何别的现实"提供了所谓"技术"支持。这是美容美体广告借助"科学"的威望为自己造势、增势的典型案例。①

《2005中国美容经济年度报告》指出："'美容经济'正在成为中国继房地产、汽车、电子通讯、旅游之后的中国居民的'第五大消费热点'。"② "截至2004年，中国的美容服务业直接就业者大约800万人，美容就业机构总数近160万家，其营业收入将达到1762亿元，并将直接为GDP创造847亿元和提供税收近60亿元……更引人注目的是，这几年来美容经济一直以每年15%以上的速度在增长。"③ 据《大家健康》杂志，2009—2010年中国的整形手术数量共达340多万例。其中外科手术类180万例，非外科手术160万例。《纽约时报》报道说，继美国和巴西后，中国成为全球第三整容大国。据韩国

---

① 陶东风：《消费文化中的身体》，《贵州社会科学》2007年第11期。
② 张晓梅主编：《2005中国美容经济年度报告》，四川科学技术出版社2005年版，第15页。
③ 张晓梅主编：《2005中国美容经济年度报告》《序言·序三》，四川科学技术出版社2005年版，第10页。

驻华使馆数据，2011年韩国方面为赴韩整容的中国游客发放了1073份签证，总数较2010年上升了386%，意味着这一年中国赴韩整形人数增加近4倍。但更加引人震惊的数字是：在中国整容整形业兴起的近10年中，平均每年因美容整形毁容毁形的投诉近两万起，10年间已有20万张脸被毁掉。①

就健美运动来说，健美已经成为一项全球性的大众运动。在欧洲和北美，自20世纪70年代以来，对身体健康的兴趣日益高涨，体育已经成为一种大众的生活方式与自觉选择，而不是专业运动员的事情，也不仅仅是一种爱好或娱乐。跑步的人群已经成了城市中一道有特色的风景，各地的体育馆、健身房数目迅速增加，"锻炼身体"不再是少数运动爱好者的职权，而成为大众文化的组成部分。电影明星推销他们的健身录像片和体育锻炼节目。富人雇佣收费的个人教练，按富人的要求，教练为其设计锻炼和饮食计划，指导他们的顾客达到预期的身体改变的目的。而支撑此类健美活动的常常是以健康科学为基础的科学辞令，比如说宣传经常进行体育锻炼的好处（降低心血管疾病、癌症以及其他与肉体密切相关的疾病）。只有通过锻炼，加之持之以恒的自我节制，你才能延年益寿、轻松生活。这时，似乎身体已经成为一件艺术品，一种需要特殊培养的物体，一项有自己的存在权利的工程。

对身体的维护与消费文化的内在要求是相应和的。在消费文化中，老化与死亡被看作是不可避免的失败的标志。而身体维护，一方面可以掩盖身体的老化与死亡，把它们掩盖在永远快乐的幻觉中；另一方面，又取悦我们的虚荣心——我们此时此地正在享受好生活。与之相反，忽视身体被看作是懒惰、缺乏自尊甚至道德上有缺点的标志，这在身体市场上显然是站不住脚的。伴随着西方经济生产的急剧增长和广告业在确保消费品市场激增方面逐渐占据显要位置，消费文化与消费主义的意识形态全面出现在20世纪早期，传统的价值观受到侵蚀。消费文化中视觉形象的优势强化了身体外表的重要性。身体的"外表"，它的举止、服饰和装饰呈现出前所未有的重要性。在几乎整个20世纪，好莱坞电影却一直在突出身体外表的重要性，外表的美、健康和苗条，成为一个人的魅力和价值的标志，也是一个人的自信的来源：所谓"自信"就是要充分地表现自"身"——自己的身体。

事实上正是大众传媒为我们树立了理想身体的标准，于是，在身体的藩篱已然拆除的今日，在身体暴露与不暴露、整形与不整形的问题已经不会再

---

① 田石：《中国：全球第三整容大国10年20万张脸被毁》，《大家健康》2012年第5期。

成为意识形态强制性话语的时候,在这本该是身体的多元形态自由发展的一个最好时期,我们看到的却是身体标准和法则的单一化:按照一个标准塑造自己的身体。与此同时,对身体的规训大规模展开。①

(二) 大众传媒批判

那么如何理解大众传媒对所谓理想身体形象的塑造及其与商业的合谋呢?很多研究者几乎一致批判大众传媒所塑造的是虚幻的超现实身体,甚至是根本无法实现的身体。② 在广告塑造的虚拟语境中,观众在观看的同时置身其中,仿佛他们已然生活在广告的世界里,他们被迷幻地等同于广告编织的幻想。广告是消费者欲望的最集中表达,在广告编织的语境中,它控制并主宰着消费者的消费欲望,让消费者身临其境或者感同身受地认为自己就是广告形象中的主角。显然,这一切都是广告刻意追求的修辞效果。③

不仅广告呈现的"现实"模式是虚拟的,而且广告中体现的个体与个体自身生存的真实条件的关系也是一种想象性关系。"电视广告也瓦解了科学与意识形态、真实的与虚假的意识,以及现实与想象之间的区别。"④ 广告维护与强化个体与他/她的生活条件之间的想象性的虚假关系。广告的观众被结构为一个消费主体,使主体产生虚幻意识而同时又不能识破它。这样,广告塑造的身体形象就具有了破坏力量,即对现实(特别是自己的身体现实)加以否定。这进一步加剧了女性对自身身体的焦虑,由此进行一次一次的身体规划。⑤

既然如此,那么,作为消费者的现代大众,难道看不清这种宣传的虚假本质吗?大多数研究者认为,大众传媒具有巨大的控制力,大众几乎无法抗拒而只能接受它。比如有学者就认为,大众传媒掌握着强大的话语权,可以依据自身意志、需要和商业资本,塑造精神偶像和社会时尚,从而诱导文化消费,左右整个社会的精神走向,其影响面和对人们思想观念所具有的渗透力不可低估。

也有研究者对电子传媒时代的身体状况做出了如下诊断:(1) 身体景观化。身体景观作为一种更深层的无形控制,意味着生命的存在论意义被根本

---

① 刘韵:《都市消费文化语境下电视时尚频道对大众身体的规训——以上海电视台生活时尚频道为例》,硕士学位论文,复旦大学,2008年。
② 张明泉:《传媒语境下的身体消费——以男性化妆品广告为例》,硕士学位论文,华东师范大学,2009年。
③ 邓晓成:《传媒时代的身体梦幻——关于身体的文化反思之二》,《学术交流》2010年第5期。
④ 王逢振主编:《电视与权力》,天津社会科学院出版社2000年版,第208页。
⑤ 李玉晓:《当代女性身体广告的审美批判》,硕士学位论文,兰州大学,2007年。

篡改。(2) 身体快感化。电子传媒的兴盛促成视觉艺术从精神境遇向身体感官快感的回缩和主体沉沦。(3) 身体情色化。身体的欲望已经成为身体本体和身体消费关联的结构支点,"裸露的乌托邦"和享乐主义演化为虚假的意识形态。身体的实用功能退化,符号的展示价值得到极度夸张,身体已进入符号逻辑并构成新的身体霸权。电子媒介时代身体状况的诊断结果显示,视像生产方式所体现的身体遭遇已经严重物化。① 这在许多研究者那里得到了认同。② 有学者还具体阐述了大众传媒与消费主义所导致的消费者（解码者）主体建构的沦陷,这又包括被设计性的自恋和身份确立的沦陷等。③

总之,对于大众传媒对身体的塑造这一问题,很多学者虽然也承认大众传媒在解放身体中起到了积极作用,但更多的是批判大众传媒对身体的物化和对大众的操控和欺骗,大众在其中被认为是无力反抗的。在这里,我们显然看到了法兰克福大众文化理论的影子。而对于另一个重要的大众传播—接受理论,即霍尔的编码/解码理论,虽然也有学者偶尔加以运用,但最终强调的依然是解码者的被动无奈和编码者的强大④。对于解码者与编码者之间的协商式解码和反抗式霸权,几乎没有涉及。应该说,完全看不到解码者的能动性也是当下身体研究的不足。

三 消费主义与身体政治

（一）规训与解放：消费主义中身体的悖论性存在

在当前社会文化语境中,在由大众传媒推动和渲染的理想身体中,身体的规划工程在迅速展开。如何理解这一身体工程,学者之间存在分歧。有的揭示了身体被规训的事实,有的强调身体规划原因的复杂性,有的则认为身体是可以自我掌控的,有的甚至对福柯的规训理论进行了质疑和批评。

1. 被规训的身体

按照福柯的理论,身体的自我规划,是身体规训的一种特殊形式,这个观点在诸多相关的论文和著作中得到不断重复,可以说,福柯的身体规训理论⑤

---

① 黄念然:《电子媒介时代的身体状况》,《文艺研究》2009年第7期。
② 邓晓成:《传媒时代的身体梦幻——关于身体的文化反思之二》,《学术交流》2010年第5期。张明泉:《传媒语境下的身体消费——以男性化妆品广告为例》,硕士学位论文,华东师范大学,2009年。
③ 李玉晓:《当代女性身体广告的审美批判》,硕士学位论文,兰州大学,2007年。
④ 同上。
⑤ 参阅福柯《规训与惩罚》,刘北成、杨远婴译,生活·读书·新知三联书店2007年版。

是当代中国身体政治研究最为倚重的一种资源。比如有学者分析了1949年新中国成立后，国家权力对国民身体的规训情况。改革开放之前，国家权力运用各种经济、政治、文化和宣传资源，如户籍制度、单位制度、人民公社制度，采取妇女解放、"大跃进""文化大革命"等形式，约束和控制着每一个个体，以充分调动他们的身体资源为国家建设服务。而在改革开放之后，市场经济和工具理性的逻辑逐渐代替了强大的国家力量在人们日常生活中的作用，使得身体的国家化色彩逐渐减弱，以往身体上附着的革命、神圣、崇高、伟大等一系列政治符码都趋于消解，而更多地被赋予了现实世俗生活的内容。尤其是消费文化、大众传媒和各种广告对身体美学的病态构筑和过度宣扬，将人们的消费价值和身体追求引向一种低俗的境地，身体日益沦为性和商品的消费机器而不能自拔。①

这位学者进一步指出，消费主义就是一种新的身体规训形式。这种规训形式与传统的学校、医院、监狱、工厂、军营等规训形式不同，是一种非正式、非制度化的体系，受到国家权力之外的市场体系、消费主义的微观权力的影响。消费主义的规训策略有：建构理想的身体形象，大众传媒的宣传与鼓动，身体改造技术的标准化与普遍化运用。由此，消费文化在解放以往附着在身体上的束缚与遮蔽、给身体的展示与交往带来自由的同时，也因身体美学的标准化和普遍化运作，不可避免地带来了对身体的压制和暴力。在身体愈加鲜艳、美丽、多彩的背面，我们看到的是消费文化、工业生产、技术理性共同实施的对身体的规训权力。②

这种基于福柯规训理论的分析得到了很多学者的赞同③。在很多学者看来，身体美学的兴起虽然带来了身体的解放（相对于原先的国家权力规训），但又陷入了消费文化的规训，它同样会消解身体的抵抗能量，削减身体的意义维度，身体消费成为规训个体的重要渠道等。在更大的意义上，这种（规训所带来的）享乐不啻是一种别有用心的麻痹。④

---

① 赵方杜：《身体规训：中国现代性进程中的国家权力与身体——以川北剑县为例》，硕士学位论文，南开大学，2010年。
② 赵方杜：《消费主义：一种新的身体规训》，《华东理工大学学报》2011年第3期。
③ 比如吉志鹏：《消费文化对身体的建构》，《学术交流》2009年第5期；刘举：《消费语境下的身体解放与审美救赎》，《北方论丛》2011年第4期；白蔚：《改革开放以来中国女性消费身体的现代性悖论》，《中州学刊》2010年第5期。
④ 廖述务：《身体美学与消费语境》，上海三联书店2011年版，第119—121页。

2. 身体规划原因的复杂性

但是，消费文化对身体的规训真的具有如此巨大的力量而使我们无力反抗吗？随着许多学者田野调查的具体深入的展开，他们看到了身体规划原因的复杂性。身体并不就是被动地被规训的。比如有学者通过分析女性的减肥问题，指出女性减肥与否有着复杂的原因，并不单单是身体被规训的结果。女性减肥，既包括结构因素，也包括文化因素，还包括个人特征因素，是综合的。结构和文化因素包括国家的政治制度、经济制度和文化制度，这些构成了减肥话语的宏观制度情境，影响着女性对自身身体的审视，也影响她们是否选择减肥。但女性是否减肥，并不完全由这些制度情境决定，在市场条件下，女性白领的减肥与否还有着一定的微观实践逻辑，这些逻辑包括：（1）身体表达性（情感性）逻辑。苗条的身材是一种美，符合白领女性的气质要求，但也意味着一个人有很好的身体控制能力，意味着一个人有更多的资源，契合社会对白领女性形象的认同标准。这会影响女性是否减肥。（2）规范性逻辑。如苗条往往被看作是健康的体现，符合医学规范要求，肥胖则反之；在与周围人群的接触中，根据别人对自己身体的看法来决定是否减肥；从实用角度来看，肥胖的人很难穿衣服，因此苗条才是正常的，合乎规范的。（3）工具性逻辑，比如职场求职、婚恋结婚、社会交往等，要求身材苗条，否则会处于不利地位。这些实践逻辑会更切近地影响女性的减肥行动，但减肥是否最终实施，还有主观和客观的必要性逻辑制约，女性需要在综合平衡判断之后做出决定，比如有的把自己的肥胖看得很重，有的知道自己肥胖，但无所谓，因此也不会去减肥；有的虽然承认自己肥胖，但觉得减肥会伤害身体、成本过高等，也不会最终实施减肥。因此，女性减肥与否有着复杂的原因，是宏观的制度情境与微观的个体行为实践以及个人的判断共同作用的结果，不能一概而论。①

3. 自我掌控的身体

此外，也有学者专门阐述分析了身体规划中所包含的自我认同及其产生的快乐，这是自我可以掌控的身体，具有很强的能动性。比如有人通过研究时尚杂志《悦己SELF》指出，自我实现成为中国内地女性最大的快乐源泉，而主动进行自我的身体训练或规划，是女性自我实现的重要途径，这从《悦己SELF》所刊登的读者来信中可以看出。这位读者在来信中说：

---

① 黄晔：《减肥还是不减肥——广州年轻白领女性的身材理想与身体实践的逻辑》，载王宁主编《消费社会学——中法美学者的实证研究的探索》，人民出版社2010年版，第380—398页。

《悦己 SELF》……让我看到别人不同寻常的人生，学到积极向上的人生态度。最近，我在为一项人生抉择踌躇不定，刚巧看到6月号刊载了曾凡一的故事，她说：希望每个女人都能顺应内心的声音，不要受别人或社会价值观的影响而放弃梦想。仿佛是上天注定让我看到这段话，我心里顿时暖暖的，这是给我最好的指导和鼓励！①

曾凡一对身体技术的接受与感想，这位读者对曾一凡的认同，正说明了身体技术并不就一定会淹没自己，异化自我，反而会成为女性实现自我的一种途径或方式。与此相通，黄盈盈以访谈的形式，在研究了中国城市年轻女性对于身体规划的认识后指出，健身、健美对于女性并不就是异化或控制，很多女性都提到了健身之于精神的作用："让自己高兴""自信""精神好""舒服""感觉很有活力，一种生命的活力"等。不仅仅是健身，打扮、美容这些身体实践的最终目的往往落在"心情""精神""自信"这些方面。因此，从总体上看，女性的身体实践表达的是一种综合的需求："好身材"＋"漂亮"＋"年轻"＋"健康"＋"信心"，而这在一定程度上是积极的、合理的、刺激女性对于自己身体的关注与表达。② 由此，对于传统上认为女性被控制的观念要重新认识。黄盈盈指出，不管研究者如何批判男性文化、商业文化对于女性的控制，在自我指涉的情况下，作为个体的女性还是倾向于认为自己掌握着对于身体的控制权。大部分女性通常能在自己与他人之间找到一个很好的结合点：既为了别人，也为了自己；而最终还是为了自己高兴。③ 而且，女性即便对流行话语、消费文化采取抵制行动，通常也并不具有非常"自觉"的"抵制"性质，而很可能是基于自觉的身体感受，基于对生活中工作压力的缓解需求，基于对快乐与健康的追求。因此，对于一般人来说，现时的日常生活可能就是那么简单的、烦琐的、表面的、追求快乐的，同时也是主体性的，黄盈盈进一步反问道："'建构论'是否可以延伸到日常生活中的任何细节、任何感受？如果连细微的感受都是一种被建构的产物，那么主体在哪里？如果我们都只是被塑造的机器，那么这种建构论与历史决定论、

---

① 阎思宇：《"时尚"的"中国身体"——中国当代都市女性的自我实现》，硕士学位论文，复旦大学，2011年。
② 黄盈盈：《身体·性·性感：对中国城市年轻女性的日常生活研究》，社会科学文献出版社2008年版，第297页。
③ 同上。

文化决定论又有什么区别?"①

4. 对福柯规训理论的质疑

由以上学者的分析我们可以看到,身体并非一个完全异己的、非自我的、被规划的对象和结果,其中有诸多原因,也有着身体主体者的自我吁求乃至自我认同,也正如此,很多学者对福柯的身体规训理论提出了质疑,认为福柯规训理论虽然深刻,但也有如下缺陷,一是规训并不完全是暴力的和强制性的,它实际上要隐蔽得多;二是人们对身体的塑造并不完全是被动和被强制的,而是转化为了自觉、自愿和快乐的冲动,转化为人们自我的内心吁求;三是在权力与身体的关系上,福柯虽然也谈反权力话语的可能性,但总体上是否定主体性的,否定主体在历史过程中的能动作用。而在现代社会,身体与权力的关系是互动的、辩证的,一方面身体受到权力的控制和管理,另一方面身体也可以作为反抗和抵制权力的手段。②

这样的认识是深刻的,我们应当看到随着现代社会的发展,自我意识的强化,身体已经不可能被完全规划,规划往往变得非常隐秘,当然规划不可能完全消失。也正因此,人几乎永远都生存在这样的一种悖论之中,但问题的关键是,我们需要更为精细地研究身体是如何被规划,又是如何进行反抗的,并在这反抗中如何建构自我。但可惜的是,当前我们这样的研究还很不够,福柯单方面的规训理论,还是目前身体研究的主要理论来源。

(二)看与被看:消费主义中的性别歧视

在消费社会的身体消费中,往往还存在着一种现象,就是身体歧视,比如性别歧视、对残疾身体的歧视、对人种肤色的歧视等,在这里我们主要关注的是身体的性别歧视。这比较突出地体现在现代广告中。对于广告中的这种性别歧视现象,众多学者给出了分析和批判。由于本部分内容在本书第五章《女性主义与性别问题》中已有分析,在此不再赘述,可参阅此章的相关内容。

四 身体写作及其批判

2000年前后,"身体写作"在中国文坛出现并一时成为热点,但身体写

---

① 黄盈盈:《身体·性·性感:对中国城市年轻女性的日常生活研究》,社会科学文献出版社2008年版,第300—301页。

② 陆扬主编:《文化研究概论》,复旦大学出版社2008年版,第151页。

作并不仅仅是一个文学或学术事件，更是一个值得我们关注的社会文化症候。本节将考察身体写作在中国的状况及其引发的热烈讨论，并在此基础上对其进行反思和批判。

（一）身体写作概念的提出及其讨论

一般认为，较早提出"身体写作"这一概念的是学者兼作家的葛红兵。葛红兵本人也曾说："我最早用它（身体写作），实际是在1995年夏天给棉棉的一封信里。"① 棉棉在后来接受某报采访时证实了葛红兵的说法，指出葛红兵的"身体写作"概念是因为"我的写作而产生的"②。

1996年，南帆发表《躯体修辞学：肖像与性》（《文艺争鸣》1996年第4期）一文，对文学写作中的"身体"问题做出了自己的分析和阐述，并提出了"躯体修辞学"这一概念。所谓"躯体写作"，就是"根据特定代码所表示的意义系统建构相应的人物躯体形象"，而这些代码是一种文化规定性。南帆在这篇文章中着眼的是整个中国文学史中的躯体/身体写作现象，虽然也关注到了陈染、林白的小说，但与后来身体写作所关注的核心及所指涉的代表性作家（卫慧、棉棉等）并不尽相同。不过从中我们也同样看到了当时中国文论界对身体问题的关注，与后来所提出的"文学身体学"是相通的。

1997年，葛红兵发表《个体性文学与身体型作家——90年代的小说转向》（《山花》1997年第3期）一文，其中虽然没有明确提出"身体写作"这一概念，但较为详细地阐述了身体型作家的产生及其特点。其中葛红兵所指认的身体型作家，既有卫慧、棉棉，也有早于她们的韩东、朱文、陈染、林白等，既有女性作家，也有男性作家。因此，葛红兵所指的身体型作家的范围还是比较宽泛的。③

葛红兵的这篇文章发表后，受到了王岳川教授的批评。在《九十年代文学和批评的"冷风景"》（《文学自由谈》1997年第3期）一文中，王岳川不点名地指出，葛红兵他们的论述是在向世俗性写作发展提供"强打精神的理

---

① 葛红兵：《葛红兵闲话"新生代"》，http://stlib.net/dsps/disp_dsps.asp?sendid=5635。
② 《棉棉眼里的人生——和棉棉的一次对话》，http://news.21cn.com/dushi/ds/2003/07/25/1197946.shtml。
③ 很多文章认为葛红兵最早提出"身体写作"概念的文章是1996年在《山花》上发表的《个体文化时代与身体型作家》，依据是葛红兵在《葛红兵闲话"新生代"》的文章（出处见上面正文）就是这样说的。但查阅1996年的《山花》上并没有葛红兵的这篇文章，疑为葛红兵记忆失误，实际应是1997年葛红兵在《山花》上发表的这篇《个体性文学与身体型作家——90年代的小说转向》。

论根据",而欲望的表达必须要有一个"度",否则会出现大面积的兽性爆发。文学创作中的"性热潮",是对读者审美期待的挑衅,是对真正的个体写作、边缘化写作和人性对话写作的嘲弄。

2000年,董之林发表的《女性写作与历史场景——从90年代文学思潮中"躯体写作"谈起》(《文学评论》2000年第6期)一文,提出"躯体写作"的概念。这里的躯体写作实际也就是身体写作。该文结合西方女性主义批评的"躯体写作"理论,尤其是西苏的理论,对躯体写作进行了阐述,认为在这些女性主义批评理论被介绍到本土之前,当代中国大陆的女性写作已表现出与某些宏大叙事的疏离倾向。本文所阐述的躯体写作的作家主要是丁玲、茹志鹃、张洁、王安忆和铁凝,并未涉及葛红兵以及其他学者所提到的像卫慧、棉棉、陈染这些核心作家。

2001年,谢有顺在《文学身体学》(《花城》2001年第6期,《当代作家评论》2002年第1期有摘要)一文中,批判了当时身体的肉体性泛滥现状,认为写作中的身体绝不是纯粹物质意义上的肉体,肉体只有经过了诗学转换,走向了身体的伦理性,它才最终成为真正的文学身体。这就是他所称的文学身体学。

就现有资料来看,从1995年算起,直到2001年前后,文论界并没有明确提出并阐述"身体写作"这一概念(虽然有的在文章中提到身体写作,但还没有有意识地把它作为一个学术概念或范畴来使用),更多的是附属在像"女性文学""女性写作",以及"私人写作"这样的概念中,对于卫慧、棉棉等人的批评,往往也是放在整个的女性写作中来讨论和评价的。

大约在2001年之后,随着卫慧、棉棉的创作进入高峰,以及像九丹、竹影青瞳等人出位的写作,尤其是木子美的出场[①],使得身体写作作为一个明确而独立的概念在2002年前后正式进入大众视野[②],关于身体写作的文章和硕士、博士论文开始多了起来,相关的研讨会也开始陆续召开,"身体写作"

[①] 卫慧的《上海宝贝》(春风文艺出版社)和《蝴蝶的尖叫》(湖南文艺出版社)出版于1999年,《水中的处女》(花山文艺出版社)出版于2000年。棉棉的《糖》(中国戏剧出版社)出版于2000年,《社交舞》(新世界出版社)出版于2002年。2000年,《下半身》杂志创刊,2001年,被一些媒体称为"妓女文学"的作家九丹的《乌鸦》(长江文艺出版社)出版。2002年,竹影青瞳这个网名正式启用,并不断张贴和发表一些出位的照片和文章。2003年6月,广州的木子美开始在网上公开自己的性爱日记,身体写作进入"高潮"。

[②] 当然,到底是谁最先使用这个概念,是无法真正去确证的。即便是葛红兵于1995年首次使用,这样的说法也无法得到进一步确证,但这对于我们理解身体写作并没有多大意义。

的讨论热潮日渐升温，并于2004年前后达到高潮。①

文学中的身体写作是整个文化界身体热的一个重要组成部分，其出现和兴起与身体热出现的社会文化语境是一致的，其中既有政治的解禁，也有消费主义的强大控制力②，当然也有媒介的推波助澜。③此外还有西方女性主义身体理论的输入这个重要的理论背景。④身体写作虽然并不是在西方理论的启发下展开的，但在身体写作兴盛的时候，作家和评论家往往到西方理论那里为自己寻求援助或确证。西苏的理论几乎成了身体习作最好的证明。但是我们也要看到，西方身体写作理论在传入中国之后，在很大程度上被改写了，许多学者也为此进行了辨析。

比如有学者通过分析西苏的身体写作理论指出，身体写作是女性主义的一个理论范畴，它为女性写作提供了一个策略：从自己感性的身体出发，绕开男权话语，建立自己的言说语言。它为女性写作勾画了一个大致的特征：非线性的，非逻辑的，非标准化的，非整齐划一的，等等，带有强烈的反叛性。它为女性写作指出了一个大致的方向：重新认识历史，重新认识历史中的女性，将女性融入历史，达到"个人的历史既与民族与世界的历史相融合，又与所有妇女的历史相融合"。这个目的非常清楚地划清了"身体写作"与单纯展示女人肉体之间的界线。⑤但西苏的理论在被借用的过程中，并没有很好地分析中国具体的语境，忽略了中西历史文化语境、文本所表现出来的美

---

① 相关的会议情况可参见贺玉高、李秀萍《"身体写作与消费时代的文化症状学术讨论会"综述》，《文学评论》2004年第4期；张立群《"当代诗歌创作中的'身体写作'研讨会"召开》，《中国诗歌研究动态》2004年第1辑。期刊刊发的相关专题有《求是学刊》2004年第4期刊发的题为"身体写作及其文化思考"的笔谈，《文艺争鸣》2004年第5期以"身体写作的文学考察"为题发表的一组文章，《中州学刊》2005年第3期推出的"身体美学的理论建设与实践"笔谈，《北方论丛》2005年第5期推出的"身体写作"与"身体美学"笔谈，等等。相关的博士、硕士论文有孟岗的《消费时代的身体乌托邦》（博士学位论文，浙江大学，2004年）、可晓锋的《从"身体话语"到"身体写作"》（硕士学位论文，西南师范大学，2005年）等。

② 甚至可看作是一种"情欲经济学"，陈定家：《身体写作与文化症候·导读》，中国社会科学出版社2011年版。

③ 李华秀：《"身体写作"的成因及存在意义》，《当代文坛》2002年第6期；禹权恒：《"身体写作"的症候式分析》，《长江师范学院学报》2011年第3期；陈志平：《传播学视野下的"身体写作"现象》，《河北省社会主义学院学报》2009年第2期；阎真：《身体写作的历史语境评析》，《文艺争鸣》2004年第5期；曾道荣：《身体写作：逐利传媒的商业运作》，《福建教育学院学报》2007年第4期。

④ 特别是法国学者埃莱娜·西苏的一篇收录于张京媛主编的《当代女性主义文学批评》（北京大学出版社1992年版）的文章《美杜萨的笑声》。

⑤ 王琳：《被"借用"与"误读"的"身体写作"》，《当代文坛》2005年第6期。

学特征，以及哲学内涵差异。① 朱崇科也指出：

> "身体写作"，在原初语境中，往往是西方女性主义者的思想线索的承载和显现；在中国内地语境中，却是遇到了一种难以言说的命运：在往往被忽略了原初语境的误读中，论者和有些作者们甚至又借此自我包装或夸大了其自身的书写与批评；为了商业目的，它们是必须不断被言说的对象；出于道德纯洁性考虑，它们却又是必须被纯化和最好低调的"他者"。②

由此对西方的身体写作理论，我们出现了误读，甚至是有意识的误读，身体写作中的身体被简化了躯体的某一部分，在强化身体的消费价值中，消解甚至抛弃了身体写作本身应有的反叛性。这是我们所必须要反思和注意的。③

（二）身体写作的界定与批判

何为身体写作？不同的人站在不同的立场会做出不同的界定和阐释，而且这与阐述者所圈定的身体写作的代表性作家有密切关系。一般来说，被圈定为身体写作的作家大致分为三类，一是以卫慧、棉棉、九丹、竹影青瞳、木子美为代表的所谓"美女作家"，这是身体写作所指涉的核心作家；二是进一步上溯至陈染、林白等通常被称为"女性写作""私人化写作"的作家；三是范围进一步扩大到铁凝、王安忆等，甚至把包括丁玲等在内的几乎整个现当代文学中注重或侧重写身体的作家也囊括进来（这类研究更多地可称为文学中的身体研究，与作为一个概念的身体写作并不完全相同）。

1. 色情化的身体写作

首先，很多学者对身体写作采取了批判乃至否定的态度，主要针对的是以卫慧、棉棉、九丹、竹影青瞳、木子美为代表的第一类作家。比如钱中文就是"在贬义上使用""身体写作"这一概念的。他认为，当今"身体写作"的出现有其特殊的背景与内涵，是媒体炒作出来的，是与消费主义结合的结果。它使得人体变成了消费品，它的消极面是诱发性描写或身体恶俗描写的

---

① 欧阳灿灿、于琦：《"身体写作"在中国的影响与变异——从性别身体的角度》，《西南民族大学学报》2008 年第 5 期。
② 朱崇科：《身体意识形态》，中山大学出版社 2009 年版，第 9 页。
③ 可参阅宓瑞新《"身体写作"在中国的旅行及反思》，《妇女研究论丛》2010 年第 4 期。

大量出现，形成了对人伦与道德底线的冲击①。显然，钱中文认为的身体写作其实是一种过多性描写的作品，身体写作几乎成了"性写作"。②

朱国华也认为："说白了，身体写作其实就是修辞上委婉化了的色情文学写作，性或者性感当是身体写作追求的核心。"朱国华认为，像卫慧、棉棉以及竹影青瞳等人的文学作品，尽管诉诸性感化的身体，但是却以美学的名义拒绝承认自己是色情的，她们自相矛盾地要求我们用文学来漂白她们的色情幻象。实际上，她们的作品有着一种道德虚无主义倾向，这种道德虚无主义具有很强的反动性，它把感性赋予了本体论地位，而由于感性——而且是一种非常狭隘的、只是集中于性的感性——得到不负责任的强调，理性至高无上的地位遭到了挑战。这对于一个现代性还远未完成的民族国家来说，如果对其听之任之，启蒙精神就会有釜底抽薪之忧。③ 如果说钱中文主要还是从道德的角度批判身体写作的话，那么朱国华虽然也批判了身体写作的色情化倾向，但显然更有学理性，更有针对性和现实性。

对于身体写作的色情化倾向，彭亚非和黄应全等人直接点出了其核心所在，即所谓身体写作，其实就是一些美女作家的女性性经验写作。彭亚非说："所谓身体写作，也就是一种基于个体身体意义——尤其是性经历意义——至上的人生观的写作，是一种纯粹自我关注、而且是自我肉体关注的写作。""身体写作就是女性写作，就是由女性赤裸裸地暴露以及卖弄自己性经历的写作——这就是我们媒体所热炒的身体写作的标志性内涵"④。黄应全说："当前人们所热衷的'身体写作'并不是一切有关身体的写作，也不是一切有关性的写作，而只是有关女性性经验的写作。"黄进一步阐释，身体写作者是一群年轻女性作家，即所谓"美女作家"。她们自己美其名曰"情色小说"或"身体写作"作者，但实际上不过是传统意义上的色情小说作者而已。这些美女作家写作主要是给男人看的，男人是身体写作的理想读者，身体写作的内容就是"暴露女性身体经验"⑤。

身体写作的这种色情化写作，朱大可以"肉身叙述"称之。朱大可认为，

---

① 贺玉高、李秀萍：《"身体写作与消费时代的文化症状学术讨论会"综述》，《文学评论》2004年第4期。
② 阎真：《身体写作的历史语境评析》，《文艺争鸣》2004年第5期。
③ 朱国华：《关于身体写作的诘问》，《文艺争鸣》2004年第5期。
④ 彭亚非：《"身体写作"质疑》，《求是学刊》2004年第4期。
⑤ 黄应全：《解构"身体写作"的女权主义颠覆神话》，《求是学刊》2004年第4期。

从卫慧起，经过木子美到竹影青瞳，有着一条"色语"运动的清晰印迹，它起源于文学语体，推进于日记语体，变得愈来愈感官化、大众化和公共化，最终被图像语体引向了高潮。她们的写作其实就是一种肉身叙述写作。木子美她们的肉身叙事不过是某种低俗的露阴游戏，以满足公众的偷窥欲望。①

2. 肯定身体写作的积极意义

除了对身体写作进行大力批判乃至讨伐之外，也有学者对身体写作采取了积极肯定的态度，但角度并不完全相同。

葛红兵从20世纪90年代以来中国文化转型的角度，肯定了身体写作的积极意义。他认为，90年代以来，中国文化有一个转型，即由以群体、理性为中心的文化向以个体、感性为中心的文化的转型。个性文学便是这种转型的体现。而身体写作又是个性文学的表征。葛红兵指出，个体性文学的一个特征就是"我的经验"的优先地位的确立，作家首先认定自己是独立个体，然后再把自己的个人经验世界呈现出来，这是一种身体的哲学，它确认人的身体经验的正当性，身体的法则是私人性的、非理性的、欲望化的。个体性文化时代的哲学是身体的哲学，是对以往一切灵魂哲学传统的一个颠覆。

个体性文学不仅是以个体叙述人的诞生为主要特征的，更本质的是，这个个体叙述人是感性的、身体的人，而不是伦理的、灵魂的人。② 葛红兵把身体看作感性的典型体现，这点从棉棉引述葛红兵给她的信中也可以看出。棉棉说，葛红兵所言的"身体性"，指的不是欲望和感官，而是指一种离身体最近的、透明的、用感性把握理性的方式。③

除了从文化转型角度来肯定身体写作之外，更多论者从女性主义、女性解放的角度来肯定身体写作的积极意义，认为身体写作实现了女性对男性的颠覆。不过这种肯定意见主要指向以陈染、林白等人为代表的作家。向荣在他的文章《戳破镜像：女性文学的身体写作及其文化想象》中就认为，长期以来，女性总是处于被"代言"的境地，而90年代以来，女人开始用女人自己的眼光认识自己的身体，重新发现和找回被历史湮灭的自我。这就是身体写作的叙事动机和写作意图。简言之，"身体写作就是要夺回女

---

① 朱大可：《肉身叙事的文化逻辑》，《新民周刊》2004年6月8日。
② 葛红兵：《个体性文学与身体型作家——90年代的小说转向》，《山花》1997年第3期。
③ 《棉棉眼里的人生——和棉棉的一次对话》，http://news.21cn.com/dushi/ds/2003/07/25/1197946.shtml。

性对自己身体的解释权,按照女性自己的愿望述说自己的身体形象,在文学史中重建女性身体修辞学,终结那种由男人来说'她有一个身体'的被代言的历史"①。

其他学者的论述与此基本相似,甚至进一步把卫慧、棉棉的身体写作也看作是一种"激越的书写方式"②,认为卫慧、棉棉采用身体写作这种激越的书写方式,大胆展示被男权文化遮蔽的女性身体和扭曲的灵魂,从边缘处尽情诠释女性独特的经验,用决绝的姿态颠覆传统道德秩序,打破父权神话,挑战整个男权文化机制。总之,身体写作冲击了长期以来父权制社会围绕男性对女性的绝对统治建立起来的意识形态③。对女性来说,这无疑是一种反叛和解放。

如果说上述对于身体写作的肯定还联系于女性对于男权文化的对抗,那么,诗歌界"下半身"写作的宣言则走向了对肉欲的赤裸裸的弘扬。下面是从沈浩波《下半身》杂志的发刊词——《下半身写作及反对上半身》中摘录的几段:

> 强调下半身写作的意义,首先意味着对于诗歌写作中上半身因素的清除。
>
> 知识、文化、传统、诗意、抒情、哲理、思考、承担、使命、大师、经典、余味深长、回味无穷……这些属于上半身的词汇与艺术无关,这些文人词典里的东西与具备当下性的先锋诗歌无关。
>
> 让这些上半身的东西统统见鬼去吧,它们简直像肉乎乎的青虫一样令人腻烦。我们只要下半身,它真实、具体、可把握、有意思、野蛮、性感、无遮拦。
>
> 所谓下半身写作,指的是一种坚决的形而下状态。对于我们而言,艺术的本质是唯一的——先锋;艺术的内容也是唯一的——形而下。
>
> 所谓下半身写作,指的是一种诗歌写作的贴肉状态,就是你写的诗与你的肉体之间到底是一种什么样的关系?紧贴着的还是隔膜的?贴近肉体,呈现的将是一种带有原始、野蛮的本质力量的生命状态;而隔膜,

---

① 向荣:《戳破镜像:女性文学的身体写作及其文化想象》,《西南民族学院学报》(哲学社会科学版)2003 年第 3 期。
② 刘文菊:《论卫慧、棉棉身体写作的边缘化抗争姿态》,《黑龙江社会科学》2009 年第 2 期。
③ 赵炎秋:《从被看到示看——女性身体写作对意识形态的冲击》,《理论与创作》2007 年第 1 期。

则往往会带来虚妄，比如海子乌托邦式的青春抒情，离自己肉体的真实越来越远，因而越来越虚妄，连他自己都被骗过了……

所谓下半身写作，追求的是一种肉体的在场感。注意，……是肉体而不是身体，是下半身而不是整个身体。①

以感性的身体来反抗僵化的思想并没有错，但简单的形而下未必就能真正颠覆上半身。从女性主义角度，身体写作是否真正颠覆了传统的父权制，使女性获得了真正的解放？这在许多学者那里是存疑的。比如有学者就明确指出，身体写作与女权主义无关。没有思想，所以才用身体写作。② 有学者就指出，事实上，社会早已建构了男女之间的性秩序，这一秩序为女人准备了两种途径，一是做"正常女人"即良家妇女、淑女；二是做"反常女人"即淫娃荡妇、妖女，两者都是以男人的性欲为依据的。对于木子美来说，她并未跳出既成的性关系框架，她的反抗不过是在现存不均衡的性关系之内选择了另一种可能性，即选择了做淫娃荡妇而已。她把自己与男人之间的放荡行为公布出来，不仅毫无颠覆性，而且正好迎合了男性主导的既存性关系的基本逻辑。她之所以拥有如此多读者，不是因为她的文学成就，也不是因为她的颠覆性，只是因为她顺应了现有的性规则。木子美以为自己是女权主义者，实在是大大的误解。如果硬要说它与女权主义有关的话，它也不是女权主义成功的表现，而是女权主义失败的标志。因此，"身体写作绝没有颠覆性，颠覆性之说不过是妄图博取名利的作家和为之胡乱吹捧的评论家们制造出来乱人耳目的合法性神话而已"③。

除了以上两种几乎对立的评价之外，还有许多学者从两方面进行了评价，即既肯定其颠覆父权制、发现女性自身的积极价值，也批判其被商业文化、消费文化利用而走向堕落的现实。其实，这种看似全面的评价对我们理解身体写作并没有更多的理论价值，我们需要了解的恰恰是所依附的消费文化到底具有什么样的中国特色。它就是西方的或所谓"全球化"的消费主义吗？身体写作背后有着何种中国特有的文化症候？这是我们理解中国的而不是西方身体写作的关键所在。要对此做出令人信服的解释，就不得不引入严肃的

---

① 杨克主编：《2000中国新诗年鉴》，广州出版社2001年版，第544—547页。
② 张国涛：《"身体写作"批判断语》，《北方论丛》2005年第5期。
③ 黄应全：《解构"身体写作"的女权主义颠覆神话》，《求是学刊》2004年第4期。亦可参见阎真《身体写作的历史语境评析》，《文艺争鸣》2004年第5期。

政治分析视角阐释中国消费文化的特殊政治文化环境。①

(三) 从身体写作到文学身体学

在热闹的身体写作论争过去之后,学术界出现了所谓"文学身体学"研究,考察不同时期的文学想象、处理、呈现身体的方式,揭示身体写作背后丰富的文化与历史内涵。②

在《肉身叙事的文化逻辑》中,朱大可从女权的逻辑、反叛的逻辑、享乐主义的逻辑和市场的逻辑四个方面,分析了身体写作背后复杂的逻辑关系。在朱大可看来,木子美的肉身叙事起初不过是某种低俗的露阴游戏,以满足公众的偷窥欲,而后才被男性公众逼成了一场女权主义的激战。而她们也由此利用肉身优势获得了有关名望的社会权利。但她们的反叛性叙事却充满了道德危险,她们裸身行走在高高的话语钢丝上,孤身挑战着数量庞大的传统社群,借此在男权垄断的领域做惊世骇俗的一跃。享乐主义与意识形态解冻密切相关。意识形态的解冻,使西方中产阶级正在沿着性解放和性享乐的道路疾行。而中国情欲的自我解冻,正响应了这一盛大的全球化进程。消费时代在解放情欲的同时,也消解了它的社会"毒性",令其呈现为与官方稳定性诉求相符的安全面貌。在全球资本主义时代,几乎没有任何一种事件能够摆脱市场之手。身体消费和情欲经济学日益发达,它为卫慧们开辟了广阔的国际市场。市场逻辑坚定地塑造着文化的属性,把它变成资本运作的附庸。③

陶东风比较详细地梳理和分析了中国现当代文学中(一直到木子美)的身体写作,揭示了其中所包含的政治文化症候。陶东风指出,文学与身体一直是紧密联系的。我们不能设想没有身体的文学与文化,也不能设想没有身体的写作,即使是对于身体没有任何描写的文学,也是一种文化症候,是一种"创造性的不在场"或"有意味的不在场"。因为身体在文学中的不在场本身也是文化处理身体的特定方式。我们应该谈论或值得谈论的不是是否存在没有身体/脱离身体的文化与文学,也不是是否存在处于文化之外的身体,而是不同时代的文化以及文学是如何处理与呈现身体的。因而,考察不同时期的文学想象,处理、呈现身体的方式,可以揭示出丰富的文化与历史内涵(在这方面福柯的研究非常具有启发性)。

---

① 贺玉高、李秀萍:《"身体写作与消费时代的文化症状学术讨论会"综述》,《文学评论》2004年第4期。

② 陈定家编:《身体写作与文化症候》,中国社会科学出版社2011年版,第179页。

③ 朱大可:《肉身叙事的文化逻辑》,《新民周刊》2004年6月8日。

陶东风首先概括了在新中国成立后到新时期以前的"革命文学"中的身体书写。第一,革命文学中个体的身体基本上是缺席的,文学作品中只有非常少的身体描写,即使有也是千篇一律的政治——阶级符号化的身体,是作为集体身体(阶级身体)之符号的身体。革命文学几乎不描写特殊的个体化的身体感觉。之所以如此,是因为社会主义的革命伦理(它又称为"人民伦理")是敌视个体身体的,社会主义的道德表达——"美好的未来""美好的事业""美好的时代""美好的献身"剥夺了个体身体的价值。这是革命文学身体叙事的第一个特点。

第二,革命文学的身体叙事的另一个特点是身体的阶级政治化。革命文艺有一套特殊的身体符号学体制、程序、惯例与等级制。人的身体特征被赋予了特定的、明确的政治内涵并被纳入价值等级秩序(它后来被批评为"脸谱化"):无产阶级的强壮身体无论在道德价值上还是在审美价值上均高于知识分子的柔弱身体。

第三,在革命文化与革命文学中,思想改造与身体改造常常是结合在一起的。这一点在知识分子"上山下乡运动"中得到了集中的体现。知识分子上山下乡既是思想改造,同时也是身体改造,思想改造是通过身体改造(参加体力劳动,把知识分子的身体改造为工农兵的身体)进行的,而且最后落实为身体改造,不同的身体特征与不同的阶级身体和政治身份存在一一对应的关系。从这里可以发现政治权力对于身体的铭刻。

第四,无产阶级的生产性身体是男性中心主义的,它使得女性身体去性别化、男性化。"铁姑娘"成为那个时代理想的女性形象,由此,革命时代的男性同样是革命话语的受压制者与牺牲者,他们同样不能表现自己的个体化的身体趣味,同样没有按照自己的文化趣味与审美理想塑造身体(包括发型、服饰等)的权利。因此,笼统地把那个时代的革命文化等同于男权文化又是不够的,甚至掩盖了问题的实质。

随后,陶东风以此分析了具有代表性的几位作家的身体写作状况,揭示了其背后所潜藏的政治文化症候。从王小波的《黄金时代》中,陶东风看到了其中所蕴藏着的"政治批判意义",认为这部小说可以解读为通过身体——主要是性爱——来对抗那个荒谬时代的文本。小说中的性爱之所以具有极大的政治颠覆意义,在于他们的行为发生在那个极权主义的时代,这使得他们的性爱成为抵抗政治改造、思想改造的唯一武器。

从张贤亮的《男人的一半是女人》中,陶东风看到了其中所蕴藏着的在身体解禁后又重新陷入启蒙主义与发展主义意识形态中的矛盾与纠葛。陶东风指出，80年代初期的启蒙主义依然纠结于感性与理性、灵魂与肉体的二元对立的思考之中，而且这种思考又往往紧密地联系在对于国家与民族命运的宏大叙事。小说《男人的一半是女人》对于身体的处理就带有这样的双重特征：解放身体（章永磷的性功能的恢复）的过程最后却又走向献出身体（章永磷最后离开黄香久）。由此，"男人的一半是女人"的寓意是：男人的一半是身体/肉体（属于黄香久），另外一半是精神/灵魂（属于伟大的民族国家和人民）。

此外，对于莫言小说中带有极强民间文化色彩的身体描写，对于余华等先锋作家的客观、冷漠、零度的身体暴力描写，对以陈染、林白为代表的女性作家的私人化写作，对以卫慧、棉棉、木子美等人为代表的美女作家的身体写作，等等，陶东风都做了饶有兴味的分析[①]。陶东风的分析具有把典型文本与历史语境相结合的突出特点，通过这种分析，我们可以清楚地看到，身体、身体写作作为一种现象，其背后有着复杂的社会政治文化因素，这就需要我们深入分析这背后的文化症候，才可能看清楚中国式身体、身体写作的清晰面目。

可以说，陶东风通过自己的分析，展现了他所说的"文学身体学"的魅力。事实上我们看到，当下的身体写作研究，已不再纠缠于对卫慧、木子美他们进行道德声讨和消费身体的研究了，而是转向了更为广阔的"文学身体学"，从中国文学，尤其是中国现当代文学发展中分析其蕴含的身体叙事及其背后的文化症候，这已成为当代文学研究的一个新的切入点。早在2005年，就已有了这方面的著作，如葛红兵、宋耕在《身体政治》（上海三联书店2005年版）中，就对中国现当代文学中的身体叙事进行了分析，包括"五四"新文化革命中的"身体"观念、革命时代的身体意识形态、启蒙叙事、革命叙事之后的身体写作、饥饿的文化政治学、性政治、病中的身体等，结合作品进行了分析，但总体上分析得还是简略。海外学者朱崇科在《身体意识形态》（中山大学出版社2009年版）中，选取了当代文学中的几位作家，如贾平凹、余华、王小波、陈染、九丹、木子美等，通过文本细读，对作品中所体现出来的身体政治进行了较为详细的分析，很好地把身体写作理论与

[①] 陶东风：《中国当代文学中身体叙事的变迁及其文化意味》，《求是月刊》2004年第6期。亦可参见陶东风《文学理论的公共性：重建政治批评》，福建教育出版社2008年版，第10章。

中国语境结合起来。这是一条值得借鉴的研究之路。这一点在柯倩婷的《身体、创伤与性别——中国新时期小说的身体书写》(广东人民出版社 2009 年版)中也有体现。本书也是选取了几位作家的代表性作品进行分析,如铁凝的《玫瑰门》、莫言的《丰乳肥臀》、王小波的《万寿寺》、王安忆的《长恨歌》、许小斌的《蛇羽》等。在该著作中,作者还试图建构起文学身体学的分析框架,列出了在该书分析中所涉及的 8 个方面:

1. 感官、饥饿、饮食、疾病与身体
2. 性、母职与性别政治
3. 生育、建筑、空间与身体
4. 服装、建筑、空间与身体
5. 精神创伤、记忆与体现
6. 暴力、酷刑与施虐受虐狂
7. 句法结构、语言意象、写作与身体
8. 酷儿与性政治[①]

这样的分析框架虽然并不完全科学和合理,但基本包括了文学身体学所要研究的基本内容。进一步结合中国语境,分析身体所包含的复杂社会政治文化内涵,或许是文学身体学进一步深入展开的方向。

---

① 柯倩婷:《身体、创伤与性别——中国新时期小说的身体书写》,广东人民出版社 2009 年版,第 36 页。

第七章　当代中国的媒介研究

本章我们要分析的是当代中国的媒介研究。媒介研究纷繁复杂,几乎涉及所有人文学科不同分支,乃至部分自然学科门类,如媒介政治与政治学、媒介发展与社会学、媒介产业与经济学、媒介影响与教育学、媒介责任与伦理学、媒介监督与法学、媒介艺术与美学、媒介接受与心理学、媒介本质与哲学、媒介技术与光学、电子学等自然学科等。[①] 我们显然不可能涉及所有领域,而只是从文化研究的角度来梳理和分析当代中国媒介研究若干我们认为重要的问题。但首先应当看到,文化研究范式在当代中国的媒介研究中并不占主流地位,有意识地运用文化研究方法进行媒介研究的成果还并不多见;但在当代中国卷帙浩繁的媒介研究著述中[②],往往会提及或运用到文化研究的理论与方法,因此我们需要做的是在当代中国的媒介研究的大海中,仔细寻找文化研究的影子,以对媒介研究中的文化研究范式尽可能做出准确而恰当的分析和评价。这是一个艰难的过程。本章我们将根据文化研究的媒介分析范式,从媒介的生产机制、媒介的文本内容及受众研究三个方面来梳理、分析和评价当代中国的媒介研究。

一　批判性媒介研究

本节我们主要从总体上梳理和分析文化研究与媒介研究的结合,即运用文化研究范式进行的媒介研究,或宽泛地称为批判性媒介研究,并梳理这种

---

① 尹鸿:《传媒研究的专业化、人文化、多样化》,载王岳川主编《媒介哲学》,河南大学出版社2004年版,第254页。

② 检索中国知网,截至2013年5月1日,在哲学与人文科学、社会科学Ⅰ辑、社会科学Ⅱ辑三个学科库中检索,以"媒介"为题名的论文有4756篇,以"媒体"为题名的有22279篇,以"传媒"为题名的有6794篇,以"传播"为题名的有23650篇,合计有57000余篇。以这四个为题名,在国家图书馆检索中文图书,合计约有20000部。即便去除掉重复的论著,关于媒介的论著也不会少于60000部(篇),真可谓卷帙浩繁。

研究范式在中国的发展及其本土化问题。

（一）媒介研究的批判理论范式

媒介研究范式（或学派），一般分为两种，一是以美国媒介研究为代表的经验主义范式，又称传统学派；二是以欧洲媒介研究为代表的批判理论范式。① 两者的区别是，首先，前者倾向于将传播作为人的一种行为来研究，认可现存的社会制度和传播制度、媒介制度，并以自己的研究成果为现存制度服务。其研究方法注重实证调查、实验对比和定量分析，有浓厚的实证主义和功能主义色彩。后者则采用整体化、系统化的方法来研究现代传播现象，在不排斥定量分析和实验室研究的前提下多采用定性分析方法，把大众传播同所处的社会环境和社会制度联系起来进行研究，注意大众传播方式和社会制度、政治结构之间的关系。② 其次，前者主要采取的是一种价值中立的立场，而后者则强调通过批判式的研究介入社会，进而引导受众起来变革现实，促进社会更为合理的发展。还有学者专门通过图表对这两者做了比较③：

传统学派的特征	批判学派的特征
经验的	批判的
定量的	思辨的

---

① 不同的学者对媒介研究范式的分类并不完全一致，如有的分为客观经验主义范式、诠释经验主义范式和批判理论三种范式（刘海龙：《大众传播理论：范式与流派》，中国人民大学出版社 2008 年版）；有的分为实证主义、解释社会学以及批判社会学范式（吴飞、万学成：《传媒·文化·社会》，山东人民出版社 2006 年版），也有的分为经验—功能、控制论、结构主义方法论三个学派（陈卫星：《传播的观念》，人民出版社 2004 年版），有的分为经验主义、技术主义、批判主义三种研究范式（胡翼青：《传播学：学科危机与范式革命》，首都师范大学出版社 2004 年版）等。但从总体上看，两分法更为简洁和常见（参见陈力丹《试论传播学方法论的三个学派》，《新闻与传播研究》2005 年第 2 期）。

② 段京肃：《大众传播学：媒介与人和社会的关系》，北京大学出版社 2011 年版，第 344 页。

③ 李彬：《传统学派与批判学派的比较研究》，《新闻大学》1995 年第 2 期。关于媒介研究的批判学派与经验学派的区分的论述很多，可参见罗杰斯《传播学史：一种传记式的方法》，殷晓蓉译，译文出版社 2002 年版，第 129 页；黄瑞琪《社会理论与社会世界》，北京大学出版社 2005 年版，第 74—82 页；朱晓军《电视媒介文化与后现代主义思潮》，中国广播电视出版社 2009 年版，第 6—14 页；陈力丹《谈谈传播学批判学派》，《新闻与传播研究》2000 年第 2 期；陈全黎《现代性的两副面孔——论传媒批判学派与经验学派的分野》，《文艺理论与批评》2003 年第 5 期；潘知常、袁力力《文化研究：传媒作为文本世界——西方传媒批判理论研究札记之一》，《现代传播》2003 年第 1 期；董天策《传媒与文化研究的学术路径》，《学术研究》2012 年第 1 期；蒋晓丽、石磊《传媒研究的文化转向》，《中外媒介批评》（第一辑），暨南大学出版社 2008 年版；侯卫婷《传播学批判学派与传统学派的分析》，《东南传播》2009 年第 1 期；梅琼林《方法论：传播学批判学派与经验学派的比较分析》，《中国社会科学院研究生院学报》2007 年第 3 期；等等。

传统学派的特征	批判学派的特征
功能主义 具体实证的 注重效果研究	马克思主义 广泛联系的 注重控制分析

本章我们所要分析的,是以伯明翰学派的文化研究理论为主的批判理论范式。

媒介研究的批判范式所运用的主要理论,除了法兰克福学派的批判理论,还有符号学—结构主义理论、伯明翰学派的文化研究理论、政治经济学,以及文化帝国主义理论、后现代主义文化理论等①。那么,文化研究又是从哪些方面研究媒介,或采取何种媒介研究的路径的?

厄尼在《媒介研究和文化研究:共生趋向》一文中指出了文化研究与媒介研究的契合点:(1)"大众传播"被重置于"大众文化"的批判研究之中;(2)对符号学和意识形态批评的知识和政治投资;(3)加强基于身份认同的传媒批评,如媒介研究中"身份政治"和性属政治、种族政治和性别政治等的提升;(4)生产——或建构——一种介于传播政治经济批判和传媒文化研究之间的方法论框架。② 克里斯·巴克在对"传播"这一概念进行界定时指出:"从文化研究的观点而言,传播关注于生产、消费与意义的交换上。""文化研究里的传播研究,是在生产(政治经济)、文本(符号学、论述分析)与接收(或消费)等层级中进行的。"③ 由此我们可以看到,媒介研究的文化研究范式,主要就是从媒介生产、媒介文本及媒介受众三方面来研究的,在这方面,国内引述最多的恐怕就是凯尔纳在《媒体文化》中的阐述。

凯尔纳在此名著中提出了一种多重视角的媒介研究方法,这种研究方法将涉及或包括:(1)文化制作与政治经济学;(2)文本分析;(3)文化文本的接受和运用。④ 凯尔纳进一步指出:

> 我审视的是媒体文化是怎样同政治和社会的斗争叠合在一起,怎

---

① 参见于德山《当代媒介文化导论》,中国广播电视出版社2012年版,第5—15页。
② 托比·米勒编:《文化研究指南》,王晓路译,南京大学出版社2009年版,第154页。
③ Chris Barker:《文化研究智典》,许梦芸译,韦伯文化国际出版有限公司2007年版,第48—49页。
④ 道格拉斯·凯尔纳:《媒体文化》,丁宁译,商务印书馆2004年版,第7页。

样参与塑造日常生活,怎样影响人们的思维和行为方式,影响人们怎样看待自己和他人,以及如何形成自身的认同性,等等。同样,以下的研究也考察了当代媒体文化的某些方式,即在为意识形态的统治提供了有助于复制当下的权力关系的诸种形态的同时,也为人们提供了诸如怎样形成自身的认同性,获得自身权力,如何抵制和抗争等的资源。我认为,媒体文化是一个你争我夺的领域,在这一领域里,主要的社会群体和诸种势均力敌的意识形态都在争夺着控制权,而个人通过媒体文化的图像、话语、神话和宏大的场面等经历着这些争夺。①

这段话是对凯尔纳理解的媒介研究的文化研究范式的总括性陈述,即媒介是一个权力斗争的领域,批判性的媒介研究或对媒介的文化研究,就是要阐释和揭示媒介在生产、文本及接受三个环节隐藏着的各种复杂的权力关系。这一研究路径在国内学者那里也得到了认同,并有诸多类似的阐述。② 有学者用"控制"一词概括了批判学派媒介研究的核心问题:"简单地说,批判学派主要是在政治、经济和文化三点上做文章。尽管批判重点不同,但他们都是从西方马克思主义的立场上出发,始终紧扣'控制'的命题——'谁控制着传播''为什么控制''为谁的利益而控制'。时至今日,一些批判学派的成员仍然继续研究着这些有关大众媒介机构的所有权和控制问题。换言之,批判学派的中心问题也许是'为什么控制'或'为什么不控制',而经验学派的中心问题是'怎样传播'和'传播多少'。"③ 本章我们也是以权力/控制为核心,按照媒介生产、媒介文本及受众影响三个方面来介绍国内的媒介文化研究。④

---

① 道格拉斯·凯尔纳:《媒体文化》,丁宁译,商务印书馆2004年版,第11页。
② 蒋晓丽、石磊:《传媒研究的文化转向》,《中外媒介批评》(第一辑),暨南大学出版社2008年版;史安斌:《大众传播与文化研究》,《当代传播》2003年第6期;蔡骐、谢莹:《文化研究视野中的传媒研究》,《国际新闻界》2004年第3期;等等。
③ 吴飞、王学成:《传媒·文化·社会》,山东人民出版社2006年版,第113页。
④ 关于媒介研究的文化研究范式的基本特点,还可参见秦贻《批判的联合:文化研究与传播政治经济学之关系演变》,《湖北社会科学》2009年第11期;梅琼林《文化研究视野下的传播研究》,《北方论丛》2005年第5期;刘晓红《共处·对抗·借鉴——传播政治经济学与文化研究关系的演变》,《新闻与传播研究》2005年第1期;冯婷《浮出表面的文化——文化社会学的传媒研究》,《中共浙江省委党校学报》2006年第4期;赵月枝、邢国欣《传播政治经济学》,载刘曙明、洪浚浩编《传播学》,中国人民大学出版社2007年版。

(二) 批判性媒介研究在中国的发展简史

媒介研究的批判学派,在中国的引入时间并不晚,根据刘海龙教授的考证[①],早在20世纪70年代末和80年代,这一媒介研究学派就得到了中国学者的注意,并用了相当大的力气去介绍。全国首届传播学研究学术研讨会于1982年12月在北京举行,会后出版了《传播学(简介)》(中国社会科学院新闻研究所、世界新闻研究室编,人民日报出版社1983年版)一书,向中国读者全面系统地介绍了西方传播学。这对传播学在中国社会的发展产生了重要影响。这本书中就有对欧洲媒介理论,包括批判理论的介绍。

1986年,张黎曾撰文,对当时美国的实证主义传播理论提出了反思[②]。但对于当时沉溺于喜悦和收获中的受众调查研究者来说,这些批判性的视角离他们的研究现状太远,没有引起他们的重视。同年,中国人民大学新闻学院研究生王志兴(后赴英留学)在第二次全国传播学研讨会上宣读了一篇颇受瞩目的论文——《欧洲批判学派与美国传统学派的分析》(《新闻学刊》1986年第6期),对批判学派第一次予以详细评析。

1987年,正在日本留学的郭庆光在中国人民大学新闻系主办的《新闻学论集》第11辑发表《大众传播学研究的一支新军——欧洲批判学派评介》,是国内第一篇全面介绍传播批判学派的论文。黄煌等翻译的《权力的媒介》(华夏出版社1989年版)是国内译介的第一本传播学批判学派的著作。

进入20世纪90年代以后,随着学术界对批判理论的重视,对文化研究理论的介绍、评析的论文、教材、专著、丛书、网站等日益增多,媒介研究的批判学派也得到了很大的发展。但是,与经验主义学派的媒介研究相比,批判学派的媒介研究依然是相对薄弱的,只是在媒介研究中"若隐若现"[③]。甚至出现厚此薄彼一边倒的局面。很多学者对此进行了反思。

刘海龙认为,早期批判学派被忽视,很大程度上是因为当时国内学者只是从新闻理论的框架去解读它们,低估了它们真正的价值,由此而在传播学的跨文化交流过程中产生了一种相当奇特的批判学派"失踪"现象。[④] 有的

---

① 刘海龙:《"传播学"引进中的"失踪者":从1978—1989年批判学派的引介看中国早期的传播学观念》,《新闻与传播研究》2007年第4期。
② 张黎:《美国和西欧传播研究的现状》,《新闻学刊》1986年第4期。
③ 李彬:《传播学派纵横谈》,《国际新闻界》2001年第2期。
④ 刘海龙:《"传播学"引进中的"失踪者":从1978—1989年批判学派的引介看中国早期的传播学观念》,《新闻与传播研究》2007年第4期。

学者从批判精神缺失的角度对这个问题做出了反思，认为以美国为代表的实证主义传播研究并非没有价值，但它只是某项研究的一部分而不是全部。但直到今天，这种对西方传播学尤其是美国传播学的科学崇拜现象依然广泛存在，而且在某些方面似乎有愈演愈烈的趋势，其根源在于30年来中国的传播主体缺乏对自身和对学科的批判和怀疑精神，没有对自身的认识论工具进行过认真的批判与反思。作者指出："正是因为缺乏批判精神和反思能力，不少当代传播研究主体也无法看到现有理论和方法的不足，无法看到他们自身的学术精神存在缺陷，甚至无法理解自身为什么要用这样的理论和方法来进行相关研究。更糟糕的是，相比于第一代学者，他们中的有些人甚至还更缺少了挑战当代社会弊端的勇气和理想主义的色彩。"[①] 这样的批评也许有些偏激，但事实上确实存在这种情况。李彬的批评与此相通。李彬认为，大陆学界对两大学派后来出现厚此薄彼一边倒的局面，不仅涉及专业认知与学科建制，而且关乎社会政治与文化思潮。这也是一个典型的"去政治化的政治"的结果。他指出，在反思"文革"与解放思想的时代氛围中，新闻学界一方面对既往过度政治化的新闻传播学及其实践弃如敝屣，另一方面又将貌似不讲政治而只谈科学，实则渗透冷战意识形态的美国传播理论及其实践奉若神明。[②]

可以说，媒介研究的批判范式的薄弱，与中国传播学界批判精神的缺失有着密切关系，而这会进一步影响到中国媒介研究的本土化建设。

（三）媒介研究的本土化

媒介（传播）研究的本土化的口号几乎与中国传播研究的兴起同步，甚至很早就提出了中国传播研究的16字方针，即"系统了解，分析研究，批判吸收，自主创造"。口号是提出来了，但至于如何进行自主创作，还无暇细究，因为很显然，我们的传播研究还没有什么积累。20世纪90年代，本土化问题再次提出，甚至还形成了激烈的论争，有的强调"回到过去"，从中国传统文化资源中挖掘和建构我们自己的传播理论，有的则对此采取否定态度，认为首先需要采取拿来主义，即拿来西方的传播理论，"在本土化之前先原原本本、扎扎实实地取回真经"，然后才可以进行本土化，因为本土化所"化"的是西方的传播理论，如果对西方理论还一知半解，甚至没有完全掌握，谈

[①] 胡翼青：《中国传播研究主体批判三题——基于反思社会学的视角》，载周晓虹、成伯清主编《社会理论论丛》（第4辑），北京大学出版社2009年版，第271页。

[②] 转引自李彬《批判学派与中国》，《青年记者》2013年第1期。

什么本土"化"？也有学者呼吁采取一种对话原则，使不同观点、不同学派可以进行交锋，而不是几个西式名词在各种场合被用来用去。①

2011年左右，有一批国内的青年学者再次把传播学研究的本土化问题提了出来。这次讨论主要围绕着"西方理论"与"中国经验"问题展开，在反思和批判过去关于本土化问题的讨论中，试图在学理上进一步推进中国的传播理论的发展。比如有学者明确指出，在30年传播研究的本土化过程中，始终贯穿了"西方理论，中国经验"的二元框架。这种框架暗含着一个致命的二元对立的认识论缺陷，即西方（有）理论与中国（只有）经验；而本土化的路径只是以中国的例子来验证西方的理论，或机械地把西方理论套用到所谓的"中国经验"之上，而何为"中国经验"则是"一笔糊涂账"，不但不能创造出中国的传播学，倒是更有可能用中国的经验去"丰富"西方理论的案例库，拓展和强化西方理论的话语霸权。② 为此，有学者在中国经验与中国自主理论上做了具体的探索。比如刘海龙明确提出了本土化的标准问题，并归纳出了本土化的四种基本表述：一是"对中国经验和中国问题的研究"；二是"中国学者的研究"；三是"研究成果能够应用于中国实践"；四是"在西方范式之外确立中国范式"。作者认为，一般所说的传播研究本土化也就是这四种基本表述的组合。作者还在特殊与普遍、应用与理论的坐标系中，直观地表达了这四种基本的本土化的表述：

刘海龙之所以建构这样的坐标模型，是希望本土化研究不要畸形发展，而是四个区域的研究综合发展，他认为只有这样，我们才能说中国传播研究真正走上了健康的本土化道路。③

应该说，这样的认识还是有道理的，对于中国媒介研究的本土化探讨具有纠偏作用。在这个坐标系中，刘海龙还特意指出要加强理论取向的研究，即在研究特殊问题的基础上，逐渐形成具有普遍性的理论。刘海龙的这个认识在其他一些学者那里也有论述。李智认为，就传播研究而言，本土化就是基于本土社会传播现象和问题的独特性而对外来的传播理论做出补充、修订

---

① 参见余也鲁《在中国进行传播研究的可能性》，《新闻学会通讯》1982年第17期；胡翼青《传播研究本土化路径的迷失——对"西方理论，中国经验"二元框架的历史反思》，《现代传播》2011年第4期；李彬《反思：传播研究本土化的困惑》，《现代传播》1995年第6期；王怡红《对话：走出传播研究本土化的空谷》，《现代传播》1995年第6期；等等。

② 李智：《在"理论"与"经验"之间——对中国传播研究二元路径的再思考》，《国际新闻界》2011年第9期。

③ 刘海龙：《传播研究本土化的两个维度》，《现代传播》2011年第9期。

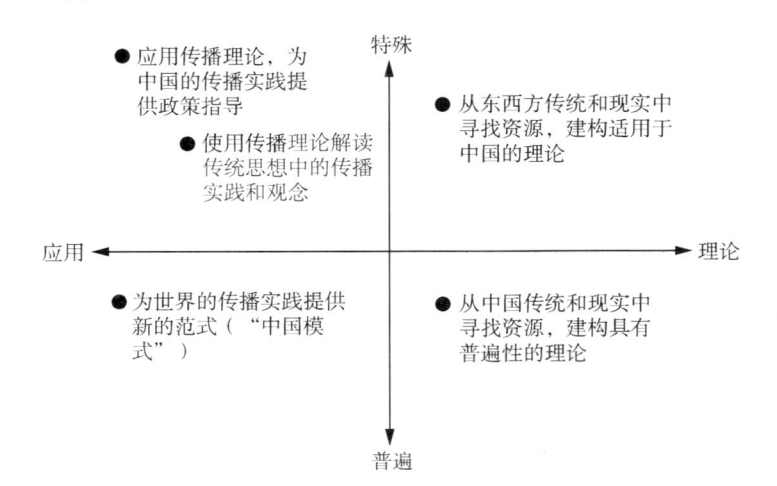

```
            特殊
             ↑
● 应用传播理论，为
  中国的传播实践提
  供政策指导        ● 从东西方传统和现实中
                    寻找资源，建构适用于
    ● 使用传播理论解读    中国的理论
      传统思想中的传播
      实践和观念

应用 ←————————————————→ 理论

  ● 为世界的传播实践提供   ● 从中国传统和现实中
    新的范式（"中国模       寻找资源，建构具有
    式"）                   普遍性的理论

             ↓
            普遍
```

或否定，并进一步走向新理论框架的建构。通过对国际化的反思，李智指出，并不存在脱离本土的国际化，国际化只是一种简便的说法，其完整的意思应当是把本土的东西国际化即"本土（的）国际化"。一种西方传播理论一旦在中国被创造性地转换成本土的理论，它同样可以不断地被概念化和抽象化，从而超越中国的经验而与世界经验结合，普世（普适）化为国际学界所普遍接受和认同的理论。这就是本土理论的国际化。① 可以说，如果本土化不能真正建构出本土的理论，这种本土化是否成功是值得商榷的。

也有学者通过梳理当代中国传播研究的历史后指出，中国的当代传播研究大都可归到"传播史"和"传播应用研究"，基本没有以创新为标准的理论研究。而传播研究本土意识的重兴，实现"传播理论的本土贡献"，才是中国传播学者的追求目标。为此，作者指出了本土化理论建构的几个步骤，一是基于中国经验的研究，二是基于本土经验提出中国问题，三是在前面研究的基础上，发现和发展出中国范式的研究。这就是作者所指出的中国经验、中国问题、中国范式的三位一体的本土化研究和实践。②

除了对本土化实践进行具体的探索之外，也有学者从批判精神的角度对本土化给予阐释和评价。比如有学者就明确指出，本土化既不是一种操作方法，也不是一种研究路径，更不是什么整齐划一的思想运动或学者们的集体

---

① 李智：《在"理论"与"经验"之间——对中国传播研究二元路径的再思》，《国际新闻界》2011年第9期。

② 邹利斌、孙江波：《在"本土化"与"自主性"之间——从"传播研究本土化"到"传播理论的本土贡献"的若干思考》，《国际新闻界》2011年第12期。

使命。它需要内化为一种自觉意识而不是外显为一种政治口号，它需要理论与经验自然的融合和互动而不是二元对立，需要中国学者在与西方学术对话过程中的那种批判意识。而中国传播理论本土化的失败在很大程度上是因为研究主体缺乏批判意识，缺乏探索的主体性，不假分析便自动地归属于西方理论的话语霸权并自觉地受其支配。可见这种所谓的"学术自觉""批判精神"实际上受到媒介帝国主义理论的影响，把本土化与反西方等同起来。①可以说，发展中国的批判式媒介研究，倡导媒介研究中的批判精神，也是中国媒介研究本土化建设的一个重要途径。

二 媒介生产中的权力关系

媒介生产研究所运用的理论资源主要是政治经济学。文化研究与政治经济学虽然在早期存在着矛盾和冲突，甚至引发了论争，但我们在这里并不去清理两者的恩怨，而是把政治经济学研究范式看作是广义文化研究的一部分②，并以此来考察媒介的生产、传播及消费过程，以及其中所包含的各种权力关系。

（一）媒介生产与政治经济学

媒介（传播）的政治经济学研究范式大约开始于20世纪30年代。有学者概括了对政治经济学派的形成具有重大影响的三种原因，即：传播媒介从小规模的、家庭经营的企业发展成为20世纪的新型大工业；国家政权作为生产者、分配者、消费者和控制者日益深入地参与到传播过程之中；传播大工业和资本主义国家利益的扩张所造成的世界范围内的传播不平等和"文化帝国主义"现象。③

这一范式的基本研究思路，就是把媒介的传播活动看作是一种政治经济活动，研究媒介在生产、分配、流通、交换及消费过程中所包含的政治经济因素，揭示国家、社会、媒介组织及受众之间所蕴含的各种权力关系，尤其

---

① 胡翼青：《传播研究本土化路径的迷失——对"西方理论，中国经验"二元框架的历史反思》，《现代传播》2011年第4期。亦可参见胡翼青、柴菊《发展传播学批判：传播学本土化的再思考》，《当代传播》2013年第1期。

② 参见理查德·马克斯韦尔《文化研究里的政治经济学》，载托比·米勒主编《文化研究指南》，王晓路译，南京大学出版社2009年版。

③ 李琨：《传播的政治经济学研究及其现实意义》，《国际新闻界》1999年第3期。亦可参见赵月枝、邢国欣《传播政治经济学》中对传播政治经济学学术起源及发展的概述，载刘曙明、洪浚浩编《传播学》，中国人民大学出版社2007年版，第516—518页。

是关注政治经济力量对媒介生产传播活动的控制和制约作用，比如考察媒介传播中生产资料是如何被占有和控制的、媒介产品是如何分配的，以及受众是如何（被动）消费的等。

西方的传播政治经济学主要以马克思主义政治经济学为基础，同时吸收了制度经济学、新马克思主义政治经济学观念以及法兰克福学派的文化工业理论等。媒介政治经济学派的主要代表性人物有：加海姆、斯迈思、瓦斯科、默多克、席勒·莫斯可（Vincent Mosco）等。[①]

传播政治经济学的研究在中国兴起较晚，目前我们也还没有真正与国际传播政治经济学界接轨，其具体表现就是在文献引证方面的薄弱，尽管有一些可以归入传播政治经济分析的研究课题，但采用的却是自创的研究思路和方法，并且未能形成学派。[②] 但是我国现阶段实行社会主义市场经济，在许多方面与资本主义经济有着共同之处，如某些媒介经营的市场化；信息的商品化；受众作为商品的买方，在接受动机、选择信息的方式等方面的变化以及政府对传播信息内容的干预的减弱，等等。[③] 这都促使我们可以借鉴西方的政治经济学理论进行媒介批评研究。

那么，政治经济学模式是如何具体分析媒介或媒介生产的呢？中国学者赵月枝、邢国欣在《传播政治经济学》中，把传播政治经济学的分析模式分为了四个阶段：（1）提供背景/语境（contextualizing）；（2）图绘（mapping）；（3）衡量（measuring/evaluating）；（4）实践（Praxis/Intervening）。

关于背景，他们指出，传播政治经济学把传播作为一个更广阔的社会整体（social totality）中的一个方面，作为资本主义的生产和再生产过程的一个部分来考察。这方面的经典例子是英国传播学者可伦（Curran）1978年的一项研究。这项以英国报业史为背景的研究表明，英国历史上对出版印花税的废除以及对报业市场的开放不仅仅是一种简单的经济行为，更不单是自由主义新闻理论叙事中所说的新闻出版自由对政府控制的胜利。他对英国议会就这个问题的辩论的分析证实，英国统治者中的改革派希望通过全面对资本开放市场来达到对社会话语权实施有效控制的政治目的。

[①] 关于媒介的政治经济学研究，可参见文森特·莫斯可《传播政治经济学》，胡正荣等译，华夏出版社2000年版。

[②] 郭镇之：《传播政治经济学之我见》，《现代传播》2002年第1期。

[③] 李琨：《传播的政治经济学研究及其现实意义》，《国际新闻界》1999年第3期。

所谓图绘，主要就是对权力场域与控制机制的图绘。传播政治经济学揭示传播在社会中是如何被构建的，什么社会力量在传播渠道的形成中发挥了作用，通过这些渠道传送的信息所波及的范围有多广，传播资源的社会分配是一幅什么样的图景。这些研究有助于理解资本、国家和其他结构性力量是如何对传播活动产生影响的，以及在贸易和劳动的国际分工背景下传播的结构和实践。他们指出，通过图绘，传播政治经济学者试图揭示：政治经济权力中心与传播权力中心（如国家、传媒集团、社会力量）的相互构建关系是怎样的。

在图绘的基础上，传播政治经济学从一定的价值观出发，对传播机构和过程进行衡量与评估。衡量的内容包括传播业在经济中的地位，意义的生产从属于资本积累的程度，传播产业所有权的集中/多元化程度，国家权力、传播机构、广告、市场逻辑对内容、形式和受众群体组成的影响程度，传播资源和权力在阶级、性别、种族、地区、国家间的分配形态，制度许诺与制度实现间的差距以及解放与压制的对比状态等。

他们认为，传播政治经济学学术实践的目标是挑战不平等的社会权力关系，深化民主和提高人类的解放程度。传播政治经济学以"民主""公民权利""社会公正"和"参与"等理念为理想价值目标，积极寻求通过国家的途径实现干预，主张参与传播政策的制定过程，从而使之民主化，使传播政治经济学提倡的规范性价值观成为政策议题并逐步得到实现。①

总之，传播政治经济学以批判的眼光去揭示媒介生产与传播过程中各种复杂的政治经济权力关系，这包括来自国家控制的政治权力、来自经济因素的商业权力，以及来自媒介组织本身的内部权力关系等。② 本节我们也主要通过相关的个案研究来阐释这些权力关系对媒介生产的影响。

（二）媒介生产中的权力关系

陆晔和潘忠党在一篇论文③中用如下图展示了新闻专业的实践空间：

---

① 赵月枝、邢国欣：《传播政治经济学》，载刘曙明、洪浚浩编《传播学》，中国人民大学出版社2007年版，第519—522页。

② 参见蔡骐《权力的视域：传播政治经济学与媒介研究》，《湖南城市学院学报》2007年第1期。

③ 本小节除注释外，主要引述的是陆晔、潘忠党的《成名的想象：社会转型过程中新闻从业者的专业主义话语建构》（《新闻学研究》（台湾）2002年总第71期），此外还引述了陆晔的《新闻生产过程中的权力实践形态研究》，载《信息化进程中的传媒教育与传媒研究——第二届中国传播学论坛论文汇编》（上册），2002年；陆晔、俞卫东《社会转型过程中新闻生产的影响因素》（《新闻记者》2003年第3期），不再一一注明。

```
                        新闻专业理念
                             △
                            ╱ ╲
                           ╱   ╲
                          ╱     ╲
                         ╱       ╲
                        ╱         ╲
                       ╱_____╲
                政治宣传体制         商业传媒体制
```

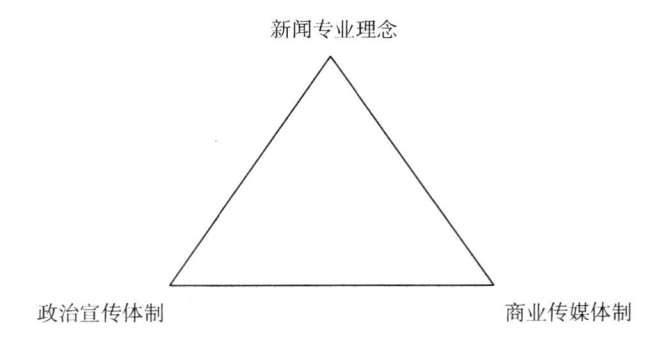

作者指出，政治宣传体制、商业传媒体制和新闻（媒介）从业人员的新闻专业理念这三种力量之间是相互冲突、相互渗透，乃至讨价还价和互为调适的，构成了社会转型过程中新闻从业者专业实践的历史场景。如果我们对这个图略做调整，把新闻专业理念换做媒介传播组织，那么同理，在普遍意义上的媒介生产中，也是这几种力量之间相互斗争、协调乃至妥协的结果。

陆晔他们阐述了这些力量之间收编与反收编的关系。他们指出，当代中国的新闻改革是在党的领导下展开的，宣传体制的基本原则受到政治权力（包括行政和意识形态）的坚决维护。它采取"强制"和"收编"两种形式主导着新闻（媒介）的生产，将"另类"话语和实践纳入主导意识形态和权力体系，使之正当化和常规化，以此将之驯化为现存体制之一部分。强制和收编最典型地体现在中国的新闻审稿制中，而有时候，节目已经安排好播出日期了，上面一个电话下来就得改、就得撤，就是一种行政强制权力的体现。其他如每天都有上级或主管部门的"宣传要求"下发到媒介组织的各个部门，内容主要是"接×××通知"，"×××事件请不要报道"或"一律采用×××通稿"，等等，都同样体现了政治权力的在场。

但作为媒介传播组织，尤其是组织中的媒介从业人员来说，并不是等着让体制来收编，他们在被收编的同时，也会进行反收编。作者通过中央电视台新闻评论部主办的栏目以及参与者们对于自己栏目的讨论，分析了"反向收编"的具体表现。作者指出，中央电视台一批"品牌"栏目，如《东方时空》《焦点访谈》《新闻调查》《实话实说》等的相继出现，首先是借助了邓小平"南方谈话"的东风，后又得益于"建立社会主义市场经济"的改革方针，而且这些栏目也获得了广泛的社会影响和较高的收视率，这反映了"在新闻实践中党的改革政策与市场运作之间的互动关系，这种互动的核心在于新闻实践者将党的改革路线'收编'到市场运作的轨道，以获取市场效益"。自此之后,"焦点"节目在很多地方电视台的涌现,令媒体不仅生产出更符合专业理念的产品,而且获得经济效益。这更说明了"反向收编"现实运作的可能性确实存在。这在以"揭秘新闻"为特色的《新闻调查》节目制作中也有相同的体现。

新闻媒介组织和从业人员的反收编,也可以用"上有政策下有对策"来说明。这种策略是当今中国社会各个领域规避、软化和抵御上级政令的有效方式。例如,《北京日报》的报头是三栏黑色草体,头版都是报道党政活动,因为读者喜爱的比较市民化的内容在头版无法报道,便专门开办了第五版"北京新闻",该版有专门的报头,四栏红色黑体字,看起来比头版醒目。上海某发行量很大的市民报纸,也称头版用来"交公粮",其他版面则尽量满足市场需要。

作者指出,这一类的变通方式,是十分行之有效的规避手段,既不冒任何抗拒宣传管理的风险,完成自上而下的宣传任务,又最大限度地保护了媒介自身的利益,尽管所谓的利益包括专业诉求和市场诉求两个不同的有时甚至是会相互抵触的方面。

但是,现实往往与理论有很大距离,尤其是反收编未必就那么顺利和成功,因为在中国,几乎所有的媒介组织都隶属于政治体制,政治权力会直接控制到每一级媒介组织,并进而控制到组织中的每一个人,使得人人无法逃脱。反收编变得非常困难。例如,由于媒介组织的领导干部都由上级宣传管理部门任免,因此在新闻生产过程中,无论是专业诉求还是市场诉求,一旦遭遇宣传制约的瓶颈,媒介主管们"首先想到的是自己的乌纱帽",退让自然就是唯一的选择。

而在媒介组织内部,以宣传为核心的传媒垄断制度和媒体行政级别的区分,使很多新闻从业者根本没有机会按照专业理念报道新闻。而且,而在中国现阶段,编辑部的内部权力运作,更多的时候,是以非制度化的方式体现出来。陆晔认为,造成这种局面的一个重要前提条件是,新闻改革对原有的一些成规提出了质疑,有些甚至被打破,但是,新的游戏规则却仍在被建构的过程中。实际上,这种非制度化的权力运作,是中国文化长期以来对权力的敬畏乃至崇拜所形成的不成文的规定所导致的,这显然会在无形中形成对新闻(媒介)从业人员的权力控制。可以说,官本位的宣传制度在摧残新闻从业者的专业身份认同,根本无法使他们实现专业理念,这令他们感到困惑,甚至失望。同时,在面对大众文化及商业文化的诱惑中,他们的专业身份认同变得更加混杂,这也使他们越发感到困扰和迷茫。由此,作者认为:"专业主义在话语实践中只能具有碎片和局域的呈现",不具有全局性和整体性。但是,即便如此,新闻从业人员的专业主义理念是目前"唯一能使新闻传媒成就其独立性,成为具有开放、理性、信息真实而且充分等特征的'公共领域'的制度框架"①,需要我们做进一步的思考和建构。

(三) 媒介生产个案研究

在本小节,我们主要通过三个关于媒介事件的个案研究,来进一步了解媒介是如何生产的,它们分别是北大百年校庆、香港回归、《杨澜访谈录》。

北京大学百年校庆

熊浩在《北京大学百年校庆:一个文化生产事件的分析》中,把北京大学百年校庆系列活动,包括媒介报道宣传,看作是一个文化事件,具体分析了多种社会力量如何共同参与了这个文化事件的生产。正如作者所指出的:

> 北大的百年校庆是一个生产某种(或某些)意义的事件。它是一个有着明确的目的、完善的组织运作过程的人为事件,通过这个事件,有某种(或某些)意义被生产出来了,某种社会再生产得以进行了。而且,并非只有单一的一种文化生产发生在其中,而是在百年校庆这个文化生产的素材和舞台上,多种社会力量粉墨登场,各显神通,他们依据各种利益需求借助不同的场景,在冲突与合作的整合之中,多种生产的过程最终共同完成了百年校庆这个文化生产事件。②

这些社会力量包括国家、北大校方、媒体、商人、策划人、民间、北大校友等,这些力量之间的博弈最终生产出了北大百年校庆,并在宣传媒介中表现出来。在某种意义上,我们显然也可以把北大百年校庆看作是一个"媒介事件",是这些社会力量共同制造了这一媒介事件。作者指出,中国现行的宣传制度,对于具有潜在政治性的事件都有来自国家、政府的严格的宣传指

---

① 潘忠党、陈韬文:《中国改革过程中新闻工作者的职业评价和工作满意度——两个城市的新闻从业者问卷调查》,香港《中国传媒报告》2005年第1期。转引自谢静、徐小鸽《媒介的组织传播模式及其与新闻生产的关系》,《新闻大学》2008年第4期。

② 熊浩:《北京大学百年校庆:一个文化生产事件的分析》,载陶东风等主编《文化研究》(第2辑),天津社会科学院出版社2001年版,第154—155页。

导。这从主流的官方报纸和市场化的报纸报道北大校庆中可以清楚地看到。作者通过统计指出，在1998年4月底之前政府的宣传口径尚未确定时，无论主流的官方报纸还是市场化的报纸都无法确定报道的"方向"，所以有关北大校庆的消息很少见报。4月30日，江泽民视察北大后，官方媒体开始全力渲染，既表明了政府对北大百年校庆的态度，也为北大百年校庆在宣传上定了性，定了方向，努力生产出"爱国进步"的北大形象。

作者具体分析了媒介宣传背后各种社会力量之间的矛盾冲突乃至博弈。对于国家和政府来说，北大既是一个被现在的国家意识形态视为"异端"的自由主义的重要阵地，是中国社会中一个"不安定"因素，但也是马克思主义在中国传播的发源地，有被中国共产党的意识形态所重点宣传的蔡元培、马寅初等革命人士。这样一所历史复杂的重要学府的百年庆典，在国家和政府看来，既可能表达有利于国家意识形态的意义，也可能蕴藏着消解现政权合法性的潜在可能。因此，对于国家和政府来说，如何报道这个事件，是一个颇费思量的问题。

而在民间，北大也许具有一种独特的魅力，标志着一种独特的文化品位乃至知识分子人格。有人期待着百年校庆彰显自由主义，有人希望北大借此振兴学术。民间对它的百年校庆的期待也自然和政府不同。

在商人眼中，北大百年校庆显然和中国社会中其他轰动事件无异，北大的政治意义也好，文化品位也好，在他们眼中都转化为大把赚取钞票的商机。

策划人也看中了北大百年校庆的新闻价值和轰动效应，他们的专业背景使他们有了一种运用现代公关技术去整体包装校庆活动的强烈冲动。也许他们都在想，如果包装成功的话，这将是中国公共关系史的一个里程碑。

除此之外，北大的校友对百年校庆的期待之情可能是最迫切的。他们希望北大向着好的方向发展，因为这反过来也会有利于他们自身的发展。

于是，各个方面对北大百年校庆的期待形成了若干个文化生产过程的雏形，它们都试图借此生产出对各自有利的意义。其中关键的北大和国家两方，"也经历着一个观察、判断、思考、讨论、决断的校庆策划过程"，甚至是一个"交换"的过程。但对于北大来说，它仍然是国家体制内的一个单位，在资源和利益上都依赖国家。它的行为应该是服从国家的命令和权力，它又如何可以与国家进行交换呢？它赖以交换的资源又是什么呢？

本文作者指出，北大独一无二的资源至少有三。首先是北大悠久的历史。北大的百年历史远比共和国和共产党的历史长远，让历史长的北大为历史短的共和国和共产党烘托和宣传,北大具有这种"长者"的资格和条件。其次,北大在历史上形成的三个社会形象也成为国家的意识形态需要利用的资源。一是在"新民主主义"革命话语中北大展现的"革命元老"和"教育重镇"的形象,这一形象本身就是国家的意识形态的一部分,但是它的发挥需要北大来施行。二是民间的北大形象,不管北大是不是某些知识分子所说的"中国自由主义的中心",也不管北大是不是老百姓印象中的"敢讲真话"的北大,这些形象不由不令国家有所顾忌。最后是北大的国际形象,这是国家尤为重视的方面。

正是因为有了这三个资源,北大就具有了和国家对话乃至进行交换的资格,但作者进一步指出:"北大之外的单位,又拿什么和国家对话和交换呢?所以,在北京大学百年校庆这一文化生产事件中体现出来的北大和国家在一定程度上的合作关系,并不能说明整个中国社会中诸多单位也具有了可以和国家进行对话的空间和自由。"[1] 从这里我们可以看到,北大校庆作为一个媒介事件,其背后是由政治、经济乃至文化所依托的各种力量的角逐和交换。

香港回归的全球直播

校庆是国内各种政治经济力量介入而生产出来的媒介事件,而香港回归的全球直播或报道,则是一个世界性的媒介事件。香港学者李金铨等人在《一起多国视野中的全球性"媒介事件"》中,就从全球媒介传播的视角,解读了这一媒介事件不同的生产原因。作者指出,尽管全球化进程不可阻挡,但国际新闻生产的本质是国内化、本地化的,最终是国家化的:"受到了权力结构、文化形态和政治经济利益的制约,各国媒体通过主流意识形态折射、再现同一事件时,存在着显著不同,这就是'内在化'的过程。""香港回归对各国话语社区来说,代表一圈圈不同的关联和利益,媒体因此可以建构出各种不同的意义。"[2] 具体来看,作者分析了不同国家对香港回归报道的不同。

美国媒体高举民主大旗;英国媒体循环"大英帝国"的余晖;澳大利亚和加拿大媒体强调香港对他们国家的独特意义;日本媒体关心经济利益,对民主问题无动于衷。"中国政府将媒体宣传统一为充满爱国情绪的'国家庆

---

[1] 熊浩:《北京大学百年校庆:一个文化生产事件的分析》,载陶东风等主编《文化研究》(第2辑),天津社会科学院出版社2001年版,第187页。

[2] 姆斯·库兰、米切尔·古尔维奇:《大众媒介与社会》,杨击译,华夏出版社2006年版,第286—287页。

典'。但鉴于历史教训,也决不让群众的激情失控出轨。"① 具体来看,根据媒体的阐释,香港回归标志中华民族战胜西方殖民主义的顶点——没有强大的共产党的领导,这个梦必然无法实现。香港回归不单是150年民族屈辱史的终结,更是澳门和台湾回归"祖国大家庭"的开始。这个框架把微观的本地回归报道,放置到宏观的中国历史背景中。媒体的历史叙述是直线发展的脚本:从1840年英国接受香港开始,接着西方帝国主义者蹂躏衰弱腐败的中国,最后以"中国再次强大起来"的主题作结。报道很少提及英国在香港的成就,也没有把回归置于"二战"以后世界普遍反殖民的脉络中看待。总之,"媒体重塑高度政治化的神话:中国是一个民族大家庭。民族庆典既然是家务事,爱国情绪与祖先崇拜的仪式就交织在一起"②。

与大陆媒体异口同声地报道相比,香港媒体虽口头赞同统一,但对于成为大家庭一员并不热情。"台湾媒体的态度是防御性和消极的。"③ 作者由此指出:"国际新闻的生产是一种意识形态的斗争。媒介按照民族利益和文化假设将新闻国内化。"④

《杨澜访谈录》

佟静在其硕士论文《媒介社会学视野下的电视访谈节目生产》中,对《杨澜访谈录》节目的生产进行了具体的个案研究,辨析了这个节目生产所受到的五种类型的控制——政治控制、经济控制、体制控制、技术控制和专业控制。

政治控制主要是来自政府部门的宣传政策、权力部门的要求等限制及约束;经济控制是来自阳光集团及东方卫视的商务指标的要求;体制控制则主要是指节目的制作公司阳光集团的民营体制的性质必须顺应其播出平台上海东方卫视固有的体制控制;技术控制主要指互联网等新媒体技术的发展给节目所带来的冲击;专业控制则是栏目组长期发展过程中逐步形成的价值观、工作规范及从业者的专业追求等。这五方面的因素控制共同构成了《杨澜访谈录》的生产和发展的动因,其中政治控制与体制控制其实是一体的,它们与经济控制一道,成为电视节目主要的生产制约因素。

---

① 姆斯·库兰、米切尔·古尔维奇:《大众媒介与社会》,杨击译,华夏出版社2006年版,第290页。
② 同上。
③ 同上书,第290—291页。
④ 同上书,第294页。

具体来看，作者指出，政治控制主要来自两个主要方面，一是宣传管理部门的政策约束，二是权力部门的利益诉求。但是相对于一些新闻性更强的节目，《杨澜访谈录》作为一档访谈节目受政治控制的影响相对较少。但有时显然也不得不考虑政治的因素。正如《杨澜访谈录》的节目制片人马敬军所说的："只要是在电视播出的节目，其生产过程肯定受到政治、宣传等政策的控制，中宣部的文件会一层一层的向下传达的，哪些能报道，哪些不能报道，都有要求的，只能在规定的范围内去做。"作者指出，此节目之所以能在10年的发展中一直稳定地走到今天，与节目遵循宣传政策、恰当地规避了政治风险有着密切关系。

与政治直接控制密切相关的，就是国家政策对于民营电视公司、付费电视、数字电视以及海外卫星电视的落地等广电政策方面的控制。对于《杨澜访谈录》节目，经受了这样的体制之困，既无法大范围落户内地，也就无力吸引广告，难以利用分众化的契机进行收费电视模式的操作。后来，随着播出平台问题的解决，体制、政策控制因素的影响也逐渐地淡化了，在相对稳定的制播分离的模式下，《杨澜访谈录》很安全地走过了此后的6年。作者指出，这并不是就说问题不存在了，只是被规避或者被绕过了，中国广电领域的体制问题是长久的，也是需要在一次次的改革中不断地进步与发展，逐渐放开市场、鼓励民营资本的加入。

在经济控制方面，由于《杨澜访谈录》的创办是在阳光卫视创立的大平台下发生的，因此，初期对节目所受经济控制的影响都离不开对阳光卫视的发展历程的变迁。"阳光文化"上市之时，市场上对卫星电视的前景非常看好，公司提出了以"内容为核心，两条腿走路"的发展战略。所谓"两条腿走路"，就是希望用卫星电视和宽频收费电视网络相结合来发展历史文化的主题内容。因此，杨澜决定从高端、特色节目入手，要从一开始就打出节目的品牌来。这一方面由她个人的兴趣爱好决定，也是深受美国探索频道、历史频道成功经验的鼓舞。杨澜希望中国4亿电视观众中10%—15%最高质量者，能成为阳光卫视的忠实客户，而这个基数及其带来的收益无疑是非常可观的。想法并没有错，从传播学理论上讲，目前大众媒体面临着受众分众化、小众化趋势，媒体为特定的受众分别传播特定的内容是发展的趋势。但当时杨澜忽略了一个事实，如果阳光卫视不能全面落地，那将意味着它的观众可能只有这15%中的15%，这样人数就相对减少很多。此外，阳光卫视的广告以形象广告为主，消费品广告少之又少，这大大局限了阳光卫视的收入来源。

加之国际资本市场融资环境恶化,国际经济大环境不好,股市恶化,难以融资来维持媒体运营。这一时期,由于阳光卫视的经济来源受到了限制,这也在一定上对《杨澜访谈录》的生产产生了细微影响,但节目的品质却未因此降低。

从 2005 年起,《杨澜访谈录》开始与东方卫视合作,在新的平台上播出。近年来,由于电视娱乐节目备受追捧,《杨澜访谈录》也退出黄金时段,在周六晚间 23∶30 播出。由于播出时间较晚,收视率一直不高,但是却一直维持在一个稳定的范围内。与其他节目不同的是,《杨澜访谈录》并不是一个收视率导向的节目,节目更注重的是其影响力。因此,由"收视率"带来的经济控制相对较少。但是,这种对"收视率"概念的淡化,并不代表其不受收视率的影响。节目的收视率报告依旧会每周送达主持人、制片人、导演的手中,导演也需要对节目收视率做出分析和总结,节目组的从业者都在不同程度上承受收视率的压力。来自政治与市场两个方面,来自宣传管理部门和行政部门的政治控制与权力干预所产生的影响与制约力要强于来自市场的控制。

可以说,几乎所有的电视节目或媒介产品,都会受到以上这几个因素的制约,只不过这些因素在不同的媒介产品生产中所起的作用不一样罢了,有的政治因素起决定性作用,有的经济因素起主要作用。

如上所述,《杨澜访谈录》可以在政治与经济的双重制约下获得一定的平衡,在自己的专业主义的自律下获得较好的发展,但如果媒介无法在政治与经济的控制下获得平衡,媒介专业主义往往也就会缴械投降,媒介就会走向双重的"封建化"境地,这也引起了许多学者的关注(详见后面媒介与公共空间一节)。

三 媒介文本与霸权建构

上一节我们主要介绍了媒介生产理论,本节我们将转入媒介文本理论:媒介生产了什么。媒介文本研究涉及的议题很多,我们显然不可能全部介绍,我们着重介绍的是媒介文本研究中关于消费主义、身份认同及公共领域的建构的研究。由于公共领域问题对于当代中国的重要性,我们将专列一节来分析。本节我们要分析的是媒介与消费主义和身份认同问题。

(一)媒介与消费主义霸权的建构

消费主义在中国的兴起有着政治、经济、文化多重因素。20 世纪 90 年代初以来市场经济体制的基本建成及快速发展，物质产品的相对丰富，大众消费欲望的不断提升，是消费主义兴起的经济基础。政治环境的相对宽松，不仅极大地解放了生产力，促进经济的快速发展，也使得人们生活的自主性得到增强，解放了国人久被压抑的欲望，而消费在很大程度上成为国人追求自我幸福、自由表现自我的一种方式。在文化领域，大众文化的兴起所带来的娱乐化潮流，显然进一步促进了消费的增长。此外，随着中国开放程度的加大，全球消费主义潮流在很大程度上对推进中国消费主义的发展也起到了重要作用。除了这些因素之外，媒介对消费主义在中国的兴起也起到了推波助澜的作用，它在传播消费主义的同时，本身也呈现出了消费主义的倾向，媒介与消费主义的这种互为因果的关系，甚至被人称为一种"共谋"，而这必然会推进或加剧中国消费主义的传播和扩散。①

1. 媒介引导/制造消费

媒介如何引导甚至制造消费，有学者从三个方面进行了阐述，首先是对具体的、个别的商品的购买和消费；其次是对生活方式消费的组织和引导；最后是开辟新的生活风尚和消费领域。②

媒体文化对具体、个别商品的消费的引导是最显而易见的，这一方面来自媒介对大众日常生活的巨大影响力，另一方面来自现代社会商品的日渐丰富。对于现代大众来说，不可能在亲自试用自己所要购买的相关产品之后再决定购买哪一品牌的产品，这就需要依赖大众媒体替自己做出"决定"，而大众媒体也似乎责无旁贷地担负起了这样的责任，小到日常用品，如一瓶洗发露或几节电池，大到衣食住行，似乎都有媒体在替人们操心，告诉消费者应该消费什么而摒弃什么，应该选购买某些品牌或不应该无视某些品牌，等等。电视购物节目在很大程度上就是这方面的典型体现。

所谓生活方式的消费，就不仅仅是商品的消费，而是把某种商品与某类人，常常是某一阶层的人的生活方式联系起来，似乎消费这种商品便成了拥有某种生活方式的标志，由此，这种商品就不再仅仅具有使用价值，而且也带有了符号性，商品消费成为一种符号消费，消费主义成为一种强加的意识形态。在这方面，把某些商品的消费与"成功人士"联系在一起的广告屡屡见诸媒体。陶东风指出，这类广告在几十秒钟内编造了一个"成功"男士的

---

① 徐小立：《1990 年代以来中国传媒消费主义文化研究》，博士学位论文，武汉大学，2006 年。
② 蒋原伦：《媒体文化与消费时代》，中央编译出版社 2004 年版，第 134 页。

故事,同时也"制造"了"成功人士"的模式或配方:年龄大多在35—45岁,身体微微发福,满面红光,有车有房,更有美女相伴。陶东风指出,问题在于,这些"成功"人士的"成功故事"根本不包含他/她的个人奋斗历程,它是在瞬间神奇地完成的;更重要的是,成功的标志不是精神性的而是物质性的,即是否拥有高档的消费品。在有些广告中,"成功"与某种商品之间甚至简单地画上了等号,例如,"贝克啤酒是每个成功男士都拥有的"。总之,陶东风认为,这些广告宣传的不是艰苦创业或奋斗进取,而是谁比谁更会消费,谁的消费水平更高、更时尚、更前沿。由于明星在今天具有巨大的知名度与示范效应,所以,这些广告对于消费者的影响力是不可低估的。

陶东风又借用阿尔多塞的意识形态理论进一步论述到,与所有的意识形态一样,广告通过"召唤"来发挥其功能,即它通过自己所设置的语言环境,以某种讨好的方式,让我们很快乐地想到我们就是广告话语中的那个特别的"你"。由此也就把消费者("你")召唤为一个假想的主体,但这个主体显然是一个由广告创造的虚假主体,它把个体与他或她的"生存的真实条件"间的关系再现为一种想象的/虚假的关系,使主体生产虚假/错误意识而同时又不能认识其虚假性。而我们在这样想的时候就已经变成了其物质实践的主体与附属品。

2. 制造新的意义空间

如上所述,媒体可以对已有的消费行为和消费方式进行归类,将一定的消费行为与一定的生活方式联系起来,使得个别的、具体的消费行为成为某种生活行为的一部分。但媒介还可以通过有意识地开发新的欲望领域和消费领域,鼓动读者大众参与其间,从而建构一整套新的消费模式,甚至生活方式,反过来进一步促进相关产品的销售。比如所谓的BOBO(布尔乔亚/资产阶级和波西米亚的结合)族,其实正是大众媒介鼓吹出来的一种消费行为或生活方式。作者通过分析指出了"布波族"的产生过程。首先,媒介在当今社会纷繁复杂的各种生活态度和价值趋向中抽出两种类型(布尔乔亚和波西米亚);其次,将这两种生活态度和行为规范决然对立起来,设想这是由两种完全不同的社会人格作为其基础的,并把它们定格在相应的消费行为和消费模式之中。这样一来,所有超越于这两者的,或者游弋于两者之间的消费行为都成为一种独特的、有着新的读解意义的社会生活事件,并将此同新兴起的社会阶层连接起来,分析出它们之间的因果联系,然后由此得出结论,"一个社会新阶层正在崛起",继而将目前社会上时尚的消费行为和生活方式同这一新的社会阶层挂钩,并对其特征做出较为详尽的描述。如此,一种与特定社会阶层相应的消费方式、消费领域就这样产生了。所以书摊上关于波波族的图书卖得好,报刊上有关波波族的文章读者多,电视里有关波波族的节目也有相当的收视率。①

3. 媒介自身的消费主义倾向

随着我国改革开放的逐步深入和世界范围内市场经济的飞速发展,20世纪90年代初以来,媒介除了引导和制造消费主义外,其自身的消费主义倾向也日益明显,这体现在媒介的传播内容和传播形式的消费主义趋向上。

首先,在传播内容上,消费主义倾向最典型地体现在媒介中广告所占的分量越来越重。比如报纸,从一开始处于报纸的角落和夹缝中,到出现整版广告,再到现在单独成册的广告小册子,广告的地位是越来越重要,许多编辑也常常在琢磨怎样在不影响读者阅读的情况下再多给广告一些版面。甚至阅读广告已经成为一些人的习惯了。而在电视方面,广告几乎无处不在,即便主管部门限制在电视剧中插播广告,但在片头、片尾的广告却增加了。

其次,媒介出现了大量的关于"生活方式"的报道,内容涉及休闲娱乐、购物旅游、居室装修、卫生保健、服饰化妆、烹饪美食等;同时还包括大量关于生活消费方面的行情、趋势、热点、时尚与流行等的报道。这类生活方式的报道既是对于某些人(成功人士)现在生活的一种再现,同时也带有将日常生活审美化的成分。而日常生活审美化,表面上看指涉的是一种审美文化现象,但实际上却是一种消费文化现象②。特别是一些影视片,透过镜头展现豪华住宅、典雅装饰、时髦衣着、高档消费,更带有理想化的色彩,它在客观上诱导并开发人们对于物质享受的欲望,以及在享受物质的同时添加对人生意义、价值的所谓"新的理解"。

最后,媒介的娱乐新闻或节目空前增多,并且出现了专门的娱乐刊物和电视娱乐频道。有的媒体(如湖南卫视)甚至以娱乐来定位自身。我们虽不能说当下中国的传媒已经进入娱乐至死的境地,但娱乐节目、版面及时间的增加无疑在不断刺激着大众的消费。使得大众在商品消费之外,获得感官上

---

① 程文超:《波鞋与流行文化中的权力关系》,载陶东风等主编《文化研究》(第3辑),天津社会科学院出版社2002年版。
② 赵勇:《从审美文化到消费文化——大众媒介在文化转型中的作用》,《探索与争鸣》2008年第10期。

的娱乐化消费。

在媒介形式方面，媒介的消费主义倾向，首先表现在注重媒介自我形象的重塑与包装，强调自己对大众的服务性，特别是一些新时期创办的媒介极力强化其命名意义和大众化宗旨。

其次，媒介努力透过各种手法、手段来强化内容的"可售性"，如捕捉、营造新闻"卖点"，搞新闻炒作、新闻策划等。所有这些在相当程度上都是为了使媒介能引起受众关注并进行有效消费。

最后，媒介形式的消费特征还表现在文本形式的变革。报纸的彩版，大量的图片，醒目的标题，都有利于形成视觉冲击力，刺激人们的消费欲。在新闻的叙述方式上，严肃新闻的叙述多为公文式，讲究准确、简洁、程序化，而着眼于消费的新闻，则采取灵活多样的叙述手法，常见以口语、俗语陈述新闻故事，以软语、情语抒写散文小品，一些"大特写""大扫描"则极尽渲染铺陈之能事，力图凸显媒介的感人魅力，以良好的心理效应唤起受众的购买行为。总之，媒介在内容和形式方面都力图制造、满足受众的物质消费和精神消费的欲望，在当今现代化社会里，媒介产品也正像食物一样日益成为人们必需的特殊消费品，成为一种不可或缺的"基本生活资料"。①

4. 媒介与消费主义的共谋

由以上我们可以看到，媒介一方面传播消费文化、消费主义；另一方面，其本身也走向消费主义，这两者是相互依存、相互影响的，两者之间"有一种直接的因果关系。因为，正是对利润的追求，使传媒一方面适应广告商和赞助商的需要大量发布广告，在各种内容中传播便于扩大商品消费的消费主义的价值观念和生活方式；另一方面使传媒更多地生产低成本、低风险、高收益并且为大众所偏爱的娱乐性和消费性内容，从而使媒介文化呈现浓厚的消费主义色彩"②。媒介与消费之间的这种关系，又被学者看来是一种"共谋"③。大众媒介由于宣扬消费主义而获得更多的受众，而消费主义由于大众媒介的宣扬更加深入人心。

传媒与消费的共谋在全球范围内都有不同程度的体现，但在中国，这种共谋却有着深刻的政治原因，那就是国家对媒介控制之严格，导致媒介形成

---

① 刘维红：《论大众媒介与消费主义》，硕士学位论文，湖南师范大学，2005年。亦可参见徐小立、秦志希《大众传媒与消费主义扩散》，《中华新闻报》2007年12月19日。
② 秦志希等：《媒介文化新视点》，武汉大学出版社2010年版，第9页。
③ 蔡骐、刘维红：《论媒介化社会中媒介与消费主义的共谋》，《今传媒》2005年第2期。

一种"经济利益最大化、政治风险最小化"① 的生存原则，与消费结盟则是实现这一原则的重要途径。有学者对此分析指出，政治上对传媒严格控制和经济上的放任传媒开始形成一种心照不宣的潜规则：政治上做好规定动作，绝不越界，无所作为比有所坚持要好，舆论监督和社会坚持远远不如迎合市场来得安全和实惠。这就进一步促使传媒由政治关注和民主探寻向消费领域转移，使本来有社会使命感和新闻理想的那一部分传媒，也把关注的重心转向了迎合受众、迎合市场，追求在现行政治和经济环境下更容易追求的经济利益。而对于那部分本来就经济关注胜过政治坚持的传媒来说，就更谈不上在民主政治中有所作为了。② 雷启立在《传媒的幻象：当代生活与媒体文化分析》中深刻指出：

> 经由时尚报刊的传布，消费观念及其话语在当代社会中所处的地位已经从"弱势"变成"强势"，变成社会主流的一部分，具有了某种霸权的力量。这种语言方式及其观念从日常生活中走进"意识形态"的内部，使"意识形态"呈现出新的面孔。政治权力的"与时俱进"促成这种转化，在本土生长的时尚报刊"开创"了以"消费"为主导的意识和观念的话语空间……③

可以说，通过媒介与消费的结盟或共谋，获胜的不仅仅是消费，在某种意义上说，这也是权力的胜利，当人人都沉浸在消费主义的快感之中时，没有人还会再去思考或对抗权力的控制。看不到这一点，我们也就不能很好地理解媒介与消费的复杂关系。

5. 媒介消费主义批判

人们对媒介与消费主义的结盟基本上采取一种批判立场，认为媒介通过制造、生产各种欲望，刺激消费，让大众在一种虚假的和谐景象中，接受媒介所传达的消费主义意识形态，媒介与消费在共谋中形成了一种新的文化霸权，进而达到控制人的目的，使人失去了自由和自主。王岳川的说法在这方面具有代表性。他指出，现代传媒塑造的是虚假的现代金钱消费神话，其目

---

① 凌燕：《可见与不可见：90年代以来中国电视文化研究》，北京广播学院出版社2006年版，第8页。
② 徐小立：《1990年代以来中国传媒消费主义文化研究》，博士学位论文，武汉大学，2006年。
③ 雷启立：《传媒的幻象：当代生活与媒体文化分析》，上海书店出版社2008年版，第54页。

的在于使生活在各种现实压力下的大众，获得一种迷醉和谐的假象，使人们忍受当下的精神压抑或现实困境（比如下岗），并把这种受经济权力和消费主义话语支配的生活当作自由愉悦的生活，把意识的灌输和强制当作自我自觉的意识，把社会所强加于个体的控制误认为是个人自由的必然体现，而最终所导致的是人们的生活和精神出现了有利于操纵的标准化和统一化，使人们逐渐抛弃了超越物质享受的价值观念，走向迎合潮流、唯新是求地趋向"时尚"。为此，王岳川认为研究大众传媒必须回到文化生产方式的所有权或控制权问题上来，唯有这样，才能切实地进入对文化的意识权力话语的分析批判。①

遗憾的是，这些对媒介消费主义的批判，基本上遵循的是西方理论，包括法兰克福学派的文化工业理论、波德里亚的消费社会理论、阿尔都塞的意识形态理论、葛兰西的文化霸权理论等，没有多少创新。就中国的特殊语境来说，这些理论是否完全适用？消费文化在中国是否完全没有其积极意义？

戴锦华在《救赎与消费》中，就指出了大众消费消解正统、禁忌、神圣的政治功能。她在分析20世纪90年代初的"毛泽东热"中指出，"毛泽东热"背后，是一个消费文化与文化消费的现实。"毛泽东热"的极盛与流行，包含了对当代中国政治的揭秘和窥视（也是一种消费），它是一次意识形态的生产与再生产过程，同时是一次极为典型的生产/消费过程，一份极有中国特色的消费主义文化时尚。它"正在以不无调侃与亵渎的形式，在实现着对禁忌与神圣的最后消解"。"它抹去神圣偶像的最后光环"②。雷启立在《传媒的幻象》中，通过分析时尚杂志《创意》对"酷男"切·格瓦拉的消费指出，在消费主义语境下，格瓦拉从精英话语通过"民间"向大众话语转化，从历史话语通过当下语境向消费话语转化。由此，"新的媒体和话语方式以消费的方式进一步解构了传统意识形态中的'崇高'和'神圣'的'乌托邦'，消费一切可能的消费对象物"③。

由此我们可以看到，在特定的语境中，消费主义既可以成为一种意识形态霸权，同时也有可能给我们带来消解神圣与崇高的政治功能。但我们的思考还不应止于此，问题的关键在于，当我们以消费消解了神圣、崇高与禁忌

---

① 王岳川主编：《媒介哲学·导言》，河南大学出版社2004年版，第17页。
② 王岳川主编：《媒介哲学》，河南大学出版社2004年版，第70—72页。
③ 雷启立：《传媒的幻象：当代生活与媒体文化分析》，上海书店出版社2008年版，第53页。

之后，我们将建构一个什么样的价值观？雷启立也指出，在切·格瓦拉作为"酷男"被消费中，"中国社会的现实问题成了模模糊糊若有若无的含混记忆，格瓦拉成了一个'追寻自己的理想'而'永远在路上'的符号，至于理想是什么，在哪条路上，不知道。但这就够了，它已然造就了消费市场最重要的要素：进入话语中心"。而在消费需求的格局里，"格瓦拉被抽空，成为一个传奇、一个充满魅力并且很有故事性的'酷男'，一个巨大而空洞的流行符号，也只有这样，格瓦拉才可能被迅速认同、流布，为刺激消费、拉动内需贡献他的形象和力量。至于'历史上的格瓦拉'和将这个符号拖出水面的'现实中国社会的真实'，管得了那么多吗？"在这里，格瓦拉所代表的革命精神被稀释得几近空无。① 在这一意义上，戴锦华的担忧也许有道理：

> 一个未死方生的时代。一次再次地，人们在消费与娱乐的形式中，消解着禁忌与神圣，消费着记忆与意识形态。一个不再背负着不堪重负的未来固然令人欣喜，一个不仅拥有官方说法的前景亦使人快慰，但一个全然丧失了禁忌与敬畏的时代是否便是一幅乐观主义的图景？②

（二）媒介与身份建构

身份问题是文化研究的一个重要问题，身份认同的建构与权力紧密相关，而媒介是身份建构的一种重要方式。这样，媒介与身份建构的关系也就成为一个重要的研究对象。媒介所建构的身份有很多种，其中得到关注比较多的分别是：媒介对民族—国家身份、性别身份③、阶层身份的建构。

1. 媒介与国家—民族形象的建构

有人把媒体塑造一个国家的形象分为三种途径，一是本国传媒构建本国的形象（"自塑"）；二是外国传媒构建别国的形象（"他塑"）；三是本国媒体和国际媒体共同构建一国形象（"合塑"）④。本节我们只关注"自塑"这种国家形象的建构，也就是当下中国的媒介是如何塑造中国国家—民族形象的。

关于民族形象的认同和建构，经典性的理论是本尼迪克特·安德森的

---

① 雷启立：《传媒的幻象：当代生活与媒体文化分析》，上海书店出版社2008年版，第53页。
② 王岳川主编：《媒介哲学·导言》，河南大学出版社2004年版，第78页。
③ 关于媒介中女性形象的建构，在本书第五章"女性主义与性别问题"中有分析，在此不再赘述，可参阅此章的相关内容。
④ 刘小燕：《关于传媒塑造国家形象的思考》，《国际新闻界》2002年第2期。

《想象的共同体：民族主义的起源与散布》（吴叡人译，上海人民出版社2005年版）。在此书中，安德森将民族、民族属性与民族主义视为一种"特殊的文化的人造物"，将民族定义为"一种想象的政治共同体"。而在民众对共同体的想象中，媒介起到了重要的作用。媒介往往会通过对一些特定事件和人物的关注与宣传，激起民众的某种普通情感，在民众心理建构出一个关于国家—民族的"想象共同体"，确认自我的身份和归属。媒介对特定事件的关注，往往是围绕着时间和空间，通过建构一种二元对立结构展开的。在时间上是把过去与现在乃至未来进行对比，空间上则是自我和他者（别的国家—民族）的比照。媒介正是通过建构这样的二元对立结构，建构起关于国家—民族共同体的形象。

这种二元对立的结构模式，在许多媒介事件中都有体现。有学者指出：新闻联播经常使用中国与世界的二元对立模式，"国内关于'中国'的新闻报道总是有精心设计并刻意维护的固定模式……但在国际新闻上，其内容大多是局部性战争或动乱、自然或人为灾难、政府的无常更迭、经济的波动及其控制力的缺乏，或者一些科技的最新成果、一些文艺方面的景观、一些趣闻等"①。由此映衬中国的稳定、平和和有序。在影视作品中，这样的二元对立的结构也是最为常见的，比如将明朝收复台湾的名将施琅塑造为民族英雄，将康熙刻画为励精图治、心系祖国统一的明君，而将郑氏政权刻画为地方割据势力，力图通过塑造国家统一的价值观和中华民族大一统的信仰来强调一个中国的政治立场和收复台湾的政治决心。②

除了在时间及空间上建构二元对立的结构之外，在特定的事件中，比如灾难及国家庆典中，媒介往往会建构一个大团结的家—国同构结构③，以此体现出一个和谐的国家—民族形象。比如有学者专门分析了汶川大地震中的媒介报道，指出，媒体往往会建构"灾民/非灾民""灾民/国族"等这样的二元结构，在这样的二元结构中，相互之间是帮助的、团结的，非灾民捐助灾民，国家关注灾民，灾民感激帮助自己的人，感恩自己伟大的祖国，由此赋予国家、国族、志愿者极高的认同感，从而形成强大的整合力，建构出一个团结和谐的国家—民族形象。④ 此外，媒体还把一个国家总理温家宝加冕为

---

① 王玉玮：《民族主义话语与中国电视文化》，中国社会科学出版社2011年版，第99—100页。
② 吴楚轩：《电视传播与民族认同——以电视历史正剧为研究案例》，硕士学位论文，湖南师范大学，2007年。
③ 参阅王玉玮《民族主义话语与中国电视文化》，中国社会科学出版社2011年版，第94—97页。
④ 李春霞：《灾难·媒介仪式与国家》，《贵州社会科学》2008年第6期。

"大众明星",国人/族的凝聚力便通过明星总理得以附着在国家这个"想象的共同体"上,人们以对待明星的方式来表达对国家总理、政府当家人的认同。

在媒介关于玉树地震的报道中,其建构国家—民族形象的政策是与此相似的,而且在报道中往往会把汶川地震和玉树地震联系起来,形成一种互文表达,从而增强了国家—民族形象的表达力度。正如有学者指出的,汶川在玉树地震的报道中往往会成为玉树信息链条中的一个环节,也成为对玉树的一个陈述。这样的互文式表达将玉树与汶川一道将信息文本插入到历史之中,也将历史插入文本之中。汶川地震中的国家—民族形象在玉树地震中得到了延续及强化,如此,过去文本与现在文本形成了一种对话与历史一致性的隐喻:不同时间、不同地点的灾难,相同的众志成城,相同的民族大团结,相同的国家人民一家亲,由此形成一种维系于历时性时间维度的集体记忆。

此外,玉树地震报道中还穿插了关于上海世博会的报道,把玉树地震与世博会这两个本不相关的事件连接在了一起。作者指出,如果说穿插了汶川地震的玉树报道使国家认同深入历史记忆之中的话,上海世博的穿插报道则在未来的发展方向上指明了国家认同的全球性坐标。由此,空间扩张与历史维系正与国家空间之地域性及历史性的共存,即国家空间超越了具体地理空间并融合了心理认知空间而成为具有物理性、社会性和历史性三位一体的空间。《人民日报》的国家话语兼有历史与未来、传统与现在、中国与世界的时空维度,为国家认同构筑了一幅兼有民族、政治、经济、地域等共享的意义概念图。①

在欢庆庆典中,媒介更多的是通过营造全民参与的节日气氛,来建构一个和谐、团结、强大、向上的国家—民族形象。比如"国庆60周年庆典"通过中央电视台的"现场直播",召唤所有人参与到这场盛大的"媒介仪式"中,并体验到了庆典的隆重场面,"新中国生日"这一概念也不断地渗入观众的个人体验中,散乱的个体和不同阶层、性别于是被重新镶嵌到一个集体世界中,每个人的身份差异似乎暂时被取消,他们的共同身份是"中华儿女",他们在盛大的"媒介仪式"中找到了情感、道德和精神"归宿",自我身份

---

① 韩素梅:《国家话语、国家认同及媒介空间——以〈人民日报〉玉树地震报道为例》,《国际新闻界》2011年第1期。

（民族的、国家的等）也得到了确认。这种欢庆场面的营造包括："官民同乐"，比如党和国家领导人走下了天安门，与人民群众一起歌舞的场景，这不仅显示了国家领导人与普通民众之间的亲近、沟通和互动，而且也很好地向外界传达了"民为贵"的政治理念。其次，媒介突出了普通民众的喜庆，突出了"举国欢乐"的节日主题。除此之外，媒介还通过展现我国在军事、科技、文化、社会发展等方面的建设成果，隐含着与过去的对比，增强国人的民族自豪感。从而建构一个强大而复兴的国家—民族形象。①

除此之外，春晚更是一场渲染民族大团结的媒介仪式，这些在很多论著中都得到了充分的阐述，在此不再赘述。②

总之，电视直播对象征性符号进行组合呈现，其目的就是通过传播每组象征性符号之间的联系，使观看直播的观众将自己融入这种联系中，共享一种价值观，最终使观众基于这种共同的价值观，形成一个精神的"共同体"，从而达到维系和巩固社会秩序的目的。③ 但是，与这种对于国家—民族的想象性建构相伴随的，是一种遗忘，即遗忘掉那些被意识形态所不容的部分。如何唤醒或重新记住那些被遗忘的历史，是文化研究的任务。④

2. 媒介与身份建构的混杂性

除了媒介建构的国家形象之外，媒介对中产阶级⑤、对农民工⑥、对特定人群⑦等的建构，也是媒体研究关注的热点。所有这些建构都渗透来自国家、社会、市场等各种复杂的权力关系，而这又往往造成身份认同的多样

---

① 曾一果：《媒介仪式与国家认同——"国庆60周年庆典"央视电视直播的节目分析》，《电视研究》2009年第12期。
② 可参阅吕新雨《解读二〇〇二年"春节联欢晚会"》，《读书》2003年第1期；吕新雨《仪式、电视与国家意识形态——再读2006年"春节联欢晚会"》，载《2006中国传播学论坛论文集（I）》；金玉萍《媒介中的国家认同建构——以春节联欢晚会为例》，《理论界》2010年第1期；朱丽丽《民族话语、视觉奇观与消费主义——2010春晚的表征与传播》，《江苏行政学院学报》2010年第4期；李婧《一台晚会与民族想象共同体的构建——以2009年春节联欢晚会为例》，《新闻世界》2009年第7期；等等。
③ 于茜：《解析电视直播对媒介仪式的呈现——以CCTV国庆60周年庆典为例》，《东南传播》2010年第2期。
④ 可参见陶东风主编《文化研究》（第11辑）（社会科学文献出版社2011年版）中关于"文化记忆：西方与中国"专题中的文章。
⑤ 可参见何晶《大众传媒与中国中产阶级的兴起：报刊媒介话语中的中产阶级》，中国社会科学出版社2009年版。
⑥ 可参见黄达安《"妖魔化"：农民工群体之媒介定型——国内报纸有关农民工报道的考察》，硕士学位论文，吉林大学，2005年。
⑦ 可参见吕新雨《大众传媒与上海认同》，上海书店出版社2012年版。

性和混杂性。周宪和刘康在其主编的《中国当代传媒文化研究》中分析了这一点。

他们认为，首先，从内部来看，当代中国文化是一个主导文化、精英文化、大众文化的三元结构，不同的文化在建构人的身份认同时并不完全一致。主导文化始终坚持政治和伦理导向优先，将个人、群体和族群的认同都归结为一种对国家的认同，进一步地，对国家的认同又被转移到对现存政治制度及执政党的认同。在这个过程中，认同的多样性和差异性被某种同一性所取代。国家认同、民族认同和体制认同的同一性，是主导文化认同建构的基本目标，这在诸如中央电视台的春节联欢晚会等主流节目中体现得最为明显。另外，精英文化和大众文化也各有自己的认同诉求。但在传媒的体制性约束和主导文化的支配性架构中，两者都不可避免地发生了变形，必然受到主导文化的制约和渗透。在中国现代化转型的关键时期，建构统一的具有高度向心力的认同感是非常重要的，特别是在当下充满了复杂冲突和文化差异的中国。

其次，从全球化的进程来看，随着通信、交通的发达和信息频繁的跨国流动，中国与外部世界的沟通和互动愈加频繁。西方的传媒创意也在这个过程中得到移植、模仿和本土化。在高度交融互动的混杂语境中，中国传媒的复杂性也导致了其受众认同建构的复杂性。认同是不断变化的。认同在当下面临着两方面的问题，一方面是认同本身是一个不确定的开放过程，另一方面则是构成认同建构的传媒文化显得多元混杂，由此产生的必然结果是当代认同的混杂性。比如今天的青年亚文化（所谓"80后"文化甚至"90后"文化等），由于处于高度开放和混杂的传媒文化濡染之中，他们较之于前辈必然更加开放、更加多元、更加混杂，因此其文化认同也就更加复杂。

他们由此指出，对中国当代传媒文化来说，混杂化究竟会导致何种后果，现在还难下定论。但如何在混杂的文化语境中保持一种本土的、本民族的、传统的生活方式及其认同，成为一个严峻的问题。从混杂中撤退到本真传统中去在他们看来显然是不可行的，正确的选择应该是积极面对混杂、探索认同建构的新路径。[1]

---

[1] 周宪、刘康主编：《中国当代传媒文化研究》，北京大学出版社2011年版，第19—20页。

四　新媒介与公共领域的建构

改革开放30多年以来，关于媒介与公共领域问题的讨论一直没有停止①，其中涉及如何界定公共领域与私人领域的界限，媒介公共领域如何建构，建构背后有着什么样的权力关系等。由于新媒介②在公共领域建构中的重要性，因此本节主要以新媒介（以微博和手机媒体为主）为核心来总结和阐述媒介与公共领域的讨论。

（一）新媒介的根本特征

1. 作为私权媒体的新媒体

新媒体往往被称为私权媒体。所谓私权媒体，简单地说，就是"我的"媒体，而"我的"体现出的是自我、自主、个体、独立等，以及与之相关的自由：自由地表达自我、自由地展示自我。田炳信在《私权媒体》中以博客为例指出："博客是一个自由的、无深无浅、无方无圆、无大无小、无高无底的空间，想敲多少字就敲多少字、想唱多久就唱多久、想放多少屁就放多少屁，前提是你别对着人家嘴放。"③ 这短话典型地体现了新媒体的自我特性。也正由此，私权性、自我性被许多学者看作是博客（以及新媒体）的首要特点④。洪治纲在《博客：庶民的话语狂欢？》（《媒介批评》2006年第二辑）中更是明确指出，博客通过最现代的方式"重新树立了个人的独立意志。只要博客的主人愿意，他完全可以在自己的地盘上掀起一场场文字上的'锐舞派对'；如果主人不愿意，他便可以随时随地地将任何不速之客驱逐出自己的院门"。博客拥有个人自由选择的链接，可以永久性地保留自己的文字信息，从而"在最大限度上满足了个人化的表达需求。而个人化，正是这个时代最为醒目的标签——它不仅是现代性孜孜以求的理想目标，也是审美现代性在反抗现代性过程中所不断彰显出来的伦理姿态"。总之，"博客提供了一种新的

---

① 参见黄月琴《"公共领域"概念在中国传媒研究中的运用——范式反思与路径检讨》，《湖北大学学报》（哲学社会科学版）2009年第6期；黄月琴《改革新语境下的公共领域与大众传媒研究》，《东南传播》2010年第5期。

② "新媒介"并不是一个有着固定所指对象的概念，关于这个概念的界定，可参见喻国明《解读新媒体的几个关键词》，《广告大观》（媒介版）2006年第5期；魏丽锦《新媒体——一个相对的概念》，《广告大观》（媒介版）2006年第6期；匡文波《到底什么是新媒体？》，《新闻与写作》2012年第7期；匡文波《关于新媒体核心概念的厘清》，《新闻爱好者》2012年第19期；等等。

③ 田炳信：《私权媒体》，汕头大学出版社2008年版，第210页。

④ 参见邓瑜《媒介融合与表达自由》，中国传媒大学2011年版，第153—154页；陈进《私权媒体的博客传播》，http://blog.sina.com.cn/s/blog_4867923001008hms.html。

自给自足、内在的、渴望无限和永恒的个人空间"。

博客的这种自我性、个体性，也体现在新媒体的传播内容上，即新媒体使用者所发布的内容，主要是与自己的个人情感、生活工作情况等私人事件相关，下图清楚地体现了这一点①。这样的传播内容在传统媒体中虽然也有，但显然并不是主流。

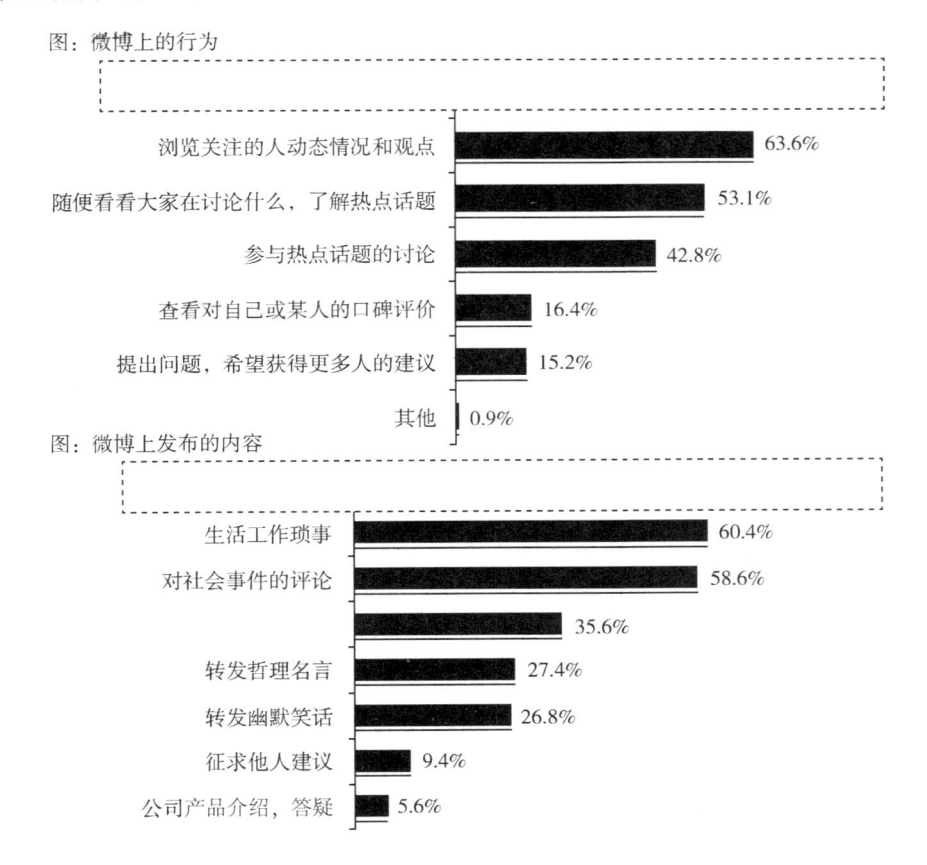

图：微博上的行为

浏览关注的人动态情况和观点	63.6%
随便看看大家在讨论什么，了解热点话题	53.1%
参与热点话题的讨论	42.8%
查看对自己或某人的口碑评价	16.4%
提出问题，希望获得更多人的建议	15.2%
其他	0.9%

图：微博上发布的内容

生活工作琐事	60.4%
对社会事件的评论	58.6%
	35.6%
转发哲理名言	27.4%
转发幽默笑话	26.8%
征求他人建议	9.4%
公司产品介绍，答疑	5.6%

对于手机来说，这样的自主性、个体性更为明显。新媒体的这种自主与个体性体现出一种平民精神和草根精神，"拥有一种草根文化的明确立场"②。

---

① 《微博媒体特性及用户使用状况研究报告》，资料来源：缔元信（万瑞数据）2010 年 8 月，http://www.dratio.com/2010/0816/103613.html。同样可参见上海师范大学李全全的硕士学位论文《个人话语的回归——基于话语理论的微博研究》（2011 年）中的相关统计数据。

② 洪治纲：《博客：庶民的话语狂欢？》，载蒋原伦、张柠主编《媒介批评》（第二辑），广西师范大学出版社 2006 年版。

很显然，新媒体出现之前，大众个体是不可能在传统媒体中自由地表达自己和表现自己，而在新媒体中，几乎不会花费任何资源，就可以轻松地获得属于自己的一块空间，自由地书写自己，这显然是一种平民精神、草根文化的体现。

2. 新媒体的碎片化

新媒体的另一个重要特征，是其碎片化。关于"碎片化"的理论主要来自西方[1]，近几年，"碎片化"这个概念也频频出现在新媒体研究中。对于新媒体来说，碎片化不仅表现在传播内容上，也表现在传播的主体、传播的受众以及传播机构上。

传媒内容的碎片化一方面体现在字数上的少而短，比如微博最多写140字。另一方面体现在内容种类的杂而碎，既有生活琐事，也有天下大事；既有自己的，也有别人的；既有自身经历的，也有听闻的，甚至是转载的。传媒内容的碎片化与现代人快节奏的生活状态相关，它使得现代人不可能有太多的时间去深思熟虑，去构思写作，因此往往产生在某个瞬间的简短灵感，往往在有感而发的情况下，见缝插针地随时随地地发布。或者说，新媒体的内容写作者往往是利用空闲零碎时间去抒发自己瞬间零碎的感受，因此就体现出内容的碎片化特质。[2]

传播主体的碎片化体现在传播主体的多元化，从不同的社会群体和社会阶层，不同各种机构，到各种组织和个人，都可以成为传播主体，通过新媒体发出自己的声音。传播受众碎片化，与传播主体的碎片化是相通的，因为传播主体往往也会成为传播的受众或信息接收者，其多元化与社会阶层的碎片化紧密相关，整个社会不再是一个同质化的整体，而是不断分化为不同的社会阶层，甚至相同或相似的阶层又会分为不同的亚阶层，甚至还会继续分下去。即便是同一个个体，往往也会在不同的时间、地点形成不同的"分个体"。对于传播者来说，需要越来越细致地考察这些不断碎片化的受众。由此，传播碎片化、受众碎片化、媒介碎片化成为信息时代社会传播呈现出的显著特点。[3]

那么，新媒介的碎片化具有什么意义呢？有学者指出，微博的碎片化写

---

[1] 可参阅迈克·费瑟斯通《消费文化与后现代主义》，刘精明译，译林出版社2000年版；齐格蒙·鲍曼《生活在碎片之中——论后现代道德》，郁建兴等译，学林出版社2002年版。

[2] 洪偌馨：《手机电视传播的"碎片化"语境研究》，硕士学位论文，重庆大学，2011年。

[3] 参见中国传媒大学广告研究所编：《新媒体激变》，中信出版社2008年版，第31—41页。

作对于社会舆论的影响是显而易见的。它冲击了传统媒介的优势地位，在对于公共事件的讨论中，在现实中因各种压力而选择沉默或者是附和的人群，也加入到了讨论的阵营中来。由此，信息披露的方式被极大地改变，大众创造信息，将成为未来重要的信息制造模式。虽然微博（或博客）上的信息也会出现"失真"的情况，但这样的情况出现后，很快就会产生对立面的声音。对立声音的出现，会衍生出更多层次的声音，对事件进行剖析，从而回归真相。因此有学者指出，这种写作方式使一度"失语"的民众又找回了"说"的权力。由此，有学者指出碎片化最大的作用是去中心化，而与去中心化相联系的，则是异化的消解。而这最终显然有助于公共领域的建构。[①]

3. 新媒体的互动性

互动性是新媒介的显著特征，这在手机、微博、博客等中有着非常突出的体现。传统媒体的传播方式通常是单向的，传播者与受众双方无法随时随地地进行双向沟通。但在手机、微博、博客等中既可以是单向的也可以是双向的，还可以是双向甚至是多向传播，具备很强的交互性，而且还可以做到即时性，时效性强。

比如在博客上发表留言，是进行互动交流的一种最常用的方式，而博客中出现的超文本链接，也是互动性的体现；只要用鼠标一点，就可以跳到和主题相关的其他信息页上。博客的读者可以对一条信息单独留言，也可以集中在一起发表留言，即时性的留言和交流使博客这种互动异常轻松和自然，而且非常迅疾。

新媒介的互动性不仅仅表现在传—受双方交流的增强，还表现在整个信息形成过程的改变，即信息不再是依赖某一方发出，而是在双方的交流过程中形成的。由此传授者的身份不再清晰，而是互相融合了起来，传者也是受者，受者也会成为传者。由此可以说，博客改变了编辑、作者和读者的关系，实现了编辑、作者、读者的有机统一，也改变了传统的传播方式，从一点对多点的传播变为多点对多点的传播。[②] 有学者比较清晰地梳理了新媒介（博客）互动性的一个过程：

[①] 参见李亚菲《浅谈微博的碎片化写作》，《新闻世界》2011年第5期；张笑容、方兴东《博客传播：个人价值的崛起》，载蒋原伦，张柠主编《媒介批评》（第二辑），广西师范大学出版社2006年版。

[②] 许光：《颠覆还是重建：新闻传播学视野中的博客研究》，硕士学位论文，暨南大学，2006年。

博客的自我传播可以理解为其作者通过书写日记的形式，让自己和自己的博客交互；在这个基础上，产生以个人为中心与外界的交互，即博客化的人际交往，然后形成博客群组（俗称博客圈子），圈子形成以后，博客与博客之间由口碑传播成为群组传播；群组之后，博客发展成一定社区，随着社会化联系的进一步强化，影响增大，个人成为传播中心，类似大众传播的形式开始出现。[1]

博客或新媒体的这种信息发布方式及交互性特点，在有的学者看来，"必将改变社会的面貌，重构国家、社会和个体之间的传统关系"[2]，而这种重构，将在很大程度上推进中国的公共领域的建构。

（二）新媒介的公共性

依据新媒介的诸多特性，许多学者乐观地认为，新媒介可以成为当代中国理想的公共领域，或"上升为哈贝马斯所描述的'理想公共领域'的形式"[3]，至少呈现出了哈贝马斯构想中的公共领域之原貌[4]。持这一观念的学者并不在少数。

有学者指出，由于在博客上不存在发布信息的唯一的"点"，每一个个体都有可能成为一个发布信息的"点"，"在网络上，当无数的'点'组成整个的'面'之后，它才真正成了国家和社会分离之后出现的公共领域"[5]。由点到面，是一个"量"的积累，而公共领域的建构也许还并不仅仅是一个量的累加，更需要质的提升。当然，量的积累是一个不可或缺的基础，尤其在中国这样一个公共领域缺乏的国度。也正因此，有的学者强调了新媒介这一由"点"到"面"的积极意义，认为它形成了一个全社会个体积极参与公众讨论的局面，它使得原有的看客心理正在逐渐转化为一种参与热望。微博上网友的每一次转发、分享、关注、回复都是民意表达的过程和民众权力的一种掌控，在简单的鼠标点击中投出了自身的选票。这看似分散、微小的环节在不断地积聚中汇聚力量，发挥着重要的功能，形成了一种参与和见证的围观政

---

[1] 张笑容、方兴东：《博客传播：个人价值的崛起》，载蒋原伦、张柠主编《媒介批评》（第二辑），广西师范大学出版社2006年版。

[2] 颜纯钧：《博客和个人媒体时代》，《福建论坛》（人文社会科学版）2003年第3期。

[3] 郑达威：《信源扩张与网络公共领域现状》，《当代传播》2005年第3期。

[4] 许光：《颠覆还是重建：新闻传播学视野中的博客研究》，硕士学位论文，暨南大学，2006年。

[5] 颜纯钧：《博客和个人媒体时代》，《福建论坛》（人文社会科学版）2003年第3期。

治现象。对于微博空间来说，这种权力的积聚形成了跨越地域、阶层的全国性的公共领域。①

正是在社会个体对公共问题的参与中，社会个体转变为了"公众"。新媒体为公众提供了广阔的政治空间，使得"沉默的大多数"或是"乌合之众"们逐渐开始了自身的表达，参与到公共事务的讨论当中，围观便是这最初的一步。这种看似低限度的公共参与，在有的学者看来，却有着重要的意义："第一，它与单纯的看客心理不同，表达一种'我在'的立场；第二，它与事不关己不同，表达一种'我知'的诉求；第三，它与暴力革命不同，表达一种非暴力不合作方式，'我能'的博弈。"② 由此，博客让人们实现了个体、受众、公众的轻松转换，公众可以自由"卷入"到公共事件、公共事务、公共活动中去。他们已完全不是传统大众媒体单向传播中应声而倒的"靶子"，而是有独立见解的、不迷信权威的、渴望在公共事务中发出自己声音的公众。博客为公众提供了这样一个无拘无束地参与公共事务的平台，成为公众实现"意见的自由市场"和"真理的自我修订"的理想场域。③

可以说，新媒体的交互性、互动性的特点，使得新媒介形成了一个信息共享的公共平台，任何人都可以在这个平台上对公共问题发表意见，进行讨论，这也就是一种公共领域形式。还有，新媒介的碎片化对中心的消解，在很大程度上也是对传播"把关人"特权的消解，这也更进一步促进了新媒介信息发布和意见表达的自由度，使得公共领域的建构具有了可能性。

此外，与新媒介特性紧密相关，也有学者从新媒介的"赋权"（empowerment）功能的角度，阐述了新媒介对于受众自我主体的建构及其对公共领域建构的重要意义。

大体上对赋权一词可以从个体和集体两个层面来理解。从个体上看，赋权是"赋能"（enabling），或是一种"自我效能"（self - efficiency），它通过提升强烈的个人效能意识以增强个体达成目标的动机，是一个让个体感受到能自己控制局面的过程。从集体上看，它是一个动态的、跨层次的、关系性的概念体系，是一个社会互动的过程，对社会政策和社会变革采取的主动的干预行为。④

---

① 祁志慧：《微型博客研究：基于空间理论的探讨》，硕士学位论文，暨南大学，2012年。
② 胡泳：《微博：看客如何实现落地？》，《时代周报》2010年11月25日。
③ 许光：《颠覆还是重建：新闻传播学视野中的博客研究》，硕士学位论文，暨南大学，2006年。
④ 丁未：《新媒体与赋权：一种实践性的社会研究》，《国际新闻界》2009年第10期。

赋权的这两个方面是紧密相连的，对于新媒介的公共领域建构来说，尤其如此，因为没有受众的自我赋权，就不可能有效干预社会，建构公共领域。我们甚至可以说，在当下中国民众缺少其他自我赋权的渠道和手段情况下，新媒介是民众获得自我赋权最为有效的渠道和手段。许多学者从不同角度阐述了这一点。比如有学者通过具体调查大学生使用手机的状况指出，我国知识青年的新媒介使用呈现出"移动的自留地"特征。[①] 有了这块"自留地"作为根据地，就有了可以发声的权力。手机对大学生是自留地，而对于农民工来说，则是开拓疆土的有力工具，意义更为重大。手机一方面可以使他们的打工之路变得相对平坦，他们利用血缘、地缘关系网络更快、更多地掌握了打工信息，他们也就有了选择、讨价还价的余地。个体出行也因随时有人接应而大有保障。在打工过程中，他们甚至利用手机也有了维权的可能[②]。另一方面，在这种以出卖体力为生的最底层的社会境遇之中，手机其实为他们带来的不仅仅是技术，而是技术背后中国最传统的血缘、地缘关系网络的支撑，这个网络有值得他们信赖的信息，有接应反馈，有互帮互助，还有乡情的慰藉。可以说，借助手机，他们结成一个坚固的跨地域的社会网络。[③] 与手机对农民工的赋权相似，QQ 同样也对新生代农民工有着强大的赋权功能，比如通过 QQ 聊天，可以进行社会交往、打发时间、建构与重构身份、获得成就感等，为自己提供情感支持和实际支持，可以实现某种程度的自我赋权。[④]

可以说，新媒介对于受众的赋权是客观存在的，虽然我们不能说新媒介赋权了就可以建立公共领域，但可以肯定的是，它提供建立公共领域的技术基础。很显然，要在公共问题、公共事件上发出自己的声音，这个技术是非常重要的前提。

总之，新媒介的个体性、自由性、交互性、互动性、碎片化特征，以及其去中心化的解构功能和赋权功能，使得许多学者赋予它建构理想公共领域的可能性。

---

① 肖荣春、白金龙：《移动的自留地：知识青年、新媒介赋权、场景生产与媒介素养——以大学生的新媒介使用实践为观察》，《新闻与传播研究》2011 年第 1 期。

② 可参见本章最后一节关于受众借助电视来维权的情况，与此相同。

③ 丁未、宋晨：《在路上：手机与农民工自主性的获得——以西部双峰村农民工求职经历为个案》，《现代传播》2010 年第 9 期。

④ 陈韵博：《新媒体赋权：新生代农民工对 QQ 的使用与满足研究》，《当代青年研究》2011 年第 8 期。

但问题是，这种公共领域是否就此可以很容易地建构起来？个体、受众与公众这三种身份是否真的可以"轻松转换"呢？在乐观看待新媒介的公共性的同时，很多学者更深入地看到了新媒介在公共性建构中所遇到的各种权力的制约因素，新媒介的公共性呈现出复杂性。

（三）新媒介公共领域建构的复杂性

有学者明确指出，现今的公共领域——包括表达公共意见的传播媒介，交织了多重权力关系，因此要"打破大众传播媒介不受限制的自由幻想"[①]。这些多重的权力关系，既有政治的，也有经济的，还有作为社会个体的公共意识问题等。

政治的控制在中国大陆并没有完全放开，政治权力往往会影响媒介的报道行为。陶东风曾指出中国传媒出现的一种奇怪现象：一方面是经常有关于新闻记者的正当权益被粗暴剥夺甚至被殴打的报道；另一方面也存在一些"权威"媒体超越法律限制的现象。陶东风指出，这种怪现象起源于同样的原因，那就是传媒权力并不是法制化的，而是依赖行政权力甚至个别领导人的个人权力。陶东风举例中央电视台"焦点访谈"栏目，指出，焦点访谈之所以可以揭露一些重大案件，并不是因为记者本身有什么神力，也不是因为它的报道权受到法律保护，而是这些记者手中有别的记者所没有的"特别通行证"。由此，陶东风认为，"中国的媒介权力依然依附于中国特定的政治—文化制度，不对这个制度进行分析就不能很好地解剖这种畸形的媒介权力"[②]。政治权力既可能赋予媒介以某种特别权力，但也很有可能随时消灭掉那些不接受控制的媒介内容。博客被删的情况时常存在，就体现了"还没有真正将博客作为依法（与博客托管网站的协议）获得私权的媒介来看待"[③]。

在经济方面，市场经济强大的同化能力也制约着传播媒介的公共性，媒介甚至成为有待于开发的商业资源，可以折价出售[④]。有学者以广告为例指出，20世纪90年代末以来，在新的市场经济运作过程中，"广告首先被借用、被改造，形成由市场自由运作之后的权力关系相互渗透，产生和推动着

---

① 南帆：《广告与欲望修辞学》，载王岳川主编《媒介哲学》，河南大学出版社2004年版，第82页。
② 陶东风：《大众传播·民主政治·公共空间》，载王岳川主编《媒介哲学》，河南大学出版社2004年版，第139页。
③ 邓瑜：《媒介融合与表达自由》，中国传媒大学出版社2011年版，第157—161页。
④ 南帆：《广告与欲望修辞学》，载王岳川主编《媒介哲学》，河南大学出版社2004年版，第83页。

中国的社会、思想、文化变化，唯独不意味着公共空间的产生与可能，不意味着人们自由选择和自由发展的可能。相反，广告与其他新的经济、文化形式一道，使中国的问题变得更复杂、更隐蔽，也更民间，更尖锐，更富有侵略性，它取代了意识形态的强力控制，使得人们业已习惯的思考和批判范式失去效用"①。

可以说，在政治权力与经济权力双重制约下，媒介的公共性大打折扣。民众对公共性的关注往往出于一时冲动，而缺乏一种持续的公共理性。有学者曾就此指出中国传媒生态在政治与娱乐之间的某种断裂性："高度娱乐化的传媒文化在兴盛发达的同时，也在一定程度上弱化甚至压抑了公众的政治关注和热情，导致了娱乐化高涨而政治冷漠。"这种断裂造成了许多青年受众对政治关切的衰落。"这种来自官方控制和传媒高度娱乐化两方面的压力，往往会导致他们对一些事件爆发式的政治与社会关切的冲动。一旦事件过去，一切又重回到娱乐化的日常状态。"②

实际上我们看到，来自官方的控制越强，娱乐化倾向往往也会随之增强，甚至造成民众在某些事件上群体性的情绪失控。这些情绪失控者中很大部分常常是借着与己无关的事件发泄自己积压下来的情绪，显现着一种民意积怨的情绪性表达。有学者就博客的情感功能指出："情感就是摘下面具后的自我欢腾，就是超越禁忌后的自我宣泄，就是将自己打开再打开，并在这种不断打开的过程中，寻求现实生活中无法获得的精神自慰。"③ 可以说，现实压制越是严重，情感宣泄的冲动也越强烈。这种看似对公共问题的热情关注，并不是一种理性的公共关怀，由此有学者提醒道："如果我们认为这是公众公共关怀率的提高，未免是过于乐观了。"④

有学者从公共领域入侵私人领域方面，阐述了对当下公共领域建构的担忧，因为公共领域入侵私人领域有诸多潜在的威胁或后果：

首先，传媒公共领域的公共话语与私人话语之间的界限日趋模糊，人们往往津津乐道于个人隐私，私人化的内容甚至被泛性地娱乐化，这往往会导致伦理含义的模糊化，尤其是当私人性苦痛和悲哀被用作公共娱乐素材时。

---

① 雷启立：《传媒的幻象：当代生活与媒体文化分析》，上海书店出版社 2008 年版，第 156 页。
② 秦州：《娱乐化视频——视频文化论》，载周宪、刘康主编《中国当代传媒文化研究》，北京大学出版社 2011 年版，第 206—207 页。
③ 邓瑜：《媒介融合与表达自由》，中国传媒大学出版社 2011 年版，第 6 页。
④ 常楷：《从"广场"到"微博"——新媒体时代的公共关怀》，《理论界》2012 年第 10 期。

这在当下中国博客文化中并不少见。其次，由于中国当代社会理性的辩论机制及其程序的不足，网络这一公众参与的交流平台，对许多私人性的事件难以形成具有社会公正性的共识，因此私人话语大多存在被扭曲、泄愤和失范的潜在可能性。① 再次，在今天，当娱乐化和收视率成为一切传媒的生存法则时，个人博客也往往会成为出售个人隐私以博取点击率的阵地，个人隐私便成为各种传媒争夺的资源。② 最后，博客文化还习惯于运用公共话语入侵私人领域，以虚拟的人皆可用的公众名义来抨击私人话语。这一点在诸多极富情绪性的网络实践中常常见到。

总之，私人话语在被娱乐化、商业化、扭曲化的过程中，模糊了公共与私人领域的界限，这既伤害了个人的隐私，也消解掉了公共领域本身应有的功能，这无疑增加了公共领域建构的难度。

也正是在这一意义上，有学者提出要警惕媒介的双重封建化。展江就指出，在发展社会主义政治文明的今天，我们仍然面临反封建的艰巨任务。中国传媒出现的再封建化体现在传播媒介与政治和经济的关系上。展江借用哈贝马斯关于公共领域的分析指出，在西方，具有意识批判功能的报刊业摆脱了意识形态的压力，为向商业化报刊的转变铺平了道路，乃至商业化成为必由之路。由于新闻版面与广告版面越来越密不可分，报刊变成了有特权的私人利益侵略公共领域的入口。另外，商业性报刊结构转型的各个方面与报业的集中，尤其是报业集团的出现和技术一体化的趋势相关联。因此，报刊业在商业化的过程中自身也越来越容易被操纵了。

在中国，中国传媒领域的封建残余尚未完全消除，再封建化的问题却已出现。在一些地方，官媒合一已经发展为官商媒共谋，出现了某种伪公共领域，并制造了媒体的伪公共性。展江列举了几种伪公共性的媒介事件，例如，商业和私利集团以各种新闻发布会和记者招待会等公关形式频频制造"媒介事件"，私人和团体利益俨然成了公众利益；部分传媒以"监督"社会底层和"监督"居住在本地的外乡人为乐事，对真正的监督对象——不法权势集团则曲意逢迎；以歌舞升平来报道本地新闻，以"全是坏消息"报道模式报道外地新闻，等等。③ 也有学者通过视频网站被关闭的事例，阐述了网络视频双

---

① 周宪、刘康主编：《中国当代传媒文化研究》，北京大学出版社 2011 年版，第 169 页。
② 同上书，第 13—14 页。
③ 展江：《警惕传媒的"双重封建化"》，《青年记者》2005 年第 3 期。

重"封建化"的倾向,认为互联网置于政府权力和商业利益的双重挤压下,行业的生机活力、创新能力一定会被抹杀。"剑还是悬在上面。"①

媒介封建化之"剑",除了政治、经济权力的控制之外,还有传媒对于受众需求的不适当或虚假的建构②。这也不是一种真正意义上的公共领域的建构。有学者列举了媒介对民生问题的报道情况:

1. 孤立地报道琐碎小事,如停水、停电、邻里纠纷等,传媒没有从宏观层面对社会环境进行检测,无形中转移或误导了公众的关注视线。

2. 单纯大量报道车祸、凶杀、夫妻反目、第三者插足之类的新闻,缺乏总体上引导舆论的正确理念,反而迎合了受众的低俗趣味和猎奇欲望。

3. 记者职能发生错位,介入、干预新闻事件,使得所报道的事实不是客观发生的,而是在记者或传媒一手操作下变成了"事实"。③

4. 片面追求对事件报道的"短、平、快",缺乏对事实本身内涵的深刻思考,使得新闻变成了人们饭后茶余的谈资。

5. 几乎只是把城市市民的生活作为报道范畴,不见我国人口的多数——农民的身影,忽视了农民的话语权。④

这样关注民生难以很好地体现真正的公共关怀。其实如果我们进一步思考的话就会发现,这种情况的出现,与政治经济的控制是密不可分的。在政治和经济力量的强大控制下,媒介是不可能真正触动与之相关的利益的。也正如此,中国媒介的公共领域建构不可能是一帆风顺的。

五 媒介受众研究

受众研究是媒介研究的一项重要内容,从20世纪80年代开始,受众研究就已在中国展开。受众研究有不同的范式和方法,比较常见的是实证性经验研究,而本节我们则主要从文化研究的角度来梳理和分析当代中国的受众研究。

(一) 受众研究的几种范式

国内的受众研究,主要借用的是西方理论,其中麦奎尔在《受众分析》中对受众研究的分类,被广为认同和引用。在《受众分析》一书中,麦奎尔在詹森和罗森格伦对传统受众研究的五类划分——效果研究、使用与满足研

---

① 和阳:《网络视频走向双重"封建化"》,《商务周刊》2010年1月20日。
② 周晓红:《中国中产阶级调查》,社会科学文献出版社2005年版,第210页。
③ 杨玉华:《对电视民生新闻热的冷思考》,《声屏世界》2004年第8期。
④ 陈力丹:《以改善民生为重点的社会建设与民生新闻》,《新闻传播》2008年第1期。

究、文学批评、文化研究和接受分析——的基础上提出了一个更为简约分类,将受众研究分为"结构性"(structural)"行为性"(behavioral)和"社会文化性"(sociocultural)受众研究三类。

所谓结构性的受众研究,是通过调查和统计受众的媒介使用情况(如媒介使用的数量、种类,以及在一定时间段内媒介使用的流动状况等),并与社会关系相结合进行分类,描述受众的构成,揭示出大众传媒系统与个体媒介使用之间的关系,其研究指向主要是媒介工业,主要运用调查和统计分析的方法。所谓行动性的受众研究,主要关注的是媒介的效果,尤其是媒介对儿童和青少年的影响,并解释受众媒介选择和使用的动机。社会文化性的受众研究,更加接近受众研究中的文化研究模式。麦奎尔概括了最后一种模式的几个主要观点:

(1)受众按照自己的立场对媒介进行解读,并从中建构意义,获取愉悦。

(2)受众感兴趣的是媒介使用的过程及其在特定语境中的展现方式。

(3)媒介使用的是典型环境的产物,以社会任务为取向,这是由参与"解释团体"而逐渐形成的。

(4)不同媒介内容的受众通常由不同的"解释团体"构成,"解释团体"中的成员大体分享相同的话语形式和理解媒介意义的框架。

(5)媒介从来就不是被动的,受众中的成员也各不相同,其中一些人比其他人更有经验,也更积极主动。

(6)研究方法通常是定性的、深入的,常采用民族志的方法,并将内容、接受行为与语境结合起来进行考察。[1]

总之,受众研究的文化研究范式,主要运用民族志的方式,分析和阐述不同的受众或受众在不同的语境中是如何解读媒介的。在这方面,霍尔的三种解读方式,即霸权式、协商式和对抗式的理论最为人所熟知[2]。而受众不同的阶级、性别、种族等身份及社会背景,往往会制约受众对媒介的解读,文化研究视角的受众研究,往往围绕着这些身份和背景,来分析和研究媒介与受众之间的解读关系。在这方面,莫里的研究具有代表性[3]。不过我们也

---

[1] 丹尼斯·麦奎尔:《受众分析》,刘燕南等译,中国人民大学出版社2006年版,第23—34页。
[2] 参见斯图亚特·霍尔《编码,解码》,见罗钢、刘象愚主编《文化研究读本》,中国社会科学出版社2000年版。英文原文可参见 Simon During (ed.). *The Cultural Studies Reader*, London: Routledge, 1993。
[3] 参见莫里《电视,观众与文化研究》,冯建三译,远流出版事业股份有限公司1995年版。

应当看到，这几种研究范式并不是截然对立的，尤其是文化研究范式，往往也会借鉴或使用前两种范式的研究方法以及研究成果，而前两种范式在调查分析数据的基础上，往往也会渗透着文化研究的批判视角。因此，本节我们虽然以文化研究范式为核心，但显然并不能完全排斥前两种范式。

中国当代的受众研究始于20世纪80年代初。1982年4月9日，北京新闻学会受众调查组成立，在中共北京市委宣传部的大力支持下，于同年6月至8月在北京地区开展了我国首次大规模受众抽样调查。这一般被看作是中国新时期受众研究的起始。1986年5月，全国第一届受众研究研讨会在安徽省黄山县举行，中国受众研究真正获得重视，并开始走向专业化的快速发展道路[①]，报刊、电视、影视等媒介的细分受众研究开始出现[②]。但是总的来看，国内学术界对于媒介与受众之间关系的研究基本上还集中在受众的媒介行为（接触方式、习惯）以及受众对媒介的需求以及心理状态等方面，如果按照麦奎尔的分类，基本上属于受众的结构和行为层面的研究，即基于受众测量的结构性研究、基于媒介效果和媒介使用的行为性研究较为成熟，而关于文化层面的受众研究即基于接受分析的社会文化研究则相对较少。[③] 本节重点阐述当代中国的受众研究在借鉴西方受众理论中，是如何分析（新媒介下）受众的特点以及解读媒介的复杂性的。[④]

（二）新媒介下受众的新特点

新媒介极大地改变了媒介与受众之间的关系，受众呈现出了不同于传统媒介下受众的新特点。传统媒介下的受众一般被看作是被动的、单向接受的，缺乏自身的主动性、参与性，以及与媒介之间的互动性，而新媒介下的受众在主动性、参与性、互动性等方面呈现出了突出的特点。

---

① 参见陈崇山《中国受众研究20年》和《论受众本位》，均载中国社科院新闻研究所、河北大学新闻传播学院编《解读受众：观点、方法与市场：全国第三届受众研究学术论文》，河北大学出版社2001年版。

② 比如由黄会林主编的"影视受众研究丛书"，第一次以受众为题，集中出版了系列专著，包括：《影视受众论》（2007）、《影视受众调查与研究》（2007）、《受众视野中的文化多样性》（2010）、《电视受众社会阶层研究》（2010）等八本，丛书皆为北京师范大学出版社出版。

③ 刑虹文：《电视、受众与认同——基于上海电视媒介的实证研究》，上海交通大学出版社2013年版，第6—7页。

④ 关于受众研究（包括中国的受众研究）的较为详细的文献综述，可参见曾文莉、谭秀湖《中国电视娱乐节目受众话语权力研究》，中国广播电视出版社2012年版，第13—32页。

1. 越来越分化的受众

受众的细分化，一方面缘于受众群体被越来越分散到不同的媒介资源中，比如网络、手机等新兴媒介，而媒介的专精化使得受众的选择更加多样化。在受众绝对数量不变的情况下，处于各个集合的受众数量在不断地减少，这被称为"碎片化"。①

另一方面，如前所述，社会阶层的不断分化和碎片化，也使得受众不再是一个同质化的整体，而是不断分化为不同的社会阶层，甚至相同或相似的阶层又会分为不同的亚阶层。当代受众研究注重分析不同社会阶层、不同人群对媒介接受的差异。比如有专门对老年受众媒介行为进行分析的②，有对"70后""80后"媒介受众进行研究的③，也有对大学生受众进行分析的④，也有学者综合研究不同社会阶层对媒介解读和接受的差异。比如吴红雨在《解读电视受众：多元化需求与大众化电视》（浙江大学出版社2009年版）中，就把社会阶层划分为了精英阶层、中产阶层、一般阶层和渐进阶层四类，通过调查分别分析了这些阶层对媒介（电视）依赖的不同特点，指出高学历高职位的年轻人对新媒体的依赖性更深，老年人成为电视最忠诚的受众，农村受众对电视媒体的信任度最高等。⑤

也有学者从批判性解读的角度，细致地分析了不同受众对不同电视节目的偏好。比如有研究指出，从年龄上看，35岁以下的青年人对媒介信息的批判性更强，而中年人群的批判性则相对减弱；从文化程度上看，文化程度越高，对于电视媒介提供的信息更具有批判性，尤其是大学本专科文化程度的观众；从阶层上看，中间社会层次的观众更具有批判性，尤其是中上层、中层和中下层。受众对媒介信息的批判性接受，反映了在大众传媒快速发展，信源不断增多背景下，中间社会阶层尤其是中上层和中层对于媒介信息的独立和审慎的视野，他们一般具有较高的文化程度，因此对于媒介的内容的接受还是有所保留。作者由此指出："从解读信息的角度出发，这种批判或者是选择性的解读，更可能出现霍尔所谓的'协调性'或者是'对

---

① 任飞：《网络媒介受众研究刍议》，《东岳论丛》2012年第6期。
② 如陈崇山：《老年受众媒介行为分析》，《新闻与实践》2000年第4期。
③ 如刘威：《为大众媒介受众的70后80后》，硕士学位论文，福建师范大学，2011年。
④ 如詹骞：《视频分享网站的大学生受众研究》，《新闻爱好者》2010年第14期。
⑤ 吴红雨：《解读电视受众：多元化需求与大众化电视》，浙江大学出版社2009年版，第88—107页。

抗性'解读的状况。"① 总体上看，这样对受众的细致调查分析，对我们理解受众解读媒介特点具有重要意义。

此外，也有学者提出了"游离性观众"的概念，即受众在接触其一媒介的同时或前后，还可能还会兼顾其他媒介，比如电视观众在看电视的同时，还会看报纸、杂志、互联网等其他媒介。就电视受众来看，游离性观众用来描述那些介于忠实、热心观众与非观众之间的电视观众。其基本特征有：（1）收看电视节目时间偏短，对电视缺乏明显的依赖性；（2）选择节目的随意性较大，缺乏固定的收视习惯；（3）收看电视节目的指向性较强，欣赏口味与众有同有异。② 游离性受众让我们更进一步看到了受众碎片化趋势的加剧。

总之，受众的碎片化在很大程度上解构了传统媒体同质化对待受众的观点，使得媒体的传播内容受到极大的挑战。但也可能会促使媒介更为细致地考虑碎片化的受众，甚至会加强其编码的策略性，以最大限度地传达其媒介的意义和价值。③

2. 个性化与主动性

新媒体传播的多样性及现代人个性的独特性，也使得受众在接受媒体时呈现出强烈的个性化特征，受众可以更为自主地选择自己喜欢的媒介形式或媒介内容。有人就IPTV（交互式网络电视）受众指出，新一代的电视观众不愿没有选择地收看节目，或是收看没有意义的电视节目。与传统电视相比，IPTV受众享受到了自主收视的乐趣，他们宁愿为自己的行为付费，也不愿意被动地被电视节目单牵着鼻子走。可以说，"受众终于摆脱了收视时间的限制，在时间上彻底解放了自己，有史以来第一次完全按照自己的意愿来收看电视。电视的收视权力从电视机构转移到了使用者自己手里，这是电视消费行为的重大改变。""一人受众"时代的来临更典型地体现了受众的这种个性化与主动性的消费模式。所谓"一人受众"时代即完全以个体受众为核心的媒体理念，以往无论是电视、报纸还是门户网站，都是先有内容，再让用户被动地观看，而进入以个人为核心的时代后，内容将围绕以个体为中心展开，用户可以根据自己的喜好选择媒体的内容，甚至可以创造个性化的节目选择清单。这显然与传统的电视观众收看电视节目是不同的。总之，在进入

---

① 刑虹文：《电视、受众与认同——基于上海电视媒介的实证研究》，上海交通大学出版社2013年版，第73页。

② 刘建鸣：《电视受众收视规律研究》，北京师范大学出版社2010年版，第38—39页。

③ 参见周爱群、胡翼青《受众研究的理论与实践》，江苏人民出版社2005年版，第13页。

TV2.0 时代的今天，电视受众不再是被动的、无所作为的，他们可以自己检索节目或广告、自己选择收视时间和地点、自己提供播出内容。① 181IPTV 电视受众的这些特点，显然也存在于其他的新媒介中。

3. 参与性与互动性

传统媒介下的受众虽然可以通过"读者来信"等形式参与到媒介活动中来，但这种参与性显然还是弱的，而且需要一定的时间间隔。新媒介下的受众的参与性随着新媒介技术的不断提升而不断得到加强，而且可以做到随时参与、即时参与，媒介与受众的互动性变强，这比较典型地体现在新媒介下受众身份的双重化：既是接受者也是传播者。

受众身份的双重化的基本特点在于：传受双方角色统一，在信息激发的作用下完成传播活动；受众在传播链条中的主动性较高；在终端设备的支持下，受众具备信息的存储、编辑、传输的能力；在网络支持下，传播活动的覆盖空间及范围可以无限延伸等。② 总之，受众在参与媒介活动中，通过转载、评论与他人分享，使得原初信息不断地被传播、放大，媒介信息变得像病毒一样得到倍数级的增加，由此，又有人把新媒介下的受众称为"病毒性受众"。③

这种传播模式，通过使受众获得丰富的信息，为受众对抗式解读媒介信息提供了基础，但显然也可能会带来不实消息或谣言的肆意传播。不过我们不能由此而堵住受众的口和信息传播的渠道。真正的多渠道传播才是制止谣言的唯一方式，也是我们了解信息真相，真正自主地解读信息的根本途径。此外，受众本身强烈的公共性关怀取向，也是信息得以正常传播的有效方式。

4. 公共关怀的普遍增强

这一点与我们前面所阐述的媒介的公共领域建构有着密切的关系，因为很显然，只有普罗大众不断地进入某种公共的话语空间，或者哈贝马斯意义上的"公共领域"，真正参与到公共事务和公共生活中，他们才有可能把自己的身份建构成"公民"④。而也只有当这样的公民越来越多、公共意识越来越

---

① 方雪琴：《新兴媒体受众消费行为研究》，郑州大学出版社 2010 年版，第 175—181 页。
② 唐晓丹：《受众与媒介关系新特征》，《新闻前哨》2008 年第 6 期。
③ 韩恩花、周子渊：《新媒介语境下受众的新特性》，《新闻爱好者》2011 年第 7 期。
④ 连水兴：《从"乌合之众"到"媒介公民"：受众研究的"公民"视角》，《现代传播》2010 年第 12 期。

强的时候，我们的公共领域才可能真正建构起来。其实，也正是由于受众具有以上我们所述的几种特点，受众才可能以其自主性、参与性与互动性成为"媒介公民"，在建构公共领域的过程中发挥作用。而这在传统的媒介环境中是难以想象的。或者可以说，新媒介为媒介公民的诞生提供了契机。有学者还具体分析了新媒介与公共知识分子问题。

有学者认为，在大众媒介产生之前，公共知识分子的组成结构是相对稳定和均质的，他们大都依赖"文学经典——印刷媒介"的传统模式为公共领域提供知识和意见。但在大众媒介时代，知识分子遭遇到大众媒介主导的大众文化及其商业逻辑的侵蚀，知识分子不再有主人的感觉，公共知识分子的媒介形象变得尴尬和可疑，而"电视知识分子""知道分子"等知识分子的相继出现，则是他们以让渡了传统学院知识分子的价值认同和言说方式为代价的，标志着传统公共知识分子的阵营走向瓦解，传统公共知识分子与媒介塑造的"学术明星""知名学者"走向分途。但新媒介在作者看来已然成为公共知识分子复归主体性的契机。

网络发言的低成本和匿名性使公众表达权和传播权得到了释放，公众的表达和言说无须代言。任何一位用户独自形成完整的传播体系，记者采编、渠道分析、内容表述、批评判断不再是某个特定机构才能完成。此外，信息发布的即时性和现场感的表达以及对公共事件的集中关注恰恰符合传统公共领域"公共言说、独立批判"的关键特征。还有，"数字公共领域"的兴起冲击着大众传媒时代单极中心化状态，改变着话语权力结构布局，让现实中日渐空洞的公共领域在数位化平台上获得了重新生发的可能。

因此，在作者看来，新媒介环境赋予了从前的受众与过去的传播者同样的权力，这意味着包括公共知识分子在内的公众重新拥有了对信息的接近权、控制权、发布权以及对政府和社会的监督权。公共知识分子也由此获得了摆脱大众媒介控制，实现自由表达和完整实现的契机。"数字公共领域"让公共知识分子的主体性复归成为可能。①

如果按照葛兰西所提出的人人都是知识分子，人人都是哲学家的著名命题，我们可以认定，只要是积极介入公共事务，积极推进中国公共领域建构的受众，都可以称为知识分子，而这需要每位受众的积极行动。否则，

---

① 冯若谷：《从大众媒介时代到新媒介时代的公共知识分子》，《东南传播》2011年第9期。

再好的媒介平台也是没有任何用处的。为此，有学者明确指出"公民社会不是恩赐的"，"公民社会的到来，需要足够多的人有公民行为，没有谁会恩赐，而公民行为，一点都不难，少开一盏灯，或者，悲惨的时候惨叫一声，表示你痛"①。

5. 不可捉摸的受众

新媒介环境下的受众已经不再是一个可以明确辨析和清楚划界的群体，不同的受众会有不同的媒介偏好，而对相同的媒介也会有不同的解读，即便相同的受众也会在不同的语境对媒介的解读发生变化。另外，网络媒介和各种存储介质的发展极大地提高了受众使用媒介的随意性和自由度，这也增加了媒介对受众管理和控制的难度。② 受众也由此成为"一个不可捉摸的群体或者说是无数个不可捉摸的小群体"③。

有学者也指出，霍尔的三种解读模式在当代社会都存在。"但是，新媒体的发展，尤其是网络媒体的渗透，不仅使传—受之间的界限日趋模糊，更使受众对媒介文本的解读完全超乎研究者的想象，而且，不同解读所形成的合力或者混合力量最终可能会完全改变传播的方向，这一点令解读者自身也始料不及。比如 2009 年网络上广为流传的'余秋雨捐款门'事件、'周森锋——中国最年轻市长'事件，其报道初衷与受众解读及最终的结果一波三折，许多解读并不代表受众的真实观点，而只是希望可以继续看热闹。因此，在一个非常个人化的传播年代，受众的心理、需求、行为常常会发生冲突，甚至自相矛盾，作为传播者，更难以揣摩掩盖在行为下的受众的真实心理。他们的需求，除了明显表现出来的一部分，还有很多掩藏在看似理性的行为中，甚至受众自身，有时也像媒介一样，虚构自己的需求"④。

因此，受众解读是复杂的，甚至是难以捉摸的，但这并不就说明受众不可研究，运用民族志方式，对更为细分的受众群体进行个案研究，是受众研究的一个重要内容。

（三）受众研究的民族志方法

民族志（ethnography）是媒介受众研究的一种重要方法，但在当代中国

---

① 连岳：《公民社会不是恩赐的》，http：//www.xxcb.cn/show.asp？id=854999。
② 任飞：《网络媒介受众研究刍议》，《东岳论丛》2012 年第 6 期。
③ 周爱群、胡翼青：《受众研究的理论与实践》，江苏人民出版社 2005 年版，第 26 页。
④ 吴红雨：《解读电视受众：多元化需求与大众化电视》，浙江大学出版社 2009 年版，第 194 页。

的媒介受众研究中运用得较晚,代表性的著作也并不多①,而且就研究的对象来看,使用的范围还比较狭窄,② 几乎都是关于电视与农村受众的接受情况的,性别、种族、文化身份等视角的研究几乎没有。下面我们简要介绍一下。

1. 国内民族志受众研究的基本内容

李亚妤在《〈新闻联播〉与农民的日常解读——对湖南省Y村的民族志研究》(《东南传播》2010年第3期)一文中,通过对湖南Y村的民族志调查,观察了村民们在日常生活中对《新闻联播》的收看与解读,提出了农民对《新闻联播》的日常解读存在四种类型:仪式型、陪伴型、学习型和认知型。所谓仪式型,指的是Y村农民通过收看《新闻联播》,而获得一种在日常生活中无法得到的关于国家的情感体验,收看新闻联播成了一种仪式,即便内容看不懂,没有办法理解,却仍然坚持收看,由此形成了一个国家的仪式场:仪式开始的时间是晚七点,空间是处于国际社会中的中国,身份是中国人,通过国家领导人及政府的行为,体验到庄严、自尊与快感。所谓陪伴型,主要是农村女性观看方式的概括,她们看《新闻联播》并非自己喜欢看,而是因为丈夫看,所以就"跟丈夫一起看",这是一种客厅(男权)政治的体现。所谓学习型,就是通过《新闻联播》,看到了国家领导人的权力运作,政府的社会控制以及国际社会的政治制衡,并以此形成自己对国家政治体系的一系列认识,甚至进一步运用到现实生活的实践当中。比如会拿电视上所宣传的政策来与地方官员进行辩解和争辩。这一点在袁松和张月盈的文章《电视与村庄政治——对豫中付村的传播社会学考察》(《新闻与传播评论》2010年卷)那里也得到了印证。作者指出,在豫中付村,村民往往会通过电视学习新的维权技术,学习法治时代的生存技能。在面对基层组织某些不正当行为时,他们可以搬出中央的政策作为与之博弈的砝码,在面对基层官员的意

---

① 参见郭建斌《独乡电视:现代传媒与少数民族乡村日常生活》,山东人民出版社2005年版;李春霞《电视与彝民生活》,四川大学出版社2007年版;吴飞《火塘·教堂·电视:一个少数民族社区的社会传播网络研究》,光明日报出版社2008年版;刘锐《电视对西部农村社会流动的影响——基于恩施州石栏村的民族志调查》,《新闻与传播研究》2010年第1期;袁松、张月盈《电视与村庄政治——对豫中付村的传播社会学考察》,《新闻与传播评论》2010年卷等。

② 民族志,有的译为"人种志",主要是人类学的一种田野调查方法,后被文化研究借用过来,进行传播的受众研究。民族志研究方式要求研究者深入某个特殊群体的文化之中,在一段相当长的时期内介入人们的日常生活,观察、倾听、询问,广泛地搜集材料,从"其内部"提供有关意义与行为的解说,甚至打通研究者与被研究者之间的文化距离。

识形态话语时，农民能够使用从电视中获得的政治信息与之对抗。所谓认知型，就是通过收看《新闻联播》，而获得乡村日常生活的谈资。认知型的村民收看动机在于获取信息，加强自己对外部世界的认知。属于认知型的农民，文化程度比较高，接触过的媒介也比较多。

在笔者看来，仪式型解读和陪伴型解读属于农民对《新闻联播》解读的一级阶段，在这一阶段，农民出于情感的需要产生收视行为，在收视过程中基本不会对信息进行加工处理；而学习型解读和认知型解读则进入了农民对《新闻联播》的二级阶段。在这一阶段，农民出于对信息本身的需要产生收视行为，在收视过程中会对信息进行加工处理。

作者通过分析进一步指出，这四种对《新闻联播》的解读类型并不严格对应于某一类人，在同一个人身上可能会有好几种类型的体现，不过总有一种类型占主导地位。作者认为，这四种解读类型的复合正说明了农民对《新闻联播》的日常解读其实是一种男权、党权和国家的混杂体验。一方面，农民接受了《新闻联播》传播的意识形态，进入了一个国家的政治仪式场，认同中央政府的执政合法性，这集中体现在仪式型解读和陪伴型解读。这种解读在本质上体现了农民对政治权威的崇拜，是国家意识形态和一党政治的天然产物，它在农村中培养了一批具有"新闻联播情结"的忠实观众。

但另一方面，村民又通过对《新闻联播》传播内容的再加工，通过打破正规与传统，获得了主动的快感，这样的解读甚至与《新闻联播》的政治内容无关，仅仅是村民谈资的一部分，村民甚至会以自己的方式解构《新闻联播》的严肃性和政治性。宣告自己的价值观和立场，虽然这种解读"非常有限"，但也体现了村民的自我觉醒。

总之，作者指出，在当下的社会转型期，以大众媒介为载体的国家意识形态与乡村社会的结合，会通过传统的乡土文化逻辑产生主控效用，营造和谐的"国家图景"。但这种效应正随着乡村社会的发展而逐渐被打破，农民主体意识的觉醒会产生一种草根的文化反抗，对国家意识形态发出自己的声音。可以说，这种霸权与对抗相融合的解读方式，在其他诸多的民族志研究中都存在，只不过有的内容多，有的少些。

金玉萍在《电视收视语言与受众族群身份建构——基于托台村民族志调查》（《国际新闻界》2012年第10期）中，则重点考察了维吾尔族受众在收看电视节目中的族群身份建构问题。这种建构主要通过以下几种方式进行：（1）通过确认"异""同"划分或扩展族群边界，即维吾尔族受众通过把汉语、外语以及维吾尔语区别开来（异与同），起到了划分或扩展族群边界的作用，并获得自身的族群认同。（2）通过工具性挪用激发保护族群语言文化传统的意识。国家各项关于少数民族的广播电视的建设，是希望能把党的声音传下去。但托台受众对汉语节目的接收呈现多样化目的，并非总与国家意图保持一致，工具性挪用特征明显，比如汉语节目常被用作纯粹的娱乐功能或语言学习工具，很多村民并不收看或不认真收看汉语节目，有时汉语节目还会激发村民保护族群语言文化的意识，这显然与国家的宣传目的不一致，这显然是一种对抗式的解读。（3）通过经验分享寻求文化归属感。有村民认为国外电视节目形式符合实际生活，符合文化传统。他们通过"看一些信仰伊斯兰教的国家的"节目，比较国外节目与自己生活的异同，比较新疆电视台和国外电视台节目的异同，满足体验族群文化的需求。

总之，作者通过分析认识到，在全球化语境下，托台维吾尔族受众日常生活中可以接触到不同语言的电视节目，这些电视节目成为使用者建立自我身份的中介与表达身份认同的渠道，为其提供了建构多样身份的可能性。

如果说上面的两个个案主要是从受众解读媒介的角度进行研究的话，那么，下面的民族志则侧重于从媒介效果的角度，研究媒介对受众的影响以及受众的反应。

洪长晖在《电视与乡村日常生活》（硕士学位论文，厦门大学，2008年）中，考察了电视对村民的影响，比如电视加深了村民对公众人物的认识，拓宽了他们的知识视野；电视部分改变了村民们的生活方式；电视促成了村民们对待婚姻、情感态度的转变，等等。但电视给予村民更多的是娱乐，或者说，村民更多的是喜欢娱乐性的节目，当电视节目一旦无法满足受众的需要时，他们很有可能就会被从电视机前拉走，到其他场合，如打麻将、打扑克等娱乐活动中。

作者指出，村民们真正待在电视机前看电视的时间其实是比较有限的，而且与城市相比，农村生活的不规律性也妨碍了他们连贯地收看电视连续剧，更何况他们自己的文化水平较低，并不可能完全理解电视的叙述。这也更增加了村民们收看电视的选择性。可总体而言，村民们对电视的内容是相当不满的，最集中的问题在于没有属于他们自己的节目，这也进一步增加了村民从电视前走开的可能性。总体上我们看到，村民的需求与电视供给之间的矛盾，直接导致村民们放弃了电视，这种解读方式在一些并不发达的农村地区是普遍存在的。

长安村村民对电视的态度与浦尾村村民是相通的。陈峻俊等通过民族志调查发现，浦尾村村民在选择电视节目时一般偏向于电视剧、娱乐休闲这类能够快速带来欢乐的节目，只有少部分人喜欢看新闻类节目。首先，村民一般没有电视节目类型的概念，常用"没得电视看"表示没有喜欢的电视剧节目，用"喜欢看打日本鬼子"的模糊说法表达自己对历史剧题材的喜爱，当问及原因时，他们会发出"好看啊""有意思""有意义"这一类的声音。其次，村民多是抱着"打发时间"的态度参与电视媒介互动过程，这带有一定的解构倾向。村民打开电视机后，绝大部分村民并不会立即安心坐下来，静静地看电视，而是把"看电视"当成了"听电视"，让电视的声音成为日常生活中的"配乐"，使家庭的气氛更加"热闹些"。因此他们不会在看电视上投入太多的思想和情感。低涉入度的收视方式带给村民愉悦心情的同时，也使得村民能兼顾其他生活事项。最后，大多数村民并没有"频道"概念，更多时候是用"多少台"来代替，他们每日收看的电视节目并不相同，而且几乎都是从中间开始看，就算遇到某部电视剧的第一集，也不会坚持看完。所收看的电视频道多样且不固定，好看的电视剧最能吸引他们的"驻足"，遇到广告时便又马上切换到另一个频道，对于电视节目内容的连续性并不关心。低涉入度的收视方式使得村民对电视内容的印象只停留在走马观花的层面，他们常常因"找不到喜欢看的电视"而频繁换台，对频道和节目的忠诚度非常低。① 而这显然也就消解了电视多负载的意识形态内容。

李春霞在《彝民通过电视的仪式——对一个彝族村落"电视与生活"关系的民族志研究》（《思想战线》2005 年第 5 期）② 中分析了一个叫草坝子的地方彝民与电视的关系。一方面，电视改变了草坝子彝民的生活，草坝子彝民渐渐把电视纳入自己的社会结构、地方知识体系中，成为村民们可以理解、接受，进而消费的东西。由此，草坝子在人际关系、生活作息、时间空间感、性别观念（包括时空、性别的政治）、传播环境等方面都做出了相应的调整，这些调适在为（电视植入后的）草坝子建构、维持一个有序、有意义文化世界的过程中起到非常关键的作用。

在另一方面，草坝子彝民也"劫持"了电视及其携带的"讯息"（包括意

---

① 陈峻俊、何莲翠：《电视与传统文化的社会互动研究——基于女书村落的民族志调查》，《当代传播》2012 年第 4 期。

② 此文是其博士论文的一部分，博士论文后以《电视与彝民生活》（四川大学出版社 2007 年版）为名出版。

识形态)。作者通过调查指出,尽管电视有一套自己的话语方式,但草坝子村民用自己的方式重建了一套关于电视的话语方式,把节目分为"好看的"和"不好看的"。村民们以"吸引力"为节目分类的标准,将电视传播话语中的电视频道、电视内容类型、电视剧类型、具体的节目等分类混杂在一起,颠覆了传播者系统的分类。而在看电视的过程中,村民们会讨论剧情,约98%的情况下都使用彝语。由此,电视带来的世界几乎被"翻译"或置换为草坝子自己的世界。草坝子这个"边缘"群体依然以自己的方式接纳、"劫持"着这个远离自己的世界,最终把它变为自己的。因此作者指出:"电视是面'魔镜',看电视的人虽然看到的是他者,但却在看到他者的同时'映照、建构出了'自己'。"

总之,作者认为,电视与草坝子地方性文化/知识系统是互动的,而非单一单向传播的。进一步地,传播及其传媒不能简单地被视为信息传递和信息传递的媒介,或"发展"促进器或现代化的指标,或单刀直入的文化/现代化利器,更是仪式召唤结构。仪式参与者在传播中再现社区及其成员,或族群乃至社会中共享的信念,从而参与、建构和维系一个有序、有意义的,作为人类行为控制器和容器的文化世界。

如果说以上的民族志个案更多地侧重于现象的描述的话,那么,袁松、张月盈的《电视与村庄政治——对豫中付村的传播社会学考察》(《新闻与传播评论》2010年卷)则主要以批判的视角,从传统与现代、中央与地方的关系中,阐释了电视的村庄政治。

作者指出,随着现代性在时空中的延展,一个普通中国村庄的生活世界被卷入与村庄这一地域空间相分离的、"不在场"(absent)的外部信息所型构的系统世界里。通过对电视中现代生活方式的耳濡目染,农民一方面作为能动的行为主体,正在主动适应变动的外部世界,学习新的维权技术,学习法治时代的生存技能。如上所述,在面对基层组织某些不正当行为时,农民可以搬出中央的政策作为与之博弈的砝码,与之对抗。

可以说,电视拉近了农民与中央政权的时空距离,农民可以从电视中轻易获得中央关于农村、农民以及农业的政策,农民甚至由此意识到了自身的权利。但电视给予农民的也许仅止于此。电视只是增长了他们的见识,但却没有改变他们的观念结构和思维模式。

一方面,农民所接受的信息是经过了巧妙的过滤。中央新闻中反复播放的安抚民心的信息使得这种强调农民权力的话语与农民认知结构中早已存在的"青天意识"和"英主观念"产生强烈共鸣。于是,当中央新闻中每天播放的先进典型和本地出现的负面信息不断地同时呈现时,农民的解释都是"中央政策好,只是地方的歪嘴和尚把经念歪了"。这种过程的不断重复除了侵蚀基层政权的合法性基础外,还增强了农民对于村庄政治的反感与冷漠。

另一方面,在中国政治的具体语境下,电视的普及并没有让农民学会现代民主的参与方式,传媒的政治信息在他们那里只具有器物意义上的作用,除了增加维权手段和道义资源外,并没有增加他们对于村庄公共事务的责任意识和参与意识。他们的权利意识在官方的不断后撤与电视的不断熏陶下持续增长,但义务感却是不断下降。宏观上,电视传递的全国普通的公共信息可以对社会起到良好的整合,但是微观意义上的村庄却在这种信息的反复作用下离间与解体。

在中央—农民—地方的关系上,电视的存在使得中央成为一个无法轻易地绕开的部分在场,农民虽然拥有了信息的掌控权,却并不意味着拥有了观点的自主权。由于对信息的解释被中央新闻中观察问题的角度、看待问题的方式所引导,农民对于一些有损其自身利益的大政方针同样保持赞同或理解的态度(如殡葬改革、土地征用制度、计划生育制度,以及税改之前的税费制度等)。由此所导致的一个结果,就是农民站在国家的立场上考虑问题,相信新闻中对某项国家政策实施原因的抽象论证,却不会过分意识到自身权力的被剥夺。即使这些政策在具体实施过程中对农民产生了切实的损害,他们也不会把责任归咎于中央,而只是指责基层政权没有执行好上级的良好政策意图,同时期待中央来为他们"申冤"。

作者由此指出,新闻被权力作为一种知识和话语定期定量地生产出来,跨过地方和基层,通过无所不在的媒介延伸到了村庄生活中的细微之处。通过新兴的技术手段,国家掌控农村的机制柔软化、间接化、隐性化、微观化、细节化了,而村庄中的电视在这个过程中则成为权力作用的施力点。在这种微妙机制的作用下,农民在不知不觉中被现代国家所规训,地方性共同体中的"乡民"正在逐步嬗变为现代国家中的"公民"。然而,在中国政治的压力型体制下,乡村社会的治理规则与基层权威的授权来源并未改变,当中央政权在面对转型期一系列刚性的社会矛盾同时又需要继续维持自身合法性的情况下,基层组织"歪曲上级政策"的替罪羊形象就被大众传播媒介反复塑造出来。这样,即使"三农"问题短期内无法解决,中央的合法性仍然可以在农民的认知结构中不断重塑,但作为代价,基层组织的合法性及其相应的权威却会遭到相当程度的削弱,村庄公共生活处于离散的状态。

2. 国内民族志研究之不足

当代中国受众民族志研究也存在一些问题,已引起许多学者的注意,主要问题有两点:

第一,研究范围相对狭窄,研究对象多为电视与村民社会,几乎没有涉及媒介与市民社会、媒介与家庭等问题。

第二,长于描述和阐释,缺乏批判传统和社会结构与权力关系的分析视角。

受众研究中民族志方法的使用,意味着对能动受众的肯定,必然涉及各种权力关系。西方新受众研究在早期集中于从阶级、种族、性别、年龄等不同角度出发研究其对电视接收造成的影响,后期则是在后现代语境之下,随着身份政治研究的发展,集中探讨不同民族、性别、年龄的受众如何利用电视实现自己的身份认同,同时将媒介技术的视角结合到对日常行为模式的研究中。这两个特点往往与新受众研究对日常生活情境的重视和民族志方法的运用结合在一起,推动新受众研究的发展。我国的受众民族志缺少这样的视角,这与我国民族志方法受众研究才刚刚起步,仍然处于探索阶段,以及社会文化环境和人文社会科学的研究传统等有一定的关系。但我国当前正处于社会转型期,社会急剧变迁带来的阶层分化、各个民族文化的多样性以及媒介技术的迅速发展等,为运用民族志方法进行受众研究提供了丰富的资源和便利条件。运用民族志方法探讨不同地区、不同族群受众的媒介使用及意义,可能正是我国受众研究可以做出本土化努力的一个途径。①

---

① 参见金玉萍《描述、阐释和批判:我国与西方民族志方法受众研究的不同理论取向》,《新闻与传播评论》2011年卷;马锋《超越民族志:在解释中探寻可能之规律——传播民族志方法新探》,《2006中国传播学论坛论文集(Ⅰ)》;谭华《关于乡村传播研究中"民族志"方法的一些思考——以一个土家村落的田野工作经验为例》,《湖北民族学院学报》(哲学社会科学版)2006年第5期。

第八章 城市空间研究

近年来,在人文学科和社会科学乃至工程和自然科学领域,空间作为一个热门话题引发了许多学术讨论和论争,尤其是城市空间问题,更成为诸多学者研究和讨论的话题,催生了不少新的学派、观念、方法和理论,甚至形成了一股覆盖整个人文社科乃至工程和自然学科研究的"空间转向"(the Spatial Turn)。

城市空间研究主要有两种方式,一是注重实证研究,以调查问卷或城市相关的普查数据为基础,以总结规律为首要任务,最终目的是"建设和谐城市"[①]。二是更强调批判性,着重研究空间是如何被生产出来的,在空间的生产过程中有哪些力量参与其中,如何进行博弈,空间生产的结果是怎样的,等等。后一种研究方式我们可以称为文化研究式的城市空间研究,也是本章我们要梳理和分析的内容。

一 当代中国空间研究的兴起与发展

(一) 当代中国空间研究的兴起

当代中国空间研究的兴起,一方面与中国城市的高速发展及其所带来的相关问题,尤其是负面问题有密切关系;另一方面也与西方空间理论的引入有关。前者是当代中国空间研究兴起的现实因素,后者是空间研究兴起的理论因素。

1. 空间研究兴起的现实因素

众所周知,自 20 世纪 90 年代以来,我国进入了城市化快速发展,甚至是"大跃进"式的发展阶段。城市的高速发展一方面使得城市的空间形态和结构发生了新的重大变化[②]。空间在当代城市发展中已不再仅仅是一种安

---

① 参见李志刚、顾朝林《中国城市社会空间结构转型》,东南大学出版社 2011 年版,最后一章。
② 关于中国城市空间结构变迁方面的著作和文章很多,可参见李志刚、顾朝林《中国城市社会空间结构转型》,东南大学出版社 2011 年版。

置物品、供人居住和生活的容器,而是表征着社会关系的发展变化并富有丰富的文化意味。城市的高速发展在另一方面也带来了诸多负面后果,比如环境污染、生态恶化、因旧城改造和拆迁而引发的原住民与开发商及政府之间的冲突,等等,这些都引起了人们对空间问题的关注(详见下面的分析)。

沃夫和阿里阿斯(Barney Warf and Santa Arias)在其主编的《空间转向:跨学科视角》(*The Spatial Turn: Interdisciplinary Perspectives*, London: Routledge, 2009)一书的《导论》中曾指出:"空间转向不可能是一些象牙塔里知识分子的产物。这种社会思想的变化更多反映了当代世界中更加广阔的经济、政治和文化的转型。"[1] 他们进一步分析了引发空间转向的几个因素。(1)全球化。全球化通过资本与货物的流动把不同的生产者与消费者连接了起来,由此而带来的是空间的流动以及不同地域的差异。"全球化远不是要消灭空间的重要性,而是在增强它的重要性。"(2)赛博与互联网提出了空间性的问题。赛博成为我们日常生活重要的部分,在赛博空间中,一个现实的虚拟和实在之间的距离消失了,很难说哪里是开始而哪里是结束。(3)全球化、国际媒介以及移民等,体现了一种身份和主体性的变迁。自我在当今已不再有一个固定的、静止的和统一的身份,而是多元化的、变化的,甚至是矛盾的"自我们"(selves)。自我与其被生产出的空间紧密相连,由此形成多元身份。(4)全球生态和环境问题的严重,也突出了空间的重要意义。虽然这些问题的发生是地方性的,但是,越来越多的人认识到,审视和解决这些问题需要有全球性的眼光和角度。因此空间成为理解和处理环境问题的重要维度。[2]

沃夫和阿里阿斯所说的这些同样也是促使当代中国空间研究兴起的基本要素[3],但对中国城市空间问题的研究显然需要结合中国特定的政治、经济和文化的特点。

2. 西方空间理论的译介

当代中国空间研究的发展与西方空间理论的引入是分不开的。西方对空间问题的关注有着较长的历史,并在20世纪70年代以后形成一股"空间转

---

[1] *The Spatial Turn: Interdisciplinary Perspectives*, pp. 4—5.
[2] Ibid., pp. 5—6.
[3] 参见强乃社《空间转向及其意义》,《学习与探索》2011年第3期。

向"的潮流，重要的代表人物有亨利·列斐伏尔（Henri Lefebvre）、福柯、大卫·哈维（David Harvey）、爱德华·苏贾（Edward W. Soja，亦译为索亚）等人。当代中国的空间研究，主要倚重的就是这几位学者的思想和理论，因此我们也顺便简单介绍这几位重要理论家的观点。

列斐伏尔是一位对形成"空间转向"具有开创意义的学者，其空间思想和理论在 2003 年前后被陆续翻译和介绍到中国。2003 年，《都市与文化》丛刊第 2 辑《现代性与空间的生产》（上海教育出版社）专设列斐伏尔专题（名为"空间的生产"），译出了他的几篇文章：《什么是现代性？——致柯斯塔斯·阿克舍洛斯》《空间：社会产物与使用价值》《空间政治学的反思》《论都市形式》等。但是列斐伏尔 1974 年最具代表性的空间理论著作《空间的生产》（*The production of space*）[1]，目前还没有中文全译本，只有部分章节在 2005 年翻译发表[2]。此外，列斐伏尔 2000 年的专著《空间与政治》[3] 直到 2008 年才被译成中文（李春译，上海人民出版社）。

列斐伏尔力图纠正传统理论对于空间的简单和错误的看法。他认为，空间不仅仅是社会关系演变的静止的"容器"或"平台"，"空间是社会性的，它牵涉到再生产的社会关系，亦即性别、年龄与特定家庭组织之间的生物—生理关系，也牵涉到生产关系，亦即劳动及其组织的分化。""空间里弥漫着社会关系，它不仅被社会关系支持，也生产社会关系和被社会关系所生产。"[4]

列斐伏尔还把空间分为了三种类型：一是"空间实践"（spatial practice），指的是城市的社会生产与再生产以及日常生活；二是"空间的表征"（representations of space），指的是概念化的空间，科学家、规划者、社会工程师等的知识和意识形态所支配的空间；三是"表征的空间"（spaces of representation），指的是"居民"和"使用者"的空间，它通过意象与象征的与社会生活隐秘联系的符号体系而被直接生产出来，是人们生活和感知的空间，是使用者与环境之间的社会关系。这三类空间分别对应着感知的空间、构想

---

[1] 这部著作法文版初版于 1974 年，英文版出版于 1991 年（Donald Nicholson - Smith 翻译，Oxford：Blackwell）。

[2] 《空间的生产》，晓默节译，《建筑师》2005 年第 5 期。

[3] 此专著收录了列斐伏尔在 1970 年到 1973 年在几所大学（东京、牛津、纽约、圣地亚哥、加拉加斯）的巡回演讲稿。

[4] 参见包亚明《现代性与空间的生产》，上海教育出版社 2003 年版，第 48 页。

的空间和生活的空间。城市空间成为列斐伏尔批判社会日常生活、伸张空间正义的最重要的切入点。①

　　福柯是另一个在空间理论方面具有重大影响的理论家。早在1997年，在由严锋翻译出版的《权力的眼睛：福柯访谈录》（上海人民出版社）中，就有福柯1976年的访谈《权力的地理学》一文。福柯在此文中阐述了他对空间权力的理解，但此时人们对福柯的关注点还是在其权力理论上，其空间思想还未引起独立的重视。2001年，福柯1967年的演讲《不同空间的正文与上下文》和1976年的演讲《其他空间》，以及1982年的访谈《空间、知识、权力》（Space, Knowledge, and Power）一并被译出。在第一篇演讲中，福柯宣告当今时代已进入空间的纪元，确信"我们时代的焦虑与空间有着根本的关系，比之时间的关系更甚。时间对于我们而言，可能只是许多个元素散布在空间中的不同分配运作之一"②。在第二篇演讲中，福柯指出，20世纪预示着一个空间时代的到来，人们正处于一个同时性和并置性的时代，所经历和感觉的世界更可能是一个点与点之间互相联结、团与团之间互相缠绕的网络，而更少是一个传统意义上经由时间长期演化而成的物质存在③。在访谈中，福柯更强调空间是一切公共生活形式的基础，是一切权力动作的基础。空间、知识、权力的三位一体与后现代主义文化的理论批判有着千丝万缕的联系，④这在哈维那里也有论述。

　　1973年，美国后现代地理学家哈维出版的《社会正义与城市》（Social Justice and the City, Oxford: Basil Blackwell, 国内还未有译本），力图将城市与空间的问题纳入社会批判的理论框架。哈维对国内影响比较大的著作，要算其1990年出版、国内2003年翻译出版的《后现代的状况》（商务印书馆，作为"现代性研究译丛"的一种）。这部著作最初引起大陆学者关注的是其后现代思想，但后来随着空间研究的兴起，这部著作中关于空间的研究，尤其是"时空压缩"的观点开始为人们所重视。在哈维那里，"时空压缩"这一术语"标志着那些把空间和时间的客观品质革命化了，以至于我们被迫、有时是用相当激进的方式来改变我们将世界呈现给自己的方式的各种过程。

---

①　参见吴细玲《城市社会空间批判理论的正义取向》，《东岳论丛》2013年第5期。
②　福柯：《不同空间的正文与上下文》，包亚明主编：《后现代性与地理学的政治》，上海教育出版社2001年版，第20页。
③　包亚明主编：《后现代性与地理学的政治》，上海教育出版社2001年版，第19—28页。
④　同上。

我使用'压缩'这个词语是因为可以提出有力的事例证明：资本主义的历史具有在生活步伐方面加速的特征，而同时又克服了空间上的各种障碍，以至世界有时显得是内在地朝我们崩溃了"①。时间上的快速发展和空间障碍的消除，引发了人们强烈的时空压缩的感受，进而影响了文化和政治生活的每个面向。此后，哈维的《希望的空间》（南京大学出版社 2006 年版）和《正义、自然和差异的地理学》（上海人民出版社 2010 年版）陆续被译出和出版，拓展了后现代地理学的政治经济批判维度。此外，国内还翻译了他的散篇的文章②。

苏贾也是国内空间研究引用比较多的理论家。2004 年前后，他的著作陆续被译出，主要有：《后现代地理学：重申批判社会理论中的空间》（王文斌译，商务印书馆 2004 年版）、《第三空间：去往洛杉矶和其他真实和想象地方的旅程》（上海教育出版社 2005 年版）、《后大都市：城市和区域的批判性研究》（李钧等译，上海教育出版社 2006 年版）。在《都市与文化》第 3 辑《后大都市与文化研究》（2005 年版）中还设有索亚专题，节译了他的《后大都市》和《第三空间》。散篇的还有他的《后现代都市化：洛杉矶的六次重构》等。

苏贾带给大陆影响比较大的理论是其承继列斐伏尔的三种空间思想而提出的"第三空间"理论。"第一空间"注重的客观性和物质性空间，诸如家庭、建筑、邻里、村落、城市、国家乃至世界经济和全球地理政治等，是力求建立关于空间的形式科学。"第二空间"则偏重于主观性与想象性空间，从构想或者想象的地理学中获取观念。"第三空间"则是超越物质空间与精神空间对立的空间思维，是开放的空间模式，"主体性与客体性、抽象与具象、真实与想象、可知与不可知、重复与差异、精神与肉体、意识与无意识、学科与跨学科等等，不一而足，……无论是第三空间本身还是'第三空间认识论'，都将永远保持开放的姿态，永远面向新的可能性，面向去往新天地的种种旅程"③。"第三空间"让研究者能够从物质性空间出发，进入都市空间内在的文化印记，去探索都市空间背后的文化生态。

除了以上重要的空间理论家的著作和文章被翻译过来之外，其他被翻译

---

① 哈维：《后现代的状况》，商务印书馆 2003 年版，第 300 页。
② 如《时空之间：关于地理学想象的反思》（1989 年的演讲），《都市文化研究》第 5 辑《都市空间与文化想象》，上海三联书店 2008 年版；《作为关键词的空间》，《文化研究》第 10 辑，社会科学文献出版社 2010 年版；等。
③ 陆扬：《析索亚"第三空间"理论》，《天津社会科学》2005 年第 2 期。

过来的理论家及论著有：迈克·迪尔的《后现代都市状况》（李小科译，上海教育出版社 2004 年版）、沙朗·佐京（Sharon Zukin）的《城市文化》（张廷佺等译，上海教育出版社 2006 年版）、菲利普·韦格纳的《空间批评：批评的地理、空间、场所和文本性》（阎嘉：《文学理论精粹读本》，中国人民大学出版社 2006 年版）等。

从时间上看，西方空间理论引入中国大都在 2000 年之后，并在 2005 年前后形成高潮。理论引介的滞后与中国城市发展的滞后紧密相关。但中国城市的高速发展，又使得这些在西方发展了几十年的空间理论在短时间内一下子涌入中国，既推进了中国空间研究的发展，也带来了对西方理论理解不够、一味套用的弊端。

（二）当代中国空间研究概述

应该说，当代中国的空间研究起步于对西方空间理论的译介，然后是运用西方空间理论来研究中国的空间生产实践。而在这其中，如何把西方理论运用到中国本土，或者如何进行西方理论的本土化改造，是稍后一些学者思考的重要问题。本小节我们主要在总体上梳理当代中国在空间研究上的基本状况，而在后面几节，我们将集中评述当代中国在空间研究中的几个主要主题。

大约从 20 世纪 90 年代开始，我国学术界就已经开始关注城市空间问题了，但此时的研究和关注显然还没有形成"转向"态势，主要是在地理学、城市社会学等学科中被提及[①]。2000 年以后，出现了城市空间生产理论的研究热潮，其中既有对列斐伏尔、哈维等人的专门研究[②]，也有关于空间理论整体上的研究以及相关领域的研究。

鉴于散见于各种杂志的空间研究论文很多，很难一一介绍，故而下面我们主要介绍几种关于空间研究的集刊，其中最主要的是上海师范大学都市文化研究中心[③]出版的几套集刊或译丛："都市与文化"集刊、"都市文化研究"

[①] 夏建中：《新城市社会学的主要理论》，《社会学研究》1998 年第 4 期。

[②] 如刘怀玉：《现代性的平庸与神奇：列斐伏尔日常生活批判哲学的文本学解读》，中央编译出版社 2006 年版；吴宁：《日常生活批判——列斐伏尔哲学思想研究》，人民出版社 2007 年版；张子凯：《列斐伏尔"社会空间"思想研究》，博士学位论文，北京大学，2008 年；崔丽华：《大卫·哈维空间批判理论研究》，博士学位论文，北京师范大学，2011 年；唐旭昌：《大卫·哈维城市空间思想研究：基于马克思主义政治经济学视域的考察》，博士学位论文，中国人民大学，2011 年；等等。

[③] 该中心于 1998 年成立，2002 年成立都市文化 E—研究院，2004 年中心被批准成为教育部普通高等学校人文社会科学重点研究基地。

集刊、"都市与文化译丛""都市文化研究译丛"等。这些集刊虽然并不完全是关于空间研究的，但几乎都涉及空间问题，甚至专门开设空间研究专题，对于推进中国的空间研究，具有重要的意义。

"都市与文化"是中心最早出版的集刊，前三辑都开设有空间研究的专题，第1辑《后现代性与地理学的政治》（包亚明主编，上海教育出版社2001年版）是福柯专题（名为"空间与权力"）；第2辑《现代性与空间的生产》（上海教育出版社2003年版）是列斐伏尔专题（名为"空间的生产"）；第3辑《后大都市与文化研究》（包亚明主编，上海教育出版社2005年版）是索亚专题（名为"第三空间"）。

"都市文化研究"集刊从2005年开始出版，目前已经出到了第9辑，其中第5辑《都市空间与文化想象》（孙逊、杨剑龙主编，上海三联书店2008年版）有关于"都市空间"的专题。"都市与文化译丛"翻译出版的相关著作有：迈克·迪尔的《后现代都市状况》（李小科译，上海教育出版社2004年版）、乔治·拉伦（Larrain, Jorge）的《意识形态与文化身份：现代性和第三世界的在场》（上海教育出版社2005年版）、苏贾的《第三空间：去往洛杉矶和其他真实和想象地方的旅程》（上海教育出版社2005年版）和《后大都市：城市和区域的批判性研究》（李钧等译，上海教育出版社2006年版）、朱克金（Sharon Zukin，亦译为沙朗·佐京）的《城市文化》（张廷佺等译，上海教育出版社2006年版）、迈克·戴维斯（Davis, M.）的《死城》（李钧等译，上海书店出版社2011年版）、汉涅根（Hannigan, J.）的《梦幻之城》（上海书店出版社2011年版）、萨斯基亚·萨森的《全球化及其不满》（上海书店出版社2011年版），等等。"都市文化研究译丛"是都市文化研究中心2002年E—研究院成立后策划的译丛，主要翻译的相关著作有亨利·勒菲弗的《空间与政治》（李春译，上海人民出版社2008年版）等。

此外与空间研究相关的集刊或著作还有：薛毅主编的《西方都市文化研究读本》（四卷，广西师范大学出版社2008年版）（其中有关于"古代城市与现代都市"［第一卷］、"空间与政治"［第三卷］专题）、汪民安等主编的《城市文化读本》（北京大学出版社2008年版）、胡惠林等主编的《中国都市文化研究》（上海人民出版社）等。此外就是由陶东风、周宪教授主编的文化研究的专门集刊《文化研究》，其第10辑和第15辑都有关于空间研究的专题，而且城市文化研究已成为《文化研究》集刊的常规研究主题。其他的集刊如《都市文化研究》《中国城市评论》等不再详述。

除了研究和译介的论著之外，还有与空间研究相关的教材类著作，代表性的有包亚明主编的《现代性与都市文化理论》（上海社会科学院出版社2008年版）。这是上海社科院特色学科"西方文学文化批评思潮研究"的项目成果，其中有空间理论、卡斯特的网络空间理论、都市空间与社会正义、文化身份与都市空间的重构、都市空间与女性主义、都市空间与消费文化等关于空间的章节。在2005年出版的《当代西方文艺理论》（增补版，朱立元主编）中专列了"空间理论"（陆扬撰写）。2006年，陆扬、王毅出版的《文化研究导论》（复旦大学出版社）中也专列"空间理论"一章。2012年，陆扬主编的《文化研究导论》（高等教育出版社）中也设"空间转向"一章，介绍当代西方的空间理论。

总之，城市空间问题在我国已经成为一个受到高度关注的学术热点问题，同时也是文化研究的一个新的学术生长点。但空间研究作为一种跨学科的交叉研究，既需要地理学的相关知识，也需要哲学、社会学、文化学等方面的知识，想要获得扎实的原创性成果还有待时日（目前我国的空间研究主要还是倚重西方理论）。

二 空间研究的几个主题

从本节开始，我们将分别评析当代中国的政治空间研究、消费空间研究、公共空间研究以及关于空间正义问题的研究。这种分类只是相对的，公共空间与消费空间同样与政治分不开，一个空间既可能是政治性的，也可能同时是公共性的和消费性的。这样分类一方面是为了分析上的方便，另一方面也是因为某些空间的功能的确有一定的侧重性。

（一）国家权力意志主导下的政治空间的生产

政治空间是为了传达或表达某种政治观念或思想而生产出来的。这种性质的空间在当代中国非常多，比如典型的天安门广场。香港学者洪长泰详细追溯并分析了天安门广场改扩建的过程，揭示了共产党的政治意图如何一步步主导了这个空间的生产。[①]

洪长泰指出，有三种力量参与了天安门广场的改扩建工程，一是共产党和政府，二是中国的建筑专家，三是苏联的建筑专家。这三方力量在不断地博弈之后，最终党的政治意图占据上风，天安门广场完全成了一个标准的、

---

① 洪长泰：《空间与政治：扩建天安门广场》，《冷战国际史研究》，2007年。

典范的政治空间。北京城，尤其是天安门广场，首先为一个中国的政治空间，需要进行精心的规划。其实早在新中国成立之前，共产党就开始规划北京城的建设，甚至成立了北平市都市计划委员会，建筑学家梁思成位列常务委员。梁思成力主保护主城区古老的建筑文物，在北京西郊另建新城区，作为北京的文化和政治中心。梁思成为此与陈占祥（建筑规划专家）联合撰写了《关于中央人民政府行政中心区位置的建议》。梁、陈的规划方案受到了来自党和中国建筑学界的反对和批评，理由之一是建立新城区从经济方面考虑不太现实，新中国成立之初财政紧张；理由之二是梁、陈的方案也与党中央的意图不吻合。新中国成立前中共中央已经提出要把"消费城市变成生产城市"的策略，北京除了是政治、文化中心之外，还要发展成为工业中心。这与意识形态上强调的工人阶级领导地位紧密相连，符合工人当家做主的身份，符合当时的政治大方向。因此在这里，经济的考虑本来就有政治目的。在这种情况下，梁思成的设计方案被否定并不奇怪。

此外，新政权希望把行政中心留在旧城也是出于政治上的考虑。洪长泰指出，新中国成立之前，毛泽东及中共中央已经迁进中南海，旧日的封建皇宫已经成了社会主义的政治权力中心，而天安门城楼也将作为毛泽东宣告中华人民共和国成立的圣地。故此，社会主义新中国的行政中心和传统封建王朝的故宫在这里会合了起来。这对于中国共产党来说具有重要意义，一方面可以更加肯定新政府的合法地位，另一方面体现了在共产党的领导下中国将走向一个更加美好的未来。因此，政治中心建在旧都，并以天安门为中心，基本上是共产党已经确定下来的。梁思成从保护文物的角度，把政治中心放在新城区，这显然与共产党的政治考虑是相悖的。

苏联专家进入后，梁思成受到的批评就更加激烈了。自最早一批苏联专家于1949年9月中抵达北平，一直到中苏分裂，陆续有多批苏联专家来到中国，参与北京城及天安门的规划和建设工程。这些苏联专家基本上是参照莫斯科的规划和红场的建设来规划北京和天安门广场的，这其中的一个重要思想，就是主张新中国的政治中心留在旧城区并扩建天安门广场，像红场一样作为国家庆典、阅兵或民众游行的场所。这样的思想显然与共产党的规划思路是一致的。但在天安门的建设面积以及相关的长安街的宽度等方面，苏联专家与党的意见发生了冲突，而随着中苏交恶，这种冲突演变成了一个民族自尊的问题。最终，在经过疾风暴雨式的拆迁之后，天安门广场被扩建为44公顷的庞然大物，几乎是5个红场那么大。长安街的宽度，也超出了苏联专家建议的最多40—50公尺宽,而修建成了一条最主要干道110—120公尺宽、主要干道60—90公尺宽、次要干道40—50公尺和支路30—40公尺宽的大道,大大超过了苏联红场周边的道路宽度。不过,共产党方面也接受了苏联专家的一些建议,比如天安门广场只宜建造一些纪念性质的建筑物,性质是庄严肃穆的,不应把广场改建成经常有大量人流、车流聚散的活动场所等。共产党之所以接受苏联专家的建议,显然也是因为这些建议与共产党的政治意图是相吻合的。

总之,扩建天安门广场并非一件单纯的建筑项目,而是一项重大的政治事件。天安门广场的扩建,代表了中国共产党改造传统的神圣空间来确立其合法地位,并同时宣示中国主权的目的。其中虽然有各种力量的博弈,但最终还是党的意志占据主导。即使是民族主义的情绪也必须服从党的意识形态目的。因此,"从政治史的角度看,天安门广场的演变代表了中共政权对内(树立及巩固其政权)和对外(抗衡苏联及欧美帝国主义势力)的政策",一个典型的政治空间——天安门广场由此建立起来。

从天安门扩建中我们可以看到政治在空间生产中的绝对权威和力量,几乎不可能遭到有效的反对和抵抗,但随着社会的发展,政治空间也可能会在某种程度上走向衰落,甚至被挪用或重写。胡大平在《历史语境中的南京长江大桥——一个能指的漂浮》[1]中,分析了南京长江大桥的建设中所负载的政治意识形态,以及它在商业经济大潮中如何被挪用。

胡大平指出,当初建设南京长江大桥,虽然首先是出于交通的需要,但在其建设中,南京长江大桥却成了一个意识形态能指。"作为大写符号,它所指的不是交通功能,而是政治。"[2] 这里的政治体现在它是中国人民自力更生的象征,是毛泽东思想和无产阶级革命路线的伟大胜利。这从桥身上仍然清晰地看到的四个雄伟的"三面红旗"桥头堡、四个巨大的工农兵雕塑、八条鲜红的革命口号和毛主席语录、200件反映新中国建设成就的铸铁浮雕、大量的向日葵和工农兵象征装饰物中可以清晰地看出来。

因此,南京长江大桥在社会生活中并不就是一座简单的桥,而是一个大写的文化符号,"一座政治纪念碑"。在这一神圣语境中,任何对大桥的贬低或轻视都可以成为反对"文化大革命"、反对中国革命的行为。[3]

---

[1] 陶东风、周宪主编:《文化研究》(第10辑),社会科学文献出版社2010年版。
[2] 同上书,第126页。
[3] 同上书,第129页。

但是，随着中国改革开放的迅速推进，大桥原初所负载的政治意识形态被逐渐淡化，甚至被商业所挪用，比如桥上出现了商业广告，还专门设置了照相点等，在作者看来，这是对大桥原初意识形态的挪用，或者说，是商业对政治的挪用，表明了政治意识形态在日常生活中的"祛魅"。我们也可以说，传统的政治意识形态松动了，具有高度齐一性的革命意识形态氛围变得宽容和开明了。

如果说，南京长江大桥的发展史是一个政治被不断挪用的过程的话，那么，胡恒在《革命史、快感、现代主义》一文中，则通过对"新四军江南指挥部纪念馆"（简称"N4A纪念馆"）旧馆和新馆的深入比较分析，为我们展示了一个政治空间是如何被重写的。

胡恒指出，"N4A纪念馆"新馆之前的那些新四军纪念馆，都来自"革命传统教育与爱国主义教育"这一需要，其基本的设计思路，是以最直接地呈现来重构关于过去的叙述。首先，保护历史事件的发生地，使之凝固下来。比如安徽泾县新四军军部旧址陈列馆就分布在约15公里范围内的13个自然村里。建筑只经过加固和维护。溧阳N4A旧馆原址是明万历年间遗留下来的祠堂。其次，室内的展示以"原状复原陈列"（纪念发生地的场景和人物的活动）为主，"辅助陈列"（其他的补充）相对较少。最后，增加必要的主题纪念物（如纪念碑、塑像、题词等）。这是一整套较为规范、成熟的叙事模式，这样的叙事模式目标非常明确：爱国主义、革命传统教育。

但随着社会经济的大发展，红色旅游的兴起，革命的历史与经济发展紧密地搭建在了一起。首先，新馆的空间特性相当明确，就是为了红色旅游的目的兴建起来的。它是一个巨大的、综合性纪念广场规划的一部分，一个标准的人造物；其次，新馆采用了更为复杂的现代主义的建筑手法；再次，新馆视觉要素完全符号化；最后，展示空间主题化，并使用了诸多现代多媒体技术。

作者指出，经过这样的改造，旧馆的那种"原质"的冲击力没有了，而"原质"的缺席，给了历史的快感内核以表现的机会，它如同一只无形之手，将现代主义形式系统、当下的意识形态、简陋的技术条件、革命战争史、风格化的民居传统，全部转化为符号游戏的参与者，转化为平等的符号构件。[①]由此，意义、符号、现代主义形式系统成为新的三元组，置换了原址建筑、

[①] 陶东风、周宪主编：《文化研究》（第10辑），社会科学文献出版社2010年版，第309—310页。

遗物、骨灰这一旧的三元组。而所谓的关于革命历史的传说（在镇江的茅山纪念馆山脚下燃放鞭炮时，纪念碑上就会响起清晰的"嘀嘀嗒嘀嘀，嘀嘀嗒嘀嘀……"的军号声）与其说是对革命历史的崇敬，不如说是一种对革命历史的娱乐化。于是，"（透明公开的）科学真理和（讳莫如深的）鬼神之说如此怪异地糅合在一起，膜拜者在这一极端矛盾的状态下获得了巨大的快感"[①]。而最终这种快感转化为了经济收益。军号怪谈成为该纪念馆开发"红色旅游"的招牌项目。

作者指出，溧阳 N4A 新馆代表了未来的趋势——"休闲式的空间组团、谜语式的图像隐喻、娱乐式的游戏世界，将快感的诸般消费形式一股脑全搬了出来"[②]。而我们可以怀着轻松随意的心态来接受和享受这一平民快感花园。由此，政治空间在这里被彻底重写。

（二）缝隙空间中的抵抗

政治空间既可能会被资本所挪用或重写，也可能会受到直接的挑战或抵抗，即便这种抵抗或挑战的效果是微弱的。童强、李志明等人对缝隙空间及城中村的研究正体现了这一点。

童强在《权力、资本与缝隙空间》[③]中，专门分析了缝隙政治学，揭示了缝隙中的权力斗争。童强认为，缝隙是客观存在的，而且具有不可消除性。只要有人，有社会实践活动，就必然会有缝隙。缝隙有两个来源，一是物质性的具体的缝隙，比如城乡结合部、城中村、偏僻小巷、桥洞、涵洞等；二是通过挪用各种正式、正规的空间产生的缝隙，如占道经营、违章搭建等。作者更关注的是后一种缝隙。这是非正式的、地下的、不确定的空间，它不可能获得有关方面的、法律的正式许可，而只能以含混的占有形式出现在街头巷尾、围墙之间、高楼背后。这种缝隙随时可以建立起来，但也可能随时被取消。

童强指出，"缝隙空间"的挪用者往往是社会分层中最边缘、最底层的群体，如外地人、拾荒者、无正当职业者等。他们大多不可能获得正式或比较正式的职位，很难开展自主经营的活动，于是成为缝隙、角落这类边缘化、缝隙化空间的占据者。童强还特定通过实际观察，描述了在南京新街口最繁

[①] 陶东风、周宪主编：《文化研究》（第 10 辑），社会科学文献出版社 2010 年版，第 3119 页。
[②] 同上书，第 312 页。
[③] 同上。

华的地区——德基广场二期工地外的一群外地拾荒者,每天在广告灯下,翻晒、整理垃圾的情形。这在作者看来,是典型地挪用中心空间、正常空间而形成属于自己的缝隙空间的行为。而正是在这些缝隙空间中,弱势者、底层者形成了自己的缝隙化的生存原则:有监管就走,无监管就来;有空子就钻,见缝隙就占。

董强进一步通过对"中心—边缘"社会结构模式的批判性分析,阐释了缝隙空间的革命性意义。董强指出,"中心—边缘"模式,是一种极端简化的社会结构认知模式,即某些阶层处于中心区域,其他的阶层居于中间地带,而边缘化的阶层,或者说社会下层则只能守在狭缝、边缘之中。董强认为,这种"'中心—边缘'的模式无疑是意识形态建构的结果"[1],它造成了某种稳定的空间图景,掩盖了现实的复杂性。事实上,在现实中,中心与边缘的划定并不是绝对的,而只是相对的,边缘总是相对于某个中心而言,中心不同,边缘性区域则将随之变化。中心与边缘的标注是各种社会力量博弈竞争的结果,它随时都可能发生变化。因此,既没有纯粹的中心,也没有恒定的边缘,它们总是随着各种社会活动的展开、社会关系的微妙变化而变化。尤其重要的是,大量的孔洞、缝隙等异质空间会不时地渗透进中心,像晶体生长一样,在中心空间上延伸,形成大片群落,造成中心空间地带的"龟裂"。这在作者看来是一种对中心的抵抗,甚至会形成新的中心,比如南京市珠江路电子一条街。董强认为,在社会运作高度技术化的过程中,缝隙的大量产生变得越来越不可避免:一是主导性结构的收缩,使得边缘化的劳动岗位所占的比例越来越大;二是劳动产品的生产越来越专业化,步骤越来越多,个体的劳动本身也就越来越细碎,没有哪个个人会有重要价值,会处在一个中心。由此,边缘性正在普遍化(或许它本来就是普遍化的现象),只不过各种"中心"理论以及消费驱动都在努力地掩盖这一事实,并带给人们虚幻的中心感。或者说,中心其实是人为地意识形态虚构出来的,而边缘和缝隙才是生活结构的常态。由此,没有任何空间是绝对的和恒定的,一切都处在动态的斗争和博弈中,继而可以相互转化。这样的认识"突出了社会空间的动态性、流动性、交互性与网络化"[2],对我们理解空间的生产与变革具有重要意义。

---

[1] 陶东风、周宪主编:《文化研究》(第10辑),社会科学文献出版社2010年版,第101页。
[2] 殷曼楟:《缝隙空间与都市中的社会认同危机(回应)》,陶东风、周宪主编:《文化研究》(第10辑),社会科学文献出版社2010年版,第111页。

缝隙空间生产中的权力博弈，在城中村及其违法建筑中体现得更为明显。李志明在《空间、权力与反抗：城中村违法建设的空间政治解析》中，对城中村及其违法建设中的权力斗争进行了分析。他指出，城中村是一个特殊的空间，映射了社会特性与社会关系。城中村最初只是一个位于城乡结合部的乡村聚落，住民主要是外来务工者和其他的流动人口，是社会底层或弱势群体。但后来却逐渐演变成城市中的一个衰败落后的"问题区域"。这种演变在作者看来，"既是社会建构的结果，同时也是认同政治（尤其是政府管理部门的认同意识）影响下的产物"①。而这种建构的基础，主要来自国家实行的户籍制度和集体土地制度。

作者指出，户籍制度和集体土地制度这两种制度形式是一种分类控制技术，它通过把户籍分为农业和非农业户口，把人口人为地从空间上进行了区分，并形成了严格的空间边界，从而达到空间净化与社会控制的功能。集体土地制度分类控制的策略更充分，体现在集体土地不能随意买卖上，"只有通过国家征用转换为国有土地后，才能出让、转让和租赁"②。这些制度的治理结果在作者看来，都是排斥性的，起到了一种"空间净化"的效应，即将农村的发展以及农民的权益排除在国家发展的主导话语之外。它将制约居住在这个空间上的人获得进一步发展的机会与资源，甚至会形成恶性循环，一种机会与资源匮乏的恶性循环之中，这也就是城中村一旦形成就难以摆脱衰败困境，进而形成"问题区域"的原因。

但是城中村并不是没有反抗。作者借用福柯以及抵抗地理学的相关理论知识指出，空间是反抗行动得以可能的一个重要维度。反抗无法忽视或躲避空间，它总是试图去占领、利用与改造它，从而创造一种属于自己的另类空间。③ 就城中村来说，他指出，城中村作为一个边缘性的地域实体，正是对这个边缘空间的占用与夺取，城中村失地农民创造了一个属于他们自己的另类空间，建构了一种新的关于这个边缘空间的认同政治，从而有效地瓦解了（尽管可能是暂时地）国家对这个边缘空间的控制与支配，阻碍了国家权力在城中村地域上的治理逻辑。

城中村的违法建设最为重要的一个特征，就是占用空间，也就是在特定

---

① 李志明：《空间、权力与反抗：城中村违法建设的空间政治解析》，东南大学出版社 2009 年版，第 140 页。
② 同上书，第 55 页。
③ 同上书，第 695 页。

的时机占用城中村的集体土地，用德塞都的理论，这种空间策略，就是一种空间战术。这就是"弱者开始策略性地挪用、占用这个由强者所掌控的场所来为自己所用（尽管这种占用在一般情况先不会持久），从而将这个本不属于他们自己的地盘变成了一个暂时属于他们自己的生存空间，这个生存空间就是城中村内的面广量大的、以加建和改扩建为主要形式的违法建筑"。"其结果便是——这个被弱者所挪用、占用的空间阻碍或在一定程度上瓦解了由强者所掌控的关于场所的秩序与发展逻辑，这是一种弱者挑战由强者掌控的场所的行动艺术，这也是反抗的空间性所具有的社会真正含义"①。

因此，城中村空间不仅是强者权力运作的工具，也是弱者进行策略性反抗的武器。而从城中村违法建设的行动结果来看，它既创造了一个真实的、物质意义上的违法空间；而且它还创造了一个想象的空间，因为这种占用城中村集体土地资源的违法行动，寄托着城中村失地农民以及处于财政困境中的村级集体经济组织对一种公正的空间权利的向往、憧憬与渴望。作者指出：违法建设这一违法的空间行动，"不仅挑战了国家正统的法律与制度，它还建立了一种新的物质空间秩序，正是这种物质性的空间秩序破坏、阻碍，甚至在一定程度上瓦解了国家对城乡空间的治理实践"②。

总之，城中村与城中村的违法建设，并不是一个简单的法律问题，其中包含着国家权力对农民和农村的空间建构，也包含着农民自发的空间抵抗。因此城中村及其违法建设，正是一个权力博弈的空间。

三 消费空间研究

如果说在政治空间生产中，国家权力占据主导地位，目的是对受众进行规训的话；那么，在消费空间中，资本则占据主导地位，目的显然是要实现商业利益。但消费空间的生产也许更为复杂，资本与国家权力、现代性以及大众的抵抗等都有着密切的关系。诸多学者对此做了比较详细的分析。

（一）类迪士尼化的消费空间的生产

消费空间生产的一个重要方式，就是挪用历史文化遗产，这典型地体现在上海"新天地"、南京的"1912"，以及全国类似的消费空间生产中。比如

---

① 李志明：《空间、权力与反抗：城中村违法建设的空间政治解析》，东南大学出版社2009年版，第125—126页。
② 同上书，第144页。

上海"新天地"成功地利用了上海旧民居——石库门，南京的"1912"主要利用的是新街口附近的民国建筑群。

为什么选择石库门、民国建筑群这些具有近代文化风貌特点的建筑进行改造？张京祥、邓化媛在《空间生产中的城市消费空间塑造》一文中分析了其中的原因。首先，近现代的生活历史距离我们今天的世界并不算太久远，许多物质和精神文化的延续在人们的记忆中依然保持着似清晰、似模糊的朦胧感和亲切感，而这种感觉正是消费空间可以利用的最大卖点，也就是所谓的"场景价值"。其次，近现代的生活文化景观长期以来被以上海"十里洋场"为代表的"符号化"表征以后，已经意味着是一种精致、温馨、小资生活的写照，正好满足了相当一部分城市中产阶级和富裕阶层的消费心理需求，成为商业资本可以借用的最佳题材。最后，从建筑与城市的物质空间角度理解，近现代风貌建筑和街区在许多城市中有着较好的物质遗存，而且中国当前既有的历史文物、名城保护法规对其保护与利用尚未有明确的限制，使得其室内功能置换、室外景观重塑都有着较大的灵活性、适应性，这就给商业开发的内容和方式提供了很大的弹性。此外，中国许多当年开埠城市的近现代历史风貌建筑，其中西合璧的风格非常契合今天实现全球化与地域化完美契合的目标需要，城市近现代历史建筑和街区的功能复兴成为塑造城市景观与文化特色的最佳手段，也因而容易得到社会各界的普遍认可。[①]

从这里我们可以看到，在消费空间的生产中，文化（如近代文化）承担了重要功能。但问题是，这种消费空间生产所借用的文化是一种什么样的文化呢？是历史上的真实的文化吗？很多学者看到，消费空间所借用的文化事实上已经不是真正的历史文化，而是一种被改造、被符号化了的文化。张京祥、邓化媛指出，人们所欣赏的石库门、民国建筑并不仅仅是建筑本身，而是这些建筑背后的民国情调、小资生活乃至过往文人雅士所制造的风花雪月般的"往事"。或者说，这些建筑其实已经成为怀旧的符号。怀旧已经成为一种新的消费对象，并在人们的记忆中实现了碰撞和对接（"昨天，明天，相会与今天"——上海新天地的宣传语），进而被物化为各种消费型的商业空间，激发着人们的消费欲望。城市规划师与建筑设计师在商家的授意下，意图利用"象征性的""符号化的""梦幻的""超现实的"形象设计方法，使人们从日常生活的泥潭中暂时抽身出来，"升入仪式化的快乐的神圣空间"，在城市

---

① 陶东风、周宪主编：《文化研究》（第10辑），社会科学文献出版社2010年版，第28—229页。

公共空间中走进超现实的温柔之乡。可以说，在这里，资本与文化（被商业资本着意发掘、渲染的一种特定文化）实现了"完美的""联姻"。张京祥、邓化媛又进一步把这种联姻所导致的结果，看作是一种"类迪士尼化"，即为了激发城市空间的商业活力、满足资本增值的需要，城市规划设计中大量地运用了迪士尼空间那种超越真实环境的"亦梦亦真"手法，运用包括传统历史场所遗存在内的那些能够勾起人们脉脉温情回忆和无限遐想的特定空间元素、文化符号，然后加上现代商业形象、内容的包装和运营，将整个城市建构成了一个各种文化场景、异域景观相交错的"迪斯尼空间"。

（二）全球化资本的渗透

在（地域历史）文化与资本联姻所生产出的这种迪斯尼空间中，也有全球化场景的参与，这也是怀旧的组成部分。无论是上海的"新天地"，还是南京"1912"，随处可见的都是一些来自法国、美国、英国、意大利、日本等国家和地区的风情餐厅、酒吧、精品商店、时尚影城、画廊等。而上海酒吧本身就是以非本地化的方式降临的，目标客户是非本地的消费群体，其异域风情更为浓厚，各个酒吧竞相在情调和风格上做文章，饮食质量倒在其次。[①]上海衡山路酒吧一条街的"东方香榭丽舍"的称呼，则"再清楚不过地体现了消费空间对异域场景及异国情调的缅怀与迷恋，体现了一种要融入'全球化'进程的强烈愿望"[②]。全球化的时尚消费元素成为城市新空间生产的主导力量，追逐国际消费时尚的前卫人士成为城市新空间生产的目标客户。

由此我们可以清楚地看到这样一种空间生产的现象，即本土地域文化与全球文化场景的并置、杂糅，或"拼贴"。这是一种后现代式的生产方式。包亚明指出：上海新天地设计的生产特点是除了在设计中保留了黑色门扇、扣环、窗、屋顶等很中国化的建筑要素外，同时也把玻璃等现代建筑要素融合进"新天地"的设计中。而且石库门的内部隔离的空间被打通，封闭的民居变成了通透的公共空间，有的内部还加装了中央空调、自动电梯、宽频互联网等。从而营造出一个据说是上海最有活力、最具娱乐性、最善于应变的环境。杭州市在西湖边打造的"西湖天地"首期，也同样使用了后现代的拼贴手法，把白墙黛瓦、檐角雕花、九曲长廊和大块面的玻璃，拼贴成面向西湖的新旧混搭的空间组团。之后不久，重庆市化龙桥片区旧城改造项目——

---

① 包亚明等：《上海酒吧：空间消费与想象》，江苏人民出版社2001年版，第54页。
② 同上书，第82—84页。

"重庆天地"也是如此,既有重庆山地特色的西大门住宅,以及红色建筑物——红岩革命纪念馆,也有国际风格的商品住宅区。

有文章形象地描述了进入新天地的情形和感受:

> 青砖步行道,红青相间的清水砖墙,厚重的乌漆大门,雕着巴洛克风格卷涡状山花的门楣,仿佛时光倒流,重回当年。但一步跨进石库门里面,却是又一番天地,原先的一户户隔墙被全部打通,呈现宽敞的空间,四季如春的中央空调,欧式的壁炉、沙发与东方的八仙桌、太师椅相邻而处,酒吧、咖啡室与茶座,中餐厅和谐搭配,墙上的现代油画和立式老唱机悄声倾诉着主人的文化品位。门外是风情万种的石库门弄堂,门里是完全的现代化生活方式,一步之遥,恍若隔世、真有穿越时空之感![1]

在这里,拼贴已不仅仅是空间上的,也是时间上的,消费空间的生产已经成为一种全方位的时空拼贴。包亚明针对东平路上的酒吧也对此做了描述。他指出,这条路让我们同时领略了新疆的边塞豪情、泰国的东南亚风情、德国简约浑厚的风格、英国清新内敛的韵致;同时也跨越了三四十年代的十里洋场与如今复兴的上海滩。由此,不同的历史阶段、不同的地域的空间在此互相叠加、互相介入、互相组合甚至互相抵触与冲撞,比如英伦风情的Sasha's一度被传说为蒋介石、宋美龄的别墅而招徕不少好奇的访客。[2]

这种后现代拼贴式的空间模式是虚幻的、非真实的,由此也是平面的、肤浅的、没有历史深度的。"只要这类空间是在上海或者中国出现,它先天就是不真实的,而与之联系在一起的全球化的经验也同样难逃虚假的指责。"[3] 酒吧所反映出的世界与历史是一个"令人向往的浪漫、富裕、不无奢侈的世界,它呈现的是一个平面的世界,历史的深度(种种曲折、争斗、冲突、断裂等)被灯红酒绿的氤氲遮蔽、抹杀。这儿的异国情调所折射出来的并不是一个真实的世界,它只是虚拟的构造"[4]。因为很显然,这个虚拟的世界与上海真实的世界是完全不同的。可实际上,这类消费空间在生产中追求的也许

---

[1] 《上海石库弄堂的新天地》,《现代城市研究》2002年第1期。
[2] 包亚明等:《上海酒吧:空间消费与想象》,江苏人民出版社2001年版,第86页。
[3] 同上书,第90页。
[4] 同上书,第114页。

正是这种虚幻性和不确定性,而人们也正是在这种虚幻中获得一种精神满足或文化自慰。正如包亚明所说的:"那里演绎的不是欧洲、香港的日常生活,而是文化贵族的身份验证。他们在暧昧的烛光之中,在乎的与其说是美酒,不如说是品位;与其说是口腹之乐,不如说是文化自慰。"① 因此,消费空间的生产并不是一种简单的物质生产,而是一种幻觉的生产,大众消费的也不仅仅是这个空间里出售的食品。

(三) 怀旧的抵抗及其意义

依据上述学者的研究。无论是对民国文化的怀旧,还是对全球文化的幻想,都是不真实的,是商业资本所制造出来的幻觉,是全球资本主义对上海这个"地方"的一种"操控和书写"②,其最终目的显然是获得高额的商业利润。但问题是,作为消费大众,为什么仍然乐此不疲地沉浸在这种幻觉中,并甘愿从口袋中拿出白花花的真金白银呢?难道现代大众真的已经被完全操控了?在包亚明等人那里,并没有对此进行更为细致的分析。而潘律则从国家—社会的角度,对怀旧的生产机制与其中大众的抵抗,做了更为细致的分析。

潘律指出,"仅仅将上海的怀旧解读为一种完全是国家或资本为了参与全球化游戏时的需要而产生的结果的话,可能会忽视国家内部权力谱系的复杂性"。由此,他不把怀旧看作一种回顾历史的方式,而是将其看作一种抗争,以及寻找在中国现代性的国族叙事中被省略的批判声音的一种途径。③ 作者追溯了上海海派文化的形成以及毛时代、改革开放初期上海空间的历史形塑过程,指出,"老上海的空间拥有最复杂的政治结构(中国政权与外国租界并存)和最多元的意识形态(共产主义、无政府主义、民族主义、小资产阶级、工人和学生运动、秘密帮会和殖民主义)"④。因此怀旧并不是一种简单的回顾,而是对上海实际存在的多样性的追溯。就上海所形成的海派文化来看,它并不以西方性或中国性为他者,而是将两者的关系保持在一种同时进行的、互相同化的过程中。上海石库门就典型地体现了上海本地文化对西方现代性的一种诠释。它的中国院落住宅和英国联排式建筑结合的空间形式,完全来自上海人日常生活的世俗智慧。因此可以说,石库门是上海都市现代性在建

---

① 包亚明等:《上海酒吧:空间消费与想象》,江苏人民出版社 2001 年版,第 54 页。
② 陶东风、周宪主编:《文化研究》(第 15 辑),社会科学文献出版社 2013 年版,第 179 页。
③ 同上书,第 180 页。
④ 同上。

筑上的体现，它实则是"长期以来被国家话语压抑和多样城市叙事的一种表述"①。"是本土重新表述地方现代性的一种方式。……石库门的特别之处在于它是现代性的一种地方表述。"②

在毛泽东时代，上海被看作了中国最腐朽的城市。在反都市话语中，上海曾经的银行、商业大厦、百货公司、影剧院、主题乐园、公寓和石库门经历了巨大的真实和象征意义上的颠覆。而改革开放初期，上海继续受到冷落，发展非常迟缓。但从20世纪90年代开始，由国家政策推动，上海进入了飞速发展的"现代化"时期，而"此时的石库门破旧、过时，与'现代'的城市发展蓝图格格不入，拆除旧石库门成为实现城市现代化的必要步骤"③。可以说，这是长期以来反都市话语的必然结果。正是在反都市话语中，石库门长期得不到合理使用，长期处于超负荷运作中，人口密度过高、卫生设施欠缺等，其价值也被一再贬低，进而一步步摧毁了石库门里本地居民的生活状态。

正是在这一背景中，新天地对石库门的改造得到了诸多市民的认同（有作者的调查为证），而这种认同与大部分人仍保有的生活记忆有关，与之前石库门长期的丑陋衬托有关。作者指出："如果石库门长期得到重视和修缮，住户以原先设计的密度居住，产权并未发生变化，那么也就不存在是否要或者应该为谁保存或拆除的问题了。石库门的没落和其幻象的重生，更多的是本土与国家话语之间张力的结果，而全球化资本在此可以说是借机行事而已。"因此，"新天地或者说石库门怀旧，一方面是为西方现代性在本土重生所制造的新鲜感所驱动，亦可能是基于本土对上海都市化清洗的一种反应，是一种对地方现代性的怀旧"。而这种怀旧"在一方面可以是一种苛求保持原状的渴望，一种权力的展示；但在另一方面，也可以是寻求多样性甚至是反抗的话语"④。应该说，这种结合中国特殊语境，特别是毛泽东时代革命历史文化语境来理解上海消费空间的抵抗意义的研究路径，相比于简单套用西方的消费文化批判，更具有现实感和历史感。

因此我们可以看到，消费文化未必就是操控性的、虚假的和不真实的。

---

① 潘律：《重读上海的怀旧政治：记忆、现代性与都市空间》，陶东风、周宪主编：《文化研究》（第15辑），社会科学文献出版社2013年版，第180页。
② 陶东风、周宪主编：《文化研究》（第15辑），社会科学文献出版社2013年版，第186页。
③ 同上。
④ 同上书，第190—191页。

"消费文化也许亦能提供一种为历史祛魅的方式,以治愈某些记忆的伤口,而那些伤口来自对创伤以及诉说创伤的压抑。对怀旧空间的消费与某种反记忆有关,这种反记忆作为反抗的声音存在,即使(既是?——引者)它们不一定是有意识的或者在政治意义上仍然是含糊的。对上海来说,对其都市性压抑的创伤似乎在这个城市再一次兴起的消费主义及其叙事中得到了补偿。"①可以说在这里,作者指出了消费文化的复杂性,对我们理解现代性及其怀旧具有重要意义。但是实际情况也许更为复杂,因为虽然在消费中,象征意义上的补偿可以被任何想要治愈创伤的人们共享,物质上的补偿却往往只局限于某个阶层。

因此,怀旧政治也许并不涵盖所有阶层,对于那些底层民众来说,也许根本没有经济能力去新天地消费,如此又怎么可能去实现反抗呢?而且,在现代消费社会,如何能抵抗消费主义的巨大同化能力,也是一个复杂的问题。因此,怀旧政治依然还是一个复杂问题,需要我们更为细致地分析和研究。

(四) 政治权力与资本的合作

消费空间的生产既有文化资本与商业资本的参与,也有政治权力的参与。祁林在《作为中国现代化进程表征的空间隐喻(回应)》②中明确阐述了在上海"新天地"开发和生产中,政治权力的重要作用。或者说,是政治权力促进了这一空间的生产,"只不过,政治的身影一直较为隐晦"。

第一,从功能上看,"新天地"重新盘活了上海的城市资源,参与解决了原住居民的住房问题,这一切都成为上海市政府的政绩之一。"新天地"的建成成为上海政治形象在文化方面的一个配套工程,有助于上海政府公共形象的建构。同时,政治力量也反过来大大强化了"新天地"的形象和品位。

第二,"新天地"在构思方面的一个独特之处就是将"中共一大会址"完整地包括其中,这一格局让"新天地"具备了很大的政治优势。"新天地"拥有了自己的政治符号以及相应的甚至在某种意义上不可言传的政治资本和优势。

第三,"新天地"自建成以来,作为上海的文化名片,参与了上海市很多重大的政治活动和商业活动。而一个更为典型的例证正在形成,这就是2010年上海世博会"上海馆"的空间形象塑造。上海馆展示主题最终确定为"永

---

① 陶东风、周宪主编:《文化研究》(第15辑),社会科学文献出版社2013年版,第192页。
② 同上。

远的新天地"。这个口号无疑大大肯定了新天地建筑群的文化兼职及其政治表征的兼职，使新天地成为上海的"新地标"，同时也变成其政治符号中不可或缺的一个构成元素。

上海酒吧的生产同样也体现了国家权力意志，是国家与资本合力运作的结果。衡山路仿台格路的红褐色人行道及行道树盖板，马路两侧具有欧式风格的人行道隔离栏，以及沿线多处新建的公共绿地，没有国家政策与资金的介入是不可能出现的。① 政府还建立了由分管区长为主席，由商委、区建委、区市政委、区规划委、区财政委、区工商局等有关职能部门参加的联席会议制度，定期召开会议，研究衡山路的综合管理，协调矛盾，并在区商业网点办公室常设联络处，加强日常管理和协调。②

因此我们可以看到，消费空间的生产不仅仅是商业资本生产出来的，国家政治权力往往会与商业资本合作进行生产，这其中的原因则是各取所需：商业资本通过政治权力开辟利润通道，而政治权力则借助商业资本获取更大的政治利益。由此也就使消费空间的生产变得复杂起来，需要我们深入分析。

四 公共空间研究

公共空间是城市空间的一个重要组成部分，每个城市都有自己的公共空间。公共空间包括街道空间、广场空间、公园空间、绿地空间、节点空间、天然廊道空间等③。其中街道、广场和公园是最为重要的公共空间。当代（包括近代）中国的城市公共空间有一个复杂曲折的发展过程④，但本节我们主要考察的不是城市公共空间的发展史，而是中国公共空间的功能及其生产机制。

（一）作为现代性象征的公共空间：公园

公园是城市重要的公共空间⑤，其意义"不仅在于提供了一处公共娱乐、

---

① 包亚明等：《上海酒吧：空间消费与想象》，江苏人民出版社2001年版，第13页。
② 同上书，第84页。
③ 城市公共空间按不同的角度也有不同的划分，参见宛素春等编《城市空间形态解析》，科学出版社2004年版。
④ 参见周波《城市公共空间的历史演变——以20世纪下半夜中国城市公共空间演变为研究中心》，博士学位论文，四川大学，2005年。
⑤ 关于公园在中国的发展过程，可参见李德英《城市公共空间与社会生活——以近代城市公园为例》，《城市史研究》第19—20辑，天津社会科学院出版社2000年版。

社交的开放空间,更在于它代表了一套现代的都市生活理念,包括现代的作息习惯、休闲观念、生活方式,以及对于现代市政与现代市民的想象"①。在这个意义上,公园是现代都市文明的象征。有许多学者梳理和分析了中国近代公园的产生及其现代意义。从总体上看,在清末民初,公园是"作为一个西方现代性的概念引入中国"的。这种现代性主要体现在两个方面,一是国家权力渗透公园的设计与规划中,体现出现代权力的微观化和日常生活化;二是公园成为现代文化、现代文明的传播地。陈蕴茜在《作为现代性象征的中山公园》② 中,就详细考察了中山公园在空间生产中的现代性特征。

陈蕴茜指出,公园是最早进入中国的现代性空间之一。由于传统中国没有真正意义上的公共空间,所以,公园在中国的出现,即表明现代公共空间在中国的出现。民国时期在全国范围内出现的众多中山公园,就体现了国家权力的扩张和意识形态的教化。这表现在以下几个方面:

一方面,中山公园在全国的数量众多,而且名称统一,空间布局也几乎一致。民国时期全国的中山公园有 309 个之多,如此众多的同名公园,这在世界公园史上是独一无二的。全国各地统一以"中山"来命名公园,其目的显然是要将孙中山塑造为国家的政治象征符号,并将这一符号传播给大众,强化全体民众对现代中国的认同。因此,中山公园建设运动是国家权力运作深入微观层面的典型表现。与此目的相适应,中山公园一般位于城镇较为重要的区域,有的在中轴线上,取代了以前传统空间系统中通常处在这条中轴线上的官署、学宫、庙宇的霸权地位,这固然与公园作为公共活动空间必须交通便利有关,但更重要的是政府要突出中山公园的地位,也就是孙中山符号与国民党意识形态的中心地位。

此外,中山公园有着明显而刻意布置的空间象征系统。比如各地中山公园一般都有孙中山像、中山纪念堂、纪念碑、纪念亭等,园内还建有"民主亭"和"中山亭",园中心有孙中山塑像,或铜制或石刻,塑像下镌有总理遗嘱。没有条件安置孙中山塑像的公园,则在大厅或大堂悬挂孙中山巨幅画像或遗像,以此达到让人们认识孙中山的目的。这些塑像或遗像强化了中山公园宣传孙中山符号的功能,许多人尤其是基层民众正是通过瞻仰塑像而对孙中山产生了最感性的认识。另外,在公园门入口的匾额上一般会书写"自由"

---

① 林峥:《从禁苑到公园——民初北京公共空间的开辟》《文化研究》第 15 辑,第 124 页。
② 陶东风、周宪主编:《文化研究》第 10 辑,社会科学文献出版社 2010 年版。

"平等""博爱""天下为公"等词汇，有的门口还有三民主义化的对联，如"天下为公"对"以党治国"、"三民主义"对"五权宪法"。国民党将三民主义话语体系中的关键词复制到中山公园空间中，使民众从视觉上更为直接地了解孙中山的思想内核，以达到"化民成俗"之功效。由此，中山公园通过精心设置的空间布置，把国家意识形态通过隐秘的形式在空间中得到充分展示，这也是力图建立一个新的不同于过去的民族国家的愿望体现，"是现代国家与民族的象征空间"[①]，"是中国现代性的深刻反映"[②]。

中山公园现代性的另一方面体现，就是对现代文化、现代文明的宣传与教育。首先，中山公园中有各种设施完善的篮球场、网球场等，目的是强健中国人的体魄；但深层处说，则是近代中国人在民族危机的刺激下，普遍的强国愿望的体现。其次，在近代中国人梦想着赶上并超越西方的刺激下，西方的知识体系及其文化成为中国学习与膜拜的对象。公园也由此成为传播西方知识的载体。民国时期，政府将公园划属教育部管辖，是实施社会教育的机构，图书馆、动物园、博物馆、古物陈列所、国货陈列所、民众教育馆等机构纷纷进入狭小的中山公园，成为传播知识、提升民众文化素质的空间。厦门中山公园内就建有博物馆、图书馆、陈列厅、钟楼、动物场。这些空间场所仅就空间意义而言就是学科分类意识、公共意识的传播，而其内的文物、展品、书籍、报刊等则对传播现代科学、文明与知识起到了积极作用。因此，民众教育馆进入中山公园，有利于规训民众，提升其文化素质。

民国时期出现如此庞大的中山公园家族是现代民族国家统一化、规范化的产物，是现代性的重要体现。究其原因，是因为近代中国长期处于外族入侵之下，整个民族非常渴望摆脱民族危机，走向独立、富强，而这一民族共同的梦想以西方现代文明为范式，以启蒙精神为感召，而且在进化论的强势影响之下，形成了以工具理性为思维模式的心理定式，实际上这就是中国的启蒙现代性。中山公园的空间形构极好地呈现了这一现代性，特别是在日常生活中的政治意识形态属性以及强化国民规训的特性，而这恰恰标志着具有中国地域特色现代性的诞生。[③]

---

① 陶东风、周宪主编：《文化研究》（第10辑），社会科学文献出版社2010年版，第143页。
② 同上书，第153页。
③ 胡俊修、李勇军：《近代城市公共活动空间与市民生活——以汉口中山公园（1929—1949）为表述中心》，《甘肃社会科学》2009年第1期。

(二) 国家与资本主导下的公共空间的生产

在当代中国公共空间的生产中，除了国家力量参与之外，还有一种重要的力量，那就是资本，而且国家与资本往往还会相互利用，最终实现各自的利益，而公共空间的公共性则往往会成为各自为自己辩护的借口。

郑勇在其硕士论文《"广场"的兴盛与衰败》[①]中，以民族志的方式，为我们展现了一个城镇中心广场的兴衰史，从中我们可以清楚地看到国家政治权力与市场资本力量是如何主导着广场这一公共空间的生产与变革的。

作者所分析的这个广场位于山东省西南部的沿湖镇中心区域。新中国成立前是农民为碾压小麦、晒粮食、堆放麦秆和玉米秆专门留出的一块空地。在新中国成立初期的集体化过程中，因为要实行统一管理，经常开会，而镇上没有一个足够大的会场容纳很多人，于是政府决定在广场的西面建造了一个剧院，以方便开会；同时，政府的办公场所也进驻了广场西北角的周家大院，于是，广场在全镇的地位变得重要起来，政治功能开始凸显，与此相应，商铺开始增多，文化娱乐活动增多（如民间戏的演出），并在人民公社时期达到了顶峰。因此在这里，政治成为广场最主要的功能，而也正是政治推动了广场的兴盛。到80年代初期，随着广场集市的进一步繁荣，广场成为全镇的政治、经济、文化、休闲娱乐中心，集多种功能为一体。广场进入了自己的兴盛期。

随着1984年5月沿湖镇进行政治体制改革，政府办公地搬出了周家大院，在镇中心街道东头、靠近省道的地方盖起了新的政府办公大楼。镇政府由广场搬出使得广场的功能发生改变，原来政治性活动占据统治地位的局面已经不再有，广场的政治功能开始弱化，只有在剧院里面召开一些大型的会议或者进行村干部选举的时候，这种功能才明显一些。随着集市贸易的兴起，特别是沿湖镇渔产品养殖的发展，广场上的经济活动占据了主导位置。

但是到了90年代中后期，由于鱼市场的急剧扩张，使得广场不堪重负，广场集市开始向中心街转移，广场集市走向衰落。此后，剧院的关闭以及新的公共空间，比如电视、网络的出现取代了广场承担的功能，使得广场迅速走向衰败。此后，在2009年前后，镇政府推出全镇总体建设规划，对包括广场在内的全镇公共空间进行改造，但其实涉及多方利益，一直未能有效地实施。

从城镇的广场公共空间的生产发展过程来看，国家权力与经济资本始终

---

① 郑勇：《"广场"的兴盛与衰败》，硕士学位论文，上海社会科学院，2010年。

占据着公共空间的生产和发展的主导地位,这在当今其他地区的城市规划中也同样适用,只不过许多研究者更为关注在城市规划和空间生产过程中,各种力量之间的复杂关系与博弈,尤其是民间力量对来自政府的政治力量的抵抗。实际上,在城市规划的空间生产过程中,有三方力量参与其中,分别是政府、开发商和民众。而由于这三方力量对公共空间的诉求不同,因此经常产生矛盾和冲突。政府基本上追求的是政治利益、商人追求的是经济利益,而民众则希望能有更多的休闲空间,追求生活的舒适度和满足身心需求。[①]

在《城市交通工程与空间社会关系》中,徐建刚等人对南京市汉口路西延工程进行了批判性分析,从中我们可以看到国家政治与资本是如何主导公共空间的生产,以及作为城市空间规划中第三方的民众对政府主导的城市规划和空间生产的对抗。对于政府来说,他们认为汉口路西延过程可以有效地缓解交通压力和拥堵。但对于作者来说,汉口路缓解交通压力的效果很小,而且还会在经济、社会及环境效应方面带来不良影响。经济效应上,耗资巨大,拆迁、建设成本高。在社会效应方面,有可能会引起社会不公平。因为西延过程的隧道多为小汽车专业通道,仅为少数人,尤其是政府人员服务。而且由于道路宽度受限,增加小汽车车道宽度势必挤压自行车道和人行道,进而造成社会的不公平。在环境方面,该工程东端点已存在这样的大气环境问题,隧道口汽车如果大量排队积压,该路口汽车尾气排放浓度高出正常路段十多倍。如果该工程贯通,在新形成的重要交叉口上,也将成为交通事故和交通污染最为严重的地方。

对于作者来说,经济、社会及环境影响还不是最重要的,汉口路西延工程所带来最大的影响,是文化影响,因为西延工程要穿越南京大学等四所高校与周边社区所形成的文化特色风貌区,会对这一区域产生不可估量的损失,对城市的可持续发展带来重要影响。

作者分析了由东南大学、河海大学、南京大学、南京师范大学所连接而成的百年城市文化特色风景区。这一风景区融入城市开放空间的体系、具有独特的景观视觉界面和历史文化积淀,而且大学内部与周边可达性良好的服务系统。这四所大学已经形成了一个极具公共活力的文化特色风貌区,可以说是南京城的文化名片,是南京重要的文化资源,南京城市的规划应尽量避

---

① 《消费主义视阈下主题公园空间设计的文化表达》,《江西社会科学》2012年第9期。

开这片区域，让这片东西向的带状区域成为南京市的文化与精神中心，而不是将这片区域切割开。汉口路西延工程不会实现改善交通拥堵的目标，相反会带来经济、社会、环境和文化的负面效应及其巨大的成本代价，而这将对城市可持续发展产生不可磨灭的不良影响。

李彦非在《城市失忆：以北京胡同四合院的消失为例》中，也透露出了城市拆迁所带来的文化上的损失。他探寻了20世纪50年代到90年代中城市建筑话语对四合院胡同的阐释、评价，指出："在适用经济论和建筑进步论的主导下，对胡同和四合院等民间建筑的认识偏重于功能与技术，而冷落形式与艺术；在吸取它们适合本地气候，使用本地材料的经验后，胡同和四合院的形式终将为合乎当代功能与技术的马路与现代多、高层建筑所取代。"[①] 直到20世纪80年代，艺术与文化价值才可能得到重视。但我们也需要清楚，这种艺术与文化价值在当代文化产业的大潮中，往往被注入了太多的经济因素而走向商业化。周计武在对徐建刚等人的文章的回应（《反思城市规划》）中，进一步指出了空间生产中国家权力和资本的主导作用，认为城市空间开发是"一种以权力和资本为主导的经济开发型模式"。这种开发模式是一把双刃剑，它既会带来具有创新意义的标志性成果，也会产生破坏性的负面效应。这些负面效应无疑加剧了空间的争夺和矛盾，它不仅使城市规划曾经允诺过的经济发展、社会进步大打折扣，而且增加了民意的不满、焦虑，甚至恐惧。相关利益者不仅担心自己的利益在空间开发中受损，也担心不断加速的空间生产会把自己"连根拔起"，失去曾经拥有的空间记忆和身份象征。因此，这种由资本和权力主导的、以空间效益为目标的经济开发型模式，已经受到了"民间共同体"的质疑，而且这种质疑的声音会越来越大。

（三）公共空间与公共领域

人们往往把公共空间与哈贝马斯的"公共领域"理论联系在一起进行分析。哈贝马斯的"公共领域"主要是一个政治文化概念，它以物质意义上的公共空间作为载体，但其内涵更指向人际交往对话的空间。而物质意义上的公共空间，比如广场，既可能承载政治文化意义上的交往对话，成为人们集会、演讲、议政，表达政治观点的地方，我们可称为政治公共空间；但也可能仅仅是一个人人都可以前去休闲娱乐的场所。

熊月之的研究指出，大约在20世纪初期之前，中国基本上还不存在可以

---

① 陶东风、周宪主编：《文化研究》（第15辑），社会科学文献出版社2013年版，第155—156页。

公开谈论政治的公共空间，政治家们通常在其家中或者是仅有的几个可供使用的公共场所（餐馆和妓院就是最突出的例子）举行秘密会议。公园的创建明显地改变了这种情形。公共空间为市民提供了一个大规模集会以表达他们民主思想的场所。市民可以借此以群众集会的方式表达其政治态度和政治理想。例如1911年的四川保路运动，成都市民在少城公园集会反对铁路国有，保卫自己建造铁路的主权，拉开了辛亥革命的序幕。1915年，为抗议日本侵略者提出的《二十一条》和北洋政府的妥协政策，有30多万北京人到中央公园参加公众集会，等等。公园由于其环境较为宽松、气氛较为自由、辐射面较为广泛，成为各种社会组织、政治力量集会、宣传、进行民众动员的主要场所之一。

具体到张园，熊月之指出，张园是晚清上海重要的公共活动空间，是上海各界集会、演说的场所。根据熊月之对当时报纸上关于在张园集会报道的统计，从1897年12月到1913年4月，张园举行较大的集会有39起，从发起人与参加人看，有学界、商界、政府官员、民间人士等，不分男女老少，不分士农工商。有时还有些外国人。从思想、主张看，不分革命、改良，不分激进、保守。这是名副其实的公共场所。

张园集会演说的重要特点，是公开性、开放性与参与性。许多集会演说都事先发布消息，欢迎各界参加，而张园是游人如织的地方，所以在此举行的集会，常能一呼百应，耸动视听。

熊月之指出，张园这样的公共空间的形成，并不是从中国社会中自然生发出来的，不是中国园林或戏院、茶馆之类活动场所自然发展的结果，也不是直接从西方照搬过来的。张园公共空间的形式，是多种因素形成的。一是传统的因素，如知识分子议政、以天下为己任的心态，有去茶馆吃茶、去妓院狎妓与谈生意、谈工作的结合；二是西方的因素，如言论自由，集会演说，发表通电，日后演变为街头政治。但更为重要的因素，是上海租借的特殊地位。租界既是中国领土，又不受中国政府直接管辖的特点，使得中国大一统的政治局面出现一道缝隙。这道缝从物质空间的角度说虽然很小，但其政治文化影响很大。这道缝隙在清政府统治系统中，成为一条力量薄弱地带，形成反政府力量可以利用的政治空间。

从这里我们可看到，中国公共空间的大小往往不是底层民众自己所能决定的，而是国家权力所给予，不管这种给予是自愿还是被迫。因此，有学者指出，当我们意欲将近代城市公园这样一种新型公共空间与公共领域理论相连接时,我们必须充分考虑以下两个问题,第一,城市公园是否成为哈贝马斯意义上的公共领域,取决于城市公园是否成为公众表达公共舆论、批判公众事务的场所。我们不能不加区分地把发生于公园内的一切活动,包括政治性的活动均视为公共舆论的表达(有时候这里举行的是官方的仪式化活动),更不能把一些社团利用公园场地开展的讨论团体内部事务的活动视为公共舆论。对此还是需要有更详细、深入的探索。第二,当我们由城市公园推及整个的城市公共空间的时候,这些城市空间是否能成为公众表达公共舆论的空间,取决于特定的历史语境,而不是取决于它自身。因此,我们必须对近代城市公园乃至城市公共空间进行更为具体的语境化的分析,充分考虑中国公共空间生产的复杂化。①

事实上,众多学者的研究均已表明,当代中国的公共空间往往是在夹缝或缝隙中存在,或者是在国家政治权力中心的缝隙中,或者是在国家与资本的夹缝中。从当代中国公共空间的历史发展过程中,我们可以清楚地看到这一点,尤其是"文革"之前。这样的定位直接导致了中国公共空间的去政治化、休闲化、娱乐化(这方面的典型代表就是单位大院这种封闭式的公共空间)。

20世纪50年代以后,国家在计划经济的模式下,实施了一系列的城市建设工作,而本着城市规划理论中方便居民上下班的思想和新建地区城市设施的社会化程度较低的状况,中国城市建设选择了职工工作、居住接近为优的原则,就近建起了"大院制"的家属区。从60年代起,各单位纷纷按照各自不同的意愿,各自为政地圈地建院,自建宿舍区,形成了以单位为基本组织单元的中国城市空间结构中特有的居住模式。在计划经济体制下,用围墙围起来的单位大院,其中不仅有办公、生产用房,也有宿舍、食堂、浴室、厕所等生活用房,成为一种内向的、自足的集体生产和生活共同体空间。②

对于这种居住模式,有学者就指出,"单位大院实际上是由封闭的围墙圈起来的一个个利益实体,名义上的公有属性表现在空间环境上却成为'私有领地',这也导致了计划经济时代的城市空间与建筑空间那种较强的封闭特征。……'单位大院'的存在不仅使相当一部分城市公共生活空间分散到同

---

① 戴一峰:《多元视角与多重解读:中国近代城市公共空间——以近代城市公园为中心》,《社会科学》2011年第6期。
② 周波:《城市公共空间的历史演变——以20世纪下半夜中国城市公共空间演变为研究中心》,博士学位论文,四川大学,2005年。

质化的大院内，削弱了对于城市公共设施的需求，而且连续封闭的院墙也使街道失去了应有的活力"①。因此，单位大院实际上根本不可能负担起建立中国文化政治意义上的公共空间，相反因为利益牵涉，往往可能会越来越走向小集体的封闭领地。这显然不利于中国政治公共空间的建构与发展。

对于普遍的民众来说，他们到公共空间去的目的，更多的是休闲、娱乐或健身。有学者通过对太湖广场民众行为的实地调查指出，人们到太湖广场活动的主要目的是散步、陪孩子、乘凉等。② 这也导致中国的公共空间更多的是一种"物理空间的意义"③，公共空间更多的是与人们的日常生活联系在一起的。这在前面几位学者所分析的北京、成都以及张园公共空间中也有阐述。这种娱乐和休闲虽然也因为有着人与人之间的交流、对话，甚至会形成特有的文化形态（如茶馆），但更多的是促进了人与人之间的交流。④

汪民安在《街道的面孔》⑤中，以其敏锐的洞察力形象生动地描述、分析了街道与人、与人的日常生活之间的亲密关系，同时也揭示了街道所负载的政治意义。在汪民安看来，街道是城市的寄生物，它寄寓在城市的腹中，但也养育和激活了城市。没有街道，就没有城市。巨大的城市机器正是因为街道而变成了一个有机体，一个具有活力和生命的有机体。由此，在汪民安的笔下，街道与建筑物、街道与街道上的人群、街道与街道上的商品之间形成了一种亲密无间的关系。街道和建筑物相互定位，它们的位置关系，构成了城市的地图指南。街道与人群的关系更为紧密。街道不仅生产出像文人、乞丐、妓女等这些稳固的常客、栖居者，而且对于那些心事重重、想逃离限制性空间场所的人来说，街道简直就变成了一块"自由飞地"，一处庇护所，暂时将人们日常的政治逻辑和权力逻辑置于身后而成为人们的一副安慰药剂。街道由此像一个宽容的器皿，敞开胸怀接纳各色人等，"这是街道的平等精

---

① 于雷：《空间公共性研究》，东南大学出版社2005年版，第74页。
② 田谆君等：《城市广场休闲者空间行为特征研究——以无锡市太湖广场为例》，《人文地理》2009年第3期。
③ 戴一峰：《多元视角与多重解读：中国近代城市公共空间——以近代城市公园为中心》，《社会科学》2011年第6期。
④ 参见吴聪萍《公共空间的变迁与城市日常生活——以近代南京茶馆为例》，《北京科技大学学报》（社会科学版）2009年第3期；刘士林：《市民广场与城市空间的文化生产》，《甘肃社会科学》2008年第3期；胡俊修、李勇军：《近代城市公共活动空间与市民生活——以汉口中山公园（1929—1949）为表述中心》，《甘肃社会科学》2009年第1期；戴一峰：《多元视角与多重解读：中国近代城市公共空间——以近代城市公园为中心》，《社会科学》2011年第6期。
⑤ 《都市文化研究》，2005年。

神,而平等正是人群得以在街道上聚集的前提"。

街道的平等也来自街道上所有人都是没有身份的人,即都是街道上的陌生人。而这种丧失和隐瞒了身份的陌生人,却又是自由的基本条件。街道让人甩掉了庸常的制度和纪律——除了一种基本的交通纪律外,纪律对街道鞭长莫及。这样,街道就成为城市中最混乱但又是最轻松的场所。在科层制主宰的今天,一个反纪律的场所当然是一个乐园。

就街道与街道上的物品来看,街道是商品的寓所。街道一旦成为商品的积聚之地,那么,它的交通功能和意识形态功能就会大大减弱,政治建筑也不会置身于此,一些繁华的街道甚至禁止车辆通行,这样,它就变成一种完全的买卖和景观场所。而人们在街道上甚至可以满足他的一切消费愿望而成为一个自足的世界:人们可以在此吃喝玩乐。饭店、旅馆、银行、邮局、理发店、酒吧、照相馆、澡堂等,这些消费场所的功能相互补充,构成了一个完整的生活世界,它不留下任何的消费漏洞和缺憾。人们在不断地购物和玩乐中,也在不断地变换着感觉经验,相应地,它也会压制思考和哲学,压制晦涩和深邃,压制理性和算术,压制永恒和本质,压制各种各样不变的决心。这是一种生活政治,它对抗理性政治的感官政治,对抗实用政治的耗费政治,对抗官僚政治的娱乐政治。

汪民安最后富有深情地说:"我相信,一个不爱街道的人,断然也是一个不爱大自然的人,因为,大自然的秘密就是街道的秘密。在今天,二者都是一种超现实主义经验,都是日常生活法则的脱轨,都是对权力逻辑的短暂溢出,都是官僚机器的一个反面补偿,都是非政治空气的贪婪呼吸。"

总之,在汪民安那里,街道与人们的日常生活密切相连,但这种日常生活又是一种生活政治的体现,它在自由与平等的闲逛中解放人们的感性与感官,消解了权力带给人们的压制。而这其实也正是公共空间政治的体现。不过,对于汪民安的这种认识,人们也许会产生疑问:在闲逛购物中就可以实现政治意图吗?这样的话,主体的能动性又在何处?可即便如此,街道所给予人的那种自由与平等,那种内心的放松与自我的回归,以及由此而带来的对权力的规避,不也正是公共空间所应有的功能吗?

五 空间正义研究

空间正义是空间生产所必须遵循和追求的目标,是空间生产的应有之义,也是针对空间生产中的非正义现象提出的,国内许多学者针对这个问题做出了诸多阐述，甚至还召开了相关的会议①，提出了一些相应的对策。

（一）空间正义的概念及内容

1. 空间正义的概念

何为"空间正义"？简单来说，空间正义就是在空间生产、分配和消费中的正义诉求②。或者说，空间正义就是存在于空间生产和空间资源配置领域的社会公平和公正诉求，是公民权益在空间分配中的体现，它包括对空间资源和空间产品的生产、占有、利用、交换、消费的正义。③ 其他关于空间正义的界定也都差不多，在此不再赘述。总之，空间正义就是社会正义在空间生产中的体现。

对空间正义问题的关注，在西方有一个较长的历史发展过程，一方面是理论上的阐述和论证，从马克思、恩格斯到列斐伏尔、哈维、苏贾等人，都有这方面的论述④；另一方面也与兴起于 20 世纪 60、70 年代的西方新社会运动的推动相关。这场社会运动引发了对认同政治、城市权利、差别的权利以及社会正义的关注，也同样引发了对城市社会正义的关注，由此激发了以城市空间作为背景的城市社会正义的研究热潮。⑤

当代中国对空间正义问题的关注，与空间理论在中国的兴起密切相关，但作为一个相对重要的独立命题，它的出现比之于其他空间问题研究（比如消费空间研究）要晚一些。目前查到以空间正义为题的论文，最早的可能是冯鹏志的《时间正义与空间正义：一种新型的可持续发展伦理观——从约翰内斯堡可持续发展世界首脑会议看可持续发展伦理层面的重建》（《自然辩证法研究》2004 年第 1 期）。如题目所显示的，本文主要是从可持续发展的角度来阐释空间正义的，而且是与时间正义结合起来分析的，因此空间正义在此时还没有作为一个独立的问题被研究。2006 年，任平发表《空间的正义——当代中国可持续城市化的基本走向》（《城市发展研究》2006 年第 5 期）一文，具体结合了中国当代城市空间生产中出现的问题，深入分析了空间正义的基本原则，

---

① 2010 年 4 月 25 日，由教育部人文社科重点研究基地苏州大学中国特色城镇化研究中心、苏州大学苏南发展研究院共同主办的全国首届"全球空间理论与中国城市问题"青年峰会在苏州大学召开，会上讨论了空间正义问题。

② 强乃社：《城市空间问题的资本逻辑》，《苏州大学学报》（哲学社会科学版）2011 年第 4 期。

③ 何舒文、邹军：《基于居住空间正义价值观的城市更新评述》，《国际城市规划》2010 年第 4 期。

④ 参见吴细玲《城市社会空间批判理论的正义取向》，《东岳论丛》2013 年第 5 期。

⑤ 黄晴：《城市公共物品与城市发展利益分配的空间正义：中国城市更新带来的挑战与机遇》，硕士学位论文，山东大学，2011 年。

指出空间的正义是当代中国构建和谐城市的基本路径。作者在文中直接或间接引述了曼纽尔·卡斯特尔、大卫·哈维、列斐伏尔等人在空间正义问题上的论述，而理论是此后中国空间正义研究所倚重的重要理论资源①。

此外，当代中国空间正义问题之所以引起重视，显然与当代中国在城市化、城镇化发展中所出现的诸多非正义现象及其所引发的社会冲突密切相关（详见下文）。②

2. 空间正义的伦理诉求

根据高春花等人的论述③，城市空间正义的伦理诉求大致有以下几个方面：（1）平等性，这是空间正义的首要伦理诉求。平等性主要包括：空间权利的平等，即所有居民在生活空间体系面前都应该受到平等对待；空间机会的平等，即所有居民都有实现"居者有其屋"的机会；空间结果的平等，即所有居民在空间享有上有大致相等的结果。（2）属人性，这是城市空间生产与消费的人文取向。属人性的伦理内涵是：城市空间是"为人"的空间，而不是"物的牢笼"；人在城市空间里享有家园感，而不是被异化为"非人"。（3）多样性，这是城市空间保有活力的源泉。这种多样性既存在于显性的物质结构如单体建筑、街区风格之中，又根植于无形的社会资本如生活习俗、尊重意识、包容能力之中。城市空间的生产、分配和消费应该充分尊重和满足城市人群的多样性需求，营造丰富、生动的城市空间。

也有学者分类阐述了空间正义的几个方面：居住正义、交通正义和环境正义。居住正义，就是要实现个人的居住权不被剥夺与侵占，是居住正义的底线公平。与此相应，要反对人为的居住隔离、居住等级体系及居住的两极化，反对居住空间的贫富悬殊。交通正义，指交通资源享用与分配的正义，一般包含三方面的公平：交通工具使用中人们权利与义务的公平正义，分享

---

① 与这些理论家相关的研究有：黄晴：《城市公共物品与城市发展利益分配的空间正义：中国城市更新带来的挑战与机遇》，硕士学位论文，山东大学，2011年；董慧：《空间、生态与正义的辩证法——大卫·哈维的生态正义思想》，《哲学研究》2011年第8期；马晓燕：《空间正义的另一种构想——"差异性团结"及其反思》，《哲学动态》2011年第9期；马晓燕：《居住分化与空间正义之研究》，《2012中韩第20次伦理学国际讨论会论文集》2012年4月23日；李春敏：《大卫·哈维的空间正义思想》，《哲学动态》2012年第4期；李晓乐等：《环境·正义·阶级——略论戴维·哈维的空间正义思想》，《自然辩证法研究》2012年第11期；刘红雨：《论马克思恩格斯空间正义思想的三个维度》，《西北师范大学学报》（社会科学版）2013年第1期；等等。
② 曹现强、张福磊：《我国城市空间正义缺失的逻辑及其矫治》，《城市发展研究》2012年第3期。
③ 高春花、孙希磊：《城市空间正义的伦理反思》，《光明日报》2011年4月26日第014版。亦可参见李建华等《论城市空间正义》，《中州学刊》2014年第1期。

交通设施便利性方面的公平正义以及不同区域居住者在城市交通体系中权益享用方面的公平正义。环境正义包含了"软环境"与"硬环境"两方面的正义。硬环境与城市的居住、交通设施等紧密相关，而软环境则是与城市生活相关联的文化环境，当前主要指社会公共活动空间和文教资源空间配置。

空间正义不管包含哪些内容，高慧珠等人指出，以人为本应是其最根本的内核，城市建设中贯彻以人为本原则，就是要在人的日常生活空间的方方面面体现出来，关心人、爱护人、维护人的基本权益与提高人的生活质量的空间正义原则。现实的人是社会空间活动的主体，不以"民生"为本、不以"绝大多数人的根本利益"为本的社会空间建设，是无正义可言的。[①]

（二）空间正义提出的缘由

之所以强调空间正义，显然是因为现实生活中出现了空间生产中的非正义倾向。空间非正义主要体现在以下几个方面：

第一，空间占有上的不平等。即有的人占有空间多，有的人则很少占有甚至没有空间，由此导致空间贫富悬殊，空间贫穷现象的出现。"蚁族""房奴""蜗居"等词语在一定程度上形象地体现了空间占用中的不平等现象。不仅居住空间的不平等，与之相关的生活空间、所享受的公共空间，乃至空间中的物品或资源，也存在着不平等的状况。空间贫困现象的存在，一方面会影响人们的生活状况、生活方式、社会心态、价值取向、思想情感等，导致自卑感、被抛弃感等消极情绪，甚至大大增加犯罪数量；另一方面会大大阻碍城市人群的沟通和交流，弱化人们对城市建设的责任意识和参与意识，从而更深层地影响公民社会的健康发展。所以，空间贫困问题不仅是个人的道德尊严问题，更是一个社会的政治伦理问题。

第二，在属人性上，空间非正义体现出的是空间的异化，如空间拜物教的形成。所谓空间拜物教，就是社会实践中创造的社会关系被采取了物化形式，人们将住房、汽车等物化东西作为人性的本质和幸福的终极根源，进而为了博取它们而不惜一切代价。空间拜物教遮蔽了人们的眼睛和心灵，使人产生一种存在论困惑。城市人疏离了自己亲手建立的城市，城市空间变成了马克斯·韦伯笔下的"铁的牢笼"。

---

① 高惠珠、刘严宁：《以人为本、空间正义与上海城市建设》，中国人学学会编：《以人为本与中国特色社会主义建设：第十二届全国人学学术研讨会论文集》，现代教育出版社2011年版，第222—224页。

第三，在多样性上，空间非正义体现了空间的一致性及空间的分化。这体现在以下几个方面，一是空间形态的"千城一面"。单向度的城市发展模式和城市扩张运动，使得许多城市在空间生产中忽略了城市特色和历史文脉。二是空间布局上违背科学、单一的功能分区。如居民每天花费大量时间在居住地和工作地之间往返奔波，不仅造成交通拥堵，而且严重影响了人们的生活质量和幸福指数，最终影响和谐社会的形成。三是居住空间的贫富分区。由人口密度、土地价值、有益健康、审美关注以及居住环境等因素所决定，居住空间被分为"富人区"和"穷人区"。富人区里自然环境优美，生活设施齐全，公共空间丰富，而穷人区里则截然相反。空间的过度分化却会造成城市居民之间的隔离，这往往会加剧城市社会极化、城市贫困和城市的碎片化。[1]

那么，为什么会出现空间非正义现象呢？这其中的原因其实很多，既有价值论层面上的观念问题，也有现实的城市发展及空间管理中的权力本位问题，还有城市规划如何实现以人文本的价值理想的问题。曹现强、张福磊指出，城市空间正义价值的缺失，是城市空间非正义现象出现的重要原因。西方国家从70年代开始就对其日益突出的城市空间问题进行了反思，"空间正义"已经成为城市政策的优先价值之一。不过与此相对照的是，我国的城市空间不公却呈现出日趋严重的现实，城市政府在公共政策制定和实施过程中并没有将空间的公正作为优先价值，甚至在有些地方出现了相反的价值选择和政策趋向。以空间效益为目标的城市开发中突出强调GDP贡献和税收，忽视了公民权利和社会正义。[2]

李建华、袁超从现实层面分析了空间非正义的外因和内因。外因就是外部的作用力即结构动力，一般指的是收入水平、制度变迁、公共政策等方面的原因；内因就是居民自身作用力即文化动力，一般是指由于文化因素而产生的阶层内卷化等方面的因素。社会结构因素与文化因素的双重作用，导致了非正义的城市空间现象的出现。[3] 不过，这需要具体分析。

---

[1] 高惠珠、刘严宁：《城市建设彰显"空间正义"》，《社会科学报》2011年1月13日第3版。亦可参见高春花、孙希磊《城市空间正义的伦理反思》，《光明日报》2011年4月26日第14版；高春花、孙希磊《我国城市空间正义缺失的伦理视阈》，《学习与探索》2011年第3期；徐震《关于当代空间正义理论的几点思考》，《山西师范大学学报》（社会科学版）2007年第5期；曹现强、张福磊《我国城市空间正义缺失的逻辑及其矫治》，《城市发展研究》2012年第3期；等等。

[2] 曹现强、张福磊：《我国城市空间正义缺失的逻辑及其矫治》，《城市发展研究》2012年第3期。

[3] 李建华、袁超：《论城市空间正义》，《中州学刊》2014年第1期。

(三) 如何实现空间正义

对于实现空间正义的方法或途径，很多学者提出了自己的观点和建议。大致概述如下。

第一，反思城市的本质，以价值理性作为城市空间发展的"合目的性"依据，树立以人为本的空间生产价值观。

有学者从人的全面发展的角度阐述了空间正义。在当代中国，科学发展观作为与马克思主义既一脉相承又与时俱进的科学理论，最重要的一点就是抓住了人的全面发展这一社会发展的本质属性，它坚持以人为本，从现实的层面上关注人的全面发展：人的自由个性的全面培育，人的需要的全面满足，人的素质的全面提高，人的才能的全面发挥。它反对以观物的方式观人，坚持以观人的方式观物，使人真正从物的拖累中解放出来。从人的全面发展的角度来看，空间发展是为了人们幸福的生活而不是GDP的增长；在人与城市空间的关系中，城市空间是促进并实现这一目的的载体与手段；在空间发展的过程中，建立完善的公众参与制度，以规范的程序和方式来表达利益相关者的诉求；在空间发展的结果上，空间发展的成果应该惠及每一个人，而不是某些权贵阶层和资本持有者。由此，解决我国的空间贫困、空间异化和空间分区便有了发展伦理视野中的学理依据。[①]

除了从人的全面发展的角度来理解和强调空间正义之外，陈忠从哲学层面分析了人与空间的关系，对城市化过程中的异化和空间拜物教提出了批评，对我们深入理解空间正义具有重要的理论意义。陈忠指出，超越、突破空间拜物教，建构空间与城市正义，需要对人与空间的关系进行深层的哲学反省，需要一种历史与现实、自我与环境相统一的综合伦理策略。这些策略包括：其一，树立有限与无限相统一的人化时空观。这就是要求人们既不能把时空理解为纯主观的，认为人们可以无限制、无限度地对时空进行干预、控制、创造，同时也要认识到，对于任何现实主体而言，时间与空间都是有限的，没有任何主体能够永生，能够永久地占有某个空间。面对日益严重的城市问题、空间生产与分配中的垄断、不平等、无限度的私有化趋势等问题，这种认识对解决当下面临的诸多城市与空间等问题具有基础意义。其二，确认空

---

① 高春花、孙希磊：《我国城市空间正义缺失的伦理视阈》，《学习与探索》2011年第3期。亦可参见王志刚《空间正义：从宏观结构到日常生活——兼论社会主义空间正义的主体性建构》，《探索》2013年第5期。

间的辩证性、"公共性",不断营建私人性与公共性有机统一的空间运行体制。城市作为空间的重要载体,总是私人性与公共性的统一,在私人空间不断获得尊重的同时,公共空间不断扩大是城市发展的一个总体趋势。逐渐建立私人性与公共性相统一的空间运行体制,是空间与城市获得永续发展、永续和平的一个必然选择。其三,确认空间伦理的多层性、"微观性",不断建构宏观与微观相统一的城市与空间正义。迄今为止的城市与空间伦理仍以宏观与政治力量为主导,以掌握资本与权力的政治精英、技术与管理专家等为主体,微观与社会力量、日常生活主体很少能作为主体参与空间运行、空间实践。这是造成城市失序甚至城市反叛的一个重要原因。建构空间正义、城市正义的关键或者说一个基础内容,就在于如何保障、实现微观领域、日常生活领域中的普通人、居住者,空间的真正使用者,在空间的生产、再生产中的主体地位。微观正义是城市正义、空间伦理转型的重要方向。①

第二,如果说以上是从理论上探讨空间正义的追求目标的话,那么,在具体实践上,比如在政府层面,建立一套维护空间正义的制度和政策,是实现空间正义的重要保障。

有学者明确指出,中国城市空间正义缺失的矫治需要制度与公共政策的支撑。城市公共政策特别是空间政策应当改变以往对空间正义价值的忽视。其一,公共政策应公平地分配空间资源,使得不同空间群体能够公平地享受城市公共基础设施和基本公共服务,努力削减优势空间群体对弱势群体的空间剥夺。其二,公共政策应当实行"差异原则",一定程度上使得空间资源向弱势群体倾斜,以进行补偿。其三,公共政策不能忽视城市空间的多样性,在城市空间开发中不能一刀切。另外,一些非空间政策也间接影响着空间正义。例如,户籍制度不仅阻碍了农民从乡村到城市空间的流动,而且造成了城市公民之间在享受城市公共服务中的不公平性。它是"身份"在城市空间中的歧视,是对弱者隐性的空间排斥。由此我们可以看到,如果没有制度、政策的保障,空间正义是很难实现的。②

第三,在民众个体层面,实现空间正义,也需要市民增强维护自身权利的意识和参与能力。中国的公民社会由于历史原因和制度约束,一直处于萌

---

① 陈忠:《城市异化与空间拜物教——城市哲学与城市批评史视角的探讨》,《马克思主义与现实》2013 年第 3 期。
② 曹现强、张福磊:《我国城市空间正义缺失的逻辑及其矫治》,《城市发展研究》2012 年第 3 期。

芽状态。然而空间层面的社会政策制定和执行必须是由政府、市场和社会三大主体全面参与和互动的过程，尤其是弱势群体自身的参与，不仅仅是自身利益的表达，同时也是一个自我赋权的过程。只有当市民愿意并且有能力参与到分配政策中去，才有可能抑制产生空间分配歧视的力量，将自己对分配的诉求整合进政策目标中去，为政策制定提供充足而真实的反馈信息，最终实现分配的空间正义。①

由此我们可以看到，城市空间正义的实施，需要政府与个体双方面的努力，更需要学理上的探讨。就目前许多学者所提出的关于空间正义的实现的方法和途径来看，更多的是实践层面上的。但空间正义及其实现问题，是一个多层次、多方面的复杂的系统问题，涉及理论与实践、政府与民众、文化与资本等各个方面。而单就理论层面，又涉及社会正义、人的主体、私人性与公共性等一系列的问题。如果这些基础性的理论问题无法得到解决，那么，空间正义的问题也就不可能得到真正有效的解决。因此，从这个角度看，空间正义问题不仅仅是空间问题，实在是人的发展问题，人的自由发展的问题。而这显然是一个复杂的系统问题，需要我们深入分析和研究。

---

① 黄晴：《城市公共物品与城市发展利益分配的空间正义：中国城市更新带来的挑战与机遇》，硕士学位论文，山东大学，2011年。

第三编

体制分析

第九章　文化研究与文艺学的学科反思

从 20 世纪 90 年代后期到 21 世纪初，中国文艺学界出现了对文艺学学科的反思热潮，这与后现代主义理论的引入及文化研究（包括关于日常生活审美化话题的讨论①）在中国的兴起紧密相关。这个反思大致是围绕以下几个问题展开的：文艺学的扩/越界问题、文学的审美性与自律性的关系问题、文艺学（包括知识分子）与现实的关系问题等。本章我们主要介绍和评述文论界围绕这几个问题而展开的论争。

一　关于文艺学边界的论争

由文化研究引起的关于文艺学扩界问题的论争，是文艺学学科反思的重要内容。所谓"扩界"或"越界""扩容"，指的是文学研究对象的扩展，即从经典文学作品扩展到大众文学乃至部分带有文学性成分的大众文化（比如广告）。对此，有的赞同，有的反对；赞同者与反对者都有各自不同的立场和理论依据。

（一）日常生活审美化与文艺学边界问题的提出

早在 2000 年，"日常生活的审美化"作为一个话题便已经被正式提了出来。2002 年第 1 期的《浙江社会科学》发表了一组有关文艺学反思的文章，其中陶东风的《日常生活的审美化与文化研究的兴起——兼论文艺学的学科反思》一文首次在大陆的学术语境中对日常生活审美化的含义以及文艺学如何应对这种现象提出了自己的看法。陶东风指出，日常生活的审美化以及审

---

① 日常生活审美化问题虽然可以作为一个独立的话题来讨论，但是它的出现与文化研究在中国大陆的兴起形成了汇流，因此我们把它看作是文化研究思潮的一部分，而不再独立分析。关于日常生活审美化的讨论可参见陶东风主编《当代中国的文艺思潮与文化热点》，第十三章，北京大学出版社 2008 年版；陶东风、和磊《当代中国文艺学研究 1949—2009》，第二十三章，中国社会科学出版社 2011 年版。

美活动日常生活化深刻地导致了文学艺术以及整个文化领域的生产、传播、消费方式的变化，乃至改变了有关"文学""艺术"的定义。文艺学如果回避日常生活的审美化以及审美泛化的事实，只讲授与研究历史上的经典作家作品，并坚持把那些从经典作品中总结出来的特征当作文学永恒不变的"本质""规律"，那么它就无法建立与日常生活及公共领域的积极的、建设性的关系，最后导致自己的萎缩与枯竭。因此在这里，陶东风主张文艺学研究对象的扩界，并认为妨碍文艺学及时关注与回应当下日新月异的文艺/审美活动的最主要知识障碍，就是封闭的自律论文艺学。这种自律论的文艺学既不能有效地解释当代文艺/文化活动的变化，尤其是文化与艺术的市场化、商业化以及日常生活中的泛文艺/审美现象，还会导致文艺学在研究的对象上作茧自缚，拒绝研究日常生活中的审美现象与文化现象（比如大众文学、流行歌曲、广告等），把它们排挤出文艺学的研究范围（西方的文化研究与此形成巨大的反差，广告、流行歌曲乃至随身听等都已是西方文化研究的重要对象）。由此，要破除封闭的自律论文艺学，就必须倡导文艺学的扩界。

日常生活审美化作为一个学术话题而正式出台的重要标志，是2003年11月在北京由首都师范大学文艺学学科召开的"日常生活的审美化和文艺学的学科反思"的讨论会，以及《文艺争鸣》2003年第6期上配发的一组题为"新世纪文艺理论的生活论话题"的讨论。包括陶东风的《日常生活审美化与新媒介文化人的兴起》、王德胜的《视像与快感——我们时代日常生活的美学现实》等8篇文章。由此，引发最近两年间中国大陆美学、文艺理论界大范围理论论争的"日常生活审美化"话题全面出场。

综观这场论争，话题主要集中在这样两个方面：一是美学上的论争，与此相关的是关于"新的美学原则"的论争，代表性文章有鲁枢元的《评所谓"新的美学原则"的崛起——"日常生活审美化"的价值取向析疑》（《文艺争鸣》2004年第3期）和《价值选择与审美理念——关于"日常生活审美论"的再思考》（《文艺争鸣》2004年第5期）以及王德胜的《为"新的美学原则"辩护——答鲁枢元教授》（《文艺争鸣》2004年第5期）等[①]。

[①] 关于美学上对"日常生活审美化"的阐述和综述，可参见艾秀梅《"日常生活审美化"考辨》，《南京师范大学文学院学报》2004年第3期；桑农《"日常生活审美化"论争中的价值问题——兼为"新的美学原则"辩护》，《文艺争鸣》2006年第3期；凌继尧《对"日常生活审美化"研究的反思》，《东南大学学报》（哲学社会科学版）2007年第6期；逢增玉、李跃庭《理论与实践——"日常生活审美化"研究述评》，《社会科学战线》2006年第4期；等等。

二是从文艺学学科反思角度展开的论争,集中在文艺学学科边界问题。这方面的代表性文章主要有:《文艺研究》2004年第1期以《文艺学的学科反思》为题发表的陈晓明、高小康、曹卫东、陶东风等人的文章。陶东风在《日常生活的审美化与文艺社会学的重建》一文中指出,日常生活审美化对文艺学的意义在于打破了审美与生活的界限,从而挑战了文学自律性的观点,导致80年代所建立的文艺学范式面临深刻的危机,当前的任务是重建文艺学与社会生活的联系,倡导新的文艺—社会学研究范式。陈晓明的《历史断裂与接轨之后:对当代文艺学的反思》与曹卫东的《认同话语与文艺学学科反思》等文章也不约而同地对中国当代文艺学学科所蕴含的本质主义和科学主义倾向进行了批判,前者认为以真理式的基础和前提性的形式出现的文艺的本质等命题值得反思,文艺学的体系框架是从苏联借鉴过来,而"依靠意识形态的力量建构起来的文艺学体系,在意识形态稍加松懈的时期,显然就失去了中心化的力量";而后者也指出文艺学学科建设的一个根本动机是要把文艺学树立为一门严格的科学,从而使文艺学的学科使命由"教化"降低为"培训",当下文艺学重建的任务是要恢复教化的冲动,促进"文学公共领域"在中国的发展,同时还主张文艺学应引入批判的维度,将社会语境与文学自身的固有规律相结合。与上述文章对于传统文艺学学科较为激进的反思相比,高小康的《从文化批评回到学术研究》一文在谈及文艺学的转向问题则对反思本身多了一份审慎,作者针对当前文化批评的泛滥现象指出:不能以文化激进主义的情绪淹没严肃的学术态度,而要摆脱那种远离公共领域的专业化写作,"公共知识分子的社会责任感和公共立场并不简单地等同于一种社会舆论,更重要的是需要有建立在现实关怀和学术公心基础上的知识探究活动"。[①] 总体看来,以上几篇文章都倾向于重新观照现有的文艺学学科建制,反对其中所蕴含的本质主义思维方式。尽管其对文艺学重建的具体途径持不同的观点,但都开始立足于文艺学的外围来进行学科反思,即从社会文化转型与知识分子的价值立场出发,把文艺学看作一个现代性事件或将其置于具体的当代文化语境来思考。

应该指出的是,"日常生活审美化"讨论与90年代以来的审美文化讨论

---

① 参见陶东风《日常生活的审美化与文艺社会学的重建》;陈晓明《历史断裂与接轨之后:对当代文艺学的反思》;曹卫东《认同话语与文艺学学科反思》;高小康《从文化批评回到学术研究》,《文艺研究》2004年第1期。

是有所不同的。对于当时出现的"审美文化"这一范畴,学术界似乎并没有统一的严格界定,更缺乏对其研究思路和方法的深入探讨。而且大部分人所谓的"审美文化"其实还是指传统的文学艺术。然而,如今日常生活审美化研究所提出的审美的"内爆"、边界的消弭等范畴和命题,则明确提出以新的研究视角来审视新兴的大众文化。因此,日常生活审美化的研究不仅将过去被视为"非审美"的服饰、家居、饮食、环境和广告等日常生活方式纳入其视阈中,而且还带来了研究方法的根本转向:由于在社会学的理论视野中,研究对象往往被视为一系列变迁的过程,并非一个加以赞成或反对的既成事实。因此,当代日常生活审美化现象的研究尤其关注社会文化语境等问题。由于这已经超越了传统文艺学研究单纯对文本审美价值的分析和判断,可以说日常生活审美化理论也意味着触动了传统美学研究的根基。

(二) 文化研究与"移动边界"论

日常生活审美化所引发的文艺学学科反思与整个文化研究思潮合流,深化了人们对文艺学学科的认识。倡导文化研究的学者对于文学研究疆界的扩大一般持肯定和支持态度,认为正是在文化研究的启发和影响之下,人们开始对文学作为一门学科自身的发展有了更为清晰和深入的认识和反思,进而推动了文艺学边界问题的讨论。陶东风是这方面的典型代表。在《移动的边界与文学理论的开放性》(《文学评论》2004年第6期)一文中,陶东风借助英国当代文化研究中心早期的学术研究活动以及中国文艺学学科建制发展状况,明确指出,文艺学的学科边界、研究对象与方法,乃至于"文学""艺术"的概念本身,都不是一成不变的,而是移动的、变化的,它不是一种"客观"存在于那里等待人去发现的永恒实体,而是各种复杂的社会文化力量建构的产物。社会文化语境的变化必然要改写"文学"的定义以及文艺学的学科边界。学科边界的移动实际上是当今整个社会科学界的普遍现象。由此,当代中国文艺学必须正视现实,紧密关注日常生活中新出现的文化/艺术活动方式,及时地调整、拓宽自己的研究对象与研究方法。陶东风认为:

> 一个有生命力的学科应该具有积极而开放的胸怀,一种积极突破、扩展疆域的心态。文学理论的飞跃式发展常常发生在边界被打破、其他学科的研究方法积极"侵入"的时候,这些开创性的大师恰好常常是文学研究的"外人"。只有开放文学理论才能发展文学理论。

金元浦的观点与陶东风基本一致。金元浦的《当代文学艺术的边界的移动》(《河北学刊》2004年第4期)一文认为,当代文学研究中发生的所谓"文化的转向",既是历史的总体发展的大势和现实实践发展的需要所致,也是文学自身内部要素运动的结果。作为转型期的当代文学并没有一个明确无疑的边界,当前大众文化、影视文化、图像、传媒、网络文化等的变化,已经使我们很难说这是文学,那不是文学;除非我们闭着眼睛固守文学的小说、诗歌、散文、戏剧四大门类。从长远的发展过程看,历史上从来没有过边界固定不变的文学。独立的文学学科是在18世纪以后随着现代大学教育的建立才逐步完善起来的;同样,文艺学内所包含的文学的体裁或种类也从来不是固定不变的。文学的边界实际上一直都在变动中。诗歌、小说、戏剧、散文以及更小的文学类型,都在历史上的不同时期、不同传播时代"加入"文学的阵营。而且,在不同的历史时期,文学的"主打"类型也是不同的。这一点在西方文艺发展史中同样如此。以小说为例。工业革命带来了印刷业和造纸业的巨大发展,纸媒介带来了传播的革命,由此产生了公共领域的变革和文学样式的更新。小说,尤其是长篇小说在这种情况下才成了19世纪以来文学的主打类型。今天,电子媒质引起的传播革命,又一次引起了文学自身的变革。文学面临着又一次越界、扩容与转向。一大批新型的文学样式如电影文学、电视文学、网络文学甚至广告文学,一大批边缘文体如大众流行文学、通俗歌曲(歌词)艺术、各种休闲文化艺术方式,都已进入文学研究的视野,由文学而及文化,更多的新兴文化艺术样式被创造出来,成为今日文学、文化学关注和研究的对象。今天的审美活动已经大大超越过去对于文学艺术的界限和范围的限定。从某种程度上看,今天占据大众文化生活中心的已经不是小说、诗歌、散文、戏剧、绘画、雕塑等经典的艺术门类,而是一些新兴的泛审美、泛艺术活动。如广告、流行歌曲、MTV、KTV、电视连续剧、网上游戏乃至时装、健美等。艺术活动的场所也已经远远逸出与大众的日常生活隔离的高雅艺术场馆,深入大众的日常生活空间之中。因此,当代文艺学研究不必固守原有的精英主义范围,而应当关注日常生活中的新的审美现象,这是文艺学文化转向的题中应有之义。后来,金元浦在《在历史的思索中前行》(《社会科学战线》2005年第1期)和《重构一种陈述——关于当下文艺学的学科检讨》(《文艺研究》2005年第7期)两篇长文中,对其观点做了更为系统和深入的阐述,重申历史上从来没有过边界固定不变的文学。

其他学者，如徐亮①、陈晓明②、余虹③等也都阐述了文学越界这一客观存在的现象④，在不同程度上肯定了文学研究要进行文化转向。

张婷婷在文中批评了那种斤斤计较学科边界的做法，认为在守界还是扩容以及如何划界问题上花费太大精力其实并没有太大意义。她认为，在今天这个大变革的时代，许多审美现象本身就已经是诸多品质意味的复合体，与诸多学科相关联。作为人文学科的学者当务之急是：在与相关学科的相互激发相互生成中，努力阐释审美文化在新形势下冒出来的层出不穷的新事物、新品类、新问题。而不是急于划分界域。况且，边界是很难人为划定的。学科边界的相对性及其游移状态是学术研究尤其是人文学科研究的常态。因此，应该以问题研究为中心展开我们的学术工作。要努力发现现实提供给我们的真问题，即生长于新的文化土壤之上，制约文艺学及相关学科研究发展及活力生成的关键性问题。要淡化学科的规范界域，面向现实、面向变化，在学科立场的隐性制约中，做出应对新生对象的努力。这应当是极富有启发性的，在文艺学建设中，过多地纠缠于理论的细枝末节，还不如埋头工作，这是我国文艺学建设所最需要的。⑤

对于文学研究的文化转向，也有学者从全球化的角度进行了分析，这方面的代表性学者是王宁。在《全球化语境下的文化研究和文学研究》（《文学评论》2000年第3期）一文中，王宁明确指出，文化研究的跨学科性、反精英意识和反文学等级意识无疑对有着强烈精英意识和等级观念的传统文学研究构成了有力的挑战，以至于不少大学的英文系不得不削减传统的文学课程，增加当代的文化研究课程，例如女性研究、种族研究、传媒研究、身份研究等长期以来被排斥在文学研究之外的"边缘话语"。由此，文化研究使得原有的学科界限被打破了，精英文化和大众文化的界限也日渐模糊，东方和第三世界的文化也纷纷从边缘向中心运动，进而进入文学研究的话语圈。传统的

---

① 参见吴文薇《新中国文学理论50年学术研讨会综述》，《文学评论》2000年第4期。
② 陈晓明：《文学的消失或幽灵化？》，《问题》（第1辑），中央编译出版社2003年版。
③ 余虹：《文学的终结与文学性的蔓延》，《文艺研究》2002年第6期。
④ 当然，不同学者对于文学研究扩界到何种程度，还存在一定的分歧，但这些都不是问题的关键，因此本节从略，可参见欧阳友权《文艺边界拓展与文论原点位移》，《廊坊师范学院学报》2007年第4期；欧阳友权《文学研究的范式、边界与媒介》，《文艺争鸣》2011年第7期；金元浦《重构一种陈述——关于当下文艺学的学科检讨》，《文艺研究》2005年第7期；杨玲《论从文学研究到文化研究的范式转型》，《首都师范大学学报》（社会科学版）2008年第5期；等等。
⑤ 张婷婷：《文艺学"边界"论争之我见》，《社会科学战线》2005年第5期。

文学研究越来越走出精英学者的象牙塔，始自新批评的那一套形式结构分析逐渐让位于更为广阔的文化学分析和理论阐释。但走出形式主义的狭隘领地，进入文化研究的大语境之中，并不会导致文学研究被淹没；如果对这两者的关系协调得当，倒有可能把狭窄的文学研究领地扩大，把狭义的精英文学的范围拓展，并引进文化批评的因素，进而使濒临危机的文学研究得以在新的世纪再现辉煌。①

（三）对文学研究扩界的质疑和批评

对文学研究扩界的质疑和批评，主要是针对"日常生活审美化"这个话题展开的，以钱中文、童庆炳等学者为代表。这些学者虽然并不否认文学研究边界的移动性，但他们对文学理论的"扩容"说却提出强烈的质疑。

童庆炳从审美概念出发，指出文化研究所提出的日常生活的审美化或审美化的日常生活，并不能引起人的感情的震动，只是审美的浅层次，而不是深层次。这种浅层次的审美不触及人的感情与心灵，仅仅触及人的感觉，是人的感觉对对象的评价而已。因此，这种审美是不可与观看悲剧、喜剧时候的感情评价同日而语的。童庆炳认为，传统的文学本身活跃着、存在着，文艺研究不应当无视这些活生生的现实而去关注什么日常生活的审美化。②2005年初，童庆炳在《中华读书报》上发表《日常生活审美化与文艺学》（《中华读书报》2005年1月26日）。按照他的看法，"日常生活审美化"并非一个新现象，也不是具有普遍意义的现象，由"日常生活审美化"而来的"新的美学"只不过是"食利者的美学"。把这样的"日常生活审美化"纳入文艺学研究，实质是鼓吹"文学终结论"。他坚持认为，现在的文学虽然边缘化了，但具有独特审美场域的文学是任何艺术也无法取代的，文学不会终结。文学既然顽固存在着，文艺学的对象就是文学事实、文学问题和文学活动，文艺学可能随着这些事实、问题和活动的变化而变化，但无论如何变，都不会把文学抛弃掉，而去钟情什么"日常生活的审美化"。

一些学者呼应了童庆炳的主张。朱立元等人就强调，当今社会出现的新的文学现象虽然在量上扩展了文学版图，但并没有导致文学审美规定性以及

---

① 可进一步参见王宁《文学研究疆界的扩展和经典的重构》，《外国文学》2007年第6期；王宁《面对全球化：从文学批评走向文化批评》，《文学前沿》2000年第1期；王宁《"文化研究"与经典文学研究》，《天津社会科学》1996年第5期；黄青喜《全球化语境下的文化研究与文学研究》，《河南大学学报》（社会科学版）2005年第6期；等等。

② 童庆炳：《"日常生活中审美化"与文艺学的"越界"》，《人文杂志》2004年第5期。

边界和范围的消失，文学的边界依然清晰，文学与日常生活的界限没有消失。当代文艺学仍然要坚守文学艺术的自律立场，以文学为中心而不是无限扩容。① 也有学者主张，试图以文化研究代替文学研究是一个本末倒置的错误。"文艺学的对象由文学文本走向文学化的生活并不可怕，但外延的扩大不等于内涵的模糊，文艺学研究的目的、任务最终应落脚于中国现实的需要和文学本身的发展。"② 有的论者则直接把日常生活审美化与文艺学问题划清了界限，认为指出"日常生活审美化"或"大众审美文化"的研究和文学理论研究根本就是属于两个不同的学科门类和体系，前者完全属于"生活美学""文化美学"的范畴，而文学理论研究的是文学，是对文学的理论反思，二者有根本的质差别。那种试图用从西方贩运过来的文化研究理论解救中国当前文学理论危机的做法不但不大可能成功，而且还有使文学理论进一步泛化并最终丧失学科存在的合法性前提的危险。因为经过文化研究一步步的蚕食、鲸吞，最后有可能导致文学在我们视野中的彻底消失③。

总之，质疑文学研究扩界的一个基本的理论依据，就是文学的审美内涵虽然可能会随着审美活动的扩展而丰富，但文学自身依然会有其清晰而不可动摇的独立、自足乃至封闭的边界，文艺学无论如何扩界，也不能扩到非文学、非审美的生活领域中。这种站在审美主义的立场，通过标榜文学的自足性、自律性来质疑文艺学"扩容"的观点，也受到了当时诸多学者的质疑和批评，进而引发了关于文学审美性的论争（详见下文）。

（四）文学研究与文化研究的互补论

从回应现实的角度，文化研究学者肯定文艺学的扩界；而从审美主义的角度，有的学者则质疑文艺学的扩界。除了以上两种对立的观点之外，还有一种观点认为，文学研究与文化研究是两种不同的学术道路，但却并不是绝对不能共存和互补。这在陆扬的《文学研究和文化研究》（《人文杂志》2004年第5期）一文中得到突出的体现。陆扬认为，文学研究和文化研究是两回事情。文学研究的边界肯定是存在的，它过去存在，现在存在，将来也将继续存在。而文学和文化研究两者之间的边界也是开放性的、呈交叉状的。陆扬指出，文学被边缘化是一个不争的事实。但边缘并不意味没落。文学研究

---

① 朱立元、张诚：《文学的边界就是文艺学的边界》，《学术月刊》2005年第2期。
② 郝春燕：《文艺学移动的边界与坚守的空地》，《东方论坛》2005年第4期。
③ 胡友峰：《文学理论：当前危机及其应对方式》，《广东社会科学》2008年第6期。

关注的是我们灵魂的快感，它有充分的存在理由。对于文化研究来说，当下正方兴未艾，不管我们喜欢或者不喜欢它，文化研究解读的正是我们的当代社会，正由此，它才具有强大的生命力。对于当下的学科建制来说，尽管跨学科研究呼声日高，但更经常看到的是传统学科扩张，比如将妇女研究、同性恋研究、少数民族研究、电影研究、视觉文化研究等所谓的"他者"兼收并蓄进来，并将"他者"翻译成通俗理论，由此也就消解了这些"他者"对本学科的威胁。由此来看，文化研究中被普世化的"文化"概念，就是提供了一个置换的场地，将"他者"还原为自我，或者置换为主导文化的某种形式。由是观之，文化研究，即便对于文学研究而言，它肯定也不是洪水猛兽一类的东西。陆扬最后指出：

> 文学研究和文化研究故此大可各行其道，相安无事。当它们愿意交叉的时候，就互作参照吧。文学对于文化研究的方法，其实从来就不陌生。并吞和转向既无从谈起，相互诋毁攻讦，亦实无必要，因为它们已经分道扬镳了，即便文化研究在中国究竟能成多大气候，还是一个问号。

可以说，陆扬的这种认识在很大程度上可以化解甚至斩断文化研究与文学研究之间纠缠不清的关系，在两者并行发展中相互借鉴、相互促进，人为地把两者纠缠在一起，无助于问题的解决和理论的发展。①

除了以上关于文艺学是不是应该扩界的论争外，也有学者针对这场论争本身——作为一个事件——做了分析，揭示了这场论争背后隐含的更多重大的理论问题。这典型地体现在李春青的《关于"文学理论边界之争"的多维解读》（《文学评论》2005年第1期）中。李春青认为，关于"文学理论边界"问题的讨论可以归结为20世纪80年代以来形成的文学理论的主流研究模式与近年来渐成气候的文化研究之间的交锋。从言说者身份角度来说，文艺理论研究模式和文化研究模式的对立，其实是"立法者"和"阐释者"这两种知识分子文化身份冲突的表现，其中包含着一元文化导向与多元文化共生之间的冲突。前者持守了人道主义和精英意识，在价值取向上体现了强烈的社会责任感和道德理想主义，在学理上表现为一种审美中心主义和审美乌

---

① 同样参见陆扬《重申文化研究》，《文艺争鸣》2010年第17期；王逢振《文化研究和文学研究的关系》，《文学前沿》2000年第1期。

托邦精神；后者的言说立场却带有明显的后现代意味，其反本质主义、反中心话语，强调关注和介入现实文化现象，并提倡研究过程中尽量和被研究对象保持适当距离和"价值中立"态度。但由于其价值立场的不确定或隐含性，使它很难达到预期的"批判"效果。

总之，如上所述，关于文艺学扩界问题的论争并不是一个简单的边界问题，它实际上涉及在后现代主义语境下如何重新认识文学、文艺学的一系列问题。这样的认识也在实践中取得了重要的成果，这就是陶东风主编的《文学理论基本问题》（北京大学出版社 2004 年第一版，2005 年第二版，2007 年第三版，2012 年第四版）。这部教材就是一部试图把文化研究的理论和方法自觉地引入文学理论从而实现文学理论教材革命的代表性作品。该书从文艺活动的生产、传播与消费方式方面的变化阐述了当下的文艺现状。（1）文艺活动日益深刻的市场化、商业化与产业化；（2）由于商业化以及大众传播方式的普及而导致的大众日常生活的审美化以及相应审美活动的日常生活化（或曰审美的泛化）——电视连续剧、广告、流行歌曲等成为大众主要的文化消费对象；（3）艺术消费方式与消费目的的变化，艺术接受的休闲化与日常生活化；（4）新的知识分子/文人类型、新的文化与艺术从业人员以及"新闻介入"阶层的出现；（5）文化生产机构与传播机构的种类与性质的变化；等等。陶东风指出，在这种情况下，我们的大学文艺学（很大程度上也包括一般文艺学）却不能积极有效地介入当下的社会文化/艺术活动，不能解释改革开放尤其是 90 年代以来文学艺术的生产方式、传播方式以及大众的文化消费方式的巨大变化，必须进行比较深刻的改造。[1]

下面我们主要分析关于文学审美性/自律性以及文艺学（及知识分子）与现实的关系这两个核心问题的论争。

二 关于文学审美性/自律性的论争

（一）关于文学的"审美"内涵的论争

当代中国学术界对日常生活审美化的关注从一开始就伴随着对学科建制问题的思考。日常生活审美化这一命题本身即蕴含了对传统的越界和对经典的"冒犯"，对于国内部分研究者来说，由于审美化的意义在于"打破了艺术（审美）与日常生活的界限"，因此，当传统文艺学学科在社会转型过程中逐

---

[1] 陶东风：《大学文艺学的学科反思》，《文学评论》2001 年第 5 期。

渐呈现出"边缘化"倾向时,日常生活审美化的出现似乎正好为反思和重建文艺学、美学学科提供了重要契机。

20世纪80年代的文艺学研究主张审美性和文学性的研究(或曰"内部研究"),它提倡以一种审美的眼光来观照文学这种独特的精神现象,但在日常生活逐渐趋向审美化的现实面前,"审美"范畴的内涵却开始变得模糊不清:一方面,随着大众传媒的扩张,文学开始逐渐边缘化,正如贝尔所描述的,心理距离、审美距离和社会距离的压平表征着视觉文化的来临。另一方面,审美范畴从作为体验的精神升华逐渐向作为生活方式的文化转移,"艺术的文化(高雅文化)所涉及的现象范围已经扩大,它吸收了广泛范围内的大众生活与日常文化,任何物体与体验在实践中都被认定与文化有关"①。

于是,文艺学的反思者指出日常生活审美化的出现使过去自律论的文艺学观念与方法在审美泛化的事实面前丧失了阐释能力,不仅对80年代以来文艺学所确立的研究对象进行质疑,而且对其研究思路也提出了挑战。80年代我国文艺学主流话语明确以学科自主性为其价值诉求,并在此基础上建构了一整套系统的理论框架和研究方法,强调文学的内部研究和理论的科学性、系统性、独立性。但如今的反思者恰恰认为这套理论话语本身蕴含着某种本质主义的思维方式,运用它们质疑当今时代文学(审美)与生活不断融合的事实,势必导致文学和审美活动远离公共领域等后果。因此他们在主张拓展文艺学边界的同时,也酝酿着以新的思维范式来观照研究对象,"文艺学的出路在于正视审美泛化的事实,紧密关注日常生活中新出现的文化/艺术活动方式,及时地调整、拓宽自己的研究对象与研究方法,呼吁重新建立新的文学—社会研究范式,弥补单纯的内部研究的不足"②。这时,文化研究成为当下历史语境中一个新的生长点,文化研究一方面主张将研究对象拓展到经典作品的范围之外;另一方面又并不必然排斥对文学作品的关注,它提倡以新的研究旨趣来重新思考和解读文学作品,比如对其内在的文学性的形成,对其内部交织着知识与权力之间的复杂关联等问题进行观照。

对于审美化论者的这些判断,有的学者并不完全认可,尽管他们同样意识到日常生活审美化所带来的经典文学研究的边缘化等现象,但仍倾向于立

---

① 迈克·费瑟斯通:《消费主义与后现代文化》,刘精明译,译林出版社2000年版,第139页。
② 陶东风:《文化批评的兴起及其与文学自主性的关系——兼与吴炫先生商榷》,《山花》2005年第9期。

足文学本位的立场来阐释这些现象。他们认为图像化的来临并不会导致文学的终结,相反,文学艺术有自己独特的审美场域,"文学理论的边界虽然是在移动的,不断地移动的,但是随着文学事实、文学经验和文学问题的移动而移动。文学总是文学。文学不可能是日常生活里的几乎一切具有一点文学性的东西"①。同时,他们指出日常生活审美化并没有使生活与艺术合二为一,而是主张在图像化扩张的时代仍然要始终坚守以超越为特征的文学性。

同时,由于日常生活审美化的论争双方对这个命题的不同理解,造成其对日常生活审美化现象本身的理解上也陷入一场错位的言说。不少学者认为日常生活审美化并非当代社会的产物,而是古已有之的。比如童庆炳的一篇文章指出:日常生活审美化不是现在才有的,而是自古就有。比如"古代中国的仕宦之家,衣美裘,吃美食,盖房子要有后花园,工作之余,琴、棋、书、画不离手"②。再比如鲁枢元认为:"在漫长的农业社会里,审美不但曾经走进日常生活,甚至还曾经造就过一定规模的'文化市场',即类似于今天那些休闲、娱乐、健身等消费场所的酒楼、茶肆、书场、庙会、勾栏、戏院、武馆、妓院。就艺术消费而言,明清市井中的俗曲时调'挂枝儿'、'八角鼓'、'马头调'略等于时下的流行歌曲;苏州古代园林的'环境设计',显然已把唐诗宋词里的审美意境在'地产开发'中发挥运用到了极致;明代的文震亨、李渔谈论起'居室'与'器玩'来,其审美趣味并不比当今哪一家装修公司的老板差,他们撰著的《物志》、《闲情偶寄》,也可以看作'审美日常生活化'的普及版读本。"③

但有些学者,包括日常生活审美化的倡导者如陶东风,研究者如李春青,却对这样一种过于宽泛的理解提出质疑。陶东风着重强调了日常生活审美化现象出现的当代社会文化语境:消费文化和视觉图像文化的迅速发展,第三产业和文化产业的兴起,非物质性的符号消费活动的扩展,等等,同时强调这一现象在当代社会生活中的"普遍性、大众性",从而将其与中国古代士大夫或西方前工业时代少数贵族的审美化的生活方式相区别。④ 在李春青看来,虽然两者都具有审美与生活相融合的形式,但古代社会的所谓审美化是在审

---

① 童庆炳:《文学理论的边界》,《江西社会科学》2004年第6期。
② 《中华读书报》1月26日第12版发表了童庆炳先生的文章《"日常生活审美化"与文艺学》。
③ 鲁枢元:《评所谓"新的美学原则"的崛起——"审美日常生活化"的价值取向析疑》,《文艺争鸣》2004年第3期。
④ 陶东风:《也谈日常生活的审美化与文艺学》,《中华读书报》2005年2月2日。

美分化基础上产生的,代表着士大夫知识分子的审美趣味,而当今的审美化却取决于知识阶层控制之外的社会力量,"只是到了日常生活审美化成为独立的、超然于知识精英势力范围之外的文化现象,即成为'他者'时,他们才以惊愕目光来审视这种文化现象了"①。因此,日常生活审美化既不能简单地等同于以往的精英文化中相似的一些文化现象,也并不能够完全纳入单纯的通俗文化范畴来审视,现代商业因素的出现导致文化的场域从过去单纯的精英文化与大众文化或精英文化与主导文化的对峙转向了更为复杂的逻辑,"三种文化不但有一个依据语境而发生互动的结构,而且还存在着内在的转换的可能性"②。在其看来,当代日常生活审美化研究的提出并非运用中国的文化现象对西方理论的比附,而是以此为契机对中国当代的社会文化进行更为全面的理解与观照。因此对日常生活审美化的审视需要联系具体的历史文化语境来考察,对各自文化语境中的具体问题有所观照。

在日常生活审美化研究的质疑者中,有人把诗性精神视为对人性品格的提升,并相信在日趋平庸化的社会中,文学与艺术能够开辟一片澄明的精神领地;有的则着重区分了艺术家诗意地融入日常生活与当前所说的日常生活审美化,把前者视为审美理想对日常生活的提升;而当前的日常生活审美化却被理解为审美从"救赎"到"物化"的堕落,即当代社会审美理论的衰落与审美现象在日常生活领域的大量出现③。不难看出,这些都是在经典的"审美"视阈中审视日常生活审美化与文艺学建设的,在审美的超功利性或艺术超越生活这层意义上,他们反复强调审美的生活化与生活的审美化之间的区别,以及审美范畴的多层性,日常生活中的审美化现象由于被视为感观欲望的呈现而成了被驱逐的对象。

中国当代日常生活审美化的研究者在区分传统意义上的"审美"与日常生活中的"审美化"时,比较多地借鉴了西方后现代和消费文化的理论资源,认为后者与消费主义逻辑的蔓延以及视觉社会中影像和符号的泛滥相关。因此,日常生活审美化不仅意味着审美从精英化的文化趣味转向了传媒时代审美的民主化,而且也是审美内涵的根本转变。审美距离的消逝使其原有的震

---

① 李春青:《在消费文化面前文艺学何为》,《北京师范大学学报》(社会科学版)2004年第2期。
② 周宪:《中国当代审美文化研究》,北京大学出版社1997年版,第198页。
③ 参见童庆炳《文艺学边界三题》,《文学评论》;杜书瀛《艺术与生活并未合一》,《人文杂志》2004年第5期;鲁枢元《评所谓"新的美学原则"的崛起——"审美日常生活化"的价值取向析疑》,《文艺争鸣》2004年第3期;等等。

撼力逐渐被感官的刺激所替代,"区别不在于审美化之范围、程度,而在其性质:现实在被'审美泛化'之后便不复存在,而只有审美的世界,换言之,没有'现实',所有的就只是'超现实'"①。这里,对审美一词的运用重在日常生活审美化所带来的界限的消逝,以及生活空间的虚拟化,其所谓"审美"代表着一种感知,在其内部并不存在审美与欲望、高级趣味与低级趣味的划分。

在某种程度上可以说,对审美范畴的不同理解加剧了日常生活审美化的论争各方在认识上的重大分歧,但这种错位的言说似乎又具有中国文艺学研究领域自身的某种言路轨迹,它蕴含着社会转型时期的诸多文化症候。当前对日常生活审美化的质疑主要源于80年代以来文艺学所确立的主流话语立场,即主张在学科自主性的基础上创立和使用自身关于审美和文学性的话语体系。这种审美观在艺术与日常生活的张力中建构起审美的自律性,因为"审美"需要主体独一无二的凝神观照,它伫立在现实生活的对立面,与此同时,这种超越性的情感体验在某种意义上也被当成了人的主体性的完美实现。"审美"在80年代的文化语境中俨然成了超越一切社会限定、实现人的自我价值的自由境界。学科的自主性诉求本身以及它所建立的这一套关于自我、个体、人性、无意识、自由、普遍性等的文化哲学话语,也成了当时学术走向"现代性"的写照。但值得一提的是,如果说当时的文艺学在审美静观的问题上似乎呈现出远离社会的姿态,那么它同时也充分汲取了审美既是一种趣味也是一种修养的观点,提倡艺术介入人生并提升整体人格。② 事实上这种"超越"同时也意味着以一种"审美"的姿态重新介入社会。

如果说在以审美性对抗特殊的"政治"这一过程中,学术界曾一度出现了空前一致的反思性批判,那么90年代以来"审美性"自身开始面临分裂。90年代以来,文学与艺术也开始呈现出多元化的状态,大众文化在日常生活中大量出现,与此同时,消费与生活方式本身也逐渐呈现出一种个性化与审美化的趋势。面对这种审美泛化的社会文化现象,一些学者延续了过去的审美主义话语,继续保持审美所具有的超越性,并将其无限神圣化;与此同时,审美话语中潜在的文学/社会的二元模式也逐渐积淀下来,只是在后来的研究和讨论中,大众消费文化开始取代"政治",成为二元模式中与"审美"对立

---

① 金惠敏:《从形象到拟像》,《文学评论》2005年第2期。
② 参见王元骧《文艺理论中的文化主义与审美主义》,《文艺研究》2005年第4期。

的另一极（审美/大众消费文化）；但在另外的研究者那里，审美性所具有的个体性与世俗性维度却受到了空前的关注，于是大众消费文化中所蕴含的审美真正的问题似乎并不在于消费文化是否带来了道德沦丧或者自律论文艺学是否必然表征着一种一元化的思维模式，而是应当尽量在论争方的价值立场之外，寻求对这种关于"日常生活审美化与文艺学反思"的话语进行细致分析，分析研究主体是如何来理解"审美性""文学性"以及"日常生活审美化"的，这些观念的形成和变迁意味着什么？可见，对日常生活审美化与文艺学学科问题的思考有待于走出这场学术论争，寻求一种真正具有反思性的研究视角。

（二）关于文学的独立性、自足性问题的论争

这一问题与上面的问题紧密相连。如前所述，日常生活审美化、文化研究突破了传统意义上的审美内涵，正视当代普遍存在的审美泛化的事实，及时地调整、拓宽自己的研究对象与研究方法，重建新的文学—社会研究范式。但对文化研究与文化批评持质疑或批判立场的人，大多坚持审美主义的立场，而这种立场所直接导致的就是把文学看作是独立自主乃至封闭的，而文化研究、文化批评则从根本上偏离了文学。这里沿用的主要就是原先由英美新批评派提出、流行于我国20世纪80年代的"二分法"，即认为文化研究是一种与"内部研究"相对的"外部研究"，有人甚至把它看作是庸俗社会学批评的回潮。他们认为，文化批评背离了文学的"审美"本质，甚至根本就离开了文学；也有人认为文化批评可以存在，却不能取代文学批评，尤其是不能取代文学的审美研究/内部研究。

比如《南方文坛》1999年第4期上发表了"关于今日批评的答问"的长篇访谈，其中第一个问题即是"为什么当下的文学批评逐步转向文化批评？您认为文学批评还能否回到文学？"对于这个问题，相当多的学者把文化批评视作与"内部批评"相对的"外部批评"，或与审美批评相对的社会学批评，他们希望文学批评回到"文学"。比如"……文化批评说到底仍是一种外在研究，从批评思维上说，它与先前的社会学批评并无本质的差别，因此它仍然存在着强加给文学太多的'意义'、'象征'，从而使得文学非文学化的危险"（吴义勤语）；"文学批评的'场'，归根结底还是文学，……我不希望太多的批评家一头扎进'文化'、'思想'或'精神'而走失"（施战军语）。这样的看法是相当普遍的。显然，这些批评者在很大程度上坚持80年代的审美/艺术自主性立场，其理论资源也是80年代比较流行的俄国形式主义、英美新批

评等。

在这方面,阎晶明与吴炫的观点是比较典型的。阎晶明指出:"90年代的文学批评是一个更加缺少学术规范的时代,80年代活跃于文坛的批评家,在这一时期纷纷转向,把目光转向更加庞杂的目标,就文学而言这是一个虚化了的目标。批评家们的注意力被转移和分散到了更大的文化问题上。"作者以人文精神与后现代的讨论为例责问道:"这些学术主张在多大程度上属于文学批评?"作者认为这两者都已经在"目标上偏离文学"。这偏离了目标的批评就被作者指认为"文化批评",而在这种所谓的"文化批评"中,文学作品就成了被批评家随意搬弄的"小小旁证"。作者进而忧心忡忡地写道:"文学批评就这样被文化批评取代,成为无足轻重的唠叨陪客,对作家作品的具体阐释成为不入潮流和缺少思想锋芒的可怜行径。"作者呼吁:文学批评应当回到"自身",回到"文本阐释","这是文学批评不做文学附庸、不被文化批评淹没的必经之路。"这里作者的前提依然是:文学批评与文化批评是两回事,只有前者才是指向"文学自身"的。然则,什么是"文学自身"?存在非历史的普遍化、本质化的"文学自身"么?这个问题本身就是值得追问的,它不应该是讨论的对象而是前提。

吴炫的文章列举了文化批评的"五大问题",是笔者见到的最集中、最系统地质疑中国当代文化批评的文章。"五大问题"中居首的即"当前文化批评对文学独立之现代化走向的消解"。在作者看来,"'文学独立'不仅顺应了文化现代化的'人的独立'之要求,成为'人本'向'文本'的逻辑延伸,体现出文化对文学的推动,而且也成为新文学告别'文以载道'传统、寻求自己独立形态的一种努力——这种努力,应该理解为是对传统文学与文化关系的一种革命。尽管一百年,中国学人总是以西方独立的文学性质和形态为参照,或提出'为艺术而艺术'、'创作自由'的现代主张,或以'文学主体论'、'艺术形式本体论'等西方现代的文学独立观念为依托,从而暴露出艺术无力或文化错位问题,但这种努力本身,近则具有摆脱文学充当政治和文化的工具之现实意义,远则具有探讨中国文学独立的现代形态之积累的意义"。这样的文学现代性进程似乎被文化研究给阻扼了:"文化批评不仅已不再关注文学自身的问题,而且在不少学者那里,已经被真理在握地作为'就是今天的文学批评'来对待了。"可见,文化批评是非现代形态或反现代形态的文学批评,因为它"不再关注文学自身的问题"。作者的逻辑在这里表现为:文学的现代性或现代化就是文学的自主性,违背它就是违抗现代性的合理历史进程。

有的学者在这个问题上甚至表现得有些过于激烈,认为文化批判与文学理论和文学批评有着一种难以相容的异质性,它的出现并不是对文学研究的发展,而是对文学研究的偏离,在某种程度上甚至可能对文学研究造成难以弥补的伤害。而文化批评对于文学研究的最大危害在于,它只是把文学当作一个普通的文化现象,透视其所包含的意识形态机制和社会政治功能,这无异于抹杀了文学与其他文化形式的根本区别,因而也就取消了文学理论和文学批评赖以存在的基础。因此,想把文化批评视为帮助文学理论摆脱困境的一剂良药,在这位学者看来,只能是一种"饮鸩止渴"。[①]

有学者甚至为此发出了"救救文学批评"的呼声[②]。该学者认为,文化批判所做的仅仅是一种"文化考证"的工作,而压根疏忽了"审美判断"的天职。如此一来,文学的"文学性"被它的"文化性"吞噬殆尽,批评家的职业特性也就随即消融。我们的文学批评正变异为一种文化批评,心甘情愿地磨蚀着自己的个性。它对作品"文化性"的关注,远远胜过对"文学性"的关注。任由这种向度蔓延下去,极有可能的是,我们将会亲眼看见文学批评的消亡,为此,应该"救救文学批评"。

总之,在质疑文化研究的学者那里,审美是他们所高举的批判文化研究的大旗。因为强调文学的审美特性,所以文学研究不能无限扩容而失去文学的这一根本特性;也因为强调文学的审美特性,所以也就与文化研究划清了界限。由此,文化研究的出现不仅无助于文学研究的发展,甚至会严重影响乃至吞噬文学的独立性和自足性。那么,所谓"审美"到底又有着什么含义?我们到底该如何认识审美呢?这其实也是文化研究与文学研究交锋的一个核心性的概念。

三 关于文学研究(及知识分子)介入现实的论争[③]

(一)文艺学与公共领域的建构

文化研究带给文学研究的,不仅仅是研究疆域的扩展,更是一种思维方式的转变,以及文学研究与公共领域关系的改变,使文学研究能够以一种批

---

① 苏宏斌:《文化研究的兴起与文学理论的未来》,《文艺研究》2005 年第 9 期。
② 路文彬:《救救文学批评——让文学批评回到文学》,《文艺争鸣》1998 年第 1 期。
③ 关于这个话题引发的论争并不明显,主要是因为当前学术界基本上还是肯定文学研究以及知识分子应积极介入现实、回应现实的。因此,本节我们主要评述陶东风等文化研究学者的观点。

判性的姿态更为敏锐地关注和回应现实、介入现实，更广泛、透彻地面对文学活动在当代条件下所发生的诸种变化，有效地探索这一变化背后的社会文化机制。陶东风在《跨学科文化研究对于文学理论的挑战》（《社会科学战线》2002年第3期）一文中就明确指出，文化研究有助于文学研究批判性地介入公共性的社会问题。文章认为，文化研究是一个不断地自我反思乃至自我解构的知识探索领域，它执行的是一种批判语言，其核心任务之一，就是揭示学科体制背后具有历史特殊性的利益—权力机制，揭示学科体制如何生产统治性文化并将之合法化。文化研究应该积极反思和抵抗包含在业已确立的学科与系科中的政治、经济、学术利益，这种政治、经济、学术利益往往不是赤裸裸的，而是隐蔽在特定的、由学术体制确立的知识探求模式中，隐蔽在科学真理与审美价值的评估系统中。从20世纪下半叶始，西方的文化研究就对西方传统人文科学提出了尖锐的挑战，而随着文化研究在中国的兴起，这种挑战同样也是中国的人文科学者面临的真实问题。陶东风认为，在中国的大学文学教育中，可以典型地发现学科化如何导致包括教师与学生在内的批判性思维能力的丧失。比如文学理论教科书在理解文学的性质时就存在严重的本质主义倾向。文化研究抵制的正是这样的倾向，发挥自己的解构功能。文化研究要求我们摆脱非历史的、非语境化的学科实践，强调文化生产与知识生产的历史性、地方性、实践性与语境性，反对本质主义。

陶东风进一步指出，日益加剧的学科分化阻碍了各学科中的专家把他们的知识与公共领域相联系。学科化的研究要求专家们只关注少数几个与其专业相关的专门问题，这些问题不可避免地远离公共领域中的文化争论。但从文化研究的角度看待文学研究，就必须认识到，文学研究从根本上说是一种具有批判性的文化研究，是一个解放工程。而这个工程如果脱离与公共领域的联系将是不可思议的。必须从政治（广义的社会政治而不是狭义的党派政治）的角度看待包括文学研究者在内的知识分子的社会文化功能。这里最为关键的是，要既在大学之内也在大学之外重新型构知识分子的角色。文学批评家应当自觉地参与重大的文化价值问题的讨论，并把这种讨论与自己的学术研究有机地结合起来。中国当前的文学批评尤其应当积极关注新出现的、与大众的日常生活密切相关的文化形式与文化实践（比如大众文化），认真地而不是情绪化地分析它们的意识形态效果，把自己在教室中发出的声音扩展到公共领域。

应该说，文化研究所带给文学研究的，并不只是增加了一两块研究领地，更重要的是为文学研究注入了一种新的关注现实的立场和眼光,"使文学理论成为一种通过文学研究进入社会批判的通道"①,使文学研究重新转化为一种公共性话语②,而不是抱着自己的自律性独自欣赏。

(二) 重建文学理论的政治维度

重建文学理论的政治维度是建构文学理论公共领域的重要途径和方法。而从政治的角度关注中国文学理论,对于当代中国文艺学的发展具有极强的针对性和现实意义,这也是以陶东风为代表的文化研究学者对当代中国文艺学深入反思的体现。从《重申文学理论的政治维度》(《文艺研究》2006 年第 10 期)到《文学理论:为何与何为》(《文艺研究》2010 年第 9 期)③,陶东风对这个问题做了比较详细而系统的阐述,还为此出版了两部相关著作④。

陶东风在这些文章和著作中,用文化研究所理解的"政治"概念,重新审视了建构文学理论政治维度的必要性和可能性。陶东风认为,中国文学理论界广泛流行的一个共识,是把文学理论的自主性和政治性对立起来,认为只有非政治化才能保证文学理论知识生产的自主性。这个流行观点对"政治"、对文学理论和政治的关系做了狭义的理解,把特定时期、特定语境中的"政治"理解为普遍意义上的"政治",并进而把特定时期、特定语境中的文学理论和政治的关系普遍化为文学理论和政治的常态关系。陶东风通过引述西方著名文化理论家(如伊格尔顿、布迪厄等)、政治理论家(如阿伦特、哈维尔等)等人的观点指出,文化研究中说的"政治",并不是我们通常意义上所说的政党政治,而是指社会文化领域无所不在的支配与反支配、霸权与反霸权的斗争,是学术研究(包括研究者主体)与其社会环境(公共领域)之间的深刻牵连。任何人文科学研究都无法完全不受其存在环境(其中充满了各种各样的物质利益、政治立场和文化观念)的影响。所以,只要是扎根于社会现实土壤中的人文学术研究,包括文艺学研究,很难避免这个意义上的政治。

由此,陶东风指出,如果文学和文学研究内在地包含广义的政治性,如

---

① 李春青:《文化研究语境中的文学理论建设》,《求是学刊》2004 年第 6 期。
② 黄卓越:《从文化研究到文学研究——若干问题的再澄清》,《求是学刊》2004 年第 6 期。
③ 还包括《重建文学理论的政治维度》,《文艺争鸣》2008 年第 1 期;《论文学公共领域与文学的公共性》,《文艺争鸣》2009 年第 5 期。
④ 《文学理论的公共性——重建政治批评》,福建教育出版社 2008 年版;《文学理论与公共言说》,中国社会科学出版社 2012 年版。

果一种坚持公共关怀的文学和文学理论知识必然具有广义的政治性,那么,笼统地否定文学的政治性,或者不分青红皂白一味鼓励文学理论研究的非政治化,就有使文艺学知识非公共化的危险,使之无法积极回应现实生活中的重大问题,丧失参与社会文化讨论的能力。但非政治化和公共性的丧失,已经成为当代文学理论知识生产的危机征兆。这与全社会的政治冷漠相应,是特定政治状态的反映。如果说,改革开放之前30年,特别是"文革"时期,是因为国家权力的垄断使得文学艺术活动丧失了其独立性、自主性,从而无法形成真正意义上的文学公共领域的话,那么,随着改革开放的推进和经济建设的飞速发展,社会经济领域的扩张导致其对于公共政治领域的侵占以及公共领域的蜕变,整个社会生活、包括文化生活正在大面积非政治化。只是程度更加严重。陶东风指出,以物质需要的满足为核心的经济关切在很大程度上取代了80年代的公共政治关切,成为所谓"最大的政治",在大众消费热情空前高涨的同时,政治冷漠到处蔓延。很显然,当以物质经济生活关切为核心的那套生命哲学只专注于生存竞争中的成功与失败时,必然会把公民的责任与义务视作时间与精力的浪费。在这样的背景下,包括文学理论在内的人文社会科学知识生产出现两个趋势:一是实用化和媚俗化,用文学理论知识来直接为社会大众的物质消费和文化消费服务,为"我消费故我在"的"身体美学""生活美学"充当解说员和辩护师,并把这种本质上与公共性无关的私人事务公共化(比如今天的大众媒体所津津乐道的明星的趣闻轶事本质上就属于私人领域,但是却占据了大众传媒的至少半壁江山)。文化产业和文化媒介人在全国各个高校和研究机构的迅速崛起就是明证。二是装饰化、博物馆化和象牙塔化,那些既不想用文艺学的知识批判性地切入重大公共事务又不愿以俗学媚世的学者常常选择这条"专业化"的道路。两者虽然存在很大差异,但都属于文艺学知识生产非政治化。

由此陶东风深切地指出:如果要克服文学理论的这种危机,只能是重申文学理论知识的政治维度——当然不是"文革"时期"为政治服务"意义上的政治,而是作为公共领域内自主行动意义上的政治。

(三)走向反思与建构主义的文学理论

强调文学理论的反思性,并通过这种反思性走向建构主义的文学理论,可以看作是文化研究影响下文学理论的又一个变化。在《文学理论:为何与何为》(《文艺研究》2010年第9期)中明确强调文学理论的反思特性,并力主发展一种建构主义的文学理论。

陶东风指出，随着后现代主义、结构主义与后结构主义、文化研究等思潮在中国的兴起，我国最近兴起了文学理论的学科反思热潮，"反思"成为这几年文艺学论文和会议中出现频率最高的术语之一。所谓"反思"，根据布迪厄的阐释，就是对理论、知识自身的自反性思考，是反过来思考言说者自己、言说思考者自己。就文学理论来说，反思意味着文学理论的自觉。传统的、本质主义的文学理论是非反思的，它认为文学的本质是一个实体存在，无关研究者的建构行为，只有一种对于这个实体的"正确"或"不正确"的反映。而建构主义的文学理论从来不假设有一个神秘的、自在的、实体性的"文学"，它感兴趣的是人们是如何建构"文学"的。文学理论的这种自反性言说方式充分表明，今天的文学理论研究已经获得了空前的自觉性。在具有反思精神的文学理论看来，既然文学不是实体而是建构，各种关于文学与文学本质的建构当然也就没有什么传统知识论意义上的绝对的标准——因为这个"标准"本身也是建构，而且只能是建构，它自己同样深陷在历史、社会、文化、权力等脉络中。

陶东风又进一步强调了建构主义走向对话主义的必然性和必要性。陶东风指出，对话的必要性来自这样的认识：不存在关于文学的绝对的、唯一的"真理"，只存在对于文学的各种言说，各种言说谁也不能认为自己是绝对真理，任何关于"真理"的建构都是有局限的，否则就不需要对话。我们需要对话，是因为我们无法找到实体化的文学本质。关于文学理论的这种对话规则实际上就是民主的文化商谈原则，它要警惕的是某些文学理论挟持一些非学术因素不通过对话就宣告自己是"绝对真理"，别的全部是谬误，剥夺别的文学理论的发言权。也正是在这一意义上，所谓"文学理论之死"的说法并不恰当。真正死去的是本质主义的自我封闭的、画地为牢的文学理论死了。反思的建构主义的文学理论是不可能死去的。"许多人所谓的'文学死了'、'文学理论死了'，其真实意义不过是文学和文学理论的转型而已。"这其实也是文化研究所带给文艺学学科反思的宝贵财富。

第十章　文化研究：在体制与学科之间游走

文化研究的体制化与反体制化、学科化与反学科化本身就是文化研究的一个重要问题，无论在西方还是在中国，这个话题都经历了并仍然在经历长久而热烈的论争。这个问题牵涉文化研究的知识定位和发展远景，其意义不可小觑。本文主要梳理、分析大陆文化研究界在这个问题上的观点与论争，特别结合中国的特殊语境和文化研究机构的实际情况，尝试为中国文化研究与体制及学科建制的关系提出一些建设性的意见。

一　体制化与学科化

体制化与学科化紧密相关但又并不等同。现在的大学体制很大程度上是依据学科建构的，大学的院系是大学体制及其日常运作的基本构架，而院系设置的基本依据就是学科。以人文科学为例。新中国成立以后的院系基本上按照哲学、历史、中文设立，一般综合性院校都有这三个系。20世纪末21世纪初以来时兴系改院，很多大学把哲学、历史、中文合并为"人文学院"，但人文学院之下仍然分为文史哲三个系。因此，文化研究的体制化问题首先就集中在文化研究与学科的关系：文化研究是否是一门学科？是否需要进行学科化建制？

关于文化研究的学科定位，有一个比较普遍的认识，即认为文化研究是一门跨学科或超学科乃至反学科的学术探索领域。所有这些术语所表达的一个共同认识是：文化研究并不是一门严格意义上的学科，虽然它与其他众多学科，如文学、社会学、哲学、政治学、历史学、传播学、人类学、经济学等紧密相关。用一个形象说法就是：文化研究"在学科之间游走"[①]，文化研

[①] 参见陶东风《文化研究：西方与中国》，北京师范大学出版社2002年版，第3页。

究是"学科大联合"①。文化研究学者几乎异口同声地质疑、批评乃至声讨文化研究的学科化建制,其中的一个重要原因,就是学科化建制会使得文化研究弱化乃至失去参与现实、批评现实的干预功能,降低乃至扼杀其公共性。所有这些认识都建立在对当下学科体制的僵化及其强大的同化能力这一判断上。

周宪教授指出,在今天高度学科化、体制化的学术环境下,文化研究的命运并不容乐观,这体现在文化研究的高度学科化已经在相当程度上改变了文化研究原有的反叛性和颠覆性,使它归顺为某种符合现行学科体制和规范的"驯顺知识"。它在课堂上被讲授,作为教材翻印出版,作为学科加以建设,作为学术论文发表在专业杂志上,作为职称晋升的筹码而转化为文化资本。文化研究的"反学科性"正在被"学科性"加以规训,最终甚至沦为只有少数专家学者进行交流的密语。为此,周宪认为:"文化研究是对体制化和学院化的权力/知识共谋构架的颠覆与反叛,意在恣肆纵横不受拘束地切入社会文化现实问题。"非学科化、非体制化是确保文化研究的批判性的关键所在。②

问题在于,从理论上,我们可以不把文化研究看作是一门学科,但在现实情况下,这种以非学科化自诩的知识探索活动必定需要一定的生存空间,而由于研究者的学术背景及体制化身份,特别是中国大陆民间社会的发育不全,文化研究的相关机构、中心等几乎都建立在高校或官方研究机构内部,这就使得文化研究不可能彻底摆脱体制化的命运,包括管理体制、科研评价体制、职称评定体制、经费资助体制,等等。

---

① 关于文化研究的学科定位问题,可参见金元浦《文化研究:学科大联合的事业》,《社会科学战线》2005年第1期;罗钢、孟登迎《文化研究与反学科的知识实践》,《文艺研究》2002年第4期;等等。

② 周宪:《文化研究:为何并如何?》,《文艺研究》2007年第6期。当然,国内学者关于文化研究反学科或非学科化的观点其理论资源基本上来自西方。笔者在《文化研究:西方与中国》一书中就分别引用了格罗斯伯格、杜林、特纳、霍尔等人的言论,阐述文化研究并不是一门独立的学科,甚至是以反学科为己任。比如引述西蒙·杜林的话:"文化研究是不断流行起来的研究领域,但是它不是与其他学科相似的学院式学科,它既不拥有界定的方法论,也没有清楚划定的研究领域。"引述特纳的话:"文化研究的动力部分地来自对于学科的挑战,正因为这样,它总是不愿意成为学科之一。"霍尔从文化研究的发展状况指出:"文化研究拥有多种话语,以及诸多不同的历史,它是由多种型构组成的系统……它有许多轨迹,许多人都曾经并正在通过不同的轨迹进入文化研究;它是由一系列不同的方法与理论立场建构的,所有这些立场都处于论争中。"参见陶东风《文化研究:西方与中国》,第3—5页。

但体制化和学科化仍然是有区别的，文化研究的非学科、反学科，并不意味着非体制化，更不意味着脱离大学。在今天这个学术研究体制化的时代，完全脱离大学而从事文化研究，特别是机构化的文化研究，基本上是不可能的。甚至在一定意义上说，依附于大学体制而又独立于大学的常规学科化建制，已经成为很多文化研究机构的自觉（或许也是无奈的）选择。事实上，大学体制也不是铁板一块的，在大学体制内部可以建立非学科化的文化研究机构，它一方面享受大学的经费和其他支持（比如办公场所，图书资料等），另一方面又保持相对于学科的独立性。即使是英国伯明翰大学当代文化研究中心，在很长一段时间内也与大学体制保持了不即不离的关系。一方面，中心有自己的资金来源、研究理念、工作方式，并不完全依托大学，也不招收本科生；但是另一方面，它依然还是要使用大学的各种资源，还是要招收研究生，研究人员也要在大学评职称，等等。中国的情况也是如此。

因此，要阐明文化研究与大学体制的关系问题，需要分析现行大学体制和学科体制之间到底是什么关系（就算是学科体制，它已经彻底僵化了么？），对于这些问题，目前学术界显然还缺乏具体分析。

二　文化研究机构的建制

尽管反体制化和反学科化的声音似乎一边倒地占据了上风，但是实际上国内和国外的文化研究几乎全部依托大学（或者设立在院系，或者直属大学，无论何种情况，这都意味着文化研究由此获得了体制在人力和物力方面不同程度的支持），由于国内所有大学几乎都是体制内大学，因此，大学中的文化研究虽然已经在不同程度上体制化了。

文化研究建制化的重要标志和具体形式主要体现在相关研究与教学机构的建立、相关学位的设置、相关期刊的出版，以及相关研究活动和教学活动的展开等。其中机构的建立是关键环节。如上所述，在大学内建立机构并不一定意味着全方位的体制化，特别是并不意味着彻底的学科化或完全丧失其相对独立的立场与运作空间，包括其批判性和公共性。下面不妨举几个例子。

例一，北京大学文化研究工作坊

1995年10月，戴锦华在北京大学"比较文学与比较文化研究所"内成立了"文化研究工作坊"，其正式名称颇为拗口："北京大学比较文学与比较文化研究所文化研究室"。对于这个机构的设立，戴锦华指出："对我说来，这与其说是文化研究作为一个新的学术研究领域，开始了其机构化的过程，不如说，它更多的是为我和同学们分享我的社会关注提供了一个学术空间。"也就是说，戴锦华并不把这个机构看作是文化研究体制化的一个标志。这个机构并没有正式的人员编制、没有来自体制的财政拨款或其他方面的支持，也并不对体制有什么明确的责任、义务或任务等。戴锦华进一步指出了这个研究室做文化研究的立场、主题和方法等，即以大众文化或曰流行文化为研究对象的领域，以社会批判为立场，以中国社会变迁与重构中的阶级、性别、种族的多重呈现与复杂表述为关注主题，努力对丰富而复杂的中国当代文化做出解答。① 但是研究室所依托的"比较文学与比较文化研究所"仍然还是北京大学这个官办重点大学内的一个机构，有来自学校或学院的资费和其他方面的支持（比如场地和图书资料）。

2008年12月，工作坊扩建为"电影与文化研究中心"。这次扩建突出了电影研究的分量，并在电影研究与文化研究两者之间形成"互相利用"的关系：电影研究借助文化研究拓宽了其研究的视野和方法，文化研究也借助电影研究更加靠近传统学科。

例二，上海师范大学都市文化研究中心

相比北大文化研究工作坊，1998年9月成立的上海师范大学都市文化研究中心②，显然是透视当代中国文化研究体制与学科归属的更典型例子。这是一个以都市文化，特别是上海文化为研究对象的跨学科研究机构，其研究对象几乎涉及都市文化的所有方面，如都市景观、都市空间、都市历史、都市小说、都市市民生活、都市比较、都市大众文化/网络文化，等等。因此，都市文化研究显然超越了传统的学科门类，具有突出的跨学科性或学科间性。③ 但中心又在2004年被批准为教育部普通高等学校人文社会科学重点研究基地，这显然标志着中心获得了官方机构身份以及稳定经济资助，体制化色彩明显加强，其在校内的地位当然也非其他研究机构可比，中心有独立编制，有专职领导机构（一般这类教育部的基地都是属于处级单位，基地主任为正处级干部），还设有学术委员会。但与一般以学科为单位的院系不同的是，中心成员既有本校的和专职的，也有兼职的和校外的，显得较为灵活。

---

① 戴锦华：《书写文化英雄——世纪之交的文化研究·后记》，江苏人民出版社2000年版，第325—326页。
② 网址：http：//www.ucs.org.cn。
③ 参见孙逊《都市文化研究：一门世界性的前沿学科》，《光明日报》2005年9月13日。

中心之下还设有当代都市文化研究、国际都市文化比较研究和都市文化史研究三个研究方向以及相应的研究室，有信息资料室和办公室，负责图书信息资料的管理，以及中心日常事务和对外交流联系的事务。就中心的学术刊物《都市文化研究》（目前已出到第六辑）而言，同样体现出体制化和跨学科化的双重特征：一方面是依附于学校的体制，另一方面又较学报更不受学科的制约。①

例三，上海大学文化研究系

上海大学文化研究系（Program in Cultural Studies）成立于2004年7月1日，隶属上海大学文学院，是目前国内第一个正式命名为"系"的机构，但这个中文所谓的"系"，其英文为program，一般译为"项目规划"，与传统意义上的院（school）、系（department）有所不同。这个名称及其英译本身就呈现出丰富的意味。该系侧重跨学科的学术研究，是一个跨专业的研究型机构，但同时也纳入学校和文学院的统一招生计划，培养博士和硕士研究生（目前暂不招收本科生）。与一般学科不同的是，文化研究系明确指出自己旨在培养眼界开阔、能够批判性地深入分析和研究当代中国文化的专门人才。比如，其博士生的培养目标是这样的：

1. 具有历史深度的全球社会和文化视野。
2. 能洞悉当代支配性的文化生产机制之复杂运作的分析能力。
3. 开阔（不只是西方式的）而活跃的理论思维及其相应的语言能力。
4. 在现有条件下推进良性文化发展的实践意愿及其能力。
5. 对于优秀/美好的社会文化前景的想象力和信心。②

显然，任何一个以学科为单位建立的院系（比如文学院或中文系）都不可能这样来规定和描述自己的培养目标，透视这个体制内文化研究教学兼研究机构，对于我们理解文化研究与大学体制及学科建制的关系，非常具有典型意义。

按照文化研究系的创始人王晓明教授的说法，该系是"硬着头皮挤入现行大学体制"③，这体现了文化研究在当下的微妙处境：虽然硬着头皮，但是依然必须挤进去。王晓明认为，从某种意义上来讲，文化研究的基本立场之

---

① 亦可参见《上海师范大学都市文化研究中心简介》，《江西社会科学》2005年第3期。
② 硕士生的培养目标也是这五条，只是要求降低了点。
③ 王晓明：《文化研究的三道难题——以上海大学文化研究系为例》，《上海大学学报》（社会科学版）2010年第1期。

一就是反体制。可是，在中国目前政府独大的体制环境下，几乎所有重要的资源都在体制内。如果不进入现行大学体制，不向这个体制借力（信息渠道、经费等），文化研究可以说根本就开展不起来。正是在这种考虑下，王晓明才要成立文化研究系，但成立这样的系，并不就是向体制投降，或无原则地接受体制——尤其是学科体制——的安排，唯学科规范是从。王晓明指出了文化研究系的一个明确原则：文化研究并非一门如"中国现代文学"那样的专业或一个学科（discipline），而是一种看待文化和社会的思想方法（approach），一种不受狭隘专业限制的学术视野。为此他们做了如下的探索实践：首先，不组建文化研究的学士学位课程，只提供本科选修课。鼓励学生在完整地接受某个专业的系统知识训练之后，再来修读文化研究的课程。其次，虽然设立文化研究的研究生学位课程，但无论硕士还是博士课程，都只是组成一个研究方向——而非整个专业，隶属于其他专业。再次，与课程的"跨学科"相配合，文化研究系只组建一个规模很小的专职教师编制：作为系的最高机构的系务委员会，其11位成员（包括系主任），则分别来自校内的其他5个机构：中文系、社会学系、影视艺术系、传媒系和知识产权学院。王晓明希望能用这样的制度，克服文化研究的体制化教学所必然会孕育的专业化倾向。最后，不断推动文化研究教学跨越大学的围墙，进入广阔的社会空间（比如组织各种针对中国当下现实状况的讨论会或座谈会）。

即便如此，王晓明依然认为，文化研究既然在体制内生存，就无法逃脱尴尬境地，要想在大学里开拓一个文化研究的独立空间，必须先替文化研究挣得一个作为独立"学科"的地位，而要说文化研究是一个独立"学科"，就必须确定它有自己专门的、从其他学科的窗口望不见的研究对象，以及相应的分析理论和方法。单说它是一个 approach 显然不够。[①]

例四，首都师范大学文化研究院

2012年2月14日，首都师范大学文化研究院（Institute for Cultural Studies, Capital Normal University, ICS）正式成立[②]。该院是北京市委市政府正式批准成立的全额拨款事业单位，归口北京市教育委员会，是首都师

[①] 王晓明：《文化研究的三道难题——以上海大学文化研究系为例》，《上海大学学报》（社会科学版）2010年第1期。

[②] 网址：http://www.bjcs.edu.cn/cn。

范大学与民进党北京市委协同建设的学术研究与政策咨询机构,从这里可以看出该院的官方身份更加突出。

但研究院设在首都师范大学,因此不同于直接隶属政府的研究机构(比如中央政策研究室或国务院发展研究中心),而且文化研究院却并不因为自己的准官方身份而放弃自己的独立立场。它这样描述自己的"宗旨":"研究院以学术研究为本,以国家文化中心的顶层设计为中心任务,致力于研究国家与北京文化发展面临的重大理论和实践问题,为政府战略决策提供学术支持和政策建议,努力打造兼具学术型思想库与研究型智库双重身份的高端科研机构。"其兼顾学术研究和政策咨询的双重定位要求非常明显。这个定位也体现在研究院的十六字院训中:"学术本位,公共关怀,首都意识,全球视野"。把学术本位和公共关怀放在突出地位,显然是为了强调研究院的独立性(相对于官方的政策制定机构)和公共性(相对于狭隘的专业性)。研究院和其他类似的文化产业、公共文化服务类研究机构的差别,主要体现在它突出的前沿性诉求:"研究院致力于当下文化前沿问题的研究,积极回应国家与北京文化发展的最新动态,密切关注高新技术条件下与转型社会语境下出现的最新文学艺术形态,并与国际人文社会科学发展的最新趋势保持一致。"同时,研究院也非常强调其社会介入功能,"在展开学术研究的同时,研究院还将积极介入各种形式的文化活动,特别是活跃于民间的、富有实验精神和创造活力的文学艺术实践,以实际行动介入城市的文化实践过程,获得直接的、鲜活的文化体验,为学术研究与政策咨询注入新鲜活力与现实依据,实现社会实践和学术研究的辩证互补"[①]。

三 文化研究的招生制度

招生制度是大学体制的重要组成部分,审视文化研究的招生制度及其与学科框架下院系招生制度的差别,是考察其与大学体制之间关系的有效切入口。

大学体制是以学科为单位的,而教育部的学科目录中没有文化研究这个一级学科,因此,文化研究一般作为一级学科(多为中国语言文学)之下的二级学科或二级学科(多为现代文学或文艺学)之下的一个研究方向来招生。这或许可以视作文化研究与学科体制妥协的一个标志,其中的背景则是国家

---

① 均见首都师范大学文化研究院网站:http://www.bjcs.edu.cn/cn/。

对二级学科设置管理的逐步放开，很多大学具有自主设置方向的权力。① 正是在这样的背景之下，文化研究作为二级学科逐步在一些高校被设置起来，2002年至今，部分高校所设置的国家学位办备案的文化研究或相关的二级学科有：

年份	学校	一级学科	新设置的文化研究及相关二级学科
2002	四川大学	中国语言文学	文化批评
2004	山东大学	中国语言文学	审美文化学
2004	北京外国语大学	外国语言文学	比较文学与跨文化研究
2005	上海师范大学	中国语言文学	都市文化学
2006	南京大学	中国语言文学	文化研究
2007	首都师范大学	中国语言文学	文化研究

相关高校在具体的研究生招生中，与文化研究相关的二级学科或相关的研究方向设置情况如下：

首都师范大学：2009年设立文化研究二级学科招博士生（教育部显示是2007年备案设立文化研究二级学科），有两个方向——文化研究和文化诗学，后只有文化研究一个方向。这一新设置的二级学科所考两门专业课为"西方文化研究理论"和"当代中国文艺思潮与文化热点"（有些年份所考的名称有所不同，如"西方文化理论"和"当代中国文化研究"，但没有本质上的区别）。硕士在2013年才设立与博士招生同样的"文化研究"二级学科。以前是文艺学二级学科。

上海大学文化研究系：文化研究系在2004年成立后，即在中文、社会学、影视艺术等博士点内设立文化研究方向，招收博士生（其学位仍是原专业）。2010年和2011年先后与中文系合作，建立独立的文化研究硕士点和博士点，在2011年和2012年开始招收学位为文化研究的硕士生和博士生。2013年文化研究系招收独立的文化研究硕士、博士，并下设2—3个方向，

---

① 可参见国务院学位办、教育部办公厅等部门下发的几个相关文件，如《关于做好博士学位授权一级学科范围内自主设置学科、专业工作的几点意见》（学位［2002］47号）、《关于做好博士学位授权一级学科范围内自主设置学科、专业备案工作的通知》（学位办［2002］84号）、《学位授予和人才培养学科目录设置与管理办法》、《授予博士、硕士学位和培养研究生的二级学科自主设置实施细则》、《关于做好授予博士、硕士学位和培养研究生的二级学科自主设置工作的通知》（学位办［2011］12号）、《关于二级学科自主设置有关问题的通知》（学位办便字20120301号）等。均来自教育部网站，http://www.moe.gov.cn。

硕士下设"都市文化与日常生活分析""新媒体文化分析"两个研究方向,博士下设"都市文化与日常生活分析""中国革命与社会主义文化研究"和"性别与文化研究"三个方向。

北京外国语大学: 2008 年开始招收文化研究方向博士研究生,在新增二级学科"比较文学与跨文化研究"(2004 年新增,2008 年开始招收此学科专业的博士研究生)下设西方文论与文化研究方向,但主要侧重理论,以文学理论的教授为主(当然,20 世纪后期以降的文学理论和文化理论多有重合)。学生选题与写作会涉及文化研究,但不以文化研究为主。从其入学考试的专业科目"现代西方文论"和"现代西方思想史"中可以看出其兼顾学科和跨学科的双重倾向。在硕士研究生招生方面,北外于 2008 年成立外国文学所,设立"英美文论与文化研究"和"西方文论和文化研究"两个招生方向(2009 年之后,只招收"英美文论与文化研究"方向研究生)。

除此之外,在北京语言大学,博士从 2006 年开始,硕士从 2004 年开始,设立"批评史与文化研究"方向。在四川大学,博士硕士都是于 2004 年设立"文学批评"二级学科,下设"文化研究"与"文化产业运作与管理"方向。在南京大学,博士自 2006 年开始设有"西方美学与文化研究",2008 年改为"西方文论与文化研究",2009 年开始设立"文化研究"方向,但到 2013 年,却没有了文化研究方向,由"当代文化研究"方向替代,硕士还设有"视觉文化"方向。

此外,有的高校没有设立文化研究的二级学科,但也有的在文艺学二级学科之下,设立文化研究及其相关的研究方向,如中国人民大学金元浦教授在文艺学下有"文化研究与文化诗学"方向,复旦大学的陆扬教授从 2007 年招收的博士方向为"文艺理论与文化研究"[①]。

由以上分析我们可以看到,文化研究作为新设置的二级学科(或二级学科之下的方向),一方面与国家政策的放开有关,另一方面与相关研究人员的学术道路有关,但其中名称繁杂,变化不定,甚至有的不定期设置,这些都给文化研究的研究生招生带来了一定的不稳定性,如此,文化研究作为成熟的二级学科能否真正建立起来,还有一定的道路。但无论何种情况,有一点是共同的,那就是把文化研究和原有的二级学科捆绑在一起(无论是招生方向还是课程设置)。

---

① 陆扬本人回忆说是 2007 年开始,但从招收目录中看,是 2008 年。

四 文化研究期刊的困境与突围

审视文化研究与体制化的关系,还可以从期刊的角度切入。在文化研究领域,有两份很有影响力的期刊,一是北方以首都师范大学陶东风为主编(之一)的《文化研究》;二是南方以上海大学文化研究系王晓明为主编(之一)的《热风学术》。两份期刊对推动文化研究产生了重大影响。分析这两份期刊如何在体制困境中突围,对我们理解文化研究与体制的关系具有重要意义。

2000年6月,国内第一本文化研究专门刊物《文化研究》创刊,在第1辑《前言》中,主编陶东风指出了创办《文化研究》的宗旨是"介绍西方的文化研究(包括理论家、理论观点及流派等)与推进中国自己的文化研究并重"[①]。而其内容则涉及:"介绍国外文化研究的历史、最新研究成果以及中国的文化理论家翻译西方文化研究的经典文献,研讨中国当代文化问题(如大众文化问题、传媒与公共性问题、后殖民批评问题、民族文化认同与族性政治问题、性别政治问题、文化研究与人文学科重建问题、知识分子角色与功能问题等),考辨西方文化理论在中国的传播与运用,探索西方文化理论与中国本土经验之关系等。"办刊的宗旨是"介绍西方的文化研究(包括理论家、理论观点及流派等)与推进中国自己的文化研究并重"[②]。显然,这个定位和一般人文社会科学刊物的定位是有区别的,后者的栏目设置大多仍然遵循文学、历史学、哲学、社会学、政治学等传统的学科分类。

文化研究在传入中国之后,立即显示出了其旺盛的生命力和巨大的影响力,成为中国人文学科和社会学科之外的新的知识—理论增长点。在这种情况下,创办《文化研究》这样的学术期刊无疑是适时之举。但这份怀着美好愿望、负载巨大现实意义的学术期刊,真正办起来却困难重重。我们先看下面截至2013年3月,《文化研究》第1—14辑的统计表:

辑号	出版社	出版时间	主办方	受资助情况
1	天津社会科学院出版社	2000年6月	无	无
2	天津社会科学院出版社	2001年4月	无	无
3	天津社会科学院出版社	2002年1月	无	无

---

① 陶东风等主编:《文化研究·前言》(第1辑),天津社会科学院出版社2000年版,第4—5页。
② 同上。

续表

辑号	出版社	出版时间	主办方	受资助情况
4	中央编译出版社	2003年8月	无	无
5	广西师范大学出版社	2005年5月	无	无
6	广西师范大学出版社	2006年10月	南京大学人文社会科学高级研究院主办	无
7	广西师范大学出版社	2007年10月	南京大学人文社会科学高级研究院、首都师范大学文学院主办	无
8	广西师范大学出版社	2008年12月	南京大学人文社会科学高级研究院、首都师范大学文学院主办	无
9	社会科学文献出版社	2010年4月	南京大学人文社会科学高级研究院、首都师范大学文学院主办	受到首都师范大学211项目资助
10	社会科学文献出版社	2010年10月	南京大学人文社会科学高级研究院、首都师范大学文学院主办	得到南京大学人文基金资助
11	社会科学文献出版社	2011年6月	首都师范大学文学院、南京大学人文社会科学高级研究院主办	封面正式标注为"CSSCI来源集刊"
12	社会科学文献出版社	2012年5月	首都师范大学文化研究院、南京大学人文社会科学高级研究院主办	首都师范大学与南京大学资助，成为院办刊物
13	社会科学文献出版社	2013年3月	南京大学人文社会科学高级研究、首都师范大学文化研究院主办	同上
14	社会科学文献出版社	2013年3月	首都师范大学文化研究院、南京大学人文社会科学高级研究院主办	同上

这张表很明晰地呈现出了《文化研究》在编辑出版过程中的坎坷经历。首先是出版社一换再换，一共才14辑，却有四家出版社参与出版，其中一家只出版了一辑。其次是出版时间不确定。这种不确定虽然与约不到好的稿件有一定关系，但与出版社频繁更换也紧密相连。比如在第4辑到第5辑更换出版社之间空了近两年，2004年一整年就没有出版。第8辑到第9辑更换出版社之间也有一年多，2009年一整年也没有出版，不仅无法实现一年出两辑

的最初设想,一年出一辑竟然也难以实现,实在让人嘘唏感叹。再次,主办方有一定的变化。最初可以说是陶东风集合了一批对文化研究感兴趣、希望为文化研究做点事的学者教授,如金元浦教授、高丙中先生一起出版的,带有明显的个人色彩。后来南京大学人文社会科学高级研究院参与进来,主办过一期,再后来是南京大学人文社会科学高级研究院和首都师范大学文学院合办。2012年,随着首都师范大学文化研究院的成立,变成了首都师范大学文化研究院和南京大学人文社会科学高级研究院合办。主办方的变动一方面与学术联合有关系,比如身为南京大学人文社会科学高级研究院院长的周宪先生在文化研究方面有很高的建树,他的加入显然可以增强期刊的势力和影响力;另一方面,主办方设立的背后有明显的经济考虑,尤其是在第9辑之后,刊物有了明确的资金资助,也就是从这辑开始,《文化研究》的出版才算真正走向正规,当年(2010年)就出了两期。

由以上分析我们可以看到,《文化研究》所走的路的确不是很平坦,但这绝不是因为期刊本身的质量出现了什么问题。主编陶东风一再强调把刊物的学术质量看得高于一切,宁缺毋滥。事实也雄辩地证明,《文化研究》所刊文章绝对是经得住时间考验的。2008年《文化研究》被确定为2008—2009年的CSSCI来源集刊,正明确显示了它的质量。其实,《文化研究》所走不平坦之路的背后,有着深刻的体制方面的原因。中国的学术期刊由国家新闻出版署统一管理,必须有出版署的刊号才能成为正式刊物,获得体制的承认,而文化研究一直没有能获得刊号(其他大学的丛刊也同样如此),因此只能通过以书代刊方式找出版社出版。又由于其较高的学术性,此类丛刊不仅在经济上基本上无利可图,而且在当下学术评奖机制下,此类非正式学术期刊对学者而言也没有多大的资源利用价值。由此,出版社不愿意接收这种刊物,作者不愿意投稿都是可以理解的。

为了突出重围,《文化研究》丛刊不得不在正式刊号之外寻求与体制的合作,以便解决资金来源问题(以免不断变换合作方或寻找极不稳定的临时资助)。成为首都师范大学文化研究院的院办刊物之后,《文化研究》显然获得了来自体制内稳定而充足的资金支持,出版周期变得相对稳定。

但与体制结合并非必然使刊物在内容和办刊宗旨上失去自身的独立性,成为御用刊物。事实上我们看到,无论是与南京大学人文社会科学高级研究院、首都师范大学文学院合办,还是成为文化研究院的院办刊物,《文化研究》一如既往地坚持自己的办刊理念和方向,没有因此而失去其民间立场以及对稿件质量的严格要求,当然也没有按照一般刊物的学科版块办刊。《文化研究》第1—12辑发表的文章,包括访谈、资料库、关键词在内共229篇,每辑平均约19篇。在编排体例上,除第1辑没有专题之外,其他各辑都有专题,主要的专题包括:视觉文化;身体消费与政治;大众传播;影视(影像);亚文化;粉丝、明星文化;性别;种族;文化机构;空间问题;话语分析;文化记忆;文学与文化;文化与权力;知识分子专题(纪念哈贝马斯和布迪厄)等。这些专题几乎涵盖了文化研究的所有方面,同时也彻底打破了国内正式人文社会科学刊物以学科为单位条块分割的弊端(这种条块分割实际上以版面争夺的形式显示了学科之间的力量角逐,其结果常常是达成妥协,也就是每期刊物都要刊登每个学科一定数量的文章,这点尤以大学学报为甚)。《文化研究》第8辑甚至用了几乎整整一期篇幅(16篇文章)来探讨"文化研究的中国问题与中国视角",关注文化研究本土化问题。

与《文化研究》的命运多舛不同,上海大学文化研究系所出版的《热风学术》辑刊及其相关的"热风"系列丛书,却顺利得多。《热风学术》已出版的6辑,除第1辑由广西师范大学出版社出版之外,其他均由上海人民出版社出版;而且从第3辑开始,还受到了上海市第三期重点学科(中国现当代文学)的资助。即便没有专项资助,在文化研究系的支持下,出版也不会有多大问题。可见,《热风学术》从一开始就有较高的体制化程度。

《热风学术》在出版中所经受的困难,主要来自学术研究的舆论环境,也就是是否可以对自己面对的现实问题进行深入讨论,如何才能产生"有穿透力的思考"。[①] 这种焦虑其实也是《文化研究》所面临的。如果我们把这两份期刊面临的问题合在一起看,其实都与体制有不同程度的关系,比如,深入研究现实生活中的重大问题会遭遇舆论管制的麻烦;体制中的学术评价体系造成了没有多少人向这类刊物投稿,导致组稿困难;等等。

从栏目设置看,《热风学术》更大程度地打破了学科的樊篱,比如这样的栏目:"阅读当下""重返现场""再解读""理论·翻译""热风·观察""热风·论坛""边缘记忆"等,更加灵活和诗化。在第1辑的"编后记"中,编者非常明确地表达了自己的跨学科意识和立场,体现"对当下中国的各种问题以学术性的思考和回应":

[①] 比如第4辑面对教育问题时的焦虑,参见《热风学术》第4辑,"编后记",第332页。

《热风学术》将坚持一种跨学科的学术视野和研究方法，努力为当代社会、历史、政治、经济、文学、文化等诸多学科构建一座公共交流的平台，并企望在这种交流中找到当代中国真正的问题所在，从而能给予真正严肃的、认真的、切实的学术回应。我们同时希望把当代中国置放于全球及至更为复杂的语境中给予学术考察，因此，"问题"意识将构成《热风学术》主要的学术动力之一。《热风学术》致力于对当代中国的考察和研究，无意回避当代中国历史和现实的巨大挑战，相反，我们将致力于对这种挑战的积极回应。①

当代意识、问题取向并由此形成关于中国问题的新理论和新范式。以"阅读当下"这个栏目为例，我们可以具体了解一下《热风学术》的办刊风格。《热风学术》目前已经出版的"阅读当下"的几个主题是：房地产与城市空间问题，传媒与生活建构问题，三农问题的当下反思，教育与社会关切问题，网络游戏与生活新方式问题，劳动的意义和美感的丧失问题。所有这些问题都极具当下性，可以说是当今社会所凸显出来的基本问题，根本不能归纳到现有的学科中。比如第3辑的"阅读当下"栏目关注三农问题，针对这个问题发表了7篇文章，这些文章从不同侧面阐述了改革开放以后农村、农民所存在的问题，如农村老年人自杀问题、婆媳关系与夫妻关系问题、农村的宗教信仰问题、农民身份的变迁问题等，这些文章通过对这些问题的解读，提出了一个非常重要的问题，就是改革开放虽然使农民获得了实惠，但农村的"苦""穷"和"危险"并没有因此而解决，农民内部各种关系新的矛盾和压抑，农村不同区域之间的阶级和文化差异，不是原有的"三农"问题概念所能概括的，此前的"苦""穷"和"危险"有了新的更为深刻的内涵。这表现在农村文化的失落和凋败，维系农村的社会伦理关系、道德价值取向的危机，社会核心从社会到家庭，再到个人本位的转移，这些不是简单的温饱"实惠"政策所能处理和解决的。而且，在今天，它还深刻地卷入了全球化、金融危机等大背景中，问题显得更为复杂。这就早已超越了农业、农村、农民问题，而是整个社会文化及其未来的大问题。② 因此，在农民获得经济实

---

① 王晓明、蔡翔主编：《热风学术·编后记》（第1辑），广西师范大学出版社2008年版，第264页。
② 王晓明、蔡翔主编：《热风学术·编后记》（第3辑），上海人民出版社2009年版，第320页。

惠的同时，必须关注他们的文化、心理上的实惠，否则这经济上的实惠也会大打折扣。

除了这些专题之外，《热风学术》还特别关注了"5·12大地震""全球金融危机问题"等当下发生的重大事件，并做出了分析和阐述，体现了热风学术对现实的强烈关注。

简单的结论

或者如前文所论，文化研究的体制化并非必然是文化研究的末日。简单地把文化研究与体制对立起来，过度强调文化研究必须完全脱离体制，在目前情况下是一个难以实现的乌托邦，只能使之陷入穷途末路（光一个经费问题就几乎难以解决）。文化研究在当下中国的发展，一方面需要文化研究学者们对学术的执着信念以及所谓"自由之精神，独立之思想"；另一方面，我们应当看到，当下的大学体制并不是铁板一块，政府和大学甚至都不同程度地在倡导跨学科研究，鼓励成立相对独立于学科樊篱的、问题导向的、着眼于公共参与的研究机构。因此，文化研究者经过努力可以利用体制让渡出的空间、体制内的资源开展研究。[①] 这当然需要研究者的智慧和策略。有些论者往往一方面过分夸大了文化研究的"纯洁性"，或者把批判性、独立性与彻底脱离体制等同起来；另一方面也过分夸大体制的封闭性和僵化程度，进而把两者彻底对立起来。

[本章为教育部哲学社会科学发展报告项目"文化研究发展年度报告"阶段性成果，项目批准号13JBGP031]

[①] 在这个意义上，我们甚至可以说，目前国内体制对文化研究的态度比文化研究当初在英国伯明翰大学的境遇甚至还好些。当初伯明翰大学一些院系的教授甚至联名写信，反对成立什么文化研究中心。

第十一章　文化研究教学

本章我们要考察的是文化研究的教学情况及其相关的教材建设，因此与上一章考察的文化研究的体制化紧密相连，但这个问题本身具有独立性和重要性，故另辟专章予以阐述。需要指出的，由于中国大陆的文化研究教学还开始不久，因此教学计划、教学大纲及教学内容都并不规范，往往因讲课人的知识储备和研究偏好而带有很强的个性。例如，同样开设"文化研究导论"这样的课程，其具体内容可能差别很大。又由于大多数关于文化研究的教学计划和大纲并不公开，因此有时很难找到完备、翔实和准确的文字材料，这就迫使我们亲自去询问相关的任课老师，试图尽量还原中国大陆文化研究的教学面貌。

一　文化研究相关课程的设置

当下中国大陆的文化研究教学，主要分为两类，一类集中在中文系（通常隶属文学院或人文学院），开设范围包括本科生、硕士及博士生，课程性质一般为选修课；另一类集中在独立的文化研究系，目前这样的系只有上海大学文学院下设的文化研究系。在这里，文化研究不仅仅是一门课程，而是一个系科，因此有较为完备的教学体系和方式。由于后者数量少，我们只考察第一类文化研究教学。目前这一类型的文化研究教学在首都师范大学、北京语言大学、中国人民大学、北京大学、复旦大学、四川大学、南京大学等都有。[①]

首都师范大学的文化研究课程以陶东风教授创始，课程设置经历了较大

[①] 也有一些学校在全校开设文化研究公选课，其任课教师可以来自中文系（或文学院），也可以来文化研究系。

的变化。陶东风开设的课程早期（2003—2012年）陆续开设有："大众文化导论"（这门课同时也在全校开设公选课，主要由胡疆锋副教授讲授）、"文化研究导论""西方现代性社会文化理论导论""中国当代文学—文化思潮"等。其中有学位课，也有选修课。"大众文化导论"和"文化研究导论"主要针对硕士生，介绍文化研究或大众文化研究的基础理论（兼顾西方与中国，但是以西方为主），每年讲述的具体内容变化不大，带有入门或概论性质。"西方现代性社会文化理论导论"为博士生课程，主要采用文本细读方法解读西方文化理论的经典文本。"中国当代文学—文化思潮"同时给博士和硕士开设，内容涉及当代中国文化的一些热点和思潮（比如"王朔与痞子文学""日常生活的审美化与文艺学的学科反思"等）。从2012年开始，随着陶东风本人的研究更多集中到"文革"书写，特别是"文革"题材小说，陶东风开设了"当代文学与政治文化"课程。这门课强调文本细读，梁晓声、阎连科、王安忆、余华等作家的作品被纳入重点解读对象。

最近，随着首都师范大学文化研究院的建立并与文学院合作培养研究生，更多的教师与研究人员参与到文化研究的教学之中，新设了一系列课程，比如，"本雅明与阿甘本"（博士课程，汪民安教授讲授，即将开设）、"现代性与当代文化理论"（硕士课程，汪民安教授讲授，即将开设）、"英国文化研究专题"（硕士课程，胡疆锋副教授讲授）、"物质文化研究"（硕士课程，徐敏教授讲授）、"视觉文化研究专题"（硕士课程，汪民安教授讲授，即将开设）、"法兰克福学派文化理论研究"（硕士课程，孙士聪副教授讲授）、"新媒体研究专题"（硕士课程，陈国战副教授讲授）、"当代影视文化研究"（硕士课程，盖琪副教授讲授，即将开设）、"城市文化研究专题"（硕士课程，郑以然博士讲授，即将开设）、"公共文化与文化政策研究"（硕士课程，蒋璐博士讲授，即将开设）。

北京语言大学的文化研究课程教学由黄卓越教授领衔。黄卓越大约从2001年开始开设"文化研究通论"课，主要以英国文化研究为线索，也适当整合其他区域的文化研究。每年都开，这是博士生与硕士生的通课。此外，他还在博士生中持续开了诸如"文化研究分类课题""文化理论专题""文化理论分类课题""文化研究与批评史原文翻译实践"等课程。黄老师是当下中国对英国文化研究进行精细研究的最主要的代表性学者之一，他这几年一直带领硕士和博士生精读英国文化研究的经典著作，并指导学生撰写相关的论文。2012年，在黄老师的带领下，出版了黄老师及几位研究生的论文集《英国文化研究：事件与问题》，这是国内唯一一部专门研究英国文化研究的论文集，涉及英国文化研究的银幕理论、道德恐慌研究、种族问题、通俗文化研究、文化政策研究、身份理论等。近几年，语言大学的其他老师也开过诸如一些广义的文化研究课程，如后殖民理论、女性主义研究、美国华裔创作的文化研究等课程，基本上都是针对研究生的。

复旦大学主要以陆扬教授为代表。还在南开大学时，陆扬教授就曾给本科生开过《大众文化研究》课，用的教材是他与王毅老师写的《大众文化与传媒》。2007年到复旦大学之后，给本科生开过一门"文化研究导论"的课，是双学位课程，现在所用教材课是陆扬教授最新主编出版的《文化研究导论》（高等教育出版社2012年版）。陆扬教授也给复旦大学中文系的硕士生开过文化研究课程。但是没有给博士生开这方面的专门课（陆扬在复旦大学一直带文化研究方向的博士生，正式名称是"文艺理论与文化研究"）。

复旦大学的其他老师，如倪伟老师早在2002年春季就开始开设"文化研究导论"课，前后总共上过四次，即2002年春季和秋季，2004年春季和2008年春季（视觉文化研究，第二专业选修课）。这几次都是给本科生开的，且都没有指定教材。2008年以后再没有上过，这方面的课主要是陆扬老师上。倪伟老师的文化研究导论课的基本授课内容分为：(1) 文化研究的传统与现状，包括什么是文化研究，法兰克福学派的文化批判，阿尔都塞的意识形态理论，英国文化研究等；(2) 文化研究专题，包括视觉文化、空间的社会理论、当代中国都市的空间生产等，此外还有讨论课等[①]。

北京大学主要是由戴锦华教授讲授文化理论方面的课程，其所开设的相关课程有大众文化研究、文化研究的理论与实践。此外，张颐武、贺桂梅老师也开设了当代文学与大众文化、文化理论导读等相关课程，主要针对中国现当代文学的研究生开的。所有这些都是选修课。

华东师大的文化研究课程主要由倪文尖和黄平老师讲授。倪文尖在本科生中开设过"文化研究导论"课，但近五六年已经不讲了，改由黄平老师讲授，但因其专业是现当代文学，因此其所讲授的文化研究导论课主要是结合现当代文学来讲的，或者说用文化研究方法来讨论当代中国文学。比如2012年的课程名称是"文化研究导论——以网络文学与文化为对象"（2012年度春季学期），其提纲包括：导论、文化研究与当代中国、青年·网络·社会转

---

① http://www.xici.net/d24587698.htm.

型、网络文学的资源准备、旧美学的新变种、网络历史小说、全球化的现实想象、"小资"与"纯情"、网络文学与青年文化的展望等。① 2013年春季学期的文化研究课程提纲有所变化,包括导论、"中国特色"与国学复兴、"红色经典"传奇化、"大国崛起"叙述学、网络文学等类型小说、大片与喜剧、电视的变化、媒体的变化、青年的自我治理、青年的符号反抗等,与上一年的提纲有很大不同。②

除了这些大学之外,其他的一些大学中也有类似的文化研究课程,在此不再一一介绍。从这些大学的文化研究课程教学情况可以看出,文化研究课程已经在越来越多的大学得到开设(无论是从文化研究的一般理论角度开设,还是从讲授者自身的研究兴趣出发与传统学科结合起来开设),获得了广泛的共识和影响力;但是,从上面的统计情况来看,文化研究课程还存在一些问题,比如缺乏持续性。除了个别学校之外,多数学校的文化研究课程目前还主要作为选修课开设,授课很不稳定,有的学期开,有的学期不开,甚至开几年就停了。这也体现出人们对这门课程的认识还有待提高,教学的持续性、规范性有待加强。再比如很多学校的文化研究课程设置常常带有授课者个人的鲜明特点,个人的研究兴趣而不是学科的一般知识要求成为课程设置的主要依据。

二 上海大学文化研究系的教学

(一) 教学课程设置

上海大学文化研究系的建制及其教学是目前国内最规范化的,但它也开设文化研究的学士学位课程,只提供本科选修课,鼓励学生在完整地接受了某个专业的系统知识训练之后,再来修读文化研究课程。向本科生提供的选修课共有3门:文化研究导论、文化研究理论选讲和文化研究的方法和实践,都是针对3、4年级本科生开设。从2009年开始,另一门针对所有年级本科生的"文化研究导论"被列为上海大学文学院本科必修的4门专业课之一,因为每个学生只需在此4门课中任选2门,此课仍保留相当大的选修性质。

文化研究专业攻读硕士学位和博士学位的课程设置,见下面两个表格③:

---

① http://blog.sina.com.cn/s/blog_5dcf517401012yah.html.
② http://blog.sina.com.cn/s/blog_5dcf51740101cucl.html.
③ 感谢上海大学文化研究系的朱善杰老师提供这两张表格并热情回答本书著者之一的和磊就文化研究系所提出的各种问题。

攻读文化研究硕士学位研究生课程设置

类别		课程编号	课程名称	学时	学分	开课学期	备注
学位课	政治理论课	001000721	中国特色社会主义理论与实践研究	36	2	1	
		001000722	自然辩证法概论	18	1	2	二选一
		001000723	马克思主义与社会科学方法论	18	1	2	
	第一外国语	001000704	公共英语	100	3	1，2	
		02SAA7001	专业英语	40	2	3	
	专业基础课专业课	02SAA7002	文化研究基本理论	40	4	1	
		02SAA7003	新媒体研究专题	40	4	5	
必修课	文献阅读研讨课		现代早期中国思想	40	4	2	除本栏所列课程外，需另选一门其他专业的文献阅读研讨课（4学分）
		02SAA9003	性别、社会与文化	40	4	1	
		02SAA9004	当代文化分析专题	40	4	4	
		02SAA9005	文化研究方法论	40	4	3	
	学术研讨课	12S000001	学术研讨课		2		
			文化研究实践课		4		
选修课	英语		不纳入培养计划。待开课的前一学期第十周，根据公共外语教研室教学计划表，学生本人网上选课				
补修课			根据学生具体情况由导师指定选修本科生主干课2—3门（不计入总学分）				

攻读文化研究博士学位研究生课程设置

类别		课程编号	课程名称	学时	学分	开课学期	备注
学位课	公共基础课	000000704	中国马克思主义与当代	36	2	1	必修
		000000703	第一外国语（英语）	120	4	1，2	
	专业基础课专业课	02BAA7001	文化研究理论前沿	40	4	1	
		02BAA7002	文化研究方法论	40	4	3	
必修课	学术研讨课	12B000001	学术研讨课		5		
			文化研究实践课		4		

续表

类别		课程编号	课程名称	学时	学分	开课学期	备注
选修课	政治理论课	000000801	马克思主义经典著作选读	20		2	
	英语	不纳入培养计划。待开课的前一学期第十周，根据公共外语教研室教学计划表，学生本人网上选课					
补修课		根据学生具体情况由导师指定选修硕士生主干课1—3门（不计入总学分）					

这是国内第一份文化研究专业的硕士博士课程设置，其中可能会有所变化，但专业课程基本就在这其中，比如2013年最新公布的专业课程①，就在这其中。

（二）上海高校文化研究联合课程

2006年，5所上海的高校/研究所（上海大学、华东师范大学、上海师范大学、复旦大学和上海社会科学院文学研究所）的文化研究学者联合设立了一个跨校/院的文化研究硕士联合课程体系，该体系由多门课程组成，如文学/影视文本分析、文化研究理论专书选读、中国社会主义文化问题、改革与中国现代性问题等，由上述5所高校/研究所的文化研究学者轮流讲授，地点在华东师大。但联合课程大约在2011年停止了，根据王晓明的说法，联合课程停了两年，主要原因是一轮课程讲完了，几位主讲人恰在此时先后出国讲学和研究，就决定停一下。2014年3月底重新开始，地点也从华师大改到上海大学，时间安排等大致不变。

文化研究联合课程显然受到了台湾文化研究联合课程的启发，它看起来好像很简单，但意义重大，对于发挥某一专业教师的团队力量，增加文化研究的影响力，具有非常重要的意义。文化研究是一个学科大联合的事业，这个大联合也应当包括来自不同学科的教师的联合，唯有如此，文化研究才能更好发挥其跨学科的作用。

（三）教学实践

无论是硕士还是博士，课程设置中都有文化研究实践课，这里的实践课，不是学习如何写文章，也不是传统的学术讨论，而是真正走出去，观察和体验中国当下活生生的现实，进而运用所学到的文化研究理论加以思考和分析。

---

① http://wxy.shu.edu.cn:8080/MainPage/MoreCourse.asp.

从 2004 年开始，文化研究系借助"三农"问题大讨论的影响，开始组织学生（大部分是研究生）去乡村（例如山东的贫困地区和湖北的产粮区）"支教"，做文化和社会调查。除了去农村，也有一部分学生去上海郊区的民工子弟学校义务教书。对于学生来说，这种实践能增加对乡村文化现实的直接了解，反过来又能帮助他们理解都市主流文化的运转模式；有些学生甚至进一步组织专门社团，计划长期参与他们访问过的那些乡村文化状况的改革。这其中虽然有阻力和困难，但其意义和效果是明显的，甚至可以说，它的创意是卓越的。《乡土中国与文化研究》中就收录了研究生们对农村的调查、感想和思考的文章，如何慧丽对兰考的乡村建设实验及对农村老年人协会的思考、贺雪峰对农村文化活动的考察、张世勇对女性休闲娱乐活动的调查等，这都是来自农村的第一手材料，对学生们进一步研究农村乃至中国问题，都具有重要的意义。这种教学实践活动目前仍在进行中。

三　文化研究相关网站

文化研究的相关网站，北方主要是以中国人民大学金元浦教授为主编的"文化研究网"，南方主要是以上海大学当代文化研究中心为依托的"当代文化研究网"。这两个网站不仅是一个材料的储备库，而且也是一个教学基地，尤其是当代文化研究网，其中有论坛，有交流，包括作业交流等（但目前这个功能被关闭了）。限于篇幅，本章只介绍上海大学当代文化研究中心的当代文化研究网。

当代文化研究网

当代文化研究网是上海大学当代文化研究中心的官网。在上海文化研究系成立之前，当代文化研究中心就于 2001 年 11 月成立了，这是国内第一所从事中国当代文化研究的专门学术机构。其组成人员主要就是文化研究系的成员，主任是王晓明。中心下建当代文化研究网[①]，于 2002 年上线。

"当代文化研究网"不仅仅是文化研究系的辅助网站、机构网站（文化研究系有自己独立的机构网站），它本身也是推动文化研究的重要平台，可以组织一系列的活动，发表重要文章。2012 年 4 月 7 日—12 月 4 日发表有 200 余篇文章（网站没有其他时间的文章，无法统计），这些文章有的是当代文化研究系的师生写的，有的是转载其他学者在其他媒体发表的文章。

---

① http://www.cul-studies.com/.

文章被分为几个主题，如"新生活·新文化""城市与乡村""现代灾难""第三世界""社会主义文化""游艺与文艺""当代文学生产机制""文化·创意·产业""知识生产""不配合的身体"等。这样的主题设置虽有点重叠，但从总体上可以看到当代文化研究网对现实的强烈关注（文章的内容也能体现这一点）。例如，这些文章中有一部分是关注"三农"问题的，像杨团的《走进蒲韩乡村社区》，清华大学"新生代农民工研究"课题组的《"农民工生产机制"下的新生代农民工》，温铁军的《农民流动打工问题和新时期的劳资关系》，张木兰、刘建民、闫冰的《皮村：民间NGO与城市外来打工者群落》，等等。

这些文章中有很多具有民族志研究的特色，通过具体的切身体验，来关注"三农"问题，并在反思和批判中提出解决问题的方法。比如《走进蒲韩乡村社区》一文虽然是一篇讲话稿，但有着对研究对象，即山西永济蒲韩乡村社区的深入调查和分析。文章总结和分析了蒲韩乡村社区的建设状况和宝贵经验，认为以前促进农村社区的思路和途径有一定的成效，但是没能从根本上改变农民群体的弱势地位，没能遏制城乡差距持续扩大的势头。因此需要一个完整系统的顶层设计，而不能仅仅针对局部提出解决措施（这样不可能从根本上解决中国"三农"问题），而这个顶层设计，在作者看来包括发展方向、发展模式、承载的组织和政策法律四个方面。为此作者谈了具体的实施措施。在《"农民工生产机制"下的新生代农民工》研究报告中，课题组在具体的调查分析后认为，"农民工生产体制"包括两个基本层面："拆分型劳动力再生产制度"与"工厂专制政体"，此外还可以再加一个层面：都市文化的内化。课题组指出，新一代农民工的生活方式、消费方式、身份认同、职业追求以及个人发展追求，已经越来越城市化；对农村生活生产的疏离已经产生。同时，新一代农民工的行动力也更强，利益诉求和争取公民权的行动越来越明朗。"企业公民""社区公民"是未来可取的方向。

总之，网站上所选的这些文章虽然不都是文化研究系的师生做的，但仍然凸显了网站的选题旨趣，体现了王晓明对文化研究系的研究对象的定位，这就是对当下社会热点问题的关注和思考。

在会议组织方面，文化研究系建立及当代文化研究网开通以后，就陆续举办了众多规模或大或小的会议、座谈会及讲座。根据文化研究系网站和当代文化研究网的统计，从2011年6月到2012年7月，在近一年的时间举办了 20 余场次的座谈会、讲座及论坛等①，平均一个月近两场。应该说这样的比例相比传统的院系来说显然是很多的。这些会议基本上都与现实问题紧密相关，是针对现实问题做出的讨论和解答，有的会议还是系列性的，如"我们的城市"论坛，就分别在 2012 年 8 月 18 日和 12 月 1 日举行了两场，主题分别是："只剩游乐园的城市"和"民以食为'机'"。"我们的城市"系列论坛以"市民·生活·进步"为宗旨，旨在营造一个讨论的空间，为想象和创造新的城市生活各抒己见，为城市生活的进步贡献真诚和理性声音。

四　文化研究的教材建设

教材建设是文化研究教学的核心环节之一，它不仅体现了文化研究的体制化，同时也是文化研究学术成果的转化。大陆文化研究的教材逐步走过了一个从介绍翻译到自编、相对单一到相对多元化的过程。

（一）总论性的教材

目前国内关于文化研究的总论性教材有三本，都是复旦大学的陆扬教授领头编纂的，一本是面向研究生的教学用书《文化研究导论》（与王毅合著，复旦大学出版社 2006 年版）；一本是面向本科生的《文化研究概论》（复旦大学出版社 2008 年版），由陆扬主编，参加撰写的有刘康（美国杜克大学中国传媒中心教授）、周宪（南京大学教授）、王宁（清华大学教授）等；还有一本是高教出版社 2012 年出版的《文化研究导论》，依然是陆扬主编，参加撰写的有陶东风（首都师范大学）、王毅（澳大利亚西奥大学）、周宪、欧阳友权（中南大学）等，这也是一本面向本科生的教材。先看第一本。

《文化研究导论》是国内第一本本土学者编写的文化研究教材，是教育部学位管理与研究生教育司推荐教材，而且获得了教育部人文社会科学项目的资助，足见此书还是很受重视的。此书出版之后，销量很好，反响也比较大。据陆扬介绍，此书初版印数五千，一年之内销罄，显然其读者不仅仅是文化研究专业的研究生，还有一般关心大众文化的读者，甚至有人撰文认为《文化研究导论》是破译"超女"和《泰坦尼克号》的密码。②

在本书撰写思路上，作者希望能在从容叙述文化研究来龙去脉的同时，尽可能地从纵向和横向两方面扩大视野。纵的方面，本书把文化研究的背景

---

① 文化研究系网站，http://wxy.shu.edu.cn:8080/MainPage/ViewLecture.asp?vType＝会议。
② 陆扬：《文化研究的必然性》，《吉林师范大学学报》2009 年第 3 期。

定位在现代性的发展脉络上；横的方面，本书把后现代的相关理论和思想发展，依据它们对文化研究的影响和交叉程度，分别进行叙述。① 这样的架构体现了编者宽阔的理论视野，对我们从现代性和后现代性的脉络来理解文化研究具有相当的参考意义和价值。现代性理论与文化研究是 20 世纪两个重要的学术思想路径。作者选取了笛卡儿、卢梭、康德、波德莱尔、柯布西耶五位大家，阐述了他们的现代性思想，并在总结两种现代性——制度现代性和文化现代性——的基础上突出了文化现代性的特点，而后者恰好与文化研究有着内在的关联性。此外，教材还有许多精彩的个案分析，如上海酒吧、咖啡馆、服饰等。但需要指出的是，这本教材也有一些值得商榷的地方，比如不同理论体系之间的关联性及其与文化研究的关系，尚需阐述得更为明晰，以让学生有一个更为系统化的了解。另外，本教材主要讲授西方文化研究的理论，对于国内的本土化文化研究，介绍得尚嫌少了点，文化研究的中国意识、中国问题，尚需加强。②

第二本是面向本科生的文化研究教材，而且是普通高等教育"十一五"国家级规划教材，新闻出版总署"十一五"国家重点图书，由此本书获得的政府支持更超过了《文化研究导论》。这本教材基本上是围绕文化研究及其所涉及的几个主题展开的，如文化研究的发展历史、文化研究的方法、现状、文化与阶级、后殖民主义理论、性别研究、视觉文化、日常生活审美化研究、大众传播研究、青年亚文化研究等，这些主题虽然不可能完全涵盖文化研究的所有主题，但对一本本科教材来说，已经足够了。在对每一主题的阐述中，撰写者都会做到条理清晰，要言不烦，把其中的理论逻辑梳理得清晰准确。

本教材加强了文化研究的本土意识、中国意识。在第二章中，就专门谈到了"文化研究的中国意义和中国问题"。教材指出，文化研究对知识生产和传播、学术控制与社会政治经济权力关系的高度自省和批判精神，对我们把握中国的知识生产和学术建制的转型是非常有益的。这是因为在中国的人文和社会科学界，每缺少一种历史和现实的自省和批判意识，而文化研究则可提供一个不可或缺的批判立场。但这并不意味着照搬西方的理论模式来关照

---

① 陆扬、王毅：《文化研究导论》，第 16 页。
② 关于对此书的评论，可参见马凌《"不可能完成的任务"——评陆扬、王毅著〈文化研究导论〉》，《社会学家茶座》（第 18 辑），山东人民出版社 2007 年版。

中国的现实问题,而是要通过对中国的分析和研究,询问能否有理论和学术范式上的创新。首先要深刻思考当代中国的学术建构与政治、经济、社会的关系,尤其是权力与知识的错综复杂的关系。其次,要设置中国自己的文化研究议程。在包括中国在内的世界各国的文化研究的议程和方案设计方面,都带有强烈的西方色彩,常常出自西方的"本土问题"。由于中国和西方的差异,中国自己的文化研究有一个理论创新和议程重构的问题。

总之,文化研究作为西方人文和社会科学界具有的前瞻性、创新意识和强烈社会关怀的新兴领域,要想在中国获得很大的发展前景,就必须立足中国本土的历史和社会现实,大力提倡学术创新、知识创新、理论创新。针对这本教材所体现的中国意识,王一川撰文予以肯定和赞赏[①]。

除了从理论上对文化研究的本土化进行阐述之外,在一些主题的研讨中,本教材也透露出这样的中国意识。比如在后殖民主义文化理论中,专门研讨了马克思主义的中国化问题;在青年亚文化研究中,专门分析了中国的青年亚文化等。可以说,文化研究的本体化与中国意识,是教材编写的一个重要思路,也是文化研究与中国现实紧密结合的一个具体体现。

关于2012年高教版《文化研究导论》,主编陆扬在《后记》中说,这本教材较之于以前的两本教材,是"一本全新的书"。那么,这本教材又新在哪儿呢?首先,新在体例的安排更为清晰、紧凑。这本教材可以说是主题编排最为鲜明的一本,全书基本上就是按照文化研究的主题来编排的,涉及了女性主义、青年亚文化、文化身份、视觉文化、身体政治、粉丝文化、网络文学等,这些都是文化研究重要的研究主题。前面两本教材,主题的体例安排并不是很清晰。第一本《文化研究导论》,虽然从现代性的角度切入文化研究,但对狭义的文化研究阐述不够,理论枝蔓太多,学生掌握起来有一定的难度。第二本《文化研究概论》,虽然强化了文化研究的主题,但其中所涉及的问题也很多,条理不够清晰,比如关于媒介传播,就运用了两章的篇幅,一章是"传播与文化",一章是"新闻传播与民主政治",有一定的重叠性。

其次,这本教材之新体现在教材对问题的分析与阐述简明、清晰,不拖泥带水,不枝蔓杂乱,给人清新爽快的阅读快感。这是本教材在写作中一个非常重要的特色。[②] 这种简明清晰,通过教材的目录也能感受到,比如第二

---

① 王一川:《文化研究走进课堂》,《文汇读书周报》2008年5月30日。
② 主编陆扬在《后记》中着意提到这点。

章"文化研究的范式转换",下面分为四节:文化主义、结构主义、霸权理论和连接理论,清楚明了,让人一眼就能看清楚范式是如何转换的。还有第九章关于网络文学一节的安排有:网络文学的产生与发展、网络文学与传统文学的区别、网络文学的形态与特征、网络文学的价值与局限。这样的安排显然可以让人一目了然,清楚明了。

再次,这本教材之新在其内容上也扩展到了文化研究的最新主题,并注意新材料的运用,比如本教材增加了前两本教材所没有的几章:第七章"消费文化中的身体政治",第八章"粉丝文化",这些都体现了教材紧跟文化研究新近发展趋势的特点。此外,就是前两本教材有的章节,在材料的运用上也体现了新,即运用新的材料,研讨新的发展,比如对于青年亚文化,《文化研究概论》中也有这一章,但主要限于对伯明翰学派亚文化研究的介绍,对其以后的亚文化研究状况介绍较少,而本教材则注重了从亚文化到后亚文化研究的发展状况,并对后亚文化研究做了新的介绍和阐释,这些都体现了教材编写者的求新意识。

最后,本教材注重个案分析,尤其增加了本土个案,使得教材的本土化意识增强,学生接受起来也比较容易。比如在视觉文化一章,就举了《阿凡达》《生死时速》《卧虎藏龙》《英雄》等经典影片。在"粉丝文化"一章中,举了超女粉丝、《士兵突击》的粉丝帖等例子,学生接受起来几乎没有距离感,也就容易接受。在"网络文学"一章中,更是举了早期以及当下流行的网络文学作品,有的很多学生都读过,这就增加了学生的接受程度。

总之,我们可以说,这本最新的文化研究教材,是目前比较成熟的教材,相信会受到本科生及文化研究爱好者的喜欢。[①]

除了陆扬主编或撰写的这三部以"文化研究"命名的教材外,相关的文化研究教材还有曾军主编的《文化批评教程》。首先,这部教材出版于2008年,是受上海大学教材建设专项经费资助,是选修课的教材。这是一本专注于文化批评的教材,虽然以前有众多的西方文论的教材,其中也涉及文化批评理论,但专门介绍和讲解文化批评理论的,这算是第一本,因此具有一定的开拓意义和价值。

其次,本教材定位明确,思路清晰。在前言中,主编曾军指出,本教材把关注的重心放到对20世纪西方文化批评理论上。但在理论资源的选择上,

---

① 关于对这本教材的评论,可参见迟宝东《文化研究与大学文学教育——评陆扬主编的〈文化研究导论〉》,《马克思主义美学》2012年第15卷第1期。

一方面兼顾与文学研究中 20 世纪文论的密切关系，另一方面，则以中国问题意识为参照对相关实践领域进行了选择。这样的定位明晰且明智，教材也是这样安排的，比较系统地描述了西方文化批评理论的代表类型，如西方马克思主义、结构主义—符号学、精神分析、媒介文化、消费文化、社会学方法、空间理论以及文化传统等问题。编者在具体的编写过程中，充分注意到了这些理论的西方语境与中国问题，进而很好地把两者结合了起来，这既可以使学生了解到西方的文化批评理论，同时也可以带着中国问题学习，无疑具有很强的针对性和现实性。

再次，本教材淡化了"文化研究"的学派形象，而着眼于 20 世纪文化批评理论总体趋势及特点来展开。这样的认识恰当。曾军指出，"文化批评"与"文学研究""文化研究"的关系问题在当代中国文艺学界被提出和不断讨论，原因在于提问者的知识背景为文学研究者。文学研究将对象局限于文学，但在方法上却充分吸取了文化研究和文化批评的营养；而"文化研究"本身在与伯明翰学派牵扯得太紧，尤其是其 70 年代霍尔主持期间的特点使人们对文化研究产生某种刻板印象，因此曾军指出有必要暂时将这个概念放一放而使用"文化批评"这个相对灵活的概念，而且还可以将当代西方诸如文化思潮、观念及其实践领域包括进来。这也是本教程最后选定以"文化批评"命名的重要原因。[①]

最后，在体例上，本教材尝试用"理论概要"和"文献导读"相结合的方式进行，让学生在了解理论的基本知识的基础上，精读原典，从而更加深入地理解理论。这种教材的编写体例几乎已经成为普遍性的体例安排。

不过，本教材在批评个案分析上还稍显薄弱，尚需加强，使学生在运用理论进行批评实践时能有所参照。

除了国内学者编撰的教材外，还有一部翻译的国外文化研究教材不得不提，那就是 2004 年 7 月，由陶东风主持译出的英国阿雷恩·鲍尔德温（Elaine Baldwin）等人合撰的《文化研究导论》（高等教育出版社）。这应当是国内出现的第一本规范的文化研究教材，对中国文化研究的影响很大，不少学校开设的文化研究课程都以此为教科书。2005 年，北京大学出版社出版这本教材的英文影印本。

（二）大众文化教材

除了文化研究、文化批评这样的总论性教材之外，关于大众文化的教材

[①] 曾军主编：《文化批评教程·前言》，上海大学出版社 2008 年版，第 1—2 页。

很多，有的还得到不断再版，这在一定程度上反映了当下中国大众文化繁盛的事实，而包括高等教育出版社在内的著名出版社的参与，也说明了大众文化已经成为大学讲堂的正常授课内容。到目前为止，关于大众文化的教材有：王一川主编的《大众文化导论》（简称王本）[1]、陶东风主编的《大众文化教程》（简称陶本）[2]、莫林虎的《大众文化新论》（简称莫本）[3]、周志强的《大众文化理论与批评》（简称周本）[4]、赵勇主编的《大众文化理论新编》（简称赵本）[5] 等。

这些大众文化教材基本上分为两大类，一类侧重对大众文化现象的解读，另一类侧重对大众文化相关理论的阐释，但一般是两者兼顾。

侧重解读大众文化现象的教材都采用分类解说的方式进行，但每本教材所包括的大众文化类型不尽相同。王本涉及的大众文化类型有电影文化、电视文化、网络文化、流行音乐、通俗文学、视觉文化、广告文化、时尚文化以及青年亚文化。陶本包括影视文化、流行小说、流行音乐、网络文化、广告文化、视觉文化、身体消费、粉丝文化等。莫本包括：通俗小说、电影、流行音乐、动漫文化、音乐剧及时尚文化。由此可以看出，除了最为基本的大众文化类型流行小说（通俗文学）、流行音乐、影视文化之外，其他的各本都有不同的侧重点。莫本增加了比较新的动漫及音乐剧，而陶本则有大众文化领域非常重要的一种类型，即粉丝文化。

应当说，大众文化不仅仅包括像影视、流行音乐这样的大众文化产品，作为大众文化参与者的粉丝，同样构成了大众文化的一个重要维度，没有粉丝，也就不可能有大众文化的繁盛，因此陶本加入粉丝文化，在某种意义上可以说是弥补了大众文化研究的一个空缺。第2版中，陶本又加入了身体消费一章，这是其他两本都没有的。可以说，各本在选取大众文化类型中各有

---

[1] 王一川主编:《大众文化导论》（简称王本），高等教育出版社2004年初版，2005年重印，2009年再版。两个版本的变动较大，章目名称也有变化，比如把"电影"和"电视"两章改为"电影文化"和"电视文化"，"图像文化"改为了"视觉文化"。这些变化更符合通用的表述方式。在具体内容的阐述上，也更为简练和集中。以下评述以最新版本为主。

[2] 陶东风主编:《大众文化教程》（简称陶本），广西师范大学出版社2008年初版，2012年再版，是2009年北京市精品教材。

[3] 莫林虎:《大众文化新论》（简称莫本），清华大学出版社2011年版，系"高等院校通识教育核心课程教材系列"。

[4] 周志强:《大众文化理论与批评》（简称周本），高等教育出版社2009年版。

[5] 赵勇主编:《大众文化理论新编》（简称赵本），北京师范大学出版社2011年版。

所取,这显然与主编者的个人兴趣有关,同时也体现了主编者对大众文化各个组成部分的相对重要性的理解。

第一,在体例上,各版本的教材的安排并不完全一致。从总体上看,教材基本包括两大部分,第一部分是对大众文化的产生、特征、基本理论等的总体阐述。占有一章至两章,第二部分是对大众文化各种类型的分别解读和分析,基本上包括了对所解读的大众文化门类的概念界定、历史描述、基本特征与生产机制分析、相关理论介绍、个案分析等。这种体例比较清晰,也有一定的层进性,可以让学生逐步深入地把握大众文化,在获得关于大众文化相关知识的基础上,从相关理论中形成对大众文化的认识与评价。这部分一般要占教材的大部分篇幅。这种体例在各个版本中都有体现,而在陶本中体现得更为明显。相比之下,陶本的理论分析多于个案分析,而王本和莫本几乎每一章都专列个案分析。

第二,在具体的内容编排上,陶本借鉴了西方教材的内容编排(如陶东风等译的《文化研究导论》),设置了文框、重要理论家和重要概念,这既是对正文的有益补充(如文框基本是对正文的材料补充,而且更多的是第一手材料),也便于学生掌握,每章后面还有小结及进一步阅读,可以引导学生深入阅读和理解。

第三,如何处理大众文化的理论分析与观赏经验,也是教材必须直面的问题。莫林虎认为以前的大众文化教材,理论性强,分析有相当的深度,但这些论著也有不足,如接受西方理论时,对中国本土的政治、经济、文化环境的考察尚有不足;更严重的是不少学者对大众文化的具体发展过程缺乏足够的了解,对大众文化作品缺乏足够的阅读、观赏经验,导致论述是从理论到理论,而没有基于作品实际解读后的理论提炼与升华。[①] 这一点应该说在莫本中得到了很好的矫正,在每一章都增加了具体的个案研究。比如在通俗小说部分分析了海岩小说,在电影部分分析的是《投名状》,在流行音乐中,分析的是周杰伦的歌曲等,这些显然有着很强的本土针对性,也有作者的经验感受在里面。但大众文化的欣赏经验固然重要,但给学生传授分析大众文化的方法并形成一定的价值立场也很关键,否则大众文化教材会变成大众文化鉴赏类读物了。王一川在《大众文化导论·修订版前言》中特别强调了这点:"大学生的大众文化素养的涵养,应当既有利于他们作为普通个体或国民

---

① 莫林虎:《大众文化新论·序》,第3页。

对大众文化的鉴别和享受,同时也有利于他们作为知识分子或文化人面对大众文化展开积极的学理分析或批判。"当然,如何把理论与鉴赏很好地结合起来,还需要大众文化研究者的努力。

赵勇和周志强的大众文化教材侧重理论介绍。赵本是北京师范大学出版社出版的"新世纪高等学校教材·文艺学系列教材"之一。周本在编排体例上很有特点,每节前都有预读,内设有深度阅读、阅读思考等栏目,可读性强;而且教材使用彩印,有精美的图片,板式设计上也很讲究,观赏性强。在内容上教材介绍了大众文化的社会学理论、大众社会理论以及批判理论等,简明扼要。

赵本力求在理论表述、原典引述、结构安排等方面做到准确、恰当、清晰。为此,主编联系了很多翻译方面的著名学者,对要引用的原典重新翻译或核对,力争做到准确无误。因此,本教材所引用的材料虽是旧的,但因为是新译,也就在一定意义上成了新材料。其次,本教材在大众文化理论的阐述上,清晰明确。教材把大众文化理论分为了三类,第一类是大众文化的原创理论,包括批判理论、符号学理论和文化研究理论;第二类是关于大众文化参与要素的理论,包括大众媒介理论、媚俗艺术问题、中产趣味问题、青年亚文化理论及粉丝文化理论(赵勇又把后两种与前三种分了开来,指出这两种强调的是大众文化的再生产,其实也可以看作是大众文化的参与者所形成的大众文化);第三类是大众文化的研究者知识分子理论。这样的分类虽然很明确,但学生是否可以完全接受,可能还需要检验。比如媚俗艺术,虽然与大众文化有着非常密切的关系,但很难完全放到大众文化理论中来。知识分子与大众文化一章,也与前面的原创大众文化理论有一定的重叠。

此外,每章前的经典文本阅读及其相关的阐释,为学生提供的原汁原味的西方大众文化理论的原貌,对学生理解和介绍大众文化理论具有重要意义,因为说到底,我们的大众文化理论在很大程度上,或者说在目前阶段,还主要是引入和借鉴西方的理论,我们自身的原创理论显然还没有真正创造出来。

不管怎样,这部教材可以说全面介绍了大众文化理论(陶本的《大众文化教程》专门一章介绍了大众文化的几种理论),对读者、学生了解大众文化具有重要的参考价值[①]。

[①] 关于对这本教材的评论,参见魏建亮《〈大众文化理论新编〉:大众文化理论教学新突破》,《中华读书报》2012年5月23日第6版。

附录　文化研究在港台

本附录主要介绍文化研究在香港和台湾的发展状况,目的是为大陆文化研究提供借鉴。事实上我们看到,文化研究在港台已经有了很好的发展,无论是建制还是学术研究、社会活动,都有了较为完备的操作规程,而且也产生了积极的社会意义。这些对促进大陆文化研究具有很强的借鉴意义。①

一　文化研究在台湾

(一) 文化研究在台湾的兴起

1998年11月14日,台湾文化研究学会成立,这被看作是台湾文化研究史上的标志性事件。但台湾的文化研究并不是此时才出现或兴起,这里面有一个长期的、不断演进的过程,其中既有台湾社会在解严之后涌现的各种社会运动及文化论争,也有对学科体制的反思和批判。刘纪蕙指出:"从1980年代中后期冲撞威权体制的各种运动,以及知识界所展开的在地化反省与实践,例如1988年以左翼批判立场出发的《台湾社会研究季刊》,1991年以边缘位置挑战正统的《岛屿边缘》,或是当时大量出现的街头政治剧场与后现代文学艺术:这些转变的底层所牵连的,是台湾知识场域某种从边缘掀起的地层挤压与转型。"②

具体来说,20世纪80年代中期以后,台湾社会因政治解严而发生了巨变,这种变动使得多元缝隙能够出现,其中一个重要的现象就是当时风起云涌的文化批判/评论,它直接介入社会现实,与后来的文化研究相通。如《自

---

① 需要说明的是,由于港台的资料搜索比较困难,有的资料在大陆都没有收藏,因此,本附录不能算是对港台文化研究的全面分析,只能是一个大略的介绍,祈请谅解。
② 刘纪蕙:《根源与路径:文化研究10周年》,《思想15　文化研究:游与疑》,台北联经出版事业股份有限公司2010年版,第51页。

立早报》等报纸副刊开辟了文化批评专栏,甚至以整版外包方式向当时年轻一代的评论人开放。"文化批评不只在报纸副刊置换了文学创作及批评,同时在总体的文化空间中创造出一种新的文类,不同的文化商品,不同的书写方法,与其他既存的论述形式产生交锋",影响所及,出现了许多文化批评的刊物,如《中国论坛》《人间杂志》《新文化》《当代》等,以及一些社会运动组织的机关刊物,如《妇女新知》《台湾工运》。它还渗透新闻性杂志和学术刊物中。也有一些文化批评以书籍形式出现,如《战争机器丛刊》,更如《岛屿边缘》。[①]

但随着市场的紧缩、政治权力的改组完成、反对性社会运动能量的体制化、媒体的相对保守化等趋势的出现,20世纪80年代一度风起云涌、热闹非凡的文化批判/评论,逐渐显现出疲惫相。不但批判性的文化副刊倒退为不痛不痒的文艺副刊,那种带有乌托邦色彩的、形式超现实但精神又贴近现实的、边缘的或有攻击性的文章,都不可能被刊登。这在陈光兴看来是"台湾公共论坛的危机",即只有符合一定的书写形式和立场的文字才能进入所谓公共论坛。也正是在这种情况下,学院知识分子开始反思和批判这种激进思潮之后的落潮现象,并努力以文化研究的形式发出自己的声音,介入社会现实。[②]

因此,台湾文化研究的兴起不仅仅与政治解严之后文化批判运动的兴起紧密相关,也在于这种批判随着社会政治体制进一步的重组及经济消费主义而落潮后激起公共知识分子的进一步的关注有关。

除此之外,台湾文化研究的兴起与知识分子对本地知识实践的自我反省也有着密切的关系,这体现在对越来越精细的学科划分的不满,因为它严重影响了知识分子对社会现象全面深入地分析,研究对象越具体,知识的格局也就越受到局限。刘纪蕙指出:"文化研究之所以会发生,便是因为问题的迫切性以及知识上的不满足。无论是从社会学领域岔开,而进入批判理论与文学艺术的检视,或是从历史学延展,为进入文学艺术、性别与政治经济的考虑,或是从文学艺术切入,拓展出族群关系、社会历史脉络与政治经济因素的探究,都是从根本的问题感所驱动而进行的衔接与拓展,文化研究只是个

[①] 陈光兴:《文化研究在台湾到底意味着什么?》,陈光兴主编:《文化研究在台湾》,巨流图书公司2001年版,第12—15页。

[②] 同上书,第14页。

空泛的名称，跨领域研究也只是表面的现象：在文化研究这个空泛的名称所撑开并容许的各种跨领域路径之下，真正发生的，是不断变化与发生中的知识活动。"①

对跨学科取向的追寻与外来文学理论、文化理论的涌入有着密切的关系，如存在主义、女性主义、后结构主义、符号学、精神分析、女性主义、后现代主义等。这种理论在思考及方法的层次上突破了既有学问的割据局面，提供了后来跨领域研究的空间，一方面使得进行文学研究的人再也无法将自己局限于"文学"殿堂，进行"纯粹的文学研究"，而需要面对不同学科的认知模式并且尝试与之对话。因为进行跨学科的文学研究，必然意味着研究者必须穿越自身的学科藩篱，展开跨学科的对话；另一方面，通过各种批判理论的锻炼，以及对文化政局动荡的反省，台湾的英美文学与比较文学研究者也必须开始面对学术与社会的关系，检讨台湾学术思想累积的历史背景，重新设置议题，回应本土问题脉络，并由此展开理论架构的建构。② 这些对台湾文化研究的发展无疑都起到了巨大的推动作用。陈光兴指出："这些穿透各个既有学门的理论论述多多少少反映出学门分类的僵硬性已经没有办法面对当代知识生产的复杂性，容许多元异质的新空间必须被开放出来面对新的情势，而文化研究正是承继了这种新的可能性。"③

除了以上我们所概述的台湾文化研究兴起的诸多缘由，台湾知识分子对台湾社会的介入意识与自我反省，则是台湾文化研究兴起的内在动力（后文还将涉及这一点）。我们从1988年创刊的《台湾社会研究季刊》的《发刊词》就可以清楚地看到这一点：

> 台湾社会研究必须涉入地立足在孕育着无限生机的广大民间社会，具有自我批判意识地割舍一切类似"社会及行为科学的中国化"之类不具特殊而具体之问题意识的形式主义命题，站在关怀台湾未来命运之前瞻的、以台湾之特殊而具体的问题意识为主体之自主的、以彻底挖掘问

---

① 刘纪蕙：《根源与路径：文化研究10周年》，《思想15 文化研究：游与疑》，台北联经出版事业股份有限公司2010年版，第52—53页。
② 刘纪蕙：《文化研究与台湾状况》，http://www.frchina.net/forumnew/forum-redirect-tid-21533-goto-lastpost.html，或 http://ows.cul-studies.com/community/liujihui/200505/2000.html。
③ 陈光兴：《文化研究在台湾到底意味着什么？》，陈光兴主编：《文化研究在台湾》，巨流图书公司2001年版，第12—13页。

题根本并追求解决与改变之基进的立场,自台湾社会的现实出发,从历史——结构的角度,对我们的社会进行深入而全面的调查研究,自我批判地去追问"我们是什么"这个有着伦理实践意涵的问题。

《台湾社会研究》历年来的专题设计亦可清楚体现其通过学术介入社会的属性,以及从不同领域背景出发针对台湾的特殊文化与社会问题进行探讨的旨趣。根据刘纪蕙统计,《台湾社会研究》的栏目设计,除了"文化研究专题"之外,其他专题大约可以分为三类:第一大类是关于台湾属性与意识形态的思考;第二大类是有关台湾社会、阶级、性别、劳工等问题的研究;第三大类则是政治、经济、现代化与全球化问题的研究。从该刊的这种栏目设计,我们也可以看到知识界面对当前文化问题时候的那种强烈的实践企图。[①]

(二) 文化研究在台湾的建制

1. 机构设置

文化研究在台湾发展良好,与其所建立的诸多文化研究的相关机构、研究中心(室、所)有着密切的关系,这些机构包括文化研究学会、国立清华大学亚太/文化研究室[②]、交通大学社会与文化研究所[③]、世新大学社会发展研究所[④]、辅仁大学外语学院跨文化研究所[⑤]、国立台南大学人文与社会学院台湾文化研究所[⑥]、台湾联合大学系统文化研究国际中心[⑦]等。我们在此只介绍其中的几个。

国立清华大学亚太/文化研究室

亚太/文化研究室成立于1992年,隶属于国立清华大学人文社会学院。亚太/文化研究室的自我定位,是在知识生产的层次上促进亚洲的统合,促进亚太地区的文化研究。事实上,亚太/文化研究室自成立始,对台湾乃至整个亚洲的文化研究的确起到了巨大的推动作用。

在台湾内部,研究室通过研究、教学、学术会议、邀请讲学、演讲、论

---

① 刘纪蕙:《文化研究与台湾状况》,http://www.frchina.net/forumnew/forum-redirect-tid-21533-goto-lastpost.html,或 http://ows.cul-studies.com/community/liujihui/200505/2000.html。
② http://apcs.hss.nthu.edu.tw/main.php。
③ http://www.srcs.nctu.edu.tw/srcs/index.aspx。
④ http://cc.shu.edu.tw/~e62/index.html。
⑤ http://www.giccs.fju.edu.tw/01_cross.html。
⑥ http://www.gitc.nutn.edu.tw/index.htm。
⑦ http://iics.ust.edu.tw/home.htm。

坛、出版，以及与不同民间团体的合作方式，促进了文化研究的蓬勃发展。比如1998年文化研究学会成立，首个学会会址就是这个研究室。2000年，研究室与巨流出版社合作，出版批判/文化研究书系，为期两年。从2004年起，研究室与中央大学及交通大学合作，成立台湾联合大学硕士班文化研究跨校学程，并为人社院人社系开设学士课程。

在台海两岸与华文世界的互动层次上，研究室于1998年首次举办两岸四地文化研究学术会议；于2000年及2005年，与台北市政府合作，两次举办亚洲华人文化论坛，企图联结华文批判圈。以台湾为基地，研究室分别于1992年及1995年举办了以亚洲为主体的大型国际会议，开启批判学界在亚洲的互动；这两次会议的成果是：1998年出版的国际文化研究历史文献《轨迹：亚际文化研究》(Trajectories: Inter - Asia Cultural Studies, Routledge, 1998)。在此基础上，研究所接受了国际出版社劳特利奇（Routledge）的主动邀请，承接主编《亚际文化研究：运动》(Inter - Asia Cultural Studies: Movements) 杂志（于2000年创刊）。该刊由编辑团队的形式组成，先后在中国台北、日本富冈、印度的班加罗尔（Bangalore）、韩国首尔等地举办亚际文化研究国际会议，促进了亚洲学界的互动。

在教学方面，主要是配合"台湾联合大学系统"，开设文化研究的硕士课程，共18学分，分为文化研究概论必修课程、五个特色课群及其他课程。文化研究概论必修课讲授文化研究的建制史、重要议题、思想渊源、主要辩论、关键概念等内容。五个特色课群包括：批判理论、主体与现代性、视觉文化与表演艺术、文化生产与文化政治、知识·科技·全球化。这一整合性课程结合文学、史学、哲学、社会学、人类学、心理学、传播学、教育学、艺术学等不同领域之知识形态，促成跨领域对话，共同探讨人文社会研究之新兴知识领域与研究议题。

亚太研究室是整个亚洲区域中历史最久的文化研究学术机构之一，在加强文化研究的教学工作外，更为积极主动地促进亚洲批判知识社群的互动与整合，促进了文化研究会及台湾联合大学系统文化研究国际中心的成立，为台湾乃至整个亚洲的文化研究做出了突出的贡献。

台湾联合大学系统文化研究国际中心

台联大文化研究团队自2003年始就开设了台联大系统跨校文化研究课程，其目的是推动文化研究各研究室之间的合作。2003年，交通大学学程办公室成立；2004年，中央大学学程办公室以及清华大学学程办公室成立；

2009年阳明大学加入文化研究团队。2010年2月,台湾联合大学系统四校校长会议通过并于2010年3月成立"台联大文化研究国际中心筹备处",具体推动四大研究群跨校研究合作与课程规划。2012年6月,"亚际文化研究国际硕士学位学程(台湾联合大学系统)"获教育部核准成立,2012年7月,"台湾联合大学系统文化研究国际中心"获教育部同意正式成立,并将于2013年9月正式招生。

台湾联合大学系统文化研究国际中心的宗旨有三:

(1) 构建台联大系统四校人文社会跨领域研究与教学的整合平台。目前联大系统整合了四所大学的9个文化研究的相关研究中心(室),有交通大学的"亚太/文化研究室""新兴文化研究中心""人文社会理论研究室""电影研究中心";中央大学的"性/别研究室""电影文化研究室""视觉文化研究中心";清华大学的"亚太/文化研究室";阳明大学的"视觉文化研究室"。

(2) 推动台联大系统文化研究之学术国际化。国际中心陆续举办多场次的国际学术会议,如2012年的"亚际文化研究的未来国际研讨会""马克思主义在东亚国际学术工作坊"等。

(3) 推动文化研究学程国际化,这主要体现在进行亚际文化研究国际硕士(博士)的招生和培养。

文化研究国际中心由四校共构,各校分别设置文化研究国际中心办公室,国际中心下设学术委员会以及学程委员会,负责规划年度学术活动以及学程课程。

文化研究国际中心大约有来自四校的60位教师开课任教,但教学不以学校为单位展开,而是以研究领域为核心整合各校相关教师,目前形成了各有15—25人的四大研究群:批评理论与亚洲现代性、性/别研究、当代思潮与社会运动,以及视觉文化,视觉文化下又有美术史以及电影研究两大发展方向。

台湾联合大学系统文化研究国际中心是一种新型的文化研究教学模式,它整合了四校的力量,形成四倍于原有单一学校研究团队的研究能量与成果,也为学生获得更为优质的教学资源提供了便利。这一点得到了上海大学文化研究系的认同,他们也积极组建上海高校的文化研究教学团队,开办文化研究的联合课程。

不过,对于台湾联合大学系统文化研究国际中心在发展中也遇到了一些问题。如：(1) 台联大系统并未在各校行政体系中建立实质衔接关系（除了经费的计划项目），台联大文化研究国际中心的建立虽然通过了各校校务会议与校发会并在教育部立案，但台联大文化研究国际中心以及各校办公室所推动之工作，却并未纳入各校中长程发展计划；(2) 台联大文化研究国际中心以及各校办公室的研究成果在国内以及国外已有能见度，核心成员更是国际知名的资深学者，经常受邀到国外演讲或是讲学，执行国际研讨会以及国际出版的合作计划，也提携四校年轻学者，但是在各校校内以及台联大总部却没有展现机会，因此反而没有能见度；(3) 台联大文化研究国际中心以及各校办公室的办公空间，行政公文流程以及经费项目编号仍借用现有系所空间以及现有系所行政流程之内。即便如此，台湾的文化研究的发展依然具有极强的活力，也产生了持续的影响，这在台湾的文化研究学会的发展中可以看出。

文化研究学会

文化研究学会于1998年11月14日成立，以提倡文化研究风气、促进国际学术交流为宗旨。学会集结了来自不同学科领域对于"文化研究"具有高度兴趣的学者、研究者及文化工作者，期望达到联结、集散、交流与跨越既有学科领域的目标。他们尝试在研究题材、研究方法、问题意识以及社会实践上，均能开展出活力以打破僵闭学科领域。学会主要是收集教学资源，举办演讲、研讨会与年会，提供教学与学术会议信息，发行会员通信，联系国内外相关机构，出版相关的期刊和著作等。

《文化研究》(Router: A Journal of Cultural Studies) 于2005年9月创刊，是一份新的半年期刊。在创刊词《启动路由器》中，《文化研究》的编辑们对文化研究做出了自己的阐释。创刊词指出，《文化研究》的目标是成为华文世界在当代理论思潮、思想史、社会与文化史、艺术研究、科技研究、媒介研究、城乡研究、性别研究、族群研究、台湾研究、亚洲研究以及其他相关领域之集结与交流的新刊物。恰当地说，这是个"反学科刊物"（a counter-disciplinary journal）。创刊词认为，任何时代，学科可以整齐分列，继续增生，但不能没有"反学科"的流动空间，20世纪中期，"批判理论"约略是这个空间的便称，世纪之交，"文化研究"约略是这个空间的便称。

至于期刊的英文名字为什么使用Router（路由器）这个词，编辑解释说，Router这个词有联结与交流的含义，这正相衬文化研究的"反学科"倾向。

《文化研究》到目前已出版到第 14 期，每一期基本都有一个主题，每个主题都密切关注着台湾现实。

此外，文化研究学会还创办了网上期刊《文化研究月报》（2001 年 3 月 15 日创刊），其发表文章的主题有：

（1）政治文化观察：如吕秀莲抓狂，族群认同，选举文化，大和解可能性或是不可能，转型正义论述，政治暴力研究，激进和平，后殖民台湾。

（2）文化现象与公共政策的分析与批判：如电视改革与媒体政治，电视与城市监视，电影环境与产业，移民与外劳问题，外籍新娘与代理孕母，生命政治与生命管理，社会创伤经济疗伤策略，人文医学与疾病叙事，博物馆文化政治，体育、奥运与文化，畅销书与出版文化，学生制服，动物权，环境政治，全球化，社会运动的多元化、身体改造问题等。

（3）大众文化的分析：如城市空间，流行音乐与消费文化，饮食文化，摇头丸，台客，迷文化，酷儿研究，霹雳火，性产业，援交等。

（4）东亚议题：如上海摩登，东亚后冷战问题，缅甸连线，日本国族主义，想象中国崛起，全球化下的日本与"台湾"文化互动等。

（5）学术体制检讨：如文化研究的方法论与学程规则座谈会，台湾学术教育国际化的问题、教育改革出了什么错、卓越如何追求——从教育部推动大学整拼谈起、全球化与学生产业，SCI/SSCI 迷思之检讨等。①

可以说，《文化研究月报》与《文化研究》期刊相互呼应，体现了对现实的深切的关注和批判。

除了出期刊之外，文化研究年会还组织文化研究的相关会议、讲座，对促进文化研究起到了重大的作用。组织举办文化研究年会。从 1999 年第一届年会开始，到目前已经举办了 15 届。下表是已召开 14 届年会的时间及主题：

日期	主题
2013 年 1 月 5—6 日	公共性危机：2013 年文化研究会议
2012 年 1 月 7—8 日	芜土吾民：2012 年文化研究会议
2011 年 1 月 8—9 日	嘿山寨・虑消费：生态、科技与文化政治
2010 年 1 月 9—10 日	文化生意：重探符号/资本/权力的新关系

① 刘纪蕙：《根源与路径：文化研究 10 周年》，《思想 15　文化研究：游与疑》，台北联经出版事业股份有限公司 2010 年版，第 54—55 页。

附录　文化研究在港台　　329

续表

日期	主题
2009年1月3—4日	根源与路径：台湾文化研究十周年
2008年1月5—6日	乐·生·怒·活：风格运动、生活政治与私众社会
2007年1月6—7日	城流乡动：2007年文化研究会议
2006年1月7—8日	众生·众身：2006年文化研究会议
2005年1月8—9日	去国·汶化·华文祭：2005年华文文化研究会议
2004年1月3—4日	靠文化
2002年12月14—15日	重访东亚：全球、区域、国家、公民
2002年1月11—12日	人文社会学术的"文化转向"
2000年12月16—17日	科技、美学、权力：跨世纪文化转折
1999年9月18—19日	文化研究的回顾与展望研讨会

以 2009 年年会为例，此次年会是为纪念文化研究学会成立十周年而召开的，内容几乎涉及文化研究的方方面面，既有对文化研究的整体关注，如文化转向问题、文化研究十周年回顾、文化研究的前景与展望等问题，也有对文化研究方法问题的思考，如田野调查、翻译与文化研究等问题，更多的是对文化研究诸多主题的关注和研究，包括性别/政治、同志生活/政治、流行音乐、感官文化、用药文化、身体技艺、文化饮食、城市/消费经验、文化观光（旅行、消费）、流民、外省/眷村经验、文化地景（地理景观、文化空间）、疾病、流浪、媒体产制与消费、新兴科技与知识生产、创意城市运动，等。可以说，文化研究的所有主题几乎都多多少少有所涉及，显示了台湾文化研究的实绩；而且所有这些主题几乎都与台湾本土有着直接或间接的关系，体现了文化研究在台湾的本体化倾向。

这次年会的部分论文在《思想》第 15 期上发表，这期《思想》的标题就是"文化研究：游与疑"，即文化研究"既游移于不同的思想谱系，亦对既成的学科想象提出质疑。在游、疑之间，文化研究不仅重新整编了文化的意义与范畴，也凸显了知识活动的思想意义"[①]。可以说，"游"和"疑"这两个词比较准确地概括了文化研究的特质和功能。

与 2009 年的年会相比，1999 年的会议规模要小得多（没有分会场），主题研讨也要少。主要的会议主题有：空间、理论、翻译；女性、身体、同质；

---

① 《思想 15　文化研究：游与疑》，台北联经出版事业股份有限公司 2010 年版，第 50 页。

后殖民；电影、媒体、摇滚，再就是几个论坛讨论。会议论文后结集为《文化研究在台湾》出版（陈光兴主编，巨流图书公司2001年版）。顺便一提，台湾的文化研究会议最早的也许应当是1992年由清华大学文学所主办的"文化展望：迈向新的国际性文化研究"会议。此次会议邀请了10个不同地区、国家的文化研究重要学者参会。此次会议以1992年台湾麦当奴（即麦当劳）爆炸案为线索切入问题，试图在"国际"与"在地"（local）的冲撞中提出新的"文化展望"。会议论文后结集《内爆麦当奴》出版（陈光兴、杨明敏编，岛屿边缘杂志社1992年版）。

文化研究学会不仅组织大型的年会，还经常组织"文化批判论坛"，对台湾社会的种种文化现象进行批判，体现了台湾文化研究对现实的关怀和介入精神。如最近一场的文化批判论坛（第98场，2012年12月7日）关注的是流浪博士的生存问题。论坛的启事指出，随着高等教育的扩张，近来高学历高失业率问题已经成为常态。正值青壮年的博士无法就业而陷入生存的困境，有的博士做铁道劳工，有的甚至因失业而纵火。论坛认为，这不仅是社会整体人力资源错置的问题，甚至更衍生成为新形态的社会问题。论坛深入反思当下的台湾高等教育问题，即为什么会同时出现大学教师过剩与开课课程不足的问题？在大学冻结专任职缺之后，流浪博士将何去何从？论坛邀请了流浪博士一起探讨造成高学历失业的结构性因素，也分享个人以及组织可能的抵抗策略。

文化批判论坛第94场（2012年5月7日）关注的就是林来疯的问题。2012年美国NBA职业篮球联赛出现了令世人震惊的华裔篮球明星林书豪，甚至一度被称为"林来疯"（Linsanity）。但论坛所关注的显然不是林来疯的球技是如何高超的，而是从媒体传播的角度，结合"美国梦"，探讨林来疯现象的文化意义。正如启事中所说的，林来疯仿佛成了"美国梦"电影的终极翻版，若非球员受伤的现实让美妙的故事暂时中断，我们还真难有机会平心静气地谈这股"林来疯"的媒体与社会意义。跳到篮球场外，论坛希望从社会、媒体、资本、国族等不同角度，一同讨论林书豪现象带来的启示。

论坛有时还会直指政治，讨论当下的政治问题，比如批判马英九政府对自由的管制（文化批判论坛第60场"大哥说法，小民噤声：马政府的自由管制"，2009年7月30日）。论坛启事认为，马政府上台后，台湾的社会活动却开始进入一种紧缩与多方管制的状态，让人们感到一种自由受到管制的压迫感，仿佛当政府开始说法之际，小民如我们就没有了回嘴的权利，因为自由表达主张与意愿的空间开始受到法律的缩限。为此，论坛组织者感到有重新讨论自由的必要，不仅是为了正面伸张自由的价值，更是为了检视当今台湾社会中管制自由的方式。因为我们今天面对的不只是自由与人权价值的问题，而是更为细致的社会操作正在限缩自由表达、集会与生活的空间。我们明白在群居社会中自由是有限的道理，但是正因如此，我们更需要认真面对自由管制的问题，以检视自由管制的逻辑、操作方式与权力部署。这种对自由的细密思考，对政治的不懈考问，笔者认为正是文化研究的生命力之所在。

此外，文化研究学会还举行讲座，适时地回应现实。比如对福岛核泄漏的关注（"核灾前后的辐射争论"，2012年12月20日）、对绿色经济的关注（"绿色经济的探索：农、工之间的转型与联结"，2012年11月29日）、对主妇联盟合作社的关注（"用消费改变社会——主妇联盟合作社的故事"，2012年11月15日）、对个人罢工的关注（"烈日暴雨交逼中的抗争——华隆头份厂工会的百里徒步与百日罢工"，2012年10月18日），等等。

2. 其他期刊

台湾文化研究的重要期刊除了《文化研究》之外，还有《岛屿边缘》《思想》《台湾社会研究》等。这些期刊虽然并不是专门为文化研究而创立的，但其内在的思想倾向与文化研究是相通的，因此我们把它们也看作是文化研究的重要期刊（文化研究学者也往往把它们看作是文化研究的"圈内"刊物）。

《岛屿边缘》于1991年10月29日正式创刊，但1995年，《岛屿边缘》第14期出版后停刊。《岛屿边缘》虽然只出了14期，但在台湾却引起了很大的反响，成为当时政治文化批判的重要阵地。《岛屿边缘》是台湾1987年解严后所涌现的众多具有明显政治文化批判倾向的学术期刊之一。其创立，有着深刻的社会政治文化背景。陈筱茵指出："《岛屿边缘》的崛起并非一蹴拔地而起，是台湾'戒严—解严'时代下各种社会力汇集并相互竞争的结果，是八、九〇年代之交的台湾社会力在激烈喷发后，因政经环境的转变，群众热情的退却，反对运动面临消解及分散的形势下创立的。"[①]

---

① 陈筱茵：《〈岛屿边缘〉：一九八、九〇年代之交台湾左翼的新实践论述》，硕士学位论文，国立交通大学社会与文化研究所，2006年。

《岛屿边缘》的成员思想背景大多延续着"左"翼的思潮脉络而行,并以"泛'左'翼在台湾的集结"自我标称。也正由此,使得刊物具有了强烈的政治批判倾向。

《岛屿边缘》停刊的原因,一方面是经费的拮据,但这绝不是主要或最主要的原因,因为刊物在决定停刊并清偿读者订阅费用后,仍有七万元的剩余经费。因此,刊物停刊有着其他多方面的原因。首先,当时台湾政治力量的发展压缩了边缘发展的空间,这体现在台湾解严之后,统治手段开始变得柔软化,采用各种方式来收编反对力量。国家政权及政治反对力量强调突出"统独",并由此形成新的意识形态的操控。

其次,经济力量的发展也压缩了边缘发展的空间,这主要体现在高度资本化、商品化的消费社会中,边缘弱势的次文化在强势的主流文化中,不是被漠视、丢弃,就是成为资本主义挪用的资源,以广告、行销、包装的手段制造流行趋势,并以意识形态商品化成为欲望的对象,形成思考的单一化。

再次,是期刊内部的原因。就刊物本身的编辑策略来看,刊物采用"专题独立式主编",没有固定的主编来统筹规划,这使得刊物既在组织上无法形成一个完整的整体,而在选题上,也难以形成一个完整的统一的鲜明的倾向,这从刊物选题的跳跃性较大中可以看出,而这又会进一步导致刊物内部缺少凝聚力,很容易走向分散。再加上当时知识分子的思想比较复杂,即便是同样称为"左"派的知识分子,其思想分歧也很大(比如在统/独问题上就显出巨大的分歧),而刊物在内部也缺乏民主沟通的机制,成员之间并未充分得到讨论及接合,聚合力不够。再加上编辑成员随着年龄的增长及社会参与程度的加深,难以分拨时间及精力持续参与投入《岛屿边缘》"同仁"性质的编辑事务,或难以维持初期创刊时期的"高"参与程度。到最后可以说是"人心涣散",成员们各自忙碌且四散各地,各自为政。停刊在所难免。

《岛屿边缘》的停刊在某种程度上也隐喻着文化研究的处境,政治、经济乃至体制因素都在很大程度上制约着文化研究的发展,固有的学科分类也限制了文化研究学术团队内部的凝聚力。

《岛屿边缘》采用"专题独立式主编"的编辑模式,每期都有一个相对独立的主题,如第1期是纪念葛兰西100周年诞辰的专辑,第2期是"科学·意识形态与女性专辑",第4期是"广告·阅听人·商品专辑"等。

《岛屿边缘》前四期，翻译的内容比较多，原创不足，从第5期开始，原创增多。这与台湾著作权法的颁布有关，后者促成了杂志办刊方向的转变，即讨论台湾本土当下的重大公共议题成为办刊的主要方向（参见第5期《编辑报告》）。第5期的主题是"原住民专题"，充分体现了杂志对本土文化的重视。本期发表的文章主要有：《国家在哪里？人民是谁？——基客事件的初步观察》《十八标风云——公共工程的政治经济学》《有关原住民母语问题之若干思考》《台湾原住民的政治经济学涵义》等。《岛屿边缘》在20世纪90年代影响很大，以至于其停刊后，有杂志发文表达了对《岛屿边缘》的赞叹乃至崇敬：

> 《岛边》打着边缘思考、游牧战斗的旗号出刊四年，它的学术血脉以及接合社会脉络而聊的论述实践，本身就是一部（多部）知识／精神史——既政治而又情色地，挑衅各种霸权结构——父权的统独的右派资产阶级的殖民的种族中心的异性恋的性歧视的……火辣狠毒的痛踹了自（我期）许进步的当红本土派、忠贞独立建国者、南进的准台湾帝国先行者的痛脚；发妖的情欲论述、颠覆性／别论常的酷异写作则是图文并茂，不仅让姊妹同志的功力大增，连敌人也不能抗拒地、捧着当作情欲秘籍小书来看。①

这样的评论也许有一定的情绪在里面，但文化研究也许正需要发挥出这样的力量，为促进民主社会的发展做出自己的贡献。

其他期刊如《台湾社会研究》《思想》等也都在注重台湾本土问题中，突出批判意识，也产生了很大影响，在此不再详述。

3. 文化研究相关课程

台湾的文化研究课程众多，1999年，刘纪雯等人对台湾的文化研究课程做了总结②，我们进一步结合最新的网络课程资源③，把台湾的文化研究课程

---

① 转引自陈筱茵《〈岛屿边缘〉：一九八、九〇年代之交台湾左翼的新实践论述》，硕士学位论文，国立交通大学社会与文化研究所，2006年。本部分内容主要参阅了陈筱茵的这篇硕士论文，在此致谢。
② 陈光兴主编：《文化研究在台湾》，巨流图书公司2001年版，第435—449页刘纪雯、苏子惠的总结。
③ 主要参见了台湾汇文网（网址 http://hermes.hrc.ntu.edu.tw/index.htm）和台湾文化研究学会旧版网页（网址 http://www.ncu.edu.tw/~eng/csa/index02.htm）中的课程资料。

大致分为以下三种类型：一是文化研究概论性课程；二是文化研究的专题课程；三是文化研究与传统学科结合的研究（其中有一定的重叠，但大致包括这几个方面）。文化研究的概论性课程包括：文化研究的系谱、文化研究入门、文化研究、文化研究导论、文化研究通论、文化研究；理论与实践、文化研究与批判理论、文化与社会、政治文化研究、当代文化理论、当代文化研究议题等。关于文化研究的专题课程最多，我们结合刘纪雯等人的总结及台湾文汇网、文化研究旧版网站的资料，大致做了如下表格：

文化研究专题	部分相关课程
大众文化研究	大众文化研究；流行文化研究；台湾通俗文化专题；后现代电视文化研究
消费文化研究	消费社会；大众消费社会；消费与文化研究；消费与文化研究；流行与消费文化研究；日常生活与消费文化
视觉文化研究	视觉文化研究；视觉理论；视觉理论专题；影像文化研究；近代视觉文化；视觉与文化批评
性/别研究	女性主义理论；女性主义文学批评；女性主义与后殖民论述；当代女性主义简介；性/别与文化；性别与艺术表演；视觉与性别意识；形态、性别与生活；性别、影像、跨文化研究；文化研究专题；性别、认同、论述；影像·权力·性别意识专题研究
后殖民与身份认同	认同政治；人类主体、认同与自我的理论；认同研究专题；民族认同在台湾；后殖民论述与原住民医疗；国家、认同、与文化；家叙述与后殖民论述；后现代空间、后殖民抗拒
媒介研究	媒介与文化研究；传播与文化专题；文化研究与媒体批判；新媒体叙事研究；媒介社会学；媒介叙事专题——广电专题研究；文本分析与图像分析；影像记录与社会发展；阅听人研究；媒介管理；全球化与传播
空间理论	空间、记忆与文学、文化研究专题；空间再现与台湾文化；空间的文化与冲突；空间的社会分析
文化产业与文化政策	文化创意产业专题；文化政策；电影政策与电影产业；文化治理体制；文化与政策研究；人类学与文化政策研究
底层与台湾原住民研究	底层社会：观点与研究；台湾原住民、边缘与口传文学；民族认同在台湾；文化人类学；台湾原住民之认同与变迁；台湾客家文化导论；北美原住民文学；台湾原住民部落发展；台湾原住民口传文学专题；台湾乡土文学；台湾原住民图像与文学专题；南岛社会与文化
其他	娼妓与酷儿；色情文化与政治文化；身体与再现；田野调查方法；文化田野实习与方法；民族志写作

第三类与传统学科结合课程也很多，这其实是文化研究向其他学科渗透的结果，也体现了文化研究的重要影响力。这类课程有：当代文学理论与文

化研究；大众文学与文化研究——侦探小说与浪漫小说的理论与应用、当代文学理论与文化研究、台湾歌谣与文化研究、小说与文化研究、当代文学理论与文化研究、电影与文化研究通俗音乐的类型与文化研究、电影、文化与社会、电影文化研究、艺术教育与跨文化研究、文化研究与教育、批判教育学研究，等等。

从这些课程设置中我们可以看出，台湾文化研究在教学方面已经非常完备了，课程的多样化与现实的紧密结合，成为台湾文化研究教育的一个重要特色。

(三) 简略结语：台湾文化研究的基本特点

限于材料和篇幅，本节不可能对台湾文化研究进行全面深入的分析，但由以上所述，我们也大致能了解到台湾文化研究的特点，我们不妨将其概括为：国际化视角，在地化关怀，协同化精神。国际化视角从相关文化研究机构的运作中就可清楚地看到，比如文化研究年会、联大文化研究国际中心等。在地化关怀更是从课程设置、论文发表、会议议题等方面可以清楚地看到。可以说，台湾的文化研究思考的核心是台湾的本土文化，但眼界是投向亚洲乃至世界，这也使得台湾的文化研究可以与世界接轨，在亚洲发挥重大影响。至于协同合作，从文化研究国际中心的成立即可看出。其实从文化研究举办的各种会议、座谈会中，我们也可以看到许多社会工作者、政府官员、非政府组织人员等，这也是文化研究协同合作的重要体现。可以说，台湾的文化研究之所以有强大的生命力，与其与社会紧密结合有着密不可分的关系。这些都是我们进行文化研究所需要借鉴的。

二 文化研究在香港

(一) 文化研究在香港的兴起

文化研究在香港的兴起，有诸多因素，而根源在于香港知识分子对自身本土文化意识的自觉，而这又与香港本身的文化特殊性有着密切的关系。

香港本身原来虽然是英国的一块殖民地，但英国并没有在香港强推英国文化而排斥中国文化，因此，中英两种文化在香港并行发展。"殖民政府对'中国文化'有选择的利用，但大体上仍是放任自流。"[①] 这种并行现象为知识分子对自身文化的反思留下了很大的空间。

---

① 罗永生：《前言·文研十载来时路》，载罗永生主编《文化研究与文化教育》，进一步多媒体有限公司2010年版，第15页。

在20世纪六七十年代，随着社会的发展，人们的思想开始活跃，尤其是传播科技与电子媒体急速扩展，文化的生产与流通的大环境产生了巨大变化，冲击着香港原有的文化体制和文化观念。社会上对文化的探索、讨论和反思因而趋于活跃。① 也就是从这个时候开始到80年代，香港出现诸多边缘性的文化评论，比如对普及文化（也即大陆所说的大众文化）的研究。当时的许多报章杂纸都有关于普及文化的评论，其范围包括电视、电影、漫画、流行歌曲、城市潮流，以及青年文化等。此外，期刊也有一些志愿团体或压力团体的研究报告，甚至也会出版关于香港电影回顾的特刊等。

从总体上来看，这个阶段的研究由于时间、资源或写作体裁的限制，大都依靠作者糅合个人观察和一些西方文化研究理论写成，严格来说算不上是论证精密的著述。然而，这些著述却为多年来被学术界忽略的普及文化打开了一个开放的辩论空间，其中部分后来甚至影响了学术界一些研究方向的发展。具体而言，吴俊雄、张志伟认为这些著述有两个优点："第一，在方法上，不少论者为了阅读普及文化复杂的深层意义，采用了各种文化分析的方法，如内容分析、符号学、深度访问，以及民俗方法等等，这些方法往往对普及文化作别有见地的诠释。第二，这些文章引入了七八十年代本地学术界仍未给予适当重视的西方文化研究理论如大众文化理论、激进传播理论，以及霸权理论等，并提出一系列当时学术界未有正视过的问题"，如香港女性杂志传递着什么意识？年轻人中间为何掀起的士热潮？消费如何为不同社会阶层界定身份？如何在香港电影中辨识香港人的憨？普及文化如何催生香港人身份？这些权力、普及文化、文化身份与意识形态之间的关系是什么？等等。这些问题在以前的香港学术界是被忽视的。②

总之，从20世纪七八十年代开始，香港的一些读书人开始向文化研究探问。他们有一些是在文学批评理论的基础上，吸收了文化研究当中的社会历史分析取向，以"文化"向度拓宽文学研究的范围，从"唯美""经典"的视域溢出。③ 这是香港文化研究兴起的基础和先锋。

---

① 罗永生：《前言·文研十载来时路》，载罗永生主编《文化研究与文化教育》，进一步多媒体有限公司2010年版，第16页。
② 吴俊雄、张志伟：《导言：阅读香港普及文化》，载吴俊雄、张志伟主编《阅读香港普及文化1970—2000》（修订版），牛津大学出版社2002年版，第xviii—xx页。
③ 罗永生：《前言·文研十载来时路》，载罗永生主编《文化研究与文化教育》，进一步多媒体有限公司2010年版，第16页。

使得文化研究大步开展的，却是九七问题所引起的"身份危机"。① 香港学者唐维敏认为："香港文化研究的浮现，就现实文化政治来说，主要是因为九七主权转换引发的效应之一。而后，在八九民运之后，香港文化研究的内在条件加温，或许在一九九九年澳门回归，又达到另外一个高度。"② 香港文化研究的当事者陈清侨也说，九七问题对知识分子的冲击很大，"对于学院里面的人来说，就直接地把这件事跟自己累积的知识打上了一个大问号"。③

可以说，九七问题是引发香港文化研究兴起和繁盛的一个重要的政治事件，它使香港人开始关注自己的身份问题，思考自身的未来，由此也开始了自觉的文化批判意识。而这在某种程度上也承继了 70 年代学生运动末期提出的"文化批判"意识，以批判传媒及流行文化等课题，作为介入社会和新文化环境的手段。④

香港文化研究的兴起除了以上文化政治方面的原因之外，与香港的学术体制也有着密切的关系。罗永生曾把香港的人文学术生态描述为一个"不对称的公共空间"（见《文化教育对文化研究的挑战》）。原因在于，香港一方面有一个相对自由开放的政治及言论空间，在法制传统底下积累了不少社会行动（activisms）、社会运动（social movements）和公共评论（public criticisms）的传统。但另一方面，香港的学术体制，却是一个没有经过有效和全面的"解殖民"过程的官僚殖民学院体制。因此，"在这个体制内，并没有发展出一种能彰显主体性的人文学科或人文研究传统，为相对自由和活跃的社会行动及社会运动，提供足够的人文反思和思想知识资源。这种'不对称'的状态，亦与社会上一般的反智主义、犬儒心态，以及受这种文化氛围所影响的教育及考试体制息息相关"⑤。

这种不对称所带来的结果是，一方面，香港学术界可以对自身的学术封

---

① 罗永生：《文化教育对文化研究的挑战》，载罗永生主编《文化研究与文化教育》，进一步多媒体有限公司 2010 年版，第 68 页。
② 唐维敏：《台湾问题的（不）在场证明：侧记 2001 年香港文化研究国际研讨会》，《文化研究月报》第 4 期。http://www.ncu.edu.tw/~eng/csa/journal/journal_04.htm.
③ 陈清侨：《文化研究在香港——我在文化研究的日子》，载孙晓忠编《方法与个案：文化研究演讲集》，上海书店出版社 2010 年版，第 75 页。
④ 罗永生：《前言·文研十载来时路》，载罗永生主编《文化研究与文化教育》，进一步多媒体有限公司 2010 年版，第 16 页。
⑤ 罗永生：《文化教育对文化研究的挑战》，载罗永生主编《文化研究与文化教育》，进一步多媒体有限公司 2010 年版，第 68 页。

闭状况进行批判；但另一方面，这种批判并不会受到难以克服的阻碍，由此也就使这种批判能够得以展开，甚至可以方便地获得体制内的经费资助。比如冯应谦教授就表示，在研究经费方面，香港相关单位与学校行政方面都十分支持，因此从1997年至今，他便一共得到350港币的研究补助。他不仅能够完成数项研究计划，同时也培养学生出版期刊《香港大众文化》(*Journal of Hong Kong Popular Culture*)，展现策略性介入香港文化生态的动作。此外，马杰伟教授也在发表有关摇滚乐团的论文时提到，撰写研究计划书申请研究补助，是许多在地研究得以进行的重要资源。显见香港文化研究的出现，刚好契合政府部门对于文化议题的高度重视，使研究成果得到最大的重视与效用。①

可以说，香港人文体制对文化研究所持有的开放态度，对文化研究的发展与兴盛有着非常重要的作用。可以想象，在一个体制僵化到几乎无法撼动的学术生态环境中，文化研究是无法得到真正的发展和繁盛的。

(二) 文化研究在香港的建制

20世纪80年代是香港文化研究繁盛的时期，而90年代则是香港文化研究的体制化时期，包括文化研究相关机构的设立、相关课程的开设以及相关期刊著作的出版等。②

1. 相关机构的设立

自90年代初起，几乎所有香港大专院校都曾举办或大或小的香港文化学术研讨会，一系列大型研究计划和研究中心开始启动。1994年，香港中文大学获香港大学教育资助委员会中央拨款三百万港币进行的"香港文化研究计划"启动，后在此基础上成立了香港文化研究中心。该中心也获得了美国洛克菲勒研究基金的资助，并出版了九册《香港文化研究丛书》及香港文化方面的著作，还举办了关于香港文化研究国际会议。③ 香港大学1999年成立了"全球化及文化研究中心"(Centre for the Study of Globalization and Cultures)④，还启动了"香港文化与社会研究计划"(后受大学教育资助委员会

---

① 唐维敏：《台湾问题的（不）在场证明：侧记2001年香港文化研究国际研讨会》，《文化研究月报》第4期，http: //www.ncu.edu.tw/～eng/csa/journal/journal_04.htm。
② 朱耀伟：《九十年代香港文化研究：体制化及其不满》，《香港社会科学学报》第26期（2003年秋/冬）。
③ http: //www.rih.arts.cuhk.edu.hk/rih/hkcs/hkcs_s.htm。
④ http: //www.complit.hku.hk/csgc/csgc.html。

[教资会]2000年第2轮卓越学科领域计划资助)。香港科技大学设有"文化研究中心"(Centre for Cultural Studies),香港城市大学有"跨文化研究中心"(Centre for Cross-Cultural Studies)等。

除了建立各种文化研究中心之外,2001年6月7日,香港文化批评学会(Hong Kong Institute of Cultural Criticism)成立,从建制化角度来说,这"可说是一个很具象征意义的事情"[①]。这个组织结合香港大学比较文学研究所、香港中文大学新闻与传播学院、岭南大学文化研究系、城市大学英语与传播学系、理工大学文化研究中心等单位的学者共同组成,其目的在于推动香港文化研究的发展。

2000年9月,岭南大学文化研究系正式成立,标志着文化研究体制化建制地进入了大学本科教育(详见本书附录第三节)。

2. 课程的设置

就教学情况来看,在香港中文大学和香港大学开展得较好。香港中文大学的文化及宗教研究系[②]开设有文化研究的本科生课程和研究生课程。本科生的文化研究课程分三年制和四年制,课程差别不是很大。课程涉及的主要研究领域(area)有:"文化话语与日常生活"(Cultural Discourses and the Everyday Life)、表征与媒介(Representation and the Media)、性别与性征(Gender and Sexuality)、文化批评与文化实践(Cultural Criticism and Cultural Practices)等。具体的课程,包括必选的核心课程,如文化研究导论(Introduction to Cultural Studies)、空间的文化研究(Cultural Studies of Space)、文化研究的方法(Research Methods in Cultural Studies)、文本与意向的批评分析(Text and Image: A Critical Analysis),选修课程有"文化话语与日常生活"领域下设的文化与旅行(Culture and Travel)、现代性与城市文化(Modernity and Urban Culture)、当代消费文化(Contemporary Consumer Culture)、青年与大众文化(Youth and Popular Culture)等;在表征与媒介领域下设的香港电影(Hong Kong Cinema)、理解视觉文化(Understanding Visual Culture)、时尚文化(Fashion Culture)等,在性别与性征领域下属的身体政治与表征(Body Politics and Representations)酷儿

---

① 唐维敏:《台湾问题的(不)在场证明:侧记2001年香港文化研究国际研讨会》,《文化研究月报》第4期,http://www.ncu.edu.tw/~eng/csa/journal/journal_04.htm。

② 该系网址 http://www.crs.cuhk.edu.hk/ch/。

理论与文化(Queer Theory and Culture),在文化批评与文化实践领域下属的文化研究的学术解读与写作(Academic Reading and Writing in Cultural Studies)、文化政策(Cultural Policy)、亚际文化研究(Inter-Asia Cultural Studies)、文化与创意产业(Cultural and Creative Industries)等。

(跨)文化研究文学硕士课程分为必修课程和选修课程。必修课程有:"文化研究基本主题Ⅰ"和"文化研究基本主题Ⅱ"。选修课程有:"香港城市空间和文化表征"(Hong Kong Urban scape and Cultural Representation)、"文化与艺术中的身体"(The Body in Culture and Art)、"跨文化研究中的性别、爱情与性征"(Gender, Love and Sexuality in Intercultural Studies)、"媒介与大众文化"(Media and Popular Culture)、"文化身份政治"(Politics of Cultural Identities)、"中国的社会、文化与政治"(Chinese Society, Culture and Politics)等。文化研究哲学硕士博士衔接课程(M. Phil-Ph. D. in cultural studies)有:"当代文化的形成"(The Making of Contemporary Culture)、"表征理论"(Theories of Representation)、"巴赫金与文化理论"(Bak htin and Cultural Theory)、"法国女性主义"(French Feminisms)、"论文研究"(Thesis Research)等。可以说,文化及宗教研究系开设的文化研究比较齐备了,几乎涵盖了文化研究的所有领域。

香港中文大学的专业进修学院开设"大众文化与媒体研究"(Popular Culture and Media Studies)高级文凭课程,包括"文化研究概论""青少年、性别与社会""全球化与城市文化""中西思想与文化概论""流行文化概论""消费文化与创意工业""流行文化与媒体专题(一):动漫与电玩""流行文化与媒体专题(二):时装与音乐""流行文学与习作""媒体研究导论论""创意文字与影像"等。[1]

香港中文大学的专业进修学院是一种成人教育,类似于中国各高校设立的继续教育学院。

香港大学的文化研究硕士教学主要在比较文学系,设有"文学与文化研究"硕士学位(MALCS)[2]。该学位课程的目标有:(1)扩大和加深学生的文化理论知识和比较文学、电影和文化研究中的不同方法;(2)通过介入文学、电影和文化研究中的主要论争,培养一种批判性的思维;(3)在一

---

[1] http://scs-hd.scs.cuhk.edu.hk/commfiles/syllabus/LT_popcult_syllabus.pdf.
[2] http://www.complit.hku.hk/malcs/index.html.

个全球性的框架中,鼓励欣赏不同的文化实践和环境,侧重于但不限于那些香港的、现代中国的及亚洲文化的文化实践;(4) 发展批判性的分析技能,这对文学、电影和文化研究领域中的独立研究很有必要;(5) 为更高学位提供知识和提高技能。

该学位课程包括核心课程"艺术与工业间的文化"(Cultures between Art and Industry)和诸多选修课程,如"身份的构建"(Fabriications of Identity)、"艺术与叙事政治"(The Art and Politics of Narrative)、"现代性及其路径"(Modernity and Its Paths)、"质疑性差异"(Questioning Sexual Difference)、"当代中国的文学与电影"(Contemporary Chinese Literature and Film)等。比较文学系也授予博士学位。[①]

(3) 会议举办情况

1979年2月18日来自不同背景的文化人在香港艺术中心举办了一天的"第一届香港普及文化(即大众文化)研讨会",是为香港普及文化研究的开始。普及文化评论也在80年代开始在本地报刊发展起来。

1991年,香港大学亚洲研究中心主办了第一届《香港文化与社会》的研讨会。引起学界反响,"不少人认为,它们宣布了本土文化研究在学术研究机构正式起步"[②]。

同年,"香港文化与社会"会议在香港大学召开,这次会议可以说是首次高举"香港文化"旗号的学术会议[③]。

1993年1月,香港中文大学举办了"第一届文化评论国际会议"。香港文化研究计划又分别于1996年及1997年举办第二、三届,主题分别是:"现代都会的文化政治和文化"、"媒体与公众"。

2001年6月4日至6日,香港城市大学英语和传播学系举办了"文化、对谈、研究"(Hong Kong and Beyond: East – West critical Dialogues in Cultural Studies)研讨会。此次会议演讲者来自海内外,到达现场的文化研究朋友也不少,如澳大利亚悉尼大学洪宜安(Ien Ang)、岭南大学的墨美姬(Meaghan Morris,又译"莫里斯")、美国北卡罗来纳州立大学的劳伦斯·

---

① http://www.complit.hku.hk/postgrad/mphil_phd.html.
② 吴俊雄等:《港式文化研究》,载吴俊雄等主编《香港·文化·研究》,香港大学出版社2005年版,第1页。
③ 朱耀伟:《九十年代香港文化研究:体制化及其不满》,《香港社会科学学报》第26期(2003年秋/冬)。

格罗斯伯格（Lawrence Grossberg）、纽约大学的托比·米勒（Toby Miller）等，此外，还包括中国台湾的唐维敏、廖炳惠等多人，充分表现跨地域、跨学科的特色。整个会议的讨论主题包括："城市文化与都会想象"、"在地身份与学术的政治"、"阶级与劳工政治"、"媒体再现的政策与政治"、"全球化政治"、"跨界想象"、"文化研究的方向"等。

2003 年 11 月，第二次"香港文化与社会"研讨会召开。它与第一次没有任何组织上的联系，但精神是相通的。此次研讨会有两个特点，第一，在学术上有一个比较成型的面貌。参与者对于在本土搞文化研究的中心话题、基本概念、研究方法，以及写作策略，都有一个相对坚实和共同的认识。第二，突出了本土文化和社会的特殊性。①

（4）相关期刊图书的出版

相关的期刊主要有 1993 年香港大学比较文学系出版的《文化评论》，1994 年香港中文大学香港文化研究计划项目出版的《香港文化研究》② 期刊，2006 年 9 月岭南大学出版的网上杂志《文化研究@岭南》③。此外还有以书代刊的 2008 年 6 月创刊的《本土论述》（Journal of Discourse），每年一期，到 2012 年已出 4 期。此外，香港中文大学 1990 年 10 月创刊的《二十一世纪》也是一份影响力很大的期刊。

在图书出版方面，我们只介绍几个系列出版情况，如"香港读本系列"、"香港文化研究丛书"、"拾文化系列丛书"等。

"香港读本系列"丛书，是香港大学亚洲研究中心"香港文化及社会研究计划"的一部分④。该读本系列涉及政治、经济、社会、文化等方方面面，包括《阅读香港普及文化：1970—2000》（吴俊雄、张志伟编，2002 年）、《香港文学@文化研究》（张美君、朱耀伟编著，2002 年）、《我们的地方我们的时间：香港社会新编》（谢均才编，2002 年）、《书写城市：香港的身份与文化》（潘毅编，2003 年）、《香港性别论述：从属·不公·差异·越界》（陈洁华等编，2004 年），均由牛津大学出版。

---

① 吴俊雄等：《港式文化研究》，载吴俊雄等主编《香港·文化·研究》，香港大学出版社 2005 年版，第 2 页。
② 此期刊到 1998 年一共只出了 9 期，其中第 9 期和第 8 期还是合期。
③ 网址 http://www.ln.edu.hk/cultural/about/bg.php。
④ 香港大学教育资助委员会教学发展补助金（Teaching Development Gtant，UGC）拨款进行的"香港文化及社会创意教学计划"，是香港大学亚洲研究中心"香港文化及社会研究计划"的一部分。因此也可以说，香港读本系列丛书也得到了 UGC 的资助。

"香港文化研究丛书"也得到了大学教育资助委员会教学发展补助金（Teaching Development Gtant，UGC）资助，是香港文化研究计划的一部分，出版的著作包括：《情感的实践：香港流行歌词研究》（陈清侨编，1997年）、《身份认同与公共文化：文化研究论文集》（陈清侨编，1997年）、《文化想象与意识形态：当代香港文化政治论评》（陈清侨编，1997年）、《谁的城市：战后香港的公民文化与政治论述》（罗永生编，1997年）、《乐在颠错中：香港雅俗音乐文化》（余少华著，2001年）等。

"拾文化系列丛书"是为了纪念香港岭南大学文化研究系成立十周年而于2010年出版的（进一步多媒体有限公司），包括5本，《文化研究与文化教育》（罗永生主编）、《组装香港》（马国明编）、《写在下一次金融海啸之前》（许宝强等编）、《通识 X 文化研究》（Cult 通主编）、《文化 G 点》（增订本）（何咏华等主编）。

（三）岭南大学文化研究系[①]

1. 文化研究系的建立与教学

1997年7月，岭南大学的通识教育部（School of General Education）计划建立一个新的文化研究学位课程（BA，Hons）。1999年9月，该计划开始启动，并获得了相关院系如社会系、中文系、英语系等的支持。2000年9月，文化研究系正式成立。学生人数最初限额25人，但第一年申请加入的学生增加到35人。

文化研究学士学位（BACS）是香港最早设立的此类学位，分为三年制和四年制。2000年9月，文化研究系开办了第一批研究性的硕士（Mphil，master of philosophy）课程和哲学博士（PhD）课程。2003年开办了全香港第一个自负盈亏的文化研究授课式兼读硕士课程（Master of Cultural Studies）[②]。目前，文化研究系主要就这几种课程。

文化研究系对整个文化研究课程有一个基本界定，包括培养的长远目标（aims）、具体目标（objectives）、学习效果（outcome）、本地特色（characteristics）等。其中较为突出的是文化研究对香港本土现实的关注，培养具有回应香港现实能力的专业技能人员。比如在培养目标中，强调让学生们关注

---

① 网址 http://www.ln.edu.hk/cultural。

② 关于文化研究系成立的背景和过程，除了查阅文化研究系的网站外，还可参见陈清侨《从文学到文化研究的三重主体：批评、体制、教与学》，载王晓明编《中文世界的文化研究》，上海书店出版社2012年版。

当代世界活生生的文本和语境，提高他们对自己每天必须要面对的文化实践和社会机制的独立判断能力。具体目标包括使学生能对亚洲大都市如香港的社会和历史文化实践形式形成批判性的观点，并根据国际文化研究来理解本土个案；使学生在其社会和职业生涯中养成一种坚实的自我取向感，批判性、创造性地反映中国尤其是香港当前的文化现状和变迁的历史情势。而其课程培养有两个首要的效果，一是生产具有跨学科文化知识和文化研究技能的公民，二是让毕业生获得具有批判性和实践性的知识，可以运用到广泛的文化就业领域，包括媒体和文化产业、教育、商业、公共服务和社区工作。

总之，岭南大学选择这个创新的文化研究学位课程，通过一种创造性的、严格的文化教育规划，回应社会的需要。本地化教育是岭南大学文化研究系培养学生的一个主导性方向，这在担任文化研究系的主任陈清侨及其他老师那里也有阐述。陈清侨曾指出，文化研究系的研究团队大多曾经/正在参与不同的社区实践或文化、社会运动，并关注不同的现实议题，从一开始就把"在地"与"全球"交会和联通，并贯彻在课程的设计之中。更于此大前提下，倡议通过不同的公共渠道和方式，走到课堂以外，介入社会，思考生活，推动文化践行在社会历史面向的落实和应用。[①] 在谈到招收兼读授课式硕士生时指出，此课程"旨在培养本土的研究人才，为在职的文化工作者和传媒工作者、社区工作者、教育工作者等，提供以文化研究为共同学习的学术平台。其后，我们又针对教育改革中的新高中通识课程教学的需要，在 2005 年开办专门为中学老师而设的通识教育后学士文凭课程（Postgraduate Diploma in Liberal Studies）。"[②] 文化研究系的教师罗永生也指出，岭南的文化研究"着重在教室的脉络下，重新整理文化研究的多元传统，批判地吸收这些多元传统下所积累的多样知识资源，并将之转化成一种既有批判反思指向，亦有实际效用，让学生在课堂外也可以付诸各种形式的文化践行的学问。所以，在课程设计和内容编排上，课程以开放的进路，同时吸纳美国、英国、澳洲等地的文化研究发展经验，并积极在亚洲、中国及本地汲取有关文化研究发展的成果，贯融在课程内。"[③]

---

① 陈清侨：《总序·文化研究与"拾文化"系列》，载罗永生主编《文化研究与文化教育》，进一步多媒体有限公司 2010 年版，第 9 页。
② 同上。
③ 罗永生：《文化教育对文化研究的挑战》，载罗永生主编《文化研究与文化教育》，进一步多媒体有限公司 2010 年版，第 69—70 页。

就具体的课程设置看来,文化研究系主要分本科和硕士、博士课程。本科课程为文化研究(荣誉)学士学位(BA[Hons]Cultural Studies)课程,又分为三年制和四年制。三年制学士学位课程一般分为"基础课程"(Foundation Courses)、"核心进阶课程"(Core Advanced Courses)、"分类选修课"(Stream Electives)、"课程选修课"(Program Electives)以及学校规定的必修课(University Required Courses),共需要 90 学分。

基础课程是必修,有 5 门,主要在第一年开设,有商业文化与日常生活、文化分析导论、现代文化的形成、文化研究方法论和现代中国的文化变迁。"核心进阶课程"在第二、三年开设,有文化批评实习课、文化表征与阐释、文化价值与信仰、文化政策与体制等。分类选修课,主要是根据自己想要进行研究的方向来选择。学士学位主要有两个研究方向,"社会与历史文化研究"和"文学与媒介文化研究",下设诸多选修课,如:香港的文化形构、文化与历史书写、文化权力与政府、现代中国思想、叙述香港、媒介、文化与社会、性别、性征与文化政治、香港大众文化、现代中国文学等。课程选修课就主要从这些课程中选,此外还有学校的通识课。

四年制课程需要 120 学分,主要分为必须课和选修课,都是 8 门。必修课是:文化研究的观点Ⅰ、文化研究的观点Ⅱ、文化研究方法论Ⅰ、文化研究方法论Ⅱ、文化与现代世界Ⅰ、文化与现代世界Ⅱ、批判写作工作坊Ⅰ、批判写作工作坊Ⅱ。选修课程列了近 30 门供学生选择,如文学与文化研究、现代中国的文化变迁、全球性文化与公民身份、文化、权力与政府、性别与文化研究、性征研究、社会与文化人类学、电影与剧院研究、媒介、文化与社会、香港大众文化、现代中国思想、后殖民研究、教育与文化研究、文化政策与社区等,这些选修课分为:教育与文科教育研究、社区与文化政策、创意与媒介研究三类,即三个研究方向。

研究生课程(MCS),包括两年兼读课程和 1 年全职课程。文化研究系概括了硕士课程的几个特色:(1)协助学生反思现行的文化实践及寻找另类的可能性;(2)着重关注"普及文化的批判面向"及"文化研究中的教育实践"两大主题;(3)采用跨学科及合作学习模式;(4)重视本地与国际的学术联系及交流。从这里可以看出,硕士课程同样突出教学的实践性和本地化。在其教学计划中也强调把文化研究运用在各个领域的批判性教学实践中,使学生能够批判性和创造性地思考;使学生将能够展示一个精致的专业和文化资源,他们已经有了更好地理解今天文化产品复杂的过程,以及在这个瞬息万变的当代语境中，能够处理局限和潜力，以及他们在各自专业实践中的新挑战和紧迫问题。

硕士生课程分为主修课，也即必修课和选修课，主修课有文化研究视野、普及文化的批判思考、教学法与文化研究、文化研究的方法。选修课有：文化研究中的历史、电影与电视文化、全球化与当代社会变迁、香港城市文化、文化实践工作坊、文化体制与政策专题、论文研习班、独立专题研究等。

文化研究系所办期刊，主要就是网上期刊《文化研究@岭南》(*Cutlur al Studies@Lingnan*)[①]。这是主要为岭南大学文化研究系研究生开设的发表平台。网站介绍说，文化研究系的学生在修读硕士学位课程期间，撰写了不下七八篇不同题目的学术论文。虽然部分论文可能因为时间紧迫，而有待改善；但仍有相当数量的论文已达到一定的学术水平，稍加整理，其实就是香港社会久违的批判文化传统的一部分。因此，岭南大学文化研究硕士学位课程的同仁构思了一份以同学的优秀论文为骨干的网上杂志，定期（每两个月）整理同学们的论文，然后以专题的形式于网上杂志上发表。像创刊号的专题——香港城市风貌和城市发展——包括了三位同学的论文。这三篇论文的长度符合一般学术论文要求的长度，但远远超出香港报刊所能容忍的长度，即使文章达到一定的学术水平，也无缘跟读者见面。《文化研究@岭南》的创立旨在打破香港报刊那种长文章不会有人阅读的不成文规定，文章的长短在于探讨的课题和探讨的深度。网上杂志有别于印刷品，无须硬性限制文章的长度。至今《文化研究@岭南》已经出了32期，主要的专题有身份建构与身份政治、全球化消费模式的本土演绎、都市发展绝非硬道理、香港的文化及身份认同、后殖民中国、仍是老模样的后奥运中国、性别与身份政治、岂止半边天：女性的文化政治、音乐文化在香港、地产霸权与悲情城市、认得到自己的城市、静悄悄的辛亥革命百周年、你可能还未想过的香港历史、文化研究与社会参与、"国民教育"以外的身份认同、谁能保证"资本主义制度五十年不变"等。

除了专题的文章，网上杂志还会刊登一些较为简短的评论文章，包括文化评论、电影评论和各种演艺活动的评论。此外还会刊登阅读报告，更会尝试访问一些跟文化研究有关的人士，然后刊登访问的记录。这些简短文章的刊登频率亦会较频密，会高于每两个月一次。

---

① 网址 http://www.ln.edu.hk/mcsln。

2. 文化研究与文化教育的反思

由以上我们所引述的陈清侨、罗永生等人谈论文化研究系成立时的状况，可以看到，文化研究系力图把文化研究与教育结合起来，但这里的教育更强调面向香港现实生活的教育，是把文化研究运用到现实中的教育。这是文化研究系，也是整个香港文化研究的一个核心的指导思想。

罗永生在《文化教育对文化研究的挑战》一文中对此做了比较详细的阐述。

罗永生指出，文化研究有三种存在方式，一是在某些学科内，以文化研究作为其中一种分析工具或理论进路的文化研究；二是在不同学科的边缘地带，文化研究起着某种挑战性或颠覆性知识的作用；三是作为教学和研究机构之一部分的文化研究，也可以说是以课程（学科或准学科）形式存在的新"文化教育"。岭南大学的文化研究系属于第三种。①

罗永生认为，在新的文化—知识生产与消费体制中，需要我们重新反思学院化的文化研究的发展空间和可能性，追问文化研究究竟意味着什么，以及从事文化研究究竟意味着什么。罗永生指出，对这些问题的反复考问，远远超过了"知识分子"如何"捍卫"文化研究的理想传统的问题，也超过了文化研究应否和"建制"合谋，在多大程度上可以做出妥协的问题。"它反而迫使我们去审视，当'知识分子'的生产和再生产已经脱离了它原先'理想中'的土壤，在新的并不断被体制一再重整的文化教育空间底下，我们可以从这些不同的位置上，如何重新思考'文化'到底是什么？以及什么是未来文化研究的可能性？"罗永生指出，文化研究在香港虽然有助于把香港乃"文化沙漠"的殖民主义迷思加以粉碎，也可以质疑"香港乃东西文化交汇地"这种陈词滥调。"可是，我们仍要追问，从长远的角度看来，文化研究如何可以转化文化教育/文化学习，使之成为一种能动性（agemcy）的来源，而不仅是一种建筑在理论概念上，让人仅仅站在某种道德高地的空洞批判姿态。""事实上，将文化研究不单看成是一种属于研究者（知识生产者）的理想（一种研究方案），反而将它同时视为一种'教育'的理想（一种'教育方案'）的话，我们就要直面'文化研究'与新的'文化教育'之间的关系。"②

---

① 罗永生：《文化教育对文化研究的挑战》，载罗永生主编《文化研究与文化教育》，进一步多媒体有限公司2010年版，第66—67页。

② 同上书，第72—73页。

可以说，追问文化研究与教育的关系，不仅仅是突出文化研究的教学，更是要把文化研究与人文主义、与人文教育结合起来，增加文化研究介入香港现实的能动性。这是文化研究的核心，也是其最终目的，否则文化研究只能躺在学院中，没有多少意义与价值。文化研究系的许多学生也切身感受到了这一点，并付诸实践。如陆洁玲就说："对于我而言，文化研究已经不只是一个学科、一个研究方法，而是一个自我反思、自我建构的过程。我所领略到、所体验到的'文化研究'是以知识作为介入点，关注一所大学的一个学系怎样做教育工作，怎样介入社会及其文化政治。"① 也正因为如此，文化研究系更注重运用民族志方法研究香港的现实。比如游静对澳门少年感化院里那些被密锁起来监管、被法院判为"重犯"、刑期由一年到多年不等的12—16岁"女童"所做的影像调查分析，使我们看到这些所谓的"罪犯""边缘者""问题制造者"其实在内心与正常的人并没有根本的区别，是国家的机器的控制强化了这些青年人的这种偏见身份②。薛翠在《因农民之名——记岭南文化研究十周年》中也叙述了自己如何运用民族志走访调查河北和印度的农村农民问题的情况。③

总之，文化研究在香港学者那里，绝不仅仅是一种学术，更是一种教育，一种现实的关怀，它"探讨自我改变的可能，探讨群体改变的可能，由此孕育令危机转化为新的思与行的可能"④。

（四）香港文化研究的本土意识

由上所述，香港文化研究有一个重要特点，即注重文化研究在香港的本土化实践，其中涉及"本土意识""本土""本土化"这些核心概念。我们甚至可以说，香港的文化研究在某种意义上是围绕着"本土意识"展开的。

1. 本土意识的界定和阐释

"本土意识"在香港学者看来，是一个有着多层次丰富含义的概念，并没有一个先验的、不证自明的"本土"和"本土意识"。本土意识也存在着差异和矛盾，随着社会的发展和全球化的推进，它是一个不断建构的过程。

---

① 陆洁玲：《"无权"还是一种"威胁"？一个关于年长妇女的文化研究》，载罗永生主编《文化研究与文化教育》，进一步多媒体有限公司2010年版，第242页。
② 游静：《在操演与不操演之间：看被囚少年的影像实践》，载罗永生主编《文化研究与文化教育》，进一步多媒体有限公司2010年版。
③ 罗永生主编：《文化研究与文化教育》，进一步多媒体有限公司2010年版。
④ 刘健芝：《文化研究的关怀》，载罗永生主编《文化研究与文化教育》，进一步多媒体有限公司2010年版，第307页。

在2008年创刊的《本土论述》中，马家辉从词源学的角度指出，本土并不是客观存在的，有各种各样的本土。因此，"当我们说'本土'的时候，需要明确说的是谁的'本'，是哪个主体的'本'，哪个空间点的'本'，哪个时间点的'本'"，例如，是劳动者的本土、女性的本土、还是新移民的本土、"左"翼的本土等。在此基础上，马家辉指出，本土是需要建构的，"绝非一种不证自明的先验存在，而是必须经由'论述'去创造、建构、发现、诠释、再诠释的认知和认同，它必然是主观的，更必然是多元的，更必然是变动不居的"。甚至可以说，"'本土'在本质上等同于'本土论述'，没有'论述'，也便没有'本土'。"[1] 也正是在这一意义上，有的学者干脆不去谈论或定义本土或本土论述，因为任何定义会有一定的排他性和自我约束性，[2] 会遮蔽此概念的丰富性和多样性。

这样认识本土虽然可以防止本质主义的思维方式，但本土到底是如何建构的则还需要做出具体的分析。岑学敏曾列出了几种对"本土"的理解。对于香港殖民地政府而言，提倡"香港""本土"（意识）的目的，很大程度上是"去中国化"。在"左"翼那里，本土是"向本地的基层人民的认同、对'活在当下'所面对的不公不义而抗争"。因此，这里的本土与底层关怀紧密相连。在学院和评论界，本土则是知识分子为香港定位的一种说辞。岑学敏说："当中英联合声明'尘埃落定'，'九七大限'站在面前，前途未明，文化界、评论界涌现了一股害怕自身文化被吞没的身份危机，以致一种'世纪末'的'末世意识'；同时，为了抗衡西方学术界中的汉学和欧美中心，学术界和评论家亦急于为香港建立一个'地位'。于是，在九十年代，不同的在香港，或在美国的香港学者都尝试为香港定义和定位，如'夹缝'，如'边缘'，如'混杂'。"在岑学敏看来，这种界定，"未能深入检视香港社会的复杂性与差异性"[3]，只是泛泛而论，并没有多大意义。

因此在这里，"谁的"本土具有重要意义。而在此基础上，有的学者强调建立在自我生活经验基础上的本土性。岑学敏通过自己的经历阐释了她自己

---

[1] 马家辉：《没有"论述"，何来"本土"？》，本土论述编辑委员会、新力量网络编：《本土论述2008》，上书局2008年版，第5页。

[2] 王慧麟：《创刊感言》，本土论述编辑委员会、新力量网络编：《本土论述2008》，上书局2008年版，第4页。

[3] 岑学敏：《本土 Lost In Translation》，本土论述编辑委员会、新力量网络编：《本土论述2008》，上书局2008年版，第137—139页。

对本土的理解。她指出，她们那一代人所经验到的本土是"非常'纯粹'"，"非常去政治化的"："我们听着香港流行曲，看着港产片长大，我们的'本土'既是四大天王和动漫，也是奖门人（曾志伟）和阿叻（陈百祥），甚至也会包括日本动漫，如叮当（哆啦 A 梦）和戴志伟（大空翼）。"由此，岑学敏指出，她们的"本土"，就是她们消费着的这些普及文化（大众文化），"那时候，甚至不知道有一日我会把这叫作'本土'，当然也不会去分辨这些'本土'有哪些正能量，有哪些负能量"。对于九七回归带来的身份危机，作者指出："自'中英联合声明'以降的这一'身份危机'，并不存在一种普遍性，七一大游行对我和身边一些同龄层的朋友（也即课堂上不少同学）是第一次的意识启蒙和觉醒，而尝试以之前的身份危机去解释当前现象的话，其实是无办法去累积或处理的。换句话说，在课堂上所说的'本土'，也就是我做功课的时候要书写的'本土'，和我经验的'本土'，虽然有着同样的名称，但含义是不同层面的；可是，基于彼此表面的语言相同，以致出现了以为在述说同一件事的误会——虽然都说着同一个词汇，但我（们）用了完全不属于我（们）的经验累积出来的理论，去处理我（们）的经验是注定出现误读的。"①

由此，本土与个人的经验有着密切的联系，不同的人会有不同的经验，也就会有不同的本土意识。这一点也得到了陈智杰的认同。他指出，建构香港的本土论述，离不开地道的生活经验，包括城市规划、古物保育、文化基建等社会政策，也包括蛋挞、奶茶、茶餐厅、横街窄巷、左邻右里等生活片段，甚至包括香港民主化步伐及社会的核心价值等，这些都是香港人对本土想象的载体。但香港人的生活其实是五花八门的，不同时代，不同阶层的香港人，甚至是在同一时代或阶层的香港人，生活经验可以大不相同，其集体回忆可以大相径庭，甚至在市场及社会发展中互相竞争。"故此，我们不应把香港本土生活经验，以某一撮的想象一言概括之；而应当要求政府以至社会对某一种生活经验予以政策支持及保护时，亦必须经过社会大众的再三深入讨论。"②

经验之于本土显然具有重要意义，但单纯强调经验也往往会落入相对主

---

① 岑学敏：《本土 Lost In Translation》，本土论述编辑委员会、新力量网络编：《本土论述 2008》，上书局 2008 年版，第 139—140 页。

② 陈智杰：《警惕文化霸权——为重建香港本土论述的社会场域把脉》，本土论述编辑委员会、新力量网络编：《本土论述 2008》，上书局 2008 年版，第 158—159 页。

义之中,对此,罗永生强调本土意识主体的反思性。罗永生指出,完整的主体性是包含了历史存在环节的主体性,而不是以工具理性为框架的抽象的单面的主体,因为后者把人从自身的文化、历史、传统、社群以至自然中割裂出来。在罗永生看来,真正完整的主体性,要包含两个方面,一是活生生的生活经验,二是具有反思性,也就是从具体的历史发展中分析本土性的构成,"主体性归根结蒂是以本土生活共通的生活经验、价值和感情为基础,自觉地和反思地探问未来,并能彰显存活在本土生活空间的人的主体性。"① 没有主体性觉醒的本土性,它所关注的仅仅是地方色彩、生活方式、方言、生活习惯等;由此而建构起来的本土性、地方认同、大都会主义等,往往是一种虚假的排他性的自我认同,甚至是一种机会主义的表现。这在陈智杰看来,很容易形成一种新的文化霸权。他认为:"香港并非一言堂,重建本土论述也必须强求共识,百花齐放亦未尝不是一件好事。不过,构建一个对话的场域,让社会不同的声音,对香港本土论述的不同诠释以至不同的社会力量,都能平等对话"②,从而可以防止新的文化霸权的出现。

吴俊雄在《寻找香港本土意识》(1998)一文中,把香港本土意识分为了四个层次:生活风格、日常常识、意识形态和系统论述。吴俊雄认为,要谈本土意识,就要分清是在哪个层次。因为在本土意识的发展过程中,政党、港英政府、中国政府以及不同的大众传媒都在各个历史时刻扮演某种角色,它们相互之间如何妥协,对抗或互不平衡,都需仔细审视。"寻找本土意识本来就是一种夹杂历史新知与现实政治角力的举动。"③ 马杰伟在《电视文化的历史分析》中就具体分析了电视媒介是如何建构香港人的身份认同的。比如在60—70年代,香港电视,尤其是电视连续剧把大陆人塑造成愚昧、落伍、贫穷、浅薄等"乡下佬"的形象,与香港人那种聪明、精明能干、有见识、富有摩登的形象形成对比,进而建构香港人的自我身份认同。在80年代,香港电视工业受到很大打击,电视的文化意义减弱、工业化增强,电视的影响力减弱,而走向通俗、庸俗的路线,由此削弱了对香港本土意识的建构。在

---

① 罗永生:《迈向具主体性的本土性?》,本土论述编辑委员会、新力量网络编:《本土论述2008》,上书局2008年版,第174页。
② 陈智杰:《警惕文化霸权——为重建香港本土论述的社会场域把脉》,本土论述编辑委员会、新力量网络编:《本土论述2008》,上书局2008年版,第161页。
③ 吴俊雄:《寻找香港本土意识》,吴俊雄、张志伟主编:《阅读香港普及文化1997—2000》(修订版),牛津大学出版社2002年版,第95页。

80—90年代，大陆与香港间的政治事件影响了香港电视媒体的宣传，香港电视中大陆节目频繁出现，这一方面增强了香港人对"中国人""中国文化"的认同，但另一方面又对大陆政治有着深深的担忧，从而产生了自我认同上的矛盾。[①]

2. 本土意识的形成

香港本土意识的形成与香港自身特殊的地位密切相关，也与香港自身的政治经济及社会发展相连，同时也是与中国大陆在政治经济的比照中逐步建构起来的。

香港既是中国的一部分，但也不全属于中国。这样的独特殖民地位，被很多人称为"借来的时间，借来的地方"[②] 或以"夹缝""边缘""混杂"称之[③]。香港地位的这种独特性在60年代之前还并未引起人们的特别关注，一般认为，香港"本体化"运动始于60年代末70年代初[④]。在此之前，香港居民更多的是一种"暂居心态"，自此以后，暂居心态逐渐被"视香港为家的情感认同"取代。[⑤] 之所以出现这种变化，与六七十年代香港的一系列政治经济及社会运动紧密相关。比如1967年的工会暴动事件[⑥]。六七暴动之后，到70年代，香港出现两股截然不同的"建立身份"力量，一是以激进或理想主义年轻一代的寻根或"认中关社"（即"认识中国，关心社会"）的民间运动，追求中国魂（无论是亲共还是反共），反对殖民主义；二是官方的香港"本地归属"定位，[⑦] 港英政府采取本地化政策，逐步放开公务员体制，并通过进取的社会政策和社区发展塑造有别于中国的香港本土身份。"公民身份"

[①] 吴俊雄、张志伟主编：《阅读香港普及文化 1997—2000》（修订版），牛津大学出版社 2002 年版，第 681—694 页。

[②] 张炳良：《香港"身份"迷思》，本土论述编辑委员会、新力量网络编：《本土论述 2008》，上书局 2008 年版，第 74 页。

[③] 岑学敏：《本土 Lost In Translation》，本土论述编辑委员会、新力量网络编：《本土论述 2008》，上书局 2008 年版，第 138 页。

[④] 朱耀伟、张美君：《导论：文学研究与文化研究之间》，朱耀伟、张美君主编：《香港文学@文化研究》，牛津大学出版社 2002 年版，第 xxii 页，注释 16。

[⑤] 同上。

[⑥] "六七暴动"，亦称六七左派工会暴动、五月风暴。1967 年 5 月于香港爆发。香港亲共的左派在中国大陆"文化大革命"的影响下，展开对抗英国殖民政府的暴动。事件由最初的罢工、示威，发展至后期的暗杀、放置炸弹，结果有数十人在暴动中丧失性命，另外超过八百人受伤。六七暴动是香港发展的分水岭，促使港英政府改善施政。

[⑦] 张炳良：《香港"身份"迷思》，本土论述编辑委员会、新力量网络编：《本土论述 2008》，上书局 2008 年版，第 75 页。

"社会"等概念首次大量播散①。但是，由于中国"文革"导致的政治经济的混乱，衬托了香港的经济盛世，由此使得香港人产生了"中国差，香港好"的认识，进而香港人产生了自我肯定，以及"香港人"的身份意识。②

可以说，香港本身经济的高速发展与 70 年代大陆政治经济的混乱所形成的强烈对比，直接挑战了以前存有的香港与大陆之间的矛盾关系。如果以前香港对大陆还有一种附属感觉，甚至看不起自己的本土文化的话，那么，现在（70 年代）香港人可以站立起来，与大陆比肩，进而形成自己的本土意识，以示与大陆区别。此外，港英政府采取本地化政策，虽然其目的是反共，淡化港人的反殖情绪和民族情感，但其推行的一系列措施，其努力营造的"香港"身份，无疑为港人提供了一个共有的场域，使香港人开始自觉到本土意识的问题。③

此外，70 年代，土生土长的一代（即二战后婴儿潮出生的一代）开始寻找自我身份，而他们更容易接受当时香港繁荣的经济所带给他们的认同感（如前所述）。此后 80 年代至 90 年代，随着九七的到来，香港人面对回归感到"彷徨不安"，甚至"恐惧"，越发躲进香港的"另类身份"，也就越发使得香港人更加关注自己的身份。八九六四事件，使得港人更进一步加剧了自身的身份意识，力图与大陆划清界限。由此我们可以看到，香港的本土意识与大陆的政治经济发展有着密切关系，这正如有学者所指出的："一直以来，'香港'身份都是决定于中国的当代处境及其与香港这片境外之地的微妙甚至矛盾关系，乃由变化中的中国所去主宰与定义的。"④

2003—2004 年，香港又爆发了"本土运动"。这一运动源自 2003 年底兴起的社会运动，包括因利东街重建问题而出现的保留喜帖街、利东街社会运动，以及 2004 年兴起的反对天皇码头、皇后码头拆迁的包围运动。对于这股文化保育运动，本土行动成员陈景辉曾提出了以下几个特点：（1）本土的保卫性，即保卫我们认为宝贵的东西，如历史传统、底下阶层的一些生活方式，

---

① 朱耀伟、张美君：《导论：文学研究与文化研究之间》，朱耀伟、张美君主编：《香港文学@文化研究》，牛津大学出版社 2002 年版，第 xxii 页。
② 张炳良：《香港"身份"迷思》，本土论述编辑委员会、新力量网络编：《本土论述 2008》，上书局 2008 年版，第 75 页。
③ 朱耀伟、张美君：《导论：文学研究与文化研究之间》，朱耀伟、张美君主编：《香港文学@文化研究》，牛津大学出版社 2002 年版，第 xxii 页。
④ 张炳良：《香港"身份"迷思》，本土论述编辑委员会、新力量网络编：《本土论述 2008》，上书局 2008 年版，第 75 页。

以及社区的发展等；（2）本土的普遍性：从小众运动到共享文化意义的追求；（3）本土的历史感：作为前后一致、厚重、具有连续性的主体；（4）本土的主体性：反抗、小人物、中下阶层。陈景辉指出，"本土行动认为，香港的文化不是中国传统五千年的文化，不是龙的文化。而香港应当强调的并不是对大人物的尊崇，亦不是只有大商家才是最重要的。相反，我们应当赋予小人物更多的历史地位，因为香港的历史是小人物的主动、不认命所创造出来的，我们需要寻回一些我们过去耕耘过的经验，这些经验对香港的发展是非常重要的。……理解这些小人物的香港故事是一个很重要的任务，透过这些香港故事，我们才能理解我们的传统，了解我们的身份认同……"①

可以说，保育运动建构起了一种以香港底层小人物奋斗为核心的香港自身的历史文化传统，而这在很多香港人那里，才是真正的香港本土精神。这是香港庶民精神的展现。由此我们可以看到，香港本土意识是在自身经济繁荣与中国大陆的比照中逐步建构起来的，而这也使得香港的本土意识有着鲜明的经验性、平民性，与抽象的理论建构形成区别。这是香港本土意识的一个重要特征。

3. 香港文化研究的独特性

香港文化研究对本土意识的追寻，可以说是香港文化研究的一个根本特色，这一点与其他国家的文化研究是不同的，即香港文化研究并不是要解构精英文化或对抗国家权力，而是用作打开讨论空间和描述曾经失声的本土文化的可能性。马杰伟对此做了较为充分的阐释。他指出，香港的文化研究是在特定的去殖民化和再民族化的社会文化语境下出现的。在二战后的几十年里，香港是一个没有民族皈依的殖民地。为了不引起政治冲突，中国政府和英国政府都避免对当地文化施加过多的民族主义影响。这就意味着，很多年来，香港人都没有强烈的历史或民族叙事来定位自己的主体性。所以，香港文化研究学者对本土身份的表达的关注更甚于对国家权力的抵抗的关注。这和国家权力高度显见的大陆的文化研究旨趣是截然不同的。此外，在阶级关注上，香港与大陆不同。香港经济发展快，阶层流动性强，阶级界限模糊，"重视阶级抵抗的文化研究理论在香港的语境中是不可能直接应用的"。这和大陆不同。第三个不同是高雅文化问题。香港是一个移民社会，作为一个移

---

① 陈景辉：《本土运动的缘起》，本土论述编辑委员会、新力量网络编：《本土论述2008》，上书局2008年版，第31页。

民社会，香港的文化结构并不尊崇精英文化，香港的大众文化争论并不强烈。或者说，香港并没有明显的本土精英文化与庶民文化的对立。这与大陆显然是不同的。[①] 由此我们可以看到，香港文化研究执着于自身的本土性，并力图通过与教育结合（参阅本书本章第三节），把文化研究付诸实践化、本土化，这是我们需要从香港文化研究中所得到的启示。

---

① 马杰伟：《周边视角：香港的话语文化研究》，载于托比·米勒《文化研究指南》，王晓路等译，南京大学出版社 2009 年版，第 213—216 页。

后　　记

本书缘起于中国社会科学出版社郭晓鸿女士的热情约稿，是我与和磊、贺玉高三人的合作成果。中国社会科学出版社致力于打造中国学术史研究的系列成果，已经出版多套相关丛书，在业内反响很大。能够参与这一宏伟的学术大业，是我们的荣幸。

文化研究虽然不是什么历史悠久的学科，甚至根本就不是学科，但是作为一个多学科、跨学科的学术—思想探索领域，正日益显示出其巨大的活力和创造力，同时也因为它具有其他学科无法比拟的社会参与精神，它对于公共领域的影响力也远远超过了其他学科。因此，对这个年轻而充满活力的学术研究和思想探索领域的并不很长的发展历程（我在此避免用"历史"一词）进行描述，主要目的是反思其所存在的问题，为其今后发展提出自己的一点参考意见。

本书的分工情况如下：

序言：陶东风

第一章：陶东风、贺玉高

第二章：贺玉高

第三章：陶东风、和磊

第四章：贺玉高

第五章：和磊

第六章：陶东风、贺玉高

第七章：和磊

第八章：和磊

第九章：和磊

第十章：陶东风

第十一章：和磊

附录：和磊

　　陶东风负责全书结构框架和写作原则的确立，并对全书进行了通稿、修改。

　　在书稿即将付梓之际，我们非常感谢中国社会科学出版社的郭晓鸿女士，没有她的邀请恐怕我们最近几年都不会想到写这本书。同时也感谢和磊和贺玉高，他们为此书的写作付出了比我大得多的劳动。

陶东风

2015 年 5 月 28 日